"十二五"职业教育国家规划教材
经全国职业教育教材审定委员会审定

Qiaoliang Shangbu Shigong Jishu

桥梁上部施工技术

（第二版）

周传林　主　编
龙兴灿　副主编
邵旭东［湖南大学］
孙大松［江苏省交通规划设计院股份有限公司］　主　审

内 容 提 要

本书是"十二五"职业教育国家规划教材。全书以桥梁上部结构施工"工作项目"为主线,共设置了9个学习情境,主要内容包括桥梁基本知识、工程结构设计、梁式桥设计、钢筋混凝土简支梁桥施工、预应力混凝土简支梁桥施工、预应力混凝土连续梁桥施工、钢筋混凝土拱桥施工、桥面系及附属工程施工、桥梁上部实施性施工组织设计编制。

本教材主要供高等职业教育道路桥梁工程技术专业教学使用,也可作为路桥类工程技术人员的培训教材或自学用书。

本书配套多媒体课件,教师可通过加入职教路桥教学研讨群(QQ541416324)获取。

图书在版编目(CIP)数据

桥梁上部施工技术 / 周传林主编. —2版. —北京:
人民交通出版社股份有限公司,2014.12
"十二五"职业教育国家规划教材
ISBN 978-7-114-11943-9

Ⅰ.①桥… Ⅱ.①周… Ⅲ.①桥梁结构—上部结构—工程施工—职业教育—教材 Ⅳ.①U443.3②U445

中国版本图书馆 CIP 数据核字(2015)第 001572 号

"十二五"职业教育国家规划教材

书　　名:	桥梁上部施工技术(第二版)
著 作 者:	周传林
责任编辑:	刘　倩　李　娜
出版发行:	人民交通出版社股份有限公司
地　　址:	(100011)北京市朝阳区安定门外外馆斜街3号
网　　址:	http://www.ccpcl.com.cn
销售电话:	(010)59757973
总 经 销:	人民交通出版社股份有限公司发行部
经　　销:	各地新华书店
印　　刷:	北京虎彩文化传播有限公司
开　　本:	787×1092　1/16
印　　张:	20.5
字　　数:	434 千
版　　次:	2011 年 8 月　第 1 版 2014 年 12 月　第 2 版
印　　次:	2022 年 12 月　第 6 次印刷　总第 9 次印刷
书　　号:	ISBN 978-7-114-11943-9
定　　价:	52.00 元

(有印刷、装订质量问题的图书,由本公司负责调换)

第二版前言

本书是"十二五"职业教育国家规划教材,全书以职业能力培养为核心,以桥梁上部结构施工"工作项目"为主线,适合高等职业教育道路桥梁工程技术等专业教学使用。本教材以国家和交通运输部颁发的有关桥梁施工最新技术标准、规范、规程为依据,以职业岗位目标为切入点,围绕桥梁上部结构施工过程编写。在编写过程中充分体现工学结合的原则,实现工作与学习的整合,理论与实践的整合,专业能力、方法能力和社会能力的整合。本教材具有以下四个特点:

(1)打破传统教材的章节体例格式,变学科型课程体系为任务引领型课程体系。

(2)依照认知规律,从简单到复杂、从单一到综合,创设学习情境,在每个学习情境下设置了工作任务、学习目标和任务描述,然后分任务进行详述,并附课后训练题。

(3)变知识学科本位为职业能力本位,从"任务与职业能力"分析出发,设定课程能力培养目标。

(4)以学生就业为导向,紧紧围绕完成工作任务的需要和职业资格证书中相关考核要求来选择学习内容。

本教材修订时,将前一版学习情境九悬臂施工、转体施工内容分别加到学习情境六和学习情境七中,对学习情境五预应力混凝土简支梁桥施工、学习情境八桥面系及附属工程施工部分做了较大的修改。

本教材由南京交通职业技术学院周传林主编,湖南大学邵旭东和江苏省交通规划设计院股份有限公司孙大松主审。其中学习情境一、学习情境三和学习情境四由南京交通职业技术学院周传林编写,学习情境二由南京交通职业技术学院张文斌编写,学习情境五由南京交通职业技术学院李卫锋编写,学习情境六由湖南交通职业技术学院李振编写,学习情境七、学习情境九由南京交通职业技术学院龙兴灿编写,学习情境八由辽宁省交通高等专科学校毛海涛编写。江苏华晨路桥有限公司陈建胜对全书的编写提供了指导和帮助。

本书编写过程中,参考和引用了大量有关文献资料,在此对原作者致以谢意。由于编者水平有限,书中疏漏和不妥之处在所难免,敬请读者批评指正。

编 者
2014 年 10 月

第一版前言

本书是以职业能力培养为核心,以桥梁上部施工"工作项目"为主线编写的、适应道路桥梁工程技术专业的高职高专工学结构、课程改革规划教材。本教材以国家和交通运输部颁发的有关桥梁施工的最新技术标准、规范、规程为依据,以职业岗位目标为切入点,围绕桥梁上部施工过程编写而成。在编写过程中遵循"工学结合"的原则,实现工作与学习的整合,理论与实践的整合,专业能力、方法能力和社会能力的整合。本教材具有以下四个特点:

(1)打破了传统教材的章节体例格式,变学科型课程体系为任务引领型课程体系。

(2)依照认知规律,从简单到复杂,从单一到综合,创设学习情境,在学习情境下设置若干工作任务,在每个工作任务下设置学习目标、任务描述和学习指导。

(3)变知识学科本位为职业能力本位,从"任务与职业能力"分析出发,设定课程能力培养目标。

(4)以学生就业为导向,紧紧围绕完成工作任务的需要和职业资格证书中相关考核要求来选择学习内容。

本教材共设10个学习情境,计划安排96学时。主要内容包括:桥梁基本知识,工程结构设计,梁式桥设计,钢筋混凝土简支梁桥施工,预应力混凝土简支梁桥施工,预应力混凝土连续梁桥施工,钢筋混凝土拱桥施工,桥面系及附属工程施工,悬臂施工、转体施工法基本知识,桥梁上部实施性施工组织设计编制。教材内容根据交通运输部于2011年8月1日起颁布实施的《公路桥涵施工技术规范》(JTG/T F50—2011)编写。

本教材由南京交通职业技术学院周传林主编,由湖南大学邵旭东和江苏省交通规划设计院股份有限公司孙大松主审。其中,学习情境一、学习情境三和学习情境四由南京交通职业技术学院周传林编写,学习情境二、学习情境五由南京交通职业技术学院张文斌编写,学习情境七、学习情境十由南京交通职业技术学院龙兴灿编写,学习情境六、学习情境九由湖南交通职业技术学院李振编写,学习情境八由辽宁省交通高等专科学校毛海涛编写。

在本教材编写过程中,编者参考和引用了大量有关文献资料,在此向原作者致以谢意。由于编者水平有限,教材中疏漏和不妥之处在所难免,敬请读者批评指正。

编 者

2011年5月

目 录

学习情境一　桥梁基本知识　1
- 任务一　认知桥梁结构　2
- 任务二　桥梁设计与建设程序　9
- 任务三　桥梁的规划与设计　11
- 任务四　桥梁设计荷载　15
- 课后训练　21

学习情境二　工程结构设计　23
- 任务一　钢筋混凝土结构的基本概念及材料的物理力学性能　24
- 任务二　钢筋混凝土结构设计的基本原理　38
- 任务三　钢筋混凝土受弯构件正截面承载力计算　45
- 任务四　钢筋混凝土受弯构件斜截面承载力计算　64
- 任务五　钢筋混凝土受弯构件的应力、裂缝与变形验算　72
- 任务六　钢筋混凝土受压构件承载力计算　75
- 课后训练　88
- 技能训练　89

学习情境三　梁式桥设计　91
- 任务一　认识简支梁桥　91
- 任务二　简支梁桥的设计与计算　110
- 课后训练　136

学习情境四　钢筋混凝土简支梁桥施工　137
- 任务一　了解桥梁施工方法　138
- 任务二　桥梁施工准备　144
- 任务三　支架与模板施工　147
- 任务四　钢筋的制作与安装　152
- 任务五　混凝土工程　156
- 任务六　构件的移运、堆放　163
- 任务七　装配式梁桥的安装　166
- 课后训练　174

学习情境五　预应力混凝土简支梁桥施工　175
- 任务一　认识预应力混凝土结构　176
- 任务二　预加力计算与预应力损失估算的原理和方法　189
- 任务三　预应力混凝土简支梁桥的构造要求和特点　192
- 任务四　先张法预应力混凝土简支梁构件的制作工艺　194

任务五　后张法预应力混凝土简支梁构件的制作工艺……………… 203
　　课后训练………………………………………………………………… 218
学习情境六　预应力混凝土连续梁桥施工 219
　　任务一　有支架就地浇筑施工法………………………………………… 219
　　任务二　移动模架施工法………………………………………………… 222
　　任务三　悬臂浇筑施工法………………………………………………… 224
　　任务四　悬臂拼装施工法………………………………………………… 231
　　任务五　顶推法…………………………………………………………… 237
　　课后训练………………………………………………………………… 244
学习情境七　钢筋混凝土拱桥施工 245
　　任务一　认识拱桥………………………………………………………… 245
　　任务二　拱桥的浇筑施工………………………………………………… 249
　　任务三　装配式拱桥施工………………………………………………… 258
　　任务四　拱桥转体施工…………………………………………………… 267
　　课后训练………………………………………………………………… 276
学习情境八　桥面系及附属工程施工 277
　　任务一　认识桥面系及附属工程………………………………………… 277
　　任务二　桥面铺装施工…………………………………………………… 285
　　任务三　桥面防排水施工………………………………………………… 287
　　任务四　伸缩缝施工……………………………………………………… 289
　　任务五　桥梁支座施工…………………………………………………… 290
　　课后训练………………………………………………………………… 291
学习情境九　桥梁上部实施性施工组织设计编制 292
　　任务一　施工组织设计编制程序………………………………………… 293
　　任务二　施工方案………………………………………………………… 297
　　任务三　施工进度计划编制……………………………………………… 301
　　任务四　施工平面图设计………………………………………………… 306
　　任务五　施工技术措施…………………………………………………… 312
　　课后训练………………………………………………………………… 316
参考文献………………………………………………………………………… 318

学习情境一　桥梁基本知识

工作任务

1. 认知桥梁结构；
2. 桥梁设计与建设程序；
3. 桥梁的规划与设计；
4. 桥梁设计荷载。

学习目标

1. 叙述桥梁的组成和分类；
2. 叙述桥梁各组成部分的概念、术语；
3. 叙述桥梁的结构体系和内容；
4. 知道桥梁总体规划原则、基本设计资料和设计程序；
5. 叙述桥梁纵、横断面设计和平面布置；
6. 知道桥梁设计的方案比较；
7. 叙述作用的分类及含义；
8. 知道作用效应组合。

任务描述

桥梁是交通工程中的重要组成部分。桥梁一般由上部结构(也称桥跨结构)、下部结构、支座和附属设施四个基本部分组成。根据结构体系及其受力特点,桥梁可划分为梁式桥、拱式桥、刚架桥、悬索桥、斜拉桥、组合体系桥六种形式的结构体系。桥梁的规划与设计是一个综合性的系统工程,必须建立一套严格的管理体制和有序的工作程序。桥梁结构设计的主要内容之一,就是荷载的选定和计算。根据作用的性质和影响程度的不同,可将桥梁作用划分为永久作用、可变作用和偶然作用三类。

本学习情境分为4个学习任务。学生应沿着如下流程进行学习：

认知桥梁的组成和分类 → 叙述桥梁各组成部分的概念和术语 → 熟悉桥梁的结构体系 → 熟悉桥梁总体规划原则和基本建设程序 → 熟悉桥梁纵、横断面设计和平面布置 → 叙述作用的分类及含义 → 知道作用效应组合

任务一 认知桥梁结构

为满足各种车辆、行人的顺利通行或各种管线工程的布设而建造的跨越河流、山谷或其他交通线路等障碍的工程建筑物,一般统称为桥梁。桥梁是交通工程中的重要组成部分。随着经济的发展、科技的进步和社会生产力的不断提高,人们对桥梁建筑提出了越来越高的要求。

一、桥梁结构的组成及名词术语

1. 桥梁结构的组成

桥梁一般由上部结构(也称桥跨结构)、下部结构、支座和附属设施四个基本部分组成(图1-1-1、图1-1-2)。

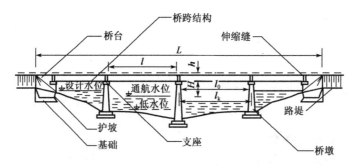

图1-1-1 梁式桥基本组成

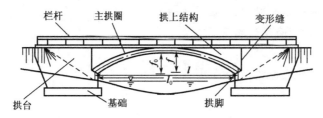

图1-1-2 拱式桥基本组成

(1)桥梁上部结构是承担荷载、跨越障碍的主要承重结构,它的作用是承担上部结构所受的全部荷载,并通过支座传给下部结构。例如,梁式桥中的主梁、拱桥中的拱肋(拱圈)、桁架梁桥中的主桁等都是桥梁上部结构。

(2)桥梁下部结构是桥墩、桥台及桥梁基础的总称,其作用是支承桥跨结构并将荷载传至地基。桥墩和桥台一般合称墩台。

①桥墩:位于多孔桥跨的中间部位,支承相邻两跨上部结构的建筑物,其功能是将上部结构荷载传至基础。

②桥台:位于桥梁的两端,支承桥梁上部结构,并使之与路堤衔接的建筑物,其功能是传递上部结构荷载于基础,并抵抗来自路堤的土压力。为了维持路堤的边坡稳定,并将水流导入桥孔,除带八字形翼墙的桥台外,在桥台左右两侧筑有保持路肩稳定的锥形护坡,其锥体内填土,坡面以片石砌筑。

③桥梁基础:是桥梁最下部的结构,上承墩台,并将全部桥梁荷载传至地基。基底应设置在有足够承载力的持力层处,并要求有一定的埋置深度。基础工程在整个桥梁工程施工中是比较困难的部分,而且常常需要在水中施工,因而遇到的问题也很复杂。

(3)支座是设于桥墩台顶部、支承上部结构并将荷载传给下部结构的装置。它能保证上部结构在荷载、温度变化或其他因素作用下的位移功能。

(4)附属设施:包括桥面系、桥头搭板、护坡、导流堤等。桥面系一般由桥面铺装、栏杆(防撞墙)、人行道、伸缩缝、照明系统等组成。桥面铺装用以防止车轮直接磨损桥面板、排水和分布轮重。伸缩缝位于桥墩顶上部结构之间或其他桥型上部结构与桥台端墙之间,以保证结构在各种因素作用下的自由变位,使桥面上行车顺适、不颠簸。

2. 桥梁结构的名词术语

(1)桥梁全长:简称桥长,对于有桥台的桥梁,为两岸桥台侧墙或八字墙尾端之间的距离;对于无桥台的桥梁,为桥面系的行车道长度。

(2)净跨径:对于梁式桥,是指设计洪水位上相邻两桥墩(或桥台)间的水平净距;对于拱式桥,是指每孔拱跨两拱脚截面最低点之间的水平距离。用 l_0 表示。

(3)计算跨径:对于设支座的桥梁,为相邻两支座中心之间的水平距离;对于不设支座的桥梁,为上下部结构的相交面之中心间的水平距离,用 l 表示。桥梁结构的分析计算以计算跨径为准。

(4)标准跨径:对于梁式桥,是指两相邻桥墩中线间的水平距离或桥墩中线与台背前缘之间的水平距离,也称为单孔跨径;对于拱式桥和涵洞,则是指净跨径。用 l_k 表示。标准跨径是划分大、中、小桥及涵洞的指标之一。

(5)标准化跨径:为了便于编制标准设计,增强构件间的互换性,当跨径在 50m 及以下时,通常采用标准化跨径。《公路工程技术标准》(JTG B01—2014)规定了标准化跨径从 0.75~50m,共 21 级,常用者为 10m、16m、20m、40m 等。采用标准化跨径设计,有利于桥梁制造和施工的机械化,也有利于桥梁养护维修。

(6)总跨径:指多孔桥梁中各孔净跨径的总和($\sum l_0$),它反映了桥梁排泄洪水的能力。

(7)桥下净空高度:设计洪水位或计算通航水位与桥跨结构最下缘之间的高差,称为桥下净空高度。桥下净空高度应满足排洪、通航或通车要求。

(8)桥梁建筑高度:指桥面路拱中顶点到桥跨结构最下缘(拱式桥为拱脚线)的高差。线路定线中所确定的桥面高程,与通航(或桥下通车、人)净空界限顶部高程之差,称为容许建筑高度。城市多层立交桥对桥梁建筑高度有较严格的限制。桥梁建筑高度不得大于容许建筑高度。

(9)桥梁高度:指桥面路拱中顶点到低水位或桥下线路路面之间的垂直距离。

(10)净矢高:指拱桥从拱顶截面下缘至相邻两拱脚截面下缘最低点连线的垂直距离,用 f_0 表示。

(11)计算矢高:指从拱顶截面形心至相邻两拱脚截面形心之连线的垂直距离,用 f 表示。

(12)矢跨比:指拱桥中拱圈(或拱肋)的计算矢高与计算跨径之比(f/l),也称拱矢度。它是反映拱桥受力特性的一个重要指标。

二、桥梁的分类

桥梁有各种不同的分类方式,每一种分类方式均反映出桥梁在某一方面的特征。

1. 按工程规模划分

根据《公路工程技术标准》(JTG B01—2014),可将桥梁划分为:特大桥、大桥、中桥、小桥、涵洞,见表1-1-1。这是我国公路和城市桥梁级别划分的依据。

桥涵按跨径分类(单位:m)   表1-1-1

桥涵分类	多孔跨径总长 L	单孔跨径 l_k
特大桥	$L > 1\,000$	$l_k > 150$
大桥	$100 \leq L \leq 1\,000$	$40 \leq l_k \leq 150$
中桥	$30 < L < 100$	$20 \leq l_k < 40$
小桥	$8 \leq L \leq 30$	$5 \leq l_k < 20$
涵洞	—	$l_k < 5$

2. 按桥梁的结构体系划分

根据结构体系及其受力特点,桥梁可划分为梁式桥、拱式桥、刚架桥、悬索桥、斜拉桥、组合体系桥六种形式的结构体系。不同的结构体系对应于不同的力学形式,表现出不同的受力特点。

1)梁式桥

梁式桥是古老的结构体系之一。梁作为承重结构,主要是以其抗弯能力来承受荷载。在竖向荷载作用下,其支承反力也是竖直的,一般梁体结构只受弯、受剪,不承受轴向力,如图1-1-3所示。

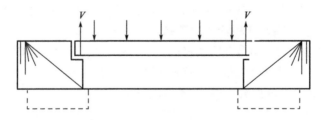

图1-1-3 简支梁桥

简支梁[图1-1-4a)]的跨越能力有限,因此,悬臂梁[图1-1-4b)]和连续梁[图1-1-4c)]得到发展。它们通过改变或增强中间支承来减小跨中弯矩,以更合理地分配内力,加大跨越能力。悬臂梁采用铰接或简支跨(称为挂孔)来连接其两端,其为静定结构,受力明确,计算简便;但因其结构变形在连接处不连续而对行车和桥面养护产生不利影响,因此近年来已很少采用。连续梁因桥跨结构连续,克服了悬臂梁的不足,是目前采用较多的梁式桥型。

2)拱式桥

拱式桥(图1-1-5)的主要承重结构是具有曲线外形的拱(其拱圈的截面形式可以是实体矩形、肋形、箱形、桁架等)。在竖向荷载作用下,拱主要承受轴向压力,同时也承受弯矩、剪力。支承反力不仅有竖向反力,也承受较大的水平推力。

根据拱的受力特点,多采用抗压能力较强且经济合理的圬工材料和钢筋混凝土来修建拱桥。拱对墩台有较大的水平推力,对地基的要求较高,故一般宜建于地基良好之处。

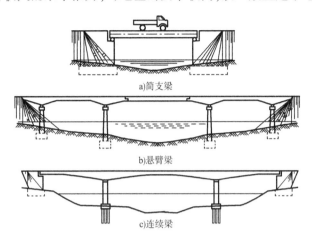

图 1-1-4　梁式桥

3) 刚架桥

刚架桥(也称为刚构桥)是指梁与立柱(墩柱)或竖墙整体刚性连接的桥梁(图 1-1-6),其主要特点是:立柱具有相当大的抗弯刚度,故可分担梁部跨中正弯矩,达到降低梁高、增大桥下净空的目的。在竖向荷载作用下,主梁与立柱(或竖墙)的连接处会产生负弯矩;主梁、立柱承受弯矩,也承受轴力和剪力;柱底约束处既有竖直反力,也有水平反力。刚架桥的形式大多是立柱直立的单跨(也可斜向布置,如图 1-1-7 所示),柱底约束可以是铰接也可以是固接。钢筋混凝土和预应力混凝土刚架桥适用于中小跨径、对建筑高度要求较严的城市或公路跨线桥。

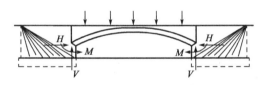

图 1-1-5　拱桥示意图

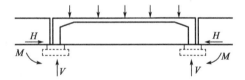

图 1-1-6　直腿(门形)刚架桥

斜腿刚架桥的墩柱斜置并与梁部刚性连接,其受力特点介于梁和拱之间,如图 1-1-7 所示。在竖向荷载作用下,斜腿以承压为主,两斜腿之间的梁部也受到较大的轴向力。斜腿底部可采用铰接或固接形式,并受到较大的水平推力。对跨越深沟峡谷、两侧地形不宜建造直立式桥墩的情况,斜腿刚架桥表现出其独特之处。

4) 悬索桥

悬索桥(也称为吊桥)主要由索(又称缆索)、塔、锚碇、加劲梁等组成,如图 1-1-8 所示。对跨径较小(如小于 300m)、活载较大且加劲梁较刚劲的悬索桥,可以视其为缆与梁的组合体系。但大跨径(1 000m 左右)悬索桥的主要承重结构为缆索,组合体系的效应可以忽略。在竖向荷载作用下,其缆索受拉,锚碇处会产生较大的竖向(向上)和水平反力。缆索通常用高强度钢丝制成圆形大缆,加劲梁多采用钢桁架或扁平箱梁,桥塔可采用钢筋混凝土或钢结构。因缆索的抗拉性能得以充分发挥且大缆尺寸基本上不受限制,故悬索桥的跨越能力一直在各种桥型中名列前茅。不过,由于其结构的刚度不足,悬索桥较难以满足当代铁路桥梁的要求。

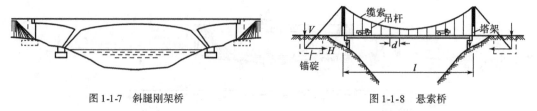

图 1-1-7　斜腿刚架桥　　　　　　　图 1-1-8　悬索桥

5)斜拉桥

斜拉桥(图 1-1-9)由梁、塔和斜索(拉索)组成,结构形式多样,造型优美壮观。在竖向荷载作用下,梁以受弯为主,塔以受压为主,斜索则承受拉力。梁体被斜索多点扣拉,表现出弹性支承连续梁的特点。因此,梁体荷载弯矩减小,梁体高度可以降低,从而减轻了结构自重,并节省了材料。另外,塔和斜索的材料性能也能得到较充分的发挥。因此,斜拉桥的跨越能力仅次于悬索桥,是近几十年来发展很快的一种桥型。但由于刚度问题,斜拉桥在铁路桥梁上的应用极为有限。

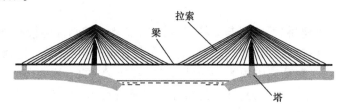

图 1-1-9　斜拉桥

6)组合体系桥

将上述几种结构形式进行合理的组合应用,即形成组合体系桥梁,如图 1-1-10 所示。常见的组合方式是梁、拱结构的组合。梁、拱、吊杆组合体系[图 1-1-10a)]同时具备梁的受弯和拱的承压特点,可以是刚性拱及柔性拉杆,也可以是柔性拱及刚性梁。这类结构的主要优点是:利用梁部受拉,来承受和抵消拱在竖直荷载作用下产生的水平推力。这样,桥跨结构既具有拱的外形和承压特点,又不存在很大的水平推力,可在一般地基条件下修建。相对而言,这种组合体系桥的施工较为复杂。

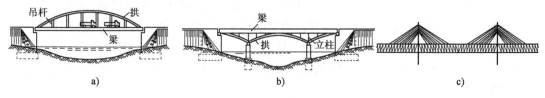

图 1-1-10　组合体系桥

3. 桥梁的其他分类

1)按桥梁上部结构的建筑材料分

按桥梁上部结构的建筑材料,桥梁可分为木桥、石桥、混凝土桥、钢筋混凝土桥、预应力混凝土桥(有时三者统称混凝土桥)、钢桥等。

2)按用途分

按用途,桥梁可分为公路桥、铁路桥、公铁两用桥、人行桥、渡槽和供水、供气、供煤粉的管道桥等。

3)按跨越障碍的类型分

按跨越障碍的类型不同,桥梁可分为跨河桥、跨谷桥、跨线桥和高架线路桥等。

4)按桥面位置分

按上部结构的行车道位置,可分为上承式桥、中承式桥、下承式桥和双层桥。将桥面布置在主要承重结构之上的称为上承式桥[图 1-1-10b)],桥面在主要承重结构之下的称为下承式桥[图 1-1-10a)],介于上、下之间的称为中承式桥,上、下均设桥面的称为双层桥。上承式桥具有构造简单、容易养护、制造架设方便、节省墩台圬工数量以及视野开阔等优点,在桥梁设计中常优先选用。中、下承式桥都具有桥梁建筑高度小的优点,根据设计要求而定。双层桥多用于公路铁路两用桥。

5)按建造方法分

混凝土桥分现场浇筑和装配式两类。后者的构件在工厂(场)中预制,运往工地拼装架设,其优点是:可使桥梁施工工业化、机械化,降低成本,提高施工速度,而且质量也有保证。也有两者结合的装配、现浇式混凝土桥。钢桥一般都是装配式的。

6)其他特殊桥梁

其他特殊桥梁包括活动桥、军用桥、漫水桥等。活动桥又称开启桥,是桥跨结构可以移动或转动,以扩大或开放桥下自由通道的桥梁,多用于河流下游靠近入海的港口处。漫水桥是三、四级公路在交通容许有限度中断时修建的桥梁,桥面建在设计洪水位高程之下,汛期洪水漫顶而过,常采用圬工材料建造。

三、桥梁的建设与发展概况

我国历史悠久、文化源远流长,是世界文明古国之一。就桥梁来讲,我们的祖先在世界桥梁建筑史上曾写下辉煌灿烂的一页。

据史料记载,远在约 3 000 年前的周朝,宽阔的渭河上就出现过浮桥。鉴于浮桥的架设具有简便快速的特点,故常被用于军事中。汉唐以后,浮桥的运用日趋普遍。在公元前 550 年左右,汾水上建有木柱木梁桥;秦代在长安(今西安)所修建的渭河桥、灞河桥等,在史书中均有确凿记载。这些桥屡毁屡建,多采用木柱木梁或木梁石柱桥式。

在秦汉时期,我国已广泛修建石桥。在隋大业元年(公元 605 年左右),李春在河北赵县修建了赵州石拱桥(又称安济桥,桥长 64.4m,净跨 37.02m,宽 9m,拱矢高度 7.23m),该桥是典型的空腹式坦拱,如图 1-1-11 所示。该桥构思巧妙,造型美观,工艺精致,历经 1 400 多年而无恙,举世闻名,被誉为"国际土木工程里程碑建筑",不愧为桥梁文物宝库中的精品,1991 年被列为世界文化遗产。

我国古代的石梁桥也同样著名。目前世界上保存时间最长、工程最艰巨的石梁桥,就是我国建于宋朝的福建泉州万安桥,又称洛阳桥(1053～1059 年)。此桥现长 834m,共 47 孔。在建桥时,先顺着桥的轴线向水中抛投大量块石,

图 1-1-11 赵州桥

在水面上形成一条长堤,然后在块石上放养牡蛎,靠蛎壳与块石相胶结形成的整体基础来抵抗风浪。在这水下长堤上,用大条石纵横叠置(不用灰浆)形成桥墩,而后再架设石梁。

我国是世界公认最早有索桥的国家。据记载,最迟在唐朝中期,我国就从藤索、竹索发展到用铁链建造索桥,而西方到16世纪才开始建造铁索桥。我国至今保存下来的古代索桥有四川都江堰的竹索桥(世界上最古老的索桥)和泸定县的大渡河铁索桥。都江堰竹索桥始建于宋朝(公元990年),1803年仿旧制重建,名安澜桥,桥长340m,分为8孔,最大跨径61m,竹索现已被换为钢丝索。

古代桥梁大致指19世纪中叶及其以前所修建的桥梁。这些桥梁的设计和施工完全依靠人们的经验,没有力学知识的指导。建桥材料主要有天然的或加工过的木材、石材,还有竹索、藤索、铁索、铸铁乃至锻铁。在桥式方面,有梁、拱和索桥三大类。当时技术落后,工具简陋,无修建深水基础的技术,施工周期也长。

现代桥梁指19世纪后期以来,由工程师运用工程力学、桥涵规范及桥梁工程知识所兴建的桥梁。19世纪20年代,世界上出现铁路,现代桥梁主要是为适应铁路建设的需要,在19世纪后期逐步发展起来的。在铁路发展的初期,建桥材料仍是木材、石材、铸铁和锻铁等,后来钢材逐步占据主导地位。20世纪初,钢筋混凝土也逐渐受到桥梁界重视,开始被用于中、小跨径桥梁的建造。同时,建桥工具得到很大发展,出现了蒸汽机、打桩机、电动工具、风动工具、起重机具、铆钉机等。在深水基础方面,开始采用沉井、压气沉箱和大直径的桩。从20世纪30年代起,公路桥梁也开始得到大力发展。

一般将在20世纪50年代左右发展起来的、主要为公路和城市道路服务的桥梁称之为当代桥梁。在材料方面,当代桥梁除采用常规钢材和钢筋混凝土外,还有预应力混凝土、高强螺栓、高强钢丝、低合金钢以及其他新型材料。用于桥梁建造的机具和设备有焊接机、张拉千斤顶、振动打桩机、水上平台、大吨位起重机和浮吊、钻孔机等。这一时期,在梁、拱和悬索桥等基本桥型的基础上,发展了许多新桥型,如连续刚构桥、斜拉桥、梁拱组合体系、箱形梁、正交异性钢桥面板等。该时期施工技术和工艺得到重视,出现了不少新的施工方法,如悬臂施工、转体施工、浮运法以及整件吊装等。

20世纪90年代以后,我国公路桥梁建设得到极大发展,在长江、黄河等大江大河和沿海海域,建成了一大批有代表性的世界级桥梁。特别是最近15年,我国共修建了15万余座大中型桥梁(包括公路、铁路、城市桥梁),累计总长度达到8 300多公里,平均每年修建1万多座,实现了由桥梁大国向桥梁强国的历史性跨越,这也成为向世界展示我国综合国力的窗口之一。

江苏润扬大桥(图1-1-12),全部由我国自行设计、施工、监理、管理,所用建筑材料和设备也绝大部分由我国自行制造或生产。它是由南汊悬索桥和北汊斜拉桥组成,其中南汊主桥为单孔双铰钢箱梁悬索桥,主跨径长1 490m,目前位居世界第三,可通行5万吨级巴拿马型货轮。润扬大桥建设条件复杂,技术含量非常高,施工难度极大,被国际桥梁专家称为"中国奇迹"。

图1-1-12 润扬大桥

跨径达1 088m的苏通长江公路大桥创造了斜拉桥型的四项世界之最,见图1-1-13,即在世界同类型桥梁中,苏通大桥的主塔最高、群桩基础规模最大、斜拉索最长、跨径最大。

青岛海湾大桥(图1-1-14)是国道主干线青岛至兰州高速公路的起点段,大桥全长36.48km,是目前世界上已建成的最长的跨海大桥。

此外,还有崇明岛过江通道、深港西部通道、珠港澳大桥等一批世界级桥梁正在建设,它们的建成将会再次吸引世界的目光,并极大地丰富世界桥梁宝库。

图1-1-13 江苏苏通长江公路大桥

图1-1-14 青岛海湾大桥

任务二 桥梁设计与建设程序

桥梁的规划设计需考虑的因素很多,涉及工程所在地区的政治、经济、文化以及人文环境,特别是对于工程比较复杂的大、中桥梁,桥梁的规划设计是一项综合性的系统工程。因此,必须建立一套严格的管理体制和有序的工作程序。在我国,基本建设程序分为前期工作和三阶段设计两个大步骤,它们的关系如图1-2-1所示。

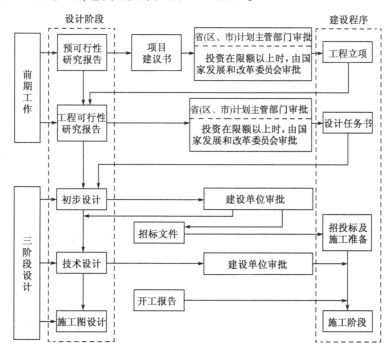

图1-2-1 设计阶段与建设程序关系图

1. 预可行性研究阶段

预可行性研究(简称"预可")阶段着重研究建桥的必要性以及宏观经济上的合理性。在"预可"阶段研究形成的"工程预可行性研究报告书"(简称"预可报告")中,应从经济、政治、国防等方面,详细阐明建桥理由和工程建设的必要性与重要性,同时初步探讨技术上的可行性。对于区域性线路上的桥梁,应以建桥地点(渡口等)的车流量调查(计及国民经济逐年增长)为立论依据。

"预可"阶段的主要工作目标是解决建设项目的上报立项问题,因而,在"预可报告"中,应编制几个可能的桥型方案,并对工程造价、资金来源、投资回报等问题做初步估算和设想。设计方将"预可报告"交业主后,由业主据此编制"项目建议书"并报上级主管审批。

2. 工程可行性研究阶段

在"项目建议书"被审批确认后,应着手工程可行性研究(简称"工可")阶段的工作。在这一阶段,着重研究选用和补充制定桥梁的技术标准,包括:设计荷载标准、桥面宽度、通航标准、设计车速、桥面纵坡、桥面平纵曲线半径等,应与河道、航运、规划等部门共同研究,以共同协商确定相关的技术标准。

在"工可"阶段,应提出多个桥型方案,并按交通运输部《公路基本建设工程投资估算编制办法》估算造价,对资金来源和投资回报等问题应基本落实。

3. 初步设计

初步设计应根据批复的可行性研究报告、勘测设计合同和初测、初勘或定测、详勘资料编制。初步设计的目的是确定设计方案,应通过多个桥型方案的比选,推荐最优方案,报上级审批。在编制各个桥型方案时,应提供平、纵、横面布置图,标明主要尺寸,并估算工程数量和主要材料数量,提出施工方案,编制设计概算,提供文字说明和图表资料。初步设计经批复后,即成为施工准备、编制施工图设计文件和控制建设项目投资等的依据。

4. 技术设计

对于技术上复杂的特大桥、互通式立交或新型桥梁结构,需进行技术设计。技术设计应根据初步设计批复意见和勘测设计合同的要求,对重大、复杂的技术问题通过科学试验、专题研究、加深勘探调查及分析比较,进一步完善批复桥型方案的总体和细部各种技术问题以及施工方案,并修正工程概算。

5. 施工图设计

施工图设计应根据初步设计(或技术设计)批复意见和勘测设计合同,进一步对所审定的修建原则、设计方案、技术措施加以具体和深化。在此阶段,必须对桥梁各种构件进行详细的结构计算,并且确保强度、刚度、稳定性、裂缝、变形等各种技术指标满足规范要求,同时应绘制施工详图,提出文字说明及施工组织计划,并编制施工图预算。

国内一般(常规)的桥梁采用两阶段设计,即初步设计和施工图设计。对于技术简单、方案明确的小桥,也可采用一阶段设计,即施工图设计。对于技术复杂的大型桥梁,在初步设计之后,还需增加一个技术设计阶段。在这一阶段,要针对全部技术难点,进行如抗风、抗震试验,受力复杂部位等的计算及结构设计,然后再做施工图设计。

任务三 桥梁的规划与设计

一、桥梁设计的基本原则

桥梁是道路交通的重要组成部分,桥梁设计、建造的规模代表了一个国家(地区)的科技和经济发展水平,特别是大、中桥梁的建设,对当地政治、经济、国防等都具有重要意义。我国公路桥梁设计的基准期为100年。科学合理、因地制宜地进行总体规划和设计,是桥梁建设的百年大计。因此,桥梁设计与规划必须遵照"安全、适用、经济、美观"的基本原则进行,同时应充分考虑建造技术的先进性以及环境保护和可持续发展。

1. 安全

(1)所设计的桥梁结构在强度、稳定性和耐久性方面,应有足够的安全储备。

(2)防撞栏杆应具有足够的高度和强度,应做好人与车流之间的防护栏,防止车辆危及人行道上的行人或撞坏栏杆而落到桥下。

(3)对于交通繁忙的桥梁,应设计好照明设施,并有明确的交通标志,两端引桥坡度不宜太陡,以避免因发生车辆碰撞等而引起的交通事故。

(4)对于河床易变迁的河道,应设计好导流设施,防止桥梁基础底部被过度冲刷;对于通行大吨位船舶的河道,除按规定加大桥孔跨径满足通航要求外,必要时对桥梁墩台应设置防撞构筑物等。

(5)对于修建在地震区的桥梁,应按抗震要求采取防震措施;对于大跨度柔性桥梁,应考虑风振效应。

2. 适用

(1)桥面宽度应能满足当前以及今后规划年限内的交通流量(包括行人通行)要求。

(2)在通过设计荷载时,桥梁结构应不出现过大的变形和过宽的裂缝。

(3)桥跨结构的下面应有利于泄洪、通航(跨河桥)或车辆和行人的通行(旱桥)。

(4)桥梁的两端应便于车辆的进入和疏散,而不致产生交通堵塞现象等。

(5)考虑综合利用,应方便各种管线(水、电气、通信等)的搭载。

3. 经济

(1)桥梁设计应遵循因地制宜、就地取材和方便施工的原则。

(2)经济的桥型应该是造价和养护费用综合最省的桥型。设计中,应充分考虑维修的方便和维修费用的节省,维修时尽可能不中断交通,或中断交通的时间最短。

(3)所选择的桥位,应是地质、水文条件良好,并使桥梁长度较短。

(4)桥位选择时,应考虑缩短河道两岸的运距,以促进该地区的经济发展,使其产生最大的效益。对于收费桥梁,应能吸引更多的车辆通过,达到尽快回收投资的目的。

4. 美观

一座桥梁应具有优美的外形,而且这种外形从任何角度看都应该是优美的。结构布置必须精练,并在空间上有和谐的比例。桥型应与周围环境相协调。合理的结构布局和轮廓是桥梁美观的主要因素。另外,施工质量对桥梁美观也有很大影响。

5. 技术先进

在因地制宜的前提下，桥梁设计应尽可能采用成熟的新结构、新设备、新材料和新工艺。在认真学习国内外的先进技术，充分利用最新科学技术成果的同时，努力创新，淘汰和摒弃原来落后和不合理的设计思想。

6. 环境保护和可持续发展

桥梁设计应考虑环境保护和可持续发展的要求。从桥位选择、桥跨布置、基础方案、墩身外形、上部结构施工方法、施工组织设计等多方面，全面考虑环境要求，采取必要的工程控制措施，并建立环境监测保护体系，将不利影响减至最小。

二、桥梁布置及净空要求

1. 桥梁平面布置

桥梁设计首先要确定桥位，按照《公路工程技术标准》（JTG B01—2014）的规定，小桥和涵洞的位置与线形，一般应符合路线的总走向。为满足水文、线路弯道等要求，可设计斜交桥或弯桥。对于公路上的特大桥及大、中桥桥位，原则上应服从路线走向，但综合考虑，桥位应尽量选择在河道顺直稳定、河床地质良好、河槽能通过大部分设计流量的河段上。桥梁的平曲线半径、平曲线超高和加宽、缓和曲线、变速车道设置等，均应满足相应等级线路的规定。

2. 桥跨和孔径

桥梁纵断面设计包括：确定桥梁的总跨径、桥梁的分孔、桥面的高程、桥上和桥头引道的纵坡以及基础的埋置深度等。

1) 桥梁总跨径

桥梁总跨径，一般根据水文计算来确定。其基本原则是：应使桥梁在整个使用年限内，保证设计洪水能顺利宣泄；河流中可能出现的流冰和船只、排筏等能顺利通过；避免因过分压缩河床引起河道和河岸的不利变迁；避免因桥前壅水而淹没农田、房屋、村镇和其他公共设施等。对于桥梁结构本身来说，不能因总跨径缩短而引起河水对河床过度冲刷，从而给浅埋基础带来不利的影响。

在某些情况下，为了降低工程造价，可以在不超过允许的桥前壅水和规范规定的允许最大冲刷系数的条件下，适当放宽冲刷限制，以缩短总跨长。例如，对于深埋基础，一般允许稍大一点的冲刷，使总跨径适当减小；对于平原区稳定的宽滩河段，河水的流速较小，漂流物也少，主河槽较大，这时，可以对河滩的浅水流区段作较大的压缩，即缩短桥梁总跨径，但必须慎重校核，使压缩后的桥梁壅水不得危及河滩路堤以及附近农田和建筑物。

2) 桥梁的分孔

对于一座较长的桥梁，应当分成若干孔。孔径划分的大小，不仅影响桥梁使用效果和施工等，而且在很大程度上影响桥梁的总造价。例如，所采用的跨径越大，孔数就越少，这样虽然可以降低墩台的造价，但却使上部结构的造价大大增加；反之，上部结构的造价虽然降低了，但墩台的造价却又有所增加。因此，在满足使用和技术要求的前提下，通常采用最经济的分孔方式，使上、下部结构的总造价趋于最低，此时的跨径为经济跨径。具体要求如下：

（1）对于通航河流，在分孔时，首先应满足桥下的通航要求。桥梁的通航孔应布置在航行最方便的河域。对于变迁性河流，根据具体条件，应多设几个通航孔。

(2)对于平原区宽阔河流上的桥梁,通常在主河槽部分按需要布置较大的通航孔,而在两侧浅滩部分按经济跨径进行分孔。

(3)当在山区的深谷、水深流急的江河以及水库上修桥时,为了减少中间桥墩,应加大跨径。条件允许时,甚至可以采用特大跨径的单孔跨越。

(4)对于采用连续体系的多孔桥梁,应从结构的受力特性考虑,使边孔与中孔的跨中弯矩接近相等,合理地确定相邻跨之间的比例。

(5)对于河流中存在不利地质段的情况,例如岩石破碎带、裂隙、溶洞等,在布孔时,为了使桥基避开这些区段,可以适当加大跨径。

总之,对于大、中桥梁,分孔是一个相当复杂的问题,必须根据使用要求、桥位处的地形和环境、河床地质、水文等具体情况,通过技术、经济等方面的分析比较,才能提出比较合理的设计方案。

3. 桥下净空

合理的桥面高程必须根据设计洪水位、桥下通航(通车)净空的需要,并结合桥型、跨径等一起考虑。

1) 流水净空要求

为了保证支座的安全和正常工作,对于设支座的桥梁,支座底面高出计算水位(即设计洪水位加壅水和浪高)应不小于0.25m,并高出最高流冰面不小于0.50m,高出最高冰水位不小于0.75m,如图1-3-1所示。

图1-3-1 梁式桥桥下流水净空图示

对于无铰拱桥,拱脚允许被洪水淹没(图1-3-2),淹没深度不宜超过拱圈矢高(f_0)的2/3,并且在任何情况下,拱顶底面应高出计算水位1.0m,拱脚的起拱线应高出最高流冰面不小于0.25m。

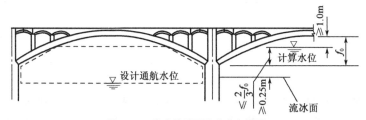

图1-3-2 拱式桥桥下流水净空图示

2) 通航净空要求

为了保证桥下安全通航,通航孔桥跨结构下缘的高程应高出从设计通航水位算起的净空高度。有关通航净空的尺寸规定,参见《通航海轮桥梁通航标准》(JTJ 311—1997)及《内河通航标准》(GB 50139—2014)。

3) 跨线桥桥下的交通要求

在设计跨线路(铁路或公路)的立体交叉时,桥跨结构底缘的高程应高出规定的车辆净空高度。

综上所述,全桥位于河中各跨的桥面高程均应首先满足流水净空的要求;对于通航或桥下通车的桥孔,还应满足通航或通车净空的要求;另外,还应考虑桥的两端能够与公路或城市道路顺利衔接等问题。因此,全桥各跨的桥面高程是不相同的,必须综合考虑和规划,一般将桥梁的纵断面设计成具有单向或双向的坡度,既利于交通,美观效果好,又便于桥面排水(对于不太长的小桥,可以做成平坡桥),但桥面纵坡不宜大于4%,桥头引道纵坡不宜大于5%。对于位于市镇混合交通繁忙处的桥梁,桥上纵坡和桥头引道纵坡均不得大于3%,并应在纵坡变更的地方按规定设置竖曲线,使坡度改变处不致出现转角。

4. 桥涵净空

公路桥梁横断面的设计,主要取决于桥面的宽度和不同桥跨结构横断面的形式。桥面宽度取决于行车和行人的交通需要。我国交通运输部颁布的《公路工程技术标准》(JTG B01—2014),规定了各级公路桥面净空的限界,如图1-3-3所示,在建筑限界内,不得有任何的结构部件。

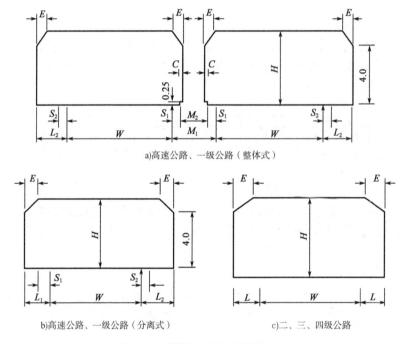

图1-3-3 桥涵净空(尺寸单位:m)

W-行车道宽度;L_1-左侧硬路肩宽度;L_2-右侧硬路肩宽度;S_1-左侧路缘带宽度;S_2-右侧路缘带宽度;L-侧向宽度;M_1-中间带宽度;M_2-中央分隔带宽度;C-当设计速度大于100km/h时为0.5m,小于或等于100km/h时为0.25m;E-建筑界限顶角宽度,当$L≤1m$时,$E=L$;当$L>1m$时,$E=1m$;H-净空高度

三、桥梁设计方案的比选

为做出一个经济、适用和美观的桥梁设计方案,设计者必须根据当地的需要和技术条件,因地制宜,综合应用专业知识,掌握国内外新技术、新材料、新工艺,在此基础上,进行深入细致的研究和分析对比,才能科学地得出最优的设计方案。桥梁设计方案的比选和确定

可按下列步骤进行。

1) 明确各种高程的要求

在桥位纵断面图上,先按比例绘出设计洪水位、通航水位、堤顶高程、桥面高程、通航净空、堤顶行车净空位置等控制高程。

2) 桥梁分孔和初拟桥型方案草图

在上述确定了各种高程的纵断面图上,根据泄洪总跨径的要求,画出桥梁分孔和桥型方案草图。作草图时,思路要宽广,只要基本可行,尽可能多绘几种,以免遗漏可能的桥型方案。

3) 方案初步比选

对草图各个方案做技术和经济上的初步分析和判断,剔除弱势方案,从中选出 2~4 个构思好、各具特色的方案,并作进一步详细研究和比较。

4) 详绘桥型方案图

根据不同的桥型方案,针对桥梁结构的要求,参照已建成的桥梁,拟定主要尺寸,并尽可能细致地绘制各个桥型方案的尺寸详图。对于新结构,应做初步的力学分析,以便准确拟定各方案结构的主要尺寸。

5) 编制估算或概算

根据桥型方案的详图,可以计算出各方案的主要工程数量,然后依据各省(区、市)或行业的桥梁工程估算指标或概算定额,编制出各方案的主要材料(钢材、木材、混凝土等)用量、劳动力需要量、全桥造价。

6) 方案选定和文件汇总

对各方案的建设造价、养护费用、建设工期、工艺技术、主要材料用量、运营适用性、美观等因素,列表进行优缺点分析比较,综合考虑,最后确定一个最佳方案作为推荐方案,然后编写方案说明书。方案说明书中应阐明:方案编制的依据和标准、各方案的特点、主要施工方法、设计概算以及方案比较的综合性评述,并应重点详述推荐方案。整理各种测量资料、地质勘查和地震烈度复核资料、水文调查与计算资料等,一并组册上报。

任务四 桥梁设计荷载

桥梁结构设计的主要内容之一就是荷载的选定和计算。我国《公路桥涵设计通用规范》(JTG D60—2015),以下简称为《公桥规》,将桥梁结构承受的各种荷载和外力统称为作用。作用使桥梁结构产生内力、变形或裂缝,这些内力、变形、裂缝统称为作用效应。根据它们作用的性质和影响程度的不同,将桥梁作用归纳为永久作用、可变作用、偶然作用和地震作用四类。公路、城市桥梁各类作用见表 1-4-1。

作 用 分 类 表　　　　　　　　　　表 1-4-1

序　号	作用分类	作用名称
1	永久作用	结构重力(包括结构附加重力)
2		预加力
3		土的重力

续上表

序　号	作用分类	作用名称
4	永久作用	土侧压力
5		混凝土收缩、徐变作用
6		水的浮力
7		基础变位作用
8	可变作用	汽车荷载
9		汽车冲击力
10		汽车离心力
11		汽车引起的土侧压力
12		汽车制动力
13		人群荷载
14		疲劳荷载
15		风荷载
16		流水压力
17		冰压力
18		波浪力
19		温度(均匀温度和梯度温度)作用
20		支座摩阻力
21	偶然作用	船舶的撞击作用
22		漂流物的撞击作用
23		汽车撞击作用
24	地震作用	地震作用

一、永久作用

永久作用亦称恒载,它是在设计使用期内,其作用位置和大小、方向不随时间变化或其变化与平均值相比可忽略不计的作用。永久作用包括:结构物自重、桥面铺装和附属设备的重力、作用于结构上的土重及土侧压力、基础变位作用、水浮力、长期作用于结构上的预应力,以及混凝土收缩和徐变作用。

结构自重、桥面铺装及附属设备等附加重力均属结构重力,结构重力标准值可按常用材料的重度计算。

对于公路桥梁,结构物的自重往往占全部设计荷载的很大部分,例如,当跨径为20～150m时,结构自重占30%～60%,跨径越大,其所占比重越高。因此,采用轻质、高强材料来减小桥梁结构的自重,应是桥梁建设发展的方向。

二、可变作用

可变作用是在设计使用期内,其作用位置和大小、方向随时间变化,且其变化与平均值相比不可忽略的作用,如各种车辆荷载等。

桥梁设计中需考虑的可变作用有汽车荷载和人群荷载。同时,对于汽车荷载,应计算其冲击力、制动力和离心力。对于所有车辆荷载,尚应计算其所引起的土侧压力。

此外,可变作用还包括支座摩阻力、温度(均匀温度和梯度温度)作用、疲劳荷载、风荷载、流水压力、波浪力和冰压力等。

每一种车辆都有不同的型号和载重等级,而且随着交通运输事业的发展,车辆的载质量也将不断增大,因此就需要确定一种既能代表目前车辆情况和将来发展需要,又能便于在设计中应用的简明统一的荷载标准,作为桥梁设计计算的依据。我国在对现有车型、行车规律等进行大量实地观测和调查研究的基础上,根据汽车工业的发展和国防建设的需要,2004年颁布的《公桥规》规定了设计公路桥涵或其他受车辆影响的构造物所用的荷载标准。

以下简要介绍桥梁设计中常用的汽车荷载及其影响力和人群荷载。其他可变作用的详细计算方法,可查阅《公桥规》的相应条文。

1. 汽车荷载

公路桥涵设计时,汽车荷载的计算图式、荷载等级及其标准值、加载方法和纵横向折减等应符合下列规定。

(1)汽车荷载分为公路—Ⅰ级和公路—Ⅱ级两个等级。

(2)汽车荷载由车道荷载和车辆荷载组成。车道荷载由均布荷载和集中荷载组成。桥梁结构的整体计算采用车道荷载,桥梁结构的局部加载、涵洞、桥台和挡土墙土压力等的计算采用车辆荷载。车辆荷载与车道荷载的作用不得叠加。

(3)各级公路桥涵设计的汽车荷载等级应符合表1-4-2的规定。

各级公路桥涵设计的汽车荷载等级　　　　　表1-4-2

公路等级	高速公路	一级公路	二级公路	三级公路	四级公路
汽车荷载等级	公路—Ⅰ级	公路—Ⅰ级	公路—Ⅱ级	公路—Ⅱ级	公路—Ⅱ级

二级公路作为集散公路且交通量小、重型车辆少时,其桥涵的设计可采用公路—Ⅱ级汽车荷载。对于交通组成中重载交通比例较大的公路桥涵,宜采用与该公路交通组成相适应的汽车荷载模式进行结构整体和局部验算。

(4)车道荷载的计算图示如图1-4-1所示。

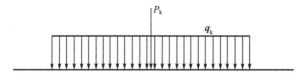

图1-4-1　车道荷载

①公路—Ⅰ级车道荷载的均布荷载标准值为$q_k=10.5\text{kN/m}$;集中荷载标准值按以下规定选取:

桥梁计算跨径小于或等于5m时,$P_k=270\text{kN}$;

桥梁计算跨径大于或等于50m时,$P_k=360\text{kN}$;

桥梁计算跨径在5~50m之间时,$P_k=2(l_0+130)$。

计算剪力效应时,上述集中荷载标准值P_k应乘以1.2的系数。

②公路—Ⅱ级车道荷载的均布荷载标准值 q_k 和集中荷载标准值 P_k 按公路—Ⅰ级车道荷载的 0.75 倍采用。

③车道荷载的均布荷载标准值应满布于使结构产生最不利效应的同号影响线上,集中荷载标准值只作用于相应影响线中一个最大影响线峰值处。

(5)公路—Ⅰ级和公路—Ⅱ级汽车荷载采用相同的车辆荷载标准值,车辆荷载的立面、平面布置如图1-4-2所示,其主要技术指标规定见表1-4-3。

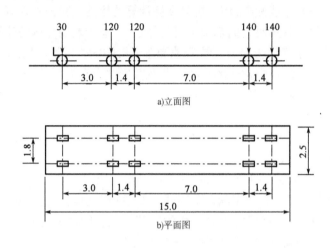

图1-4-2 车辆荷载布置图(荷载单位:kN;尺寸单位:m)

车辆荷载主要技术指标 表1-4-3

项 目	单 位	技 术 指 标
车辆重力标准值	kN	550
前轴重力标准值	kN	30
中轴重力标准值	kN	2×120
后轴重力标准值	kN	2×140
轴距	m	3+1.4+7+1.4
轮距	m	1.8
前轮着地宽度及长度	m	0.3×0.2
中、后轮着地宽度及长度	m	0.6×0.2
车辆外形尺寸(长×宽)	m	15×2.5

(6)车道荷载横向分布系数应根据设计车道数按图1-4-3所示布置车辆荷载进行计算。

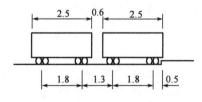

图1-4-3 车辆荷载横向布置(尺寸单位:m)

(7)桥涵设计车道数应符合表1-4-4的规定。横桥向布置多车道汽车荷载时,应考虑汽车荷载的折减;布置一条车道汽车荷载时,应考虑汽车荷载的提高。横向车道布载系数应符合表1-4-5的规定。多车道布载的荷载效应不得小于两条车道布载的荷载效应。

(8)对于大跨径桥梁,应考虑车道荷载纵向折减。

当桥梁计算跨径大于150m时,应按表1-4-6规定的纵向折减系数进行折减。当桥梁为多跨连续结构时,整个结构应按其最大计算跨径的纵向折减系数进行折减。

桥梁设计车道数　　　　　　　　　　　　　　　　　　　表1-4-4

桥面宽度 W(m)		桥涵设计车道数(条)
单向行驶桥梁	双向行驶桥梁	
$W<7.0$		1
$7.0 \leqslant W<10.5$	$6.0 \leqslant W<14.0$	2
$10.5 \leqslant W<14.0$		3
$14.0 \leqslant W<17.5$	$14.0 \leqslant W<21.0$	4
$17.5 \leqslant W<21.0$		5
$21.0 \leqslant W<24.5$	$21.0 \leqslant W<28.0$	6
$24.5 \leqslant W<28.0$		7
$28.0 \leqslant W<31.5$	$28.0 \leqslant W<35.0$	8

横向车道布载系数　　　　　　　　　　　　　　　　　　　表1-4-5

设计车道数目	1	2	3	4	5	6	7	8
横向折减系数	1.20	1.00	0.78	0.67	0.60	0.55	0.52	0.50

纵 向 折 减 系 数　　　　　　　　　　　　　　　　　　　表1-4-6

计算跨径 L(m)	$150<L<400$	$400 \leqslant L<600$	$600 \leqslant L<800$	$800 \leqslant L<1\,000$	$L \geqslant 1\,000$
纵向折减系数	0.97	0.96	0.95	0.94	0.93

2.汽车荷载冲击力

(1)钢桥、钢筋混凝土及预应力混凝土桥、圬工拱桥等上部构造和钢支座、板式橡胶支座、盆式橡胶支座及钢筋混凝土柱式墩台,应计算汽车的冲击作用。

(2)填料厚度(包括路面厚度)大于或等于0.5m的拱桥、涵洞以及重力式墩台不计冲击力。

(3)支座的冲击力,按相应的桥梁取用。

(4)汽车荷载的冲击力标准值为汽车荷载标准值乘以冲击系数μ。

(5)冲击系数μ可按下式计算:

当$f<1.5\text{Hz}$时,$\mu=0.05$;

当$1.5\text{Hz} \leqslant f \leqslant 14\text{Hz}$时,$\mu=0.176\,7\ln f-0.015\,7$;

当$f>14\text{Hz}$时,$\mu=0.45$。

其中,f为结构基频(Hz)。

(6)汽车荷载的局部加载及在T梁、箱梁悬臂板上的冲击系数采用0.3。

3.汽车离心力

车辆在弯道桥梁上行驶时会产生离心力,曲线半径越小,离心力越大。离心力标准值为车辆荷载(不计冲击力)标准值乘以离心力系数C。离心力系数按下式计算:

$$C=\frac{v^2}{127R} \quad (1\text{-}4\text{-}1)$$

式中:v——设计速度(km/h),按桥梁所在路线设计速度采用;

R——曲线半径(m)。

离心力的着力点在桥面以上 1.2m 处(为计算简便,也可以移至桥面上,不计由此引起的作用效应)。计算多车道桥梁的汽车荷载离心力时,车辆荷载标准值应乘以表 1-4-5 规定的横向车道布载系数。

4.汽车引起的土侧压力

汽车荷载作用在桥台或挡土墙后填土上,将引起填土的破坏棱体对桥台或挡土墙的土侧压力,土侧压力可按下式换算成等代均布土层厚度 $h(m)$:

$$h = \frac{\sum G}{Bl_0\gamma} \quad (1\text{-}4\text{-}2)$$

式中:γ——土的重度(kN/m^3);

l_0——桥台或挡土墙后填土的破坏棱体长度(m);

B——桥台横向全宽或挡土墙的计算长度(m);

$\sum G$——布置在 $B \cdot l_0$ 面积内的车轮的总重力(kN)。

计算涵洞顶上车辆荷载引起的竖向土压力时,车轮荷载按其着地面积的边缘向下作 30°角扩散分布。

5.汽车制动力

(1)汽车荷载制动力按同向行驶的汽车荷载(不计冲击力)计算,并应按表 1-4-6 的规定,以使桥梁墩台产生最不利纵向力的加载长度进行纵向折减。

①一个设计车道上由汽车荷载产生的制动力标准值按规定的车道荷载标准值在加载长度上计算的总重力的 10% 计算,但公路—Ⅰ级汽车荷载的制动力标准值不得小于 165kN,公路—Ⅱ级汽车荷载的制动力标准值不得小于 90kN;

②同向行驶双车道的汽车荷载制动力标准值应为一个设计车道制动力标准值的 2 倍,同向行驶三车道应为一个设计车道的 2.34 倍,同向行驶四车道应为一个设计车道的 2.68 倍。

(2)制动力的着力点在桥面以上 1.2m 处,计算墩台时,可移至支座中心线或支座底座面上。计算刚构桥、拱桥时,制动力的着力点可移至桥面上,但不应因此而产生的竖向力和力矩。

(3)设有板式橡胶支座的简支梁、连续桥面简支梁或连续梁排架式柔性墩台,应根据支座与墩台的抗推刚度的刚度集成情况分配和传递制动力。设有板式橡胶支座的简支梁刚性墩台,应该按单跨两端的板式橡胶支座的抗推刚度分配制动力。

(4)设有固定支座、活动支座(滚动或摆动支座、聚四氟乙烯板支座)的刚性墩台传递的制动力,按《公桥规》相关规定计算。

6.人群荷载

(1)人群荷载的标准值应根据表 1-4-7 采用,对跨径不等的连续结构,计算跨径以最大者为准。

人群荷载标准值 表 1-4-7

计算跨径 L_0(m)	$L_0 \leq 50$	$50 < L_0 < 150$	$L_0 \geq 150$
人群荷载(kN/m^2)	3.0	$3.25 \sim 0.005L_0$	2.5

①非机动车、行人密集地区的公路桥梁,人群荷载标准值取前述规定值的1.15倍;

②专用人行桥梁,人群荷载标准值为3.5kN/m²。

(2)人群荷载在横向应布置在人行道的净宽度内,在纵向施加于使结构产生最不利荷载效应的区段内。

(3)人行道板(局部构件)可以一块板为单元,按标准值4.0kN/m²的均布荷载计算。

(4)计算人行道栏杆时,作用在栏杆立柱顶上的水平推力标准值取0.75kN/m,作用在栏杆扶手上的竖向力标准值取1.0kN/m。

三、偶然作用

偶然作用是指桥梁结构设计基准期内不一定出现,而一旦出现其量值很大且持续时间较短的作用。桥梁设计考虑的偶然作用有船舶或漂流物的撞击作用和汽车的撞击作用。

(1)通航水域中的桥梁墩台,设计时应考虑船舶的撞击作用,其撞击作用设计值可按专题研究确定或依照《公桥规》相关规定。

当设有与墩台分开的防撞击的防护结构时,桥墩可不计船舶的撞击作用。内河船舶的撞击作用点,拟定为计算通航水位线以上2m的桥墩宽度或长度的中点。海轮船舶撞击作用点需视实际情况而定。

(2)有漂流物的水域中的桥梁墩台,设计时应考虑漂流物的撞击作用。其横桥向撞击力设计值可按《公桥规》相关规定计算,漂流物的撞击作用点假定在计算通航水位线上桥墩宽度的中点。

(3)桥梁结构必要时可考虑汽车的撞击作用。汽车撞击力设计值在车辆行驶方向应取1 000kN,在车辆行驶垂直方向应取500kN,两个方向的撞击力不同时考虑。撞击力应作用于行车道以上1.2m处,直接分布于撞击涉及的构件上。

对设有防撞设施的结构构件,可视防撞设施的防撞能力,对汽车撞击力设计值予以折减,但折减后的汽车撞击力设计值不应低于上述规定值的1/6。

(4)公路桥梁护栏应按现行《公路交通安全设施设计规范》(JTG D81)的有关规定执行。

四、地震作用

地震作用主要是指地震时强烈的地面运动引起的结构惯性力。地震作用的强弱不仅与地震时地面运动的强烈程度有关,还与结构的动力特性(频率与振型)有关。

公路桥梁地震作用应符合现行《公路工程抗震规范》(JTG B02)和《公路桥梁抗震设计细则》(JTG/T B02-01)的规定。

课后训练

1. 桥梁结构由哪几部分组成?
2. 桥梁的主要名词术语有哪些?区别净跨径、计算跨径、标准跨径、标准化跨径的概念。
3. 桥梁有哪几种分类方法?按桥梁的建设规模和结构体系划分,分别有哪几种?
4. 桥梁设计应满足哪些基本要求?
5. 对于跨河桥梁,如何确定桥梁的总跨径和分孔?

6. 确定桥梁各种控制高程时,应考虑哪些因素?

7. 确定桥面总宽时,应考虑哪些因素?

8. 请简要阐述桥梁设计前期工作阶段和设计工作阶段各自的主要内容。

9. 请阐述桥梁设计方案比选的过程及其成果应包含的主要内容。

10. 简述永久作用、可变作用、偶然作用和地震作用的含义。

11. 为什么车道很多或桥梁很长时,汽车荷载效应予以折减?

12. 汽车荷载的车道荷载和车辆荷载的含义是什么?

13. 现行的有关公路桥梁设计规范规定的汽车荷载分为哪几个等级?

学习情境二　工程结构设计

工作任务

1. 钢筋混凝土结构的基本概念及材料的物理力学性能；
2. 钢筋混凝土结构设计的基本原理；
3. 钢筋混凝土受弯构件正截面承载力计算；
4. 钢筋混凝土受弯构件斜截面承载力计算；
5. 钢筋混凝土受弯构件的应力、裂缝与变形验算；
6. 钢筋混凝土受压构件承载力计算。

学习目标

1. 描述钢筋混凝土结构的基本概念及特点；
2. 描述钢筋混凝土结构设计的基本原理；
3. 知道钢筋混凝土受弯构件正截面承载力的计算方法；
4. 知道钢筋混凝土受弯构件斜截面承载力的计算方法；
5. 知道钢筋混凝土受弯构件在施工阶段的应力计算方法；
6. 描述钢筋混凝土受弯构件变形和裂缝计算的方法；
7. 能运用设计规范、手册进行T形梁的截面设计和承载力验算；
8. 能运用设计规范、手册进行受弯构件在施工阶段的应力计算；
9. 能运用设计规范、手册进行受弯构件变形和裂缝计算。

任务描述

本学习情境主要介绍了材料力学性能、设计原则和基本构件的设计计算三部分内容。本学习情境不仅要解决结构的强度和变形的计算问题，而且要进一步解决构件的设计问题，包括结构方案、构件选型、材料选择、承载力及变形计算、构造要求等。学生在学习本课程时，应沿着如下流程进行学习：

材料力学性能 → 设计原则 → 构件构造要求 → 构件破坏特点和受力性能 → 构件承载力计算方程 → 构件截面设计或承载力计算

任务一 钢筋混凝土结构的基本概念及材料的物理力学性能

一、钢筋混凝土结构的基本概念及特点

1. 钢筋混凝土结构的一般概念

1)基本概念

钢筋混凝土是指由钢筋和混凝土两种力学性能完全不同的材料所组成的结构材料。

混凝土作为人工石材,像天然石材一样,其抗压强度很高,但抗拉强度较低;而钢材的抗压强度和抗拉强度均很高,并且延性很好。在工程中,素混凝土构件的抗拉强度较低,破坏时呈明显的脆性,并且抵抗动荷载的性能较差,故素混凝土结构的应用受到一定限制。钢筋混凝土结构充分利用了混凝土和钢材的力学性能,在构件使用时的受拉区配置钢筋,可充分利用钢筋的抗拉强度,解决混凝土抗拉强度较低的不足;而在使用时,在受压区配置一定数量的钢筋,使钢筋和混凝土共同承受产生的压力,这样既可以减小截面尺寸,又可以提高构件的延性(图2-1-1)。

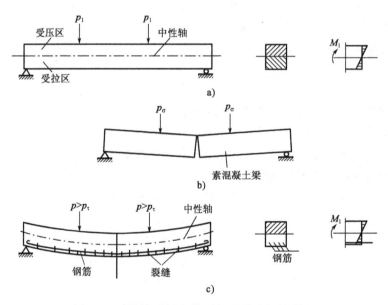

图2-1-1 素混凝土梁和钢筋混凝土梁的受力破坏情况

2)钢筋和混凝土共同工作的基础

钢筋和混凝土是两种物理力学性能完全不同的材料,它们能有效地结合在一起共同工作的主要原因有:

(1)钢筋和混凝土之间存在着黏结力。混凝土结硬以后能够和钢筋可靠地结合在一起,从而可以保证在荷载的作用下,钢筋和周围混凝土能够共同变形。

(2)钢筋和混凝土的线膨胀系数相近。钢筋的线膨胀系数为$1.2 \times 10^{-5}/℃$,混凝土的线膨胀系数为$(1.0 \sim 1.5) \times 10^{-5}/℃$,两者数值相近。因此,当温度变化时,钢筋和混凝土之

间不会因产生较大的相对变形和温度应力而使黏结力破坏。

另外,混凝土对钢筋还有防锈作用。混凝土结硬后,包裹在混凝土中的钢筋只要具有足够的混凝土保护层厚度和裂缝控制,便不会锈蚀,因此使结构具有良好的耐久性。

2. 钢筋混凝土结构的特点

(1)钢筋混凝土结构除具有良好的共同工作性能外,还具有如下优点:合理用材、耐久性好、耐火性好、整体性好、结构刚性较好、取材容易、具有可模性。

(2)混凝土结构除了具有以上优点外,还存在以下缺点:结构自重大、抗裂性能差、结构拆除困难、施工费工费模,且受季节气候条件的限制。

二、混凝土

1. 混凝土的强度

1)混凝土的强度等级和立方体抗压强度

混凝土的强度等级可根据标准试件在标准条件下(温度为20℃±2℃,相对湿度为95%以上)养护28d,用标准试验方法测得的具有95%保证率的抗压强度确定。目前,国际上所用的标准试件有圆柱体和立方体两种,美国、加拿大和日本等国家采用的是圆柱体试件,我国采用的是边长为150mm的立方体试件。标准试验方法是指混凝土试件在试验过程中要采用恒定的加载速率:混凝土强度等级小于C30时,取0.3~0.5kPa/s;混凝土强度等级大于等于C30且小于C60时,取0.5~0.8kPa/s;混凝土强度等级大于等于C60时,取0.8~1.0kPa/s。试验时,混凝土试件上下两端面(即与试验机接触面)不涂刷润滑剂。具有95%保证率的立方体抗压强度称为立方体抗压强度标准值,用符号$f_{cu,k}$表示。

我国《公路钢筋混凝土及预应力混凝土桥涵设计规范》(JTG D62—2004),以下简称《公预规》。根据混凝土立方体抗压强度标准值$f_{cu,k}$,把混凝土强度划分为14个强度等级,分别为C15、C20、C25、C30、C35、C40、C45、C50、C55、C60、C65、C70、C75和C80,其中C表示混凝土,C后面的数字表示立方体抗压强度标准值,例如C15即表示$f_{cu,k}=15$MPa,混凝土强度等级的级差均为5MPa。

对混凝土试件单向施加压力时,试件竖向受压缩短,横向膨胀扩展。由于压力试验机垫板的弹性模量比混凝土试件大,所以垫板的横向变形比混凝土试件要小得多,因此,垫板与试件的接触面通过摩擦力限制了试件的横向变形,提高了试件的抗压强度。当试验机施加的压力达到极限压力值时,试件形成两个对角锥形的破坏面,如图2-1-2a)所示。若在试件的上下两端面涂刷润滑剂,那么在试验中试件与试验机垫板间的摩擦力将明显减小,因此,试件将较自由地产生横向变形,最后试件将因在沿着压力作用的方向产生数条大致平行的裂缝而破坏,如图2-1-2b)所示,这时所测得的抗压强度值明显较低。因此,试验方法对测定混凝土立方体抗压强度有较大的影响。标准的试验方法为不涂润滑剂。

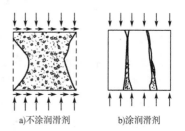

a)不涂润滑剂 b)涂润滑剂

图2-1-2 混凝土立方体抗压破坏情形

尺寸效应对测定混凝土立方体抗压强度也有较大的影响。对于同样配合比的混凝土,在其他试验条件相同的情况下,采用小尺寸试件所测得的抗压强度值较高。这是因为试件的尺寸越小,压力试验机垫板对它的约束作用越大,抗压强度就越高。因此,若采用边长为200mm和边长为100mm的试件,则所测得的立方体强度应分别乘以换算系数1.05和0.95来折算成边长为150mm的混凝土立方体抗压强度。

值得注意的是,通过标准试件试验测得的抗压强度,只是反映出在同等标准条件下混凝土的强度和质量水平,是划分混凝土强度等级的依据,但并不代表实际结构构件中混凝土的受力状态和性能。

混凝土的立方体抗压强度随着混凝土成型后龄期的增长而提高,而且前期提高的幅度较大,后期逐渐减缓。该过程一般均需延续数年后才能完成。如果混凝土所处环境是潮湿的,那么其延续的年限更长。

施加荷载的速度对混凝土立方体抗压强度也有影响,加载速度越快,抗压强度越高。

2)混凝土的轴心抗压强度

混凝土的抗压强度与试件的尺寸及其形状有关,而且实际受压构件一般都是棱柱体,为更好地反映构件的实际受压情况,采用棱柱体试件进行抗压试验,所测得的强度称为轴心抗压强度,用符号f_c表示。我国采用的棱柱体标准试件尺寸为$b \times b \times h = 150mm \times 150mm \times 300mm$。试件在标准条件下养护28d后,采取标准试验方法进行测试,试验时,试件的上下两端的表面均不涂刷润滑剂。试验装置及试件破坏情形如图2-1-3所示。

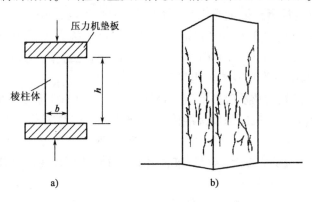

图2-1-3 混凝土棱柱体抗压试验和破坏情况

3)混凝土的抗拉强度

混凝土的轴心抗拉强度也是混凝土的一个基本力学性能指标,可用于分析混凝土构件的开裂、裂缝宽度、变形及计算混凝土构件的受冲切、受扭、受剪等承载力。混凝土的抗拉强度很低,一般为立方体抗压强度的1/18~1/8。

目前,尚未有统一的混凝土轴心抗拉标准试验方法。我国较多采用直接轴心拉伸试验(直接测试法)和劈裂试验(间接测试法)两种方法。

(1)轴心拉伸试验。轴心拉伸试验所采用的试件为$100mm \times 100mm \times 500mm$的棱柱体,在其两端设有埋入长度为150mm的$\phi 16$钢筋。试验机夹紧试件两端伸出的钢筋,并施加拉力使试件受拉,如图2-1-4所示。受拉破坏时,在试件中部产生横向裂缝,破坏截面上的平均拉应力即为轴心抗拉强度。因为混凝土的抗拉强度很低,影响因素又很多,显然要实现理想的均匀轴心受拉试验非常困难,因此,混凝土的轴心抗拉强度试验值往往具有很大的离散性。

(2)劈裂试验。由于做轴心受拉试验时要保证轴向拉力的对中十分困难,因此实际常常采用立方体或圆柱体劈裂试验来代替轴心拉伸试验,如图2-1-5所示。我国在做劈裂试验时常采用的试件为150mm×150mm×150mm的立方体标准试件,通过弧形钢垫条(垫条与试件之间垫以木质三合板垫层)施加竖向压力F。在试件的中间截面(除加载垫条附近很小的范围外),存在均匀分布的拉应力。当拉应力达到混凝土的抗拉强度时,试件被劈裂成两半。由此通过竖向力F换算抗拉强度。

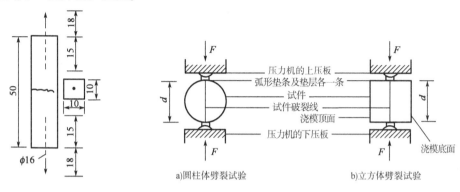

图2-1-4 混凝土轴心抗拉强度(尺寸单位:cm)

图2-1-5 劈裂试验测试混凝土抗拉强度

应注意的是,对于同一品质的混凝土,轴心拉伸试验与劈裂试验所测得的抗拉强度值并不相同。试验表明,劈裂抗拉强度值略大于直接拉伸强度值,而且与试件的大小有关。

4)混凝土轴心抗压(拉)强度标准值与设计值

材料强度标准值是考虑到同一批材料实际强度有时大有时小的这种离散性,为了统一材料质量要求而规定的材料极限强度的值。混凝土强度设计值主要用于承载能力极限状态设计的计算。概率极限状态设计方法规定强度设计值应用标准值除以材料分项系数而得。混凝土的材料分项系数$\gamma_c = 1.4$。不同强度等级混凝土强度设计值与强度标准值见表2-1-1。

混凝土强度设计值和标准值(单位:MPa) 表2-1-1

强度种类		符号	混凝土强度等级												
			C15	C20	C25	C30	C35	C40	C45	C50	C55	C60	C65	C70	C75	C80
强度设计值	轴心抗压	f_{cd}	6.9	9.2	11.5	13.8	16.1	18.4	20.5	22.4	24.4	26.5	28.5	30.5	32.4	34.6
	轴心抗拉	f_{td}	0.88	1.06	1.23	1.39	1.52	1.65	1.74	1.83	1.89	1.96	2.02	2.07	2.10	2.14
强度标准值	轴心抗压	f_{ck}	10.0	13.4	16.7	20.1	23.4	26.8	29.6	32.4	35.5	38.5	41.5	44.5	47.4	50.2
	轴心抗拉	f_{tk}	1.27	1.54	1.78	2.01	2.20	2.40	2.51	2.65	2.74	2.85	2.93	3.00	3.05	3.10

注:计算现浇钢筋混凝土轴心受压和偏心受压构件时,如截面的长边或直径小于300mm,表中数值应乘以系数0.8;当构件质量(混凝土成型、截面和轴线尺寸等)确有保证时,可不受此限。

2.混凝土的变形

混凝土的变形包括受力变形和体积变形两种。混凝土的受力变形是指混凝土在一次短期加载、长期荷载作用或多次重复循环荷载作用下产生的变形;而混凝土的体积变形是指混凝土自身在硬化收缩或环境温度改变时引起的变形。

1)混凝土在一次短期加载时的应力—应变曲线

对混凝土进行短期单向施加压力所获得的应力—应变关系曲线,即为单轴受压应力—应变曲线,它能反映混凝土受力全过程的重要力学特征和基本力学性能,是研究混凝土结构强度理论的必要依据,也是对混凝土进行非线性分析的重要基础。典型的混凝土单轴受压应力—应变曲线如图 2-1-6 所示。

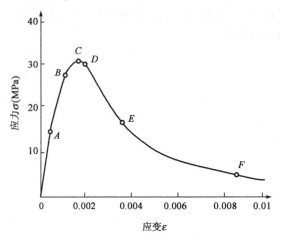

图 2-1-6　混凝土单轴受压应力—应变关系曲线

从图 2-1-6 中可看出:
(1)全曲线包括上升段和下降段两部分,以 C 点为分界点,每部分由三小段组成。
(2)图中各关键点:A 为比例极限点,B 为临界点,C 为峰点,D 为拐点,E 为收敛点,F 为曲线末梢。
(3)各小段的含义为:0A 段接近直线,应力较小,应变不大,混凝土的变形为弹性变形,原始裂缝影响很小;AB 段为微曲线段,应变的增长稍比应力快,混凝土处于裂缝稳定扩展阶段,其中 B 点的应力是确定混凝土长期荷载作用下抗压强度的依据;BC 段应变增长明显比应力增长快,混凝土处于裂缝快速不稳定发展阶段,其中 C 点的应力最大,即为混凝土极限抗压强度,与之对应的应变 $\varepsilon_0 \approx 0.002$ 为峰值应变;CD 段应力快速下降,应变仍在增长,混凝土中裂缝迅速发展且贯通,出现了主裂缝,内部结构破坏严重;DE 段应力下降变慢,应力增长较快,混凝土内部结构处于磨合和调整阶段,主裂缝宽度进一步增大,最后只依赖集料间的咬合力和摩擦力来承受荷载;EF 段为收敛段,此时试件中的主裂缝宽度快速增大,完全破坏了混凝土内部结构。

2)混凝土在重复荷载作用下的应力—应变曲线

混凝土在多次重复荷载作用下,其应力、应变性质与一次短期加载情况有显著不同。从图 2-1-7a)可以看出,初次卸载至应力为零时,应变不能全部恢复。可恢复的部分称之为弹性应变,弹性应变包括卸载时瞬时恢复应变和卸载后弹性后效两部分;不可恢复的部分称之为残余应变。

如以某一荷载等级多次重复对混凝土试件加载,随着加载、卸载次数的增加,残余应变会逐渐减小,一般重复 5~10 次后,应力—应变曲线就越来越闭合,并接近于一条直线,混凝土呈现弹性工作性质。如荷载再提高一个等级,残余应变又加大,但随着加载、卸载次数的增加,再次趋于闭合,如图 2-1-7b)所示。

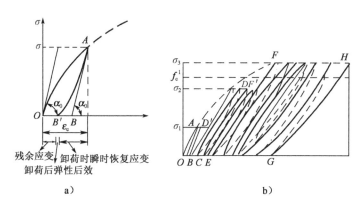

图 2-1-7 混凝土在重复荷载作用下的应力—应变曲线

重复加载到某一循环次数,由于混凝土内部微裂缝的存在和进一步发展,在试件内的缺陷处,局部应力集中,材料强度降低,最终产生脆性破坏,称为疲劳破坏。疲劳试验采用 100mm×100mm×300mm 或 150mm×150mm×450mm 的棱柱体。把能使棱柱体试件承受 200 万次及其以上循环荷载而发生破坏的压应力值称为混凝土的疲劳抗压强度。

3)混凝土在长期荷载作用下的变形

混凝土构件或材料在不变荷载或应力长期作用下,其变形或应变随时间而不断增长,这种现象称为混凝土的徐变。徐变的特性主要与时间有关,通常表现为前期增长快,以后逐渐减慢,经过 2~3 年后趋于稳定,如图 2-1-8 所示。

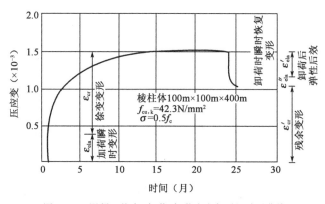

图 2-1-8 混凝土徐变(加荷、卸荷应变与时间关系曲线)

徐变主要由两种原因引起,一是混凝土具有黏性流动性质的水泥凝胶体,在荷载长期作用下产生黏性流动;二是混凝土中微裂缝在荷载长期作用下不断发展。当作用的应力较小时,主要由凝胶体引起;当作用的应力较大时,则主要由微裂缝引起。

徐变具有两面性,一是引起混凝土结构变形增大,导致预应力混凝土发生预应力损失,严重时还会引起结构破坏;二是徐变的发生对结构内力重分布有利,可以减小各种外界因素对超静定结构的不利影响,降低附加应力。

混凝土发生徐变的同时往往也有收缩产生,因此,在计算徐变时,应从混凝土的变形总量中扣除收缩变形,才能得到徐变变形。

影响混凝土徐变的因素是多方面的,包括混凝土的组成、配合比、水泥品种、水泥用量、集料特性、集料的含量、集料的级配、水灰比、外加剂、掺合料、混凝土的制作方法、养护条件、加载龄期、构件工作环境、受荷后应力水平、构件截面形状和尺寸、持荷时间等。

4) 混凝土的变形模量

混凝土的变形模量被广泛地用于计算混凝土结构的内力、构件截面的应力和变形以及分析预应力混凝土构件截面应力。但与弹性材料相比,混凝土的应力—应变关系呈现非线性性质,即在不同应力状态下,应力与应变的比值是一个变量。混凝土的变形模量有三种表示方法。

(1) 原点模量 E_c。原点模量也称弹性模量,在混凝土轴心受压的应力—应变曲线上,过原点作该曲线的切线,如图 2-1-9 所示,其斜率即为混凝土的原点切线模量,通常称为混凝土的弹性模量 E_c。

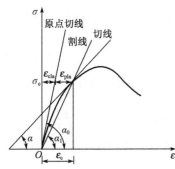

图 2-1-9　混凝土变形模量的表示方法

(2) 割线模量 E'_c。在混凝土的应力—应变曲线上任一点与原点连线,如图 2-1-9 所示,其割线斜率即为混凝土的割线模量 E'_c。

混凝土的割线模量是一个随应力不同而异的变量。在同样的应变条件下,混凝土强度越高,割线模量越大。

(3) 切线模量 E''_c。在混凝土的应力—应变曲线上任取一点,并作该点的切线,如图 2-1-9 所示,则其斜率即为混凝土的切线模量。

混凝土的切线模量也是一个变量,并随应力的增大而减小。对不同强度等级的混凝土,在应变相同的条件下,强度越高,切线模量越大。

(4) 混凝土的弹性模量。由于混凝土并非弹性材料,其应力—应变关系呈非线性,通过一次加载试验所得的曲线难以准确地确定混凝土的弹性模量 E_c。因此,可采用标准棱柱体试件,在 $\sigma = 0.5\text{N/mm}^2 \sim f_c^0/3$ 应力范围内(f_c^0 为棱柱体试件抗压强度),通过反复加载和卸载消除混凝土的塑性变形后,测定混凝土的弹性模量。经数理统计分析,得到混凝土弹性模量的计算公式为:

$$E_c = \frac{10^5}{2.2 + \dfrac{34.7}{f_{cu}^0}} \qquad (2\text{-}1\text{-}1)$$

式中:f_{cu}^0——混凝土立方体抗压强度试验值(N/mm^2)。设计应用时,应以混凝土立方体抗压强度标准值 $f_{cu,k}$ 代替 f_{cu}^0 计算混凝土弹性模量。

《公预规》所取用的混凝土受拉或受压弹性模量见表 2-1-2。

混凝土弹性模量(单位:10^4 MPa)　　　　表 2-1-2

混凝土强度等级	C15	C20	C25	C30	C35	C40	C45
E_c	2.20	2.55	2.80	3.00	3.15	3.25	3.35
混凝土强度等级	C50	C55	C60	C65	C70	C75	C80
E_c	3.45	3.55	3.60	3.65	3.70	3.75	3.80

5）混凝土的收缩与膨胀

混凝土硬化过程中体积的改变称为体积变形，它包括混凝土的收缩和膨胀两方面。混凝土在空气中结硬时，体积会减小，这种现象称为混凝土的收缩。相反地，混凝土在水中结硬时，体积会增大，这种现象称为混凝土的膨胀。混凝土的收缩是一种自发的变形，比其膨胀值大许多。因此，当收缩变形不能自由进行时，将在混凝土中产生拉应力，从而有可能导致混凝土开裂；预应力混凝土结构会因混凝土硬化收缩而引起预应力钢筋的预应力损失。混凝土的收缩是由凝胶体的体积凝结缩小和混凝土失水干缩共同引起的，收缩变形随时间的增长而增长，其规律如图 2-1-10 所示，早期发展较快，一个月内可完成收缩总量的 50%，而后发展渐缓，直至两年以上方可完成全部收缩，收缩应变总量为 $(2 \sim 5) \times 10^{-4}$，它是混凝土开裂时拉应变的 2~4 倍。

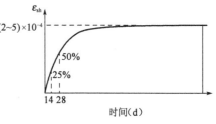

图 2-1-10 混凝土的收缩随时间发展的规律

影响混凝土收缩的主要因素有：水泥用量（用量越大，收缩越大）；水灰比（水灰比越大，收缩越大）；水泥强度等级（强度等级越高，收缩越大）；水泥品种（不同品种有不同的收缩量）；混凝土集料的特性（弹性模量越大，收缩越小）；养护条件（温、湿度越高，收缩越小）；混凝土成型后的质量（质量好，密实度高，则收缩小）；构件尺寸（小构件，则收缩大）等。显然，影响混凝土收缩的因素很多而且复杂，准确地计算收缩量十分困难，所以应采取一些技术措施来降低因收缩而引起的不利影响。

3. 混凝土的选用原则

为保证结构安全可靠、经济耐久，选择混凝土时，要综合考虑材料的力学性能、耐久性能、施工性能和经济性等方面的问题，按照《公预规》的要求进行选用。

（1）钢筋混凝土结构的混凝土的强度等级不应低于 C15；当采用 HRB335 级钢筋时，混凝土的强度等级不宜低于 C20；当采用 HRB400 和 KL400 级钢筋时，以及承受重复荷载的构件，混凝土强度等级不得低于 C20。

（2）预应力混凝土结构的混凝土的强度等级不应低于 C30；当采用钢绞线、钢丝、热处理钢筋作预应力钢筋时，混凝土的强度等级不宜低于 C40。

（3）当采用山砂混凝土或高炉矿渣混凝土时，尚应符合专门标准的规定。

三、钢筋

钢筋在混凝土结构中起到提高其承载能力、改善其工作性能的作用。了解钢筋的品种及其力学性能是合理选用钢筋的基础，而合理选用钢筋是混凝土结构设计的前提。混凝土结构中使用的钢材不仅要求有较高的强度、良好的变形性能（塑性）和可焊性，而且与混凝土之间应有良好的黏结性能，以保证钢筋与混凝土能很好地共同工作。

1. 钢筋的品种

混凝土结构中使用的钢筋，按化学成分可分为碳素钢和普通低合金钢两大类；按生产工艺和强度可分为热轧钢筋、中高强钢丝、钢绞线和冷加工钢筋；按表面形状可分为光圆钢筋和带肋钢筋等。在一些大型的、重要的混凝土结构或构件中，也可以将型钢置入混凝土中形成劲性钢筋。

碳素钢除含有铁元素外,还含有少量的碳、锰、硅、磷、硫等元素。含碳量越高,钢材的强度越高,但变形性能和可焊性也越差。碳素钢通常可分为低碳钢(含碳量小于0.25%)和高碳钢(含碳量为0.6%~1.4%)。碳素钢中加入少量的合金元素,如锰、硅、镍、钛、钒等,可生成普通低合金钢,如20MnSi、20MnSiV、20MnSiNb、20MnTi等。

《公预规》规定混凝土结构中使用的钢筋主要有热轧钢筋、热处理钢筋和钢丝、钢绞线等。

1) 热轧钢筋

热轧钢筋主要用于钢筋混凝土结构中,也用于预应力混凝土结构中作为非预应力钢筋使用。常用热轧钢筋按其强度,由低到高分为 HPB235、HRB335、HRB400 和 KL400 四种,其中,HPB235 钢筋为低碳钢,其余均为普通低合金钢。KL400 钢筋为余热处理钢筋,其屈服强度与 HRB400 级钢筋的相同,但热稳定性能不如 HRB400 钢筋,焊接时在热影响区强度有所降低。

除 HPB235 钢筋外形为光面圆钢筋外,其余强度较高的钢筋均为表面带肋钢筋,带肋钢筋的表面肋形主要有月牙纹和等高肋(螺纹、人字纹),如图 2-1-11 所示。

a) 光圆钢筋　　　　　b) 月牙肋钢筋　　　　　c) 等高肋钢筋

图 2-1-11　混凝土结构用热轧钢筋的表面形式

等高肋钢筋中螺纹钢筋和人字纹钢筋的纵肋和横肋都相交,差别在于螺纹钢筋表面的肋形方向一致,而人字纹钢筋表面的肋形方向不一致,形成人字。月牙纹钢筋表面无纵肋,横肋在钢筋横截面上的投影呈月牙状。月牙纹钢筋与混凝土的黏结性能略低于等高肋钢筋,但仍能保证良好的黏结性能,其锚固延性及抗疲劳性能等优于等高肋钢筋,因此其成为目前主流生产的带肋钢筋。

2) 热处理钢筋、钢丝和钢绞线

热处理钢筋、消除应力钢丝和钢绞线都是高强钢筋,主要用于预应力混凝土结构中。

热处理钢筋[图 2-1-12a)]是将特定强度的热轧钢筋,如 $40Si_2Mn$、$48Si_2Mn$ 和 $45Si_2Cr$,再通过加热、淬火和回火等调质工艺处理制成。钢筋经热处理后,强度大幅度提高,塑性降低,应力—应变曲线没有明显的屈服点,焊接时热影响区的强度降低。

消除应力钢丝分光面钢丝、刻痕钢丝和螺旋肋钢丝三种[图 2-1-12b)、图 2-1-12c)]。钢绞线是由多根高强钢丝捻制在一起经过低温回火处理清除内应力后而制成,有 3 股和 7 股两种[图 2-1-12d)]。钢丝和钢绞线不能采用焊接方式连接。

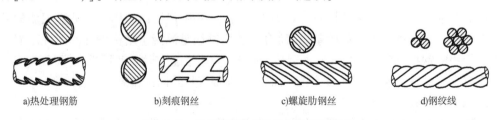

a) 热处理钢筋　　　b) 刻痕钢丝　　　c) 螺旋肋钢丝　　　d) 钢绞线

图 2-1-12　热处理钢筋、消除应力钢丝和钢绞线

2. 钢筋的力学性能

钢筋的力学性能指钢筋的强度和变形性能。钢筋的强度和变形性能可以由钢筋单向拉

伸的应力—应变曲线来分析说明。钢筋的应力—应变曲线可以分为两类：一是有明显流幅的，即有明显屈服点和屈服台阶的；二是没有流幅的，即没有明显屈服点和屈服台阶的。热轧钢筋属于有明显流幅的钢筋，强度相对较低，但变形性能好；热处理钢筋、钢丝和钢绞线等属于无明显屈服点的钢筋，强度高，但变形性能差。

1）有明显屈服点钢筋单向拉伸的应力—应变曲线

有明显屈服点钢筋单向拉伸的应力—应变曲线见图2-1-13。曲线由三个阶段组成：弹性阶段、屈服阶段和强化阶段。在 a 点以前的阶段称弹性阶段，a 点称为比例极限点。在 a 点以前，钢筋的应力随应变成比例增长，即钢筋的应力—应变关系为线性关系；过 a 点后，应变增长速度大于应力增长速度，应力增长较小的幅度后达到 b 点，钢筋开始屈服。随后应力稍有降低达到 c 点，钢筋进入流幅阶段，曲线接近水平线，应力不增加而应变持续增加。b 点和 c 点分别称为上屈服点和下屈服点。上屈服点不稳定，受加载速度、截面形式和表面光洁度等因素的影响；下屈服点一般比较稳定，所以一般以下屈服点对应的应力作为有明显屈服点钢筋的屈服强度。

经过流幅阶段达到 c 点后，钢筋的弹性会有部分恢复，钢筋的应力会有所增加，达到最大点 d，应变大幅度增加，此阶段为强化阶段，最大点 d 对应的应力称为钢筋的极限强度。达到极限强度后，继续加载，钢筋会在 e 点处开始出现"颈缩"现象，最后在 f 点，钢筋在"颈缩"处被拉断。

尽管热轧低碳钢和低合金钢都属于有明显屈服点的钢筋，但不同强度等级的钢筋的屈服台阶的长度是不同的，强度越高，屈服台阶的长度越短，塑性越差。

2）无明显屈服点钢筋单向拉伸的应力—应变曲线

无明显屈服点钢筋单向拉伸的应力—应变曲线见图2-1-14。其特点是没有明显的屈服点，钢筋被拉断前，钢筋的应变较小。对于无明显屈服点的钢筋，《混凝土结构设计规范》（GB 50010—2010）规定以极限抗拉强度的85%（$0.85\sigma_b$）作为名义屈服点，用 $\sigma_{0.2}$ 表示。此点的残余应变为0.002。

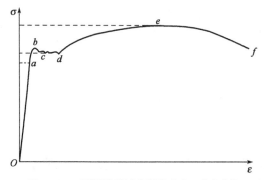

图2-1-13 有明显屈服点钢筋的应力—应变曲线

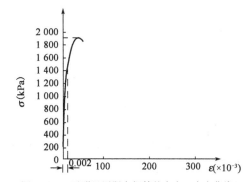

图2-1-14 无明显屈服点钢筋的应力—应变曲线

3）钢筋的冷加工

在常温下采用冷拉、冷拔、冷轧和冷轧扭等方法，对热轧钢筋进行加工处理，称为钢筋的冷加工。以此得到的钢筋分别称为冷拉钢筋、冷拔钢筋、冷轧带肋钢筋和冷轧扭钢筋。钢筋经冷加工处理后强度会提高，因此可以节省钢材。但是，冷加工在提高钢筋强度的同时，会使钢筋的变形性能显著降低，除冷拉钢筋仍有明显屈服点外，其他钢筋均无明显屈服点。同时,冷加工钢筋在焊接热影响区的强度会降低,热稳定性较差。因此,冷加工的钢筋目前已不再是结构设计中鼓励采用的钢筋,使用时应符合专门规定。

4) 钢筋的力学性能指标

混凝土结构中所使用的钢筋,既要有较高的强度,能提高混凝土结构或构件的承载能力,又要有良好的塑性,能改善混凝土结构或构件的变形性能。衡量钢筋强度的指标有屈服强度和极限强度,衡量钢筋塑性性能的指标有延伸率和冷弯性能。

(1) 屈服强度与极限强度。钢筋的屈服强度是混凝土结构构件设计的重要指标。如上所述,钢筋的屈服强度是钢筋应力—应变曲线下屈服点对应的强度(有明显屈服点的钢筋)或名义屈服点对应的强度(无明显屈服点的钢筋)。达到屈服强度时,钢筋的强度还有富余,是为了保证混凝土结构或构件正常使用状态下的工作性能和偶然作用下(如地震作用)的变形性能。钢筋拉伸应力—应变曲线对应的最大应力为钢筋的极限强度。

(2) 延伸率与冷弯性能。钢筋拉断后的伸长值与原长的比值称为钢筋的伸长率。国家标准规定了合格钢筋在给定标距(量测长度)下的最小延伸率,分别用 A_{10} 或 A_5 表示。A 表示断后伸长率,下标分别表示标距为 $10d$ 和 $5d$,d 为被检钢筋直径。一般 A_5 大于 A_{10},因为残留应变主要集中在"颈缩"区域,而"颈缩"区域与标距无关。

为增加钢筋与混凝土之间的锚固性能,混凝土结构中的钢筋往往需要弯折。有脆化倾向的钢筋在弯折过程中容易发生脆断或裂纹、脱皮等现象,而通过拉伸试验不能检验其脆化性质,应通过冷弯试验来检验。合格的钢筋经绕直径为 $D[D = d$(HPB235)、$3d$(HRB335、HRB400)]的弯芯弯曲到规定的角度 α 后,钢筋应无裂纹、脱皮现象。钢筋塑性越好,钢辊直径 D 可越小,冷弯角可越大(图 2-1-15)。冷弯可检验钢筋弯折加工性能,且更能综合反映钢材性能的优劣。

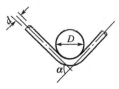

图 2-1-15 钢筋的弯曲试验
α-弯曲角度;D-弯芯半径

3. 混凝土结构对钢筋性能的要求

混凝土结构对钢筋性能的要求主要有以下四个方面。

(1) 强度高。使用强度高的钢筋可以节省钢材,取得较好的经济效益。但混凝土结构中,钢筋能否充分发挥其高强度,取决于混凝土构件截面的应变。钢筋混凝土结构中受压钢筋所能达到的最大应力为 400MPa,因此选用设计强度超过 400MPa 的钢筋,并不能充分发挥其高强度;钢筋混凝土结构中若使用高强度受拉钢筋,在正常使用条件下,要使钢筋充分发挥其强度,混凝土结构的变形与裂缝就会不满足正常使用要求,所以高强度钢筋只能用于预应力混凝土结构中。

(2) 变形性能好。为了保证混凝土结构构件具有良好的变形性能,在破坏前能给出即将破坏的预兆,不发生突然的脆性破坏,因此要求钢筋有良好的变形性能,并通过延伸率和冷弯试验来检验。HPB235、HRB335 和 HRB400 热轧钢筋的延性和冷弯性能很好;钢丝和钢绞线具有较好的延性,但不能弯折,只能以直线或平缓曲线应用;余热处理 KL400 钢筋的冷弯性能也较差。

(3) 可焊性好。混凝土结构中钢筋需要连接,连接可采用机械连接、焊接和搭接,其中焊接是一种主要的连接形式。可焊性好的钢筋焊接后不会产生裂纹及过大的变形,焊接接头有良好的力学性能。钢筋焊接质量除了外观检查外,一般通过直接拉伸试验检验。

(4) 与混凝土有良好的黏结性能。钢筋和混凝土之间必须有良好的黏结性能才能保证两者共同工作。钢筋的表面形状是影响钢筋和混凝土之间黏结性能的主要因素。

四、钢筋与混凝土之间的黏结

1. 钢筋与混凝土之间的黏结机理

1) 钢筋与混凝土黏结的作用

钢筋与混凝土黏结是保证钢筋和混凝土组成混凝土结构或构件并能共同工作的前提。如果钢筋和混凝土不能良好地黏结在一起，混凝土构件受力变形后，在小变形的情况下，钢筋和混凝土不能协调变形；在大变形的情况下，钢筋不能很好地锚固在混凝土结构中。

钢筋与混凝土之间的黏结性能可以用两者界面上的黏结应力来说明。当钢筋与混凝土之间有相对变形（滑移）时，其界面上会产生沿钢筋轴线方向的相互作用力，这种作用力称为黏结应力。

在混凝土结构设计中，钢筋伸入支座或在连续梁顶部负弯矩区段的钢筋截断时，应将钢筋延伸一定的长度，这就是钢筋的锚固。只有钢筋有足够的锚固长度，才能积累足够的黏结力，使钢筋能承受拉力。

2) 黏结力的组成

钢筋与混凝土之间的黏结力与钢筋表面的形状有关。

(1) 光圆钢筋与混凝土之间的黏结作用主要有化学胶着力、摩阻力和机械咬合力。化学胶着力是由水泥浆体在硬化前对钢筋氧化层的渗透、硬化过程中晶体的生长等产生的。化学胶着力一般较小，当混凝土和钢筋界面发生相对滑动时，化学胶着力会消失。混凝土硬化会发生收缩，从而对其中的钢筋产生径向的握裹力，在握裹力的作用下，当钢筋和混凝土之间有相对滑动或有滑动趋势时，钢筋与混凝土之间产生摩阻力。摩阻力的大小与钢筋表面的粗糙程度有关，钢筋表面越粗糙，摩阻力越大。机械咬合力是由钢筋表面的凹凸不平与混凝土咬合嵌入产生的。轻微腐蚀的钢筋其表面有凹凸不平的蚀坑，摩阻力和机械咬合力较大。

光圆钢筋与混凝土之间的黏结力主要由化学胶着力和摩阻力组成，相对较小。光圆钢筋的直接拔出试验表明，达到抗拔极限状态时，钢筋直接从混凝土中拔出，滑移大。为了增加光圆钢筋与混凝土之间的锚固性能，减少滑移，光圆钢筋的端部要加弯钩或其他机械锚固措施。

(2) 带肋钢筋与混凝土之间的黏结也由化学胶着力、摩阻力和机械咬合力三部分组成。但是，带肋钢筋表面的横肋嵌入混凝土内并与之咬合，能显著提高钢筋与混凝土之间的黏结性能，见图 2-1-16。

在拉拔力的作用下，钢筋的横肋对混凝土形成斜向挤压力，此力可分解为沿钢筋表面的切向力和沿钢筋径向的环向力。当荷载增加时，钢筋周围的混凝土首先出现斜向裂缝，钢筋横肋前端的混凝土被压碎，形成肋前挤压面。同时，在径向力的作用下，混凝土产生环向拉应力，最终导致混凝土保护层发生劈裂破坏。如混凝土的保护层较大，混凝土不会在径向力作用下产生劈裂破坏，而是达抗拔极限状态时，肋前端的混凝土完全挤碎而拔出，产生剪切型破坏。因此，带肋钢筋的黏结性能明显地优于光圆钢筋，有良好的锚固性能。

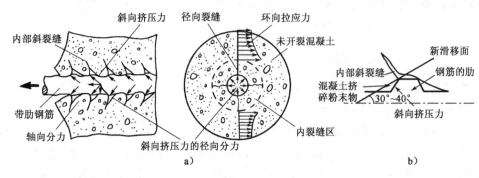

图 2-1-16 带肋钢筋与混凝土的黏结机理

3) 确保黏结强度的措施

影响钢筋与混凝土黏结性能的因素很多,主要有钢筋的表面形状、混凝土强度及其组成成分、浇筑位置、保护层厚度、钢筋净间距、横向钢筋约束和横向压力作用等。

为了保证钢筋与混凝土之间有足够的黏结力,可以采取以下措施:

(1) 选用适宜强度等级的混凝土。试验表明,当其他条件基本相同时,黏结强度与混凝土抗拉强度近乎成正比。

(2) 采用变形钢筋,加强钢筋与混凝土的机械咬合作用。

(3) 光圆受拉钢筋的端部应做成弯钩,增加钢筋在混凝土内的抗滑移能力及钢筋端部的锚固作用。

(4) 绑扎钢筋的接头必须有足够的搭接长度。采用绑扎接头的方法连接两根钢筋时,钢筋的内力是依靠钢筋和混凝土间的黏结力来传递的。

(5) 保证受力钢筋具有足够的锚固长度,使钢筋牢固地锚固在混凝土中。

(6) 钢筋周围的混凝土应有足够的厚度。混凝土保护层和钢筋间距对确保黏结强度作用甚大。

(7) 设置一定数量的横向钢筋,可延缓混凝土沿受力钢筋纵向劈裂裂缝的发展和限制劈裂裂缝的宽度,从而可以提高黏结应力。

2. 钢筋的连接

1) 钢筋连接的原则

由于结构中实际配置的钢筋长度与供货长度不一致,因此将产生钢筋的连接问题。钢筋的连接需要满足承载力、刚度、延性等基本要求,以便实现结构对钢筋的整体传力。常见的钢筋连接形式有绑扎搭接、机械连接和焊接,应遵循如下基本设计原则:

(1) 接头应尽量设置在受力较小处,以降低接头对钢筋传力的影响程度。

(2) 在同一钢筋上宜少设连接接头,以避免过多地削弱钢筋的传力性能。

(3) 同一构件相邻纵向受力钢筋的绑扎搭接接头宜相互错开,限制同一连接区段内接头钢筋面积率,以避免变形、裂缝集中于接头区域而影响传力效果。

(4) 在钢筋连接区域应采取必要的构造措施,如适当增加混凝土保护层厚度或调整钢筋间距,保证连接区域的配箍,以确保对被连接钢筋的约束,避免连接区域的混凝土出现纵向劈裂。

2）绑扎搭接连接

钢筋的绑扎搭接连接利用了钢筋与混凝土之间的黏结锚固作用，因比较可靠且施工简便而得到广泛应用。但是，因直径较大的受力钢筋绑扎搭接容易产生裂缝，故受拉钢筋直径大于28mm、受压钢筋直径大于32mm时不宜采用绑扎搭接。轴心受拉及小偏心受拉构件的纵向钢筋，因构件截面较小且钢筋拉应力相对较大，为防止连接失效引起结构破坏等严重后果，故不得采用绑扎搭接。承受疲劳荷载的构件，为避免其纵向受拉钢筋接头区域的混凝土因疲劳破坏而引起连接失效，也不得采用绑扎搭接接头。

在任何情况下，纵向受拉钢筋绑扎搭接接头的搭接长度均不应小于300mm。构件中的纵向受压钢筋，当采用搭接连接时，应取受拉钢筋绑扎接头搭接长度的70%，且不应小于200mm。

在纵向受力钢筋搭接接头范围内应配置箍筋，其直径不应小于搭接钢筋较大直径的1/4。当钢筋受拉时，箍筋间距不应大于搭接钢筋较小直径的5倍，且不应大于100mm；当钢筋受压时，箍筋间距不应大于搭接钢筋较小直径的10倍，且不应大于200mm。当受压钢筋直径大于25mm时，尚应在搭接接头两个端面外100mm范围内各设置两个箍筋。

3）机械连接

钢筋的机械连接是通过连贯于两根钢筋外的套筒来实现传力，套筒与钢筋之间通过机械咬合力过渡。主要形式有：挤压套筒连接、锥螺纹套筒连接、镦粗直螺纹连接、滚轧直螺纹连接等。锥螺纹套筒连接如图2-1-17所示。

机械连接比较简便，是规范鼓励应用的钢筋连接形式，但与整体钢筋相比，其性能有所削弱，因此应用时应遵循如下规定：

（1）钢筋机械连接接头连接区段的长度为$35d$（d为纵向受力钢筋的较大直径），凡接头中点位于该连接区段长度内的机械连接接头均属于同一连接区段。

图2-1-17 锥螺纹钢筋的连接示意图

（2）在受拉钢筋受力较大处设置机械连接接头时，位于同一连接区段内的纵向受拉钢筋接头面积百分率不宜大于50%。

（3）直接承受动力荷载的结构构件中的机械连接接头，除应满足设计要求的抗疲劳性能外，位于同一连接区段内的纵向受力钢筋接头面积百分率不应大于50%。

（4）机械连接接头连接件的混凝土保护层厚度，宜满足纵向受力钢筋最小保护层厚度的要求。连接件间的横向钢筋净间距不宜小于25mm。

4）焊接

钢筋焊接是利用电阻、电弧或者燃烧的气体加热钢筋端头使之熔化，并用加压或填加熔融的金属焊接材料使之连成一体的连接方式，有闪光对焊[图2-1-18a)]、电弧焊[图2-1-18b)、图2-1-18c)]、气压焊、点焊等类型。焊接接头最大的优点是节省钢筋材料，接头成本低、尺寸小，基本不影响钢筋间距及施工操作，在质量有保证的情况下是很理想的连接形式。但是，需进行疲劳验算的构件，其纵向受拉钢筋不宜采用焊接接头；当直接承受吊车荷载的钢筋混凝土吊车梁、屋面梁及屋架下弦的纵向受拉钢筋必须采用焊接接头时，应符合有关规定。

图 2-1-18　钢筋焊接连接示意图

纵向受力钢筋焊接接头连接区段的长度为 $35d$（d 为纵向受力钢筋的较大直径）且不小于 500mm，凡接头中点位于该连接区段内的焊接接头均属于同一连接区段。位于同一连接区段内纵向受拉钢筋的焊接接头面积百分率不应大于 50%。

任务二　钢筋混凝土结构设计的基本原理

一、结构的功能要求和极限状态

1. 结构的功能要求

工程结构设计的基本目的是：在一定的经济条件下，结构在预定的使用期限内满足设计所预期的各项功能。结构的功能要求包括以下三点。

（1）安全性。结构在正常施工和正常使用时，能承受可能出现的各种作用，其中包括荷载引起的内力、振动过程中的恢复力以及由外加变形（如超静定结构的支座沉降）、约束变形（如温度变化或混凝土收缩引起的构件变形受到的约束）所引起的内力。结构在设计规定的偶然事件发生时和发生后，仍能保持必需的整体稳定性，不发生倒塌或连续破坏。

（2）适用性。在正常使用时，结构具有良好的工作性能，不发生过大的变形或宽度过大的裂缝，不产生影响正常使用的振动。

（3）耐久性。在正常维护下，结构具有足够的耐久性能，不发生钢筋锈蚀和混凝土严重风化等现象。所谓足够的耐久性能，系指结构在规定的工作环境中，在预定时期内，其材料性能的恶化不会导致结构出现不可接受的失效概率。从工程概念上讲，足够的耐久性能就是指在正常维护条件下结构能够正常使用到规定的设计使用年限。

显然，增大结构设计的余量，如加大结构构件的截面尺寸或钢筋数量，或提高对材料性能的要求，总是能够增加或改善结构的安全性、适应性和耐久性，但这将使结构造价提高，不符合经济的要求。因此，结构设计要根据实际情况，解决好结构可靠性与经济性之间的矛盾。既要保证结构具有适当的可靠性，又要尽可能降低造价，做到经济合理。

2. 结构的可靠性与可靠度

结构的可靠性是结构的安全性、适用性和耐久性的统称，是指结构在规定的时间（指设计基准期）内，在规定的条件（指结构设计时所确定的正常设计、正常施工和正常使用条件）下，完成预定功能的能力。

可靠度是指结构在规定的时间内，在规定的条件下，完成预定功能的概率，是度量结构可靠性的数量指标。

3. 设计基准期

所谓设计基准期，是为确定可变作用及与时间有关的材料性能取值而选用的时间参数。《公路工程结构可靠度设计统一标准》（GB/T 50283—1999）规定：桥梁结构取 100 年的设计基准期。设计基准期表示在这个时间域内结构的失效概率是有效的。结构的设计基准期虽与结构使用寿命有联系,但不等同。当结构使用年限超过设计基准期后,表明结构的失效概率将会比设计时的预期值大,但并不等于结构丧失功能或报废。

4. 结构的极限状态

整个结构或结构的一部分超过某一特定状态就不能满足设计规定的某一功能要求,此特定状态称为该功能的极限状态。极限状态是区分结构工作状态可靠或失效的标志。极限状态可分为承载能力极限状态和正常使用极限状态两类。

1) 承载能力极限状态

承载能力极限状态对应于结构或结构构件达到最大承载能力或不适于继续承载的变形。结构或结构构件出现下列状态之一时,应认为超过了承载能力极限状态:

(1) 整个结构或结构的一部分作为刚体失去平衡(如倾覆、过大的滑移等)。

(2) 结构构件或连接因超过材料强度而破坏(包括疲劳破坏),或因过度变形而不适于继续承载。

(3) 结构转变为机动体系(如超静定结构由于某些截面的屈服,使结构成为几何可变体系)。

(4) 结构或结构构件丧失稳定(如细长柱达到临界荷载发生压屈失稳而破坏等)。

2) 正常使用极限状态

正常使用极限状态对应于结构或结构构件达到正常使用或耐久性能的某项规定限值。结构或结构构件出现下列状态之一时,应认为超过了正常使用极限状态:

(1) 影响正常使用或外观的变形(如过大的挠度)。

(2) 影响正常使用或耐久性能的局部损坏(如不允许出现裂缝结构的开裂;对允许出现裂缝的构件,其裂缝宽度超过了允许限值)。

(3) 影响正常使用的振动。

(4) 影响正常使用的其他特定状态。

5. 结构的安全等级

承载能力极限状态涉及结构的安全问题,可能导致人员伤亡和大量财产损失,所以必须具有较高的可靠(安全度)或较低的失效率概率。《公预规》规定:承载能力极限状态,应根据桥涵破坏可能产生的后果的严重程度,划分为表 2-2-1 所示的三个安全等级进行设计。

公路桥涵结构的设计安全等级 表 2-2-1

安 全 等 级	破 坏 后 果	结构重要系数	桥 涵 类 型
一级	很严重	1.1	特大桥、重要大桥
二级	严重	1.0	大桥、中桥、重要小桥
三级	不严重	0.9	小桥、涵洞

6. 结构的设计状况

设计状况指代表一定时段的一组物理条件,设计应做到结构在该时段内不超越有关的极限状态。进行结构设计时,应根据结构在施工和使用中的环境条件和影响,区分下列三种设计状况。

(1) 持久状况:指结构的使用阶段,一般取与设计基准期相同的时间。该状况下,应进行桥涵承载能力极限状态和正常使用极限状态设计。

(2)短暂状况:指桥涵施工过程中承受临时性作用(或荷载)的状况。该状况下,仅做桥涵承载能力极限状态设计,必要时才做正常使用极限状态设计。

(3)偶然状况:指桥涵使用过程中偶然出现的(如罕遇的地震)状况。该状况下,仅做桥涵承载能力极限状态设计。

7. 作用效应及结构抗力

1)作用代表值、作用效应及作用效应设计值

(1)作用代表值:指结构或结构构件设计时,针对不同设计目的所采用的各种作用规定值,它包括作用标准值、准永久值和频遇值。

①作用标准值:指结构或构件设计时,采用的各种作用基本代表值。其值可根据作用在设计基准期内最大值概率分布的某一分位值确定。

②作用准永久值:指结构或构件按正常使用极限状态长期效应组合设计时,采用的另一种可变作用代表值。其值可根据在足够长观测期内作用任意时点概率分布的 0.5(或高于 0.5)分位值确定。

设计时所采用的各种作用的基本代表值,可根据作用在设计基准期内最大值概率分布的某一分位值确定。

③作用频遇值:指结构或构件按正常使用极限状态短期效应组合设计时,采用的一种可变作用代表值。其值可根据在足够长观测期内作用任意时点概率分布的 0.95 分位值确定。

(2)作用效应与作用效应设计值。作用效应是指结构对所受作用的反应,如弯矩、扭矩、位移等。作用效应设计值是指作用标准值效应与作用分项系数的乘积,包括作用分项系数和抗力分项系数两类。

(3)作用效应组合。

①基本组合:指承载能力极限状态设计时,永久作用设计值效应与可变作用设计值效应的组合。

②偶然组合:指承载能力极限状态设计时,永久作用标准值效应与可变作用某种代表值效应、一种偶然作用标准值效应的组合。

③作用短期效应组合:指正常使用极限状态设计时,永久作用标准值效应与可变作用频遇值效应的组合。

④作用长期效应组合:指正常使用极限状态设计时,永久作用标准值效应与可变作用准永久值效应的组合。

2)结构抗力

结构抗力 R 是指结构或构件承受作用效应的能力,如构件的承载力、刚度、抗裂度等。影响结构抗力的主要因素是材料性能(材料的强度、变形模量等物理力学性能)、几何参数(截面形状、面积、惯性矩等)以及计算模式的精确性等。由于材料性能的变异性、几何参数及计算模式精确性的不确定性,所以由这些因素综合而成的结构抗力也是随机变量。

二、我国公路桥涵设计规范规定的计算原则

1. 持久状况承载能力极限状态计算原则

《公预规》规定,桥梁结构的承载能力极限状态的计算以塑性理论为基础,设计原则是作

用效应最不利组合的设计值必须小于或等于结构抗力的设计值：

$$\left.\begin{array}{r}\gamma_0 S \leqslant R \\ R = R(f_d, a_d)\end{array}\right\} \quad (2\text{-}2\text{-}1)$$

上两式中：γ_0——桥梁结构的重要性系数，对于公路桥梁，安全等级为一级、二级、三级时，分别取 1.1、1.0、0.9；桥梁的抗震设计不考虑结构的重要性系数；

S——作用(或荷载)效应(其中汽车荷载应计入冲击系数)的组合设计值；当进行预应力混凝土连续梁等超静定结构的承载能力极限状态计算时，本式中的作用(或荷载)效应应改为 $\gamma_0 S + \gamma_p S_p$，其中，$S_p$ 为预应力(扣除全部预应力损失)引起的次效应，γ_p 为预应力分项系数，当预应力效应对结构有利时，取 $\gamma_p = 1.0$，对结构不利时，取 $\gamma_p = 1.2$；

R——构件承载力设计值；

$R(\cdot)$——构件承载力函数；

f_d——材料强度设计值。

(1)公路桥涵结构按承载能力极限状态设计时，应采用以下两种作用效应组合。

①基本组合。永久作用设计值效应与可变作用设计值效应相组合，其效应组合表达式为：

$$\gamma_0 S_{ud} = \gamma_0 \left(\sum_{i=1}^{m} \gamma_{Gi} S_{Gik} + \gamma_{Q1} S_{Q1k} + \psi_c \sum_{j=2}^{n} \gamma_{Qj} S_{Qjk} \right) \quad (2\text{-}2\text{-}2)$$

或

$$\gamma_0 S_{ud} = \gamma_0 \left(\sum_{i=1}^{m} S_{Gid} + S_{Q1d} + \psi_c \sum_{j=2}^{n} S_{Qjd} \right) \quad (2\text{-}2\text{-}3)$$

上两式中：γ_0——承载能力极限状态下作用基本组合的效应组合设计值；

S_{ud}——结构重要性系数，对于公路桥梁，安全等级为一级、二级、三级时，分别取 1.1、1.0、0.9；

γ_{Gi}——第 i 个永久作用的分项系数，按规范的规定采用；

γ_{Q1}——汽车荷载效应(含汽车冲击力、离心力)的分项系数，取 $\gamma_{Q1} = 1.4$，当某个可变作用在效应组合中其值超过汽车荷载效应时，则该作用取代汽车荷载，其分项系数应采用汽车荷载的分项系数；对专为承受某作用而设置的结构或装置，设计时该作用的分项系数取与汽车荷载同值；计算人行道板和人行道栏杆的局部荷载，其分项系数也与汽车荷载取同值；

γ_{Qj}——除汽车荷载、风荷载外的其他第 j 个其他可变荷载的分项系数，取 $\gamma_{Qj} = 1.4$，但风荷载外的分项系数取 $\gamma_{Qj} = 1.1$；

S_{Gik}、S_{Gid}——第 i 个永久荷载标准值和设计值的效应；

S_{Q1k}、S_{Q1d}——汽车荷载效应(含汽车冲击力、离心力)的标准值和设计值；

S_{Qjk}、S_{Qjd}——除汽车荷载(含汽车冲击力、离心力)外的其他第 j 个可变作用效应的标准值和设计值；

ψ_c——除汽车荷载(含汽车冲击力、离心力)外，其他可变荷载效应的组合系数，当永久作用与汽车荷载和人群荷载(或其他一种可变作用)组合时，人群荷载(或其他一种可变作用)的组合系数取 $\psi_c = 0.80$；除汽车荷载(含汽车冲击力、离心力)外尚有其他两种可变荷载参与组合时，其组合系数取 $\psi_c = 0.70$；

尚有三种可变荷载参与组合时,其组合系数取 $\psi_c = 0.60$;尚有四种可变荷载参与组合时,其组合系数取 $\psi_c = 0.50$。

②偶然组合。即永久作用标准值效应与可变作用某种代表值效应、一种偶然作用标准值效应相组合。偶然作用的分项系数取 1.0;与偶然作用同时出现的可变作用,可根据观测资料和工程经验取用适当的代表值。地震作用标准值及其表达式按现行《公路桥梁抗震设计细则》(JTG/T B02-01—2008)规定采用。

(2)正常使用极限状态设计时,根据不同的设计要求,应采用以下两种效应组合,即作用短期效应组合和作用长期效应组合。

①作用短期效应组合。即永久作用标准值效应与可变作用频遇值效应相组合,其效应组合表达式为:

$$S_{sd} = \sum_{i=1}^{m} S_{Gik} + \sum_{j=1}^{n} \psi_{1j} S_{Qjk} \tag{2-2-4}$$

式中:S_{sd}——荷载短期效应组合设计值;

S_{Gik}——第 i 个永久荷载标准值;

ψ_{1j}——第 j 个可变荷载的频遇值系数,汽车荷载(不计冲击力)$\psi_1 = 0.7$,人群荷载 $\psi_1 = 1.0$,风荷载 $\psi_1 = 0.75$,温度梯度作用 $\psi_1 = 0.8$,其他作用 $\psi_1 = 1.0$;

$\psi_{1j} S_{Qjk}$——第 j 个可变作用效应的频遇值。

②作用长期效应组合。即永久作用标准值效应与可变作用准永久值效应组合,其效应组合表达式为:

$$S_{ld} = \sum_{i=1}^{m} S_{Gik} + \sum_{j=1}^{n} \psi_{2j} S_{Qjk} \tag{2-2-5}$$

式中:S_{ld}——作用长期效应组合设计值;

S_{Gik}——第 i 个永久荷载标准值;

ψ_{2j}——第 j 个可变荷载的准永久值系数,汽车荷载(不计冲击力)$\psi_2 = 0.4$,人群荷载 $\psi_2 = 0.4$,风荷载 $\psi_2 = 0.75$,温度梯度作用 $\psi_2 = 0.8$,其他作用 $\psi_2 = 1.0$;

$\psi_{2j} S_{Qjk}$——第 j 个可变作用效应的准永久值。

2. 正常使用极限状态计算原则

(1)抗裂验算 $\sigma \leqslant \sigma_L$:应进行预应力混凝土受弯构件正截面和斜截面的抗裂验算,钢筋混凝土构件可不进行这项验算。

(2)裂缝宽度验算 $W_{tk} \leqslant W_L$:对于钢筋混凝土构件及容许出现裂缝的 B 类预应力混凝土构件,均应进行裂缝宽度验算。

(3)挠度验算 $f_d \leqslant f_L$:在设计钢筋混凝土和预应力混凝土构件时,必须保证其具有足够的刚度,避免因产生过大的变形(挠度)而影响使用,因此对结构的变形有所限制。

3. 混凝土结构的耐久性设计

1)混凝土结构耐久性概念

结构的耐久性是指结构在使用环境下,对物理的、化学的以及其他使结构材料性能恶化的各种侵蚀的抵抗能力。耐久的混凝土结构当暴露于使用环境中时,具有保持原有形状、质量和适用性的能力,不会由于保护层碳化或裂缝宽度过大而引起钢筋腐蚀,不因发生混凝土严重腐蚀破坏而影响结构的使用寿命。结构的耐久性与结构的使用寿命总是相联系的,结构的耐久性越好,使用寿命越长。混凝土结构的耐久性问题越来越受到人们的重视。在设计混凝土结构时,除了进行承载力计算、变形和裂缝验算外,还必须进行耐久性设计。

混凝土结构的耐久性设计,实质上是针对影响耐久性能的主要因素提出相应的对策。

2)影响混凝土结构耐久性的因素

影响混凝土结构耐久性的因素主要有内部和外部两个方面。内部因素主要有混凝土的强度、渗透性、保护层厚度、水泥品种和强度等级及用量,外加剂、集料的活性等;外部因素则主要有环境温度、湿度、CO_2含量、侵蚀性介质等。耐久性不好往往是内部的不完善性和外部的不利因素综合作用的结果,而结构缺陷往往是由设计不妥、施工不良引起的,也有因使用维修不当引起的。混凝土结构耐久性问题有:混凝土冻融破坏、碱—集料反应、侵蚀性介质腐蚀、机械磨损、混凝土碳化、钢筋锈蚀等。

(1)混凝土的冻融破坏。混凝土水化结硬后,内部有很多孔隙,非结晶水会滞留在这些孔隙中。在寒冷地区,由于低温时混凝土孔隙中的水冻结成冰后产生体积膨胀,引起混凝土结构内部损伤。在多次冻融作用下,混凝土结构内部损伤逐渐累积达到一定程度而引起宏观的破坏。破坏前期,混凝土强度和弹性模量降低,接着是混凝土由表及里的剥落。我国部分地区特别是北方地区的室外混凝土结构存在冻融破坏问题。与环境水接触较多的混凝土,如电厂的通风冷却塔、水厂的水池、外露阳台、水工结构等的冻融破坏相对严重。

当混凝土孔隙溶液中含有一定量的氯离子时,混凝土的冻融破坏将加剧。海港工程、使用化冰盐的混凝土高速公路、城市立交桥和停车场等均有此类问题。

(2)混凝土的碱—集料反应。混凝土碱—集料反应是指混凝土微孔中来自水泥、外加剂等的可溶性碱溶液和集料中某些活性组分之间的反应。发生碱—集料反应后,会在界面生成可吸水肿胀的凝胶或体积膨胀的晶体,使混凝土产生体积膨胀,严重时会发生开裂破坏。碱溶液还会浸入集料,在破碎加工时产生的裂缝中发生反应,使集料受肿胀力作用而破坏。

碱—集料反应分为两类:一类为碱—硅酸反应,指碱与集料中活性组分反应,生成碱硅酸盐凝胶,凝胶膨胀导致混凝土膨胀或开裂;另一类为碱—碳酸盐反应,指碱与集料中微晶体白云石反应,其生成物在白云石周围和周围基层之间的受限空间内结晶生长,使集料膨胀,进而使混凝土膨胀开裂。混凝土由于碱—硅酸反应破坏的特征是呈地图形裂缝,碱—碳酸反应造成的裂缝中还会有白色浆状物渗出。

(3)侵蚀性介质的腐蚀。在石化、化学、冶金及港湾等工程结构中,由于环境中化学侵蚀性介质的存在,对混凝土的腐蚀很普遍。常见的侵蚀性介质腐蚀如下。

硫酸盐侵蚀:对混凝土有侵蚀性的硫酸盐存在于某些地区的土壤、工业排放的固体或液体废弃物和海水中,当硫酸盐溶液与水泥石中的氢氧化钙及水化铝酸钙发生化学反应时,将生成钙矾石。当有CO_3^{2-}存在并处于高湿度的低温下时,还会生成硅灰石膏,产生体积膨胀,从而破坏混凝土。

酸腐蚀:酸不仅仅存在于化工企业,在地下水,特别是沼泽地区或泥炭地区也广泛存在碳酸及溶有CO_2的水。混凝土是碱性材料,遇到酸性物质会产生化学反应,使混凝土产生裂缝、脱落,并导致破坏。

海水腐蚀:海水中的Cl^-和硫酸镁对混凝土有较强的腐蚀作用,并造成钢筋锈蚀。

(4)钢筋的锈蚀。钢筋锈蚀是影响钢筋混凝土结构耐久性的最关键问题,也是混凝土结构最常见的耐久性问题。新成型的混凝土是一种高碱性的材料,在钢筋表面形成一层致密的钝化膜,可有效地保护钢筋不发生锈蚀。混凝土保护层的碳化和氯离子等腐蚀介质的影响是钢筋锈蚀的主要原因。当空气中的二氧化碳、二氧化硫等气体及其他酸性介质通过混凝土的孔隙进入到混凝土内部后,与混凝土孔隙溶液中的氢氧化钙发生化学反应,使溶液的碱度降低,钢筋表面出现脱钝现象,如果有足够的氧和水,钢筋就会腐蚀。当混凝土成型时使用了含氯离子的原材料,如海沙、海水或含氯的外加剂等,或混凝土结构处于使用含氯原材料的工业环境、海洋环境、盐渍土与含氯地下水的环境和使用化冰盐的环境中,氯离子通过构件表面侵入到混凝土内部,到达钢筋表面,钝化膜也会提早破坏,钢筋锈蚀就会更严重。随着混凝土保护层的剥落,钢筋锈蚀加速,直到构件破坏。

3) 提高耐久性的措施

目前对混凝土结构耐久性的研究尚不够深入,关于耐久性的设计方法也不完善,因此,有关耐久性设计主要采取以下保证措施。

(1) 划分混凝土结构的环境类别。混凝土结构耐久性与结构的工作环境条件有密切的关系。同一结构在强腐蚀环境中要比在一般大气环境中使用寿命短。对结构所处的环境划分类别,可使设计者针对不同的环境采用相应的对策。根据工程经验,参考国外有关研究成果,《公预规》将混凝土结构的使用环境分为四类,见表2-2-2。

混凝土结构的使用环境分类表　　　　　　　　　表2-2-2

环境类别	环境条件	最大水灰比	最小水泥用量(kg/m³)	最低混凝土强度等级	最大氯离子含量(%)	最大碱含量(kg/m³)
Ⅰ	温暖或寒冷地区的大气环境、与无侵蚀性的水或土接触的环境	0.55	275	C25	0.30	3.0
Ⅱ	严寒地区的大气环境、使用除冰盐环境、滨海环境	0.50	300	C30	0.15	3.0
Ⅲ	海水环境	0.45	300	C35	0.15	3.0
Ⅳ	受侵蚀性物质影响的环境	0.40	325	C35	0.10	3.0

(2) 规定混凝土保护层厚度。《公预规》根据混凝土结构所处的环境条件类别,规定了混凝土保护层的最小厚度,见表2-2-3。

普通钢筋和预应力直线形钢筋最小混凝土保护层厚度(单位:mm)　　　表2-2-3

序号	构件类别	环境条件		
		Ⅰ	Ⅱ	Ⅲ、Ⅳ
1	基础、桩基承台:(1)基坑底面有垫层或侧面有模板(受力主筋)	40	50	60
	(2)基坑底面无垫层或侧面无模板(受力主筋)	60	75	85
2	墩台身、挡土结构、涵洞、梁、板、拱圈、拱上建筑(受力主筋)	30	40	45
3	人行道构件、栏杆(受力主筋)	20	25	30
4	箍筋	20	25	30
5	缘石、中央分隔带、护栏等行车道构件	30	40	45
6	收缩、温度、分布、防裂等表层钢筋	15	20	25

注:对于环氧树脂涂层钢筋,可按环境条件类别Ⅰ取用。

(3)规定裂缝控制等级及其限值。裂缝的出现加快了混凝土的碳化,也是钢筋开始锈蚀的主要条件。因此,《公预规》规定,钢筋混凝土构件和 B 类预应力混凝土构件,其计算的最大裂缝宽度不应超过下列规定的限值:

①钢筋混凝土构件:
a.Ⅰ类和Ⅱ类环境:0.20mm;
b.Ⅲ类和Ⅳ类环境:0.15mm。

②采用精轧螺纹钢筋的预应力混凝土构件:
a.Ⅰ类和Ⅱ类环境:0.20mm;
b.Ⅲ类和Ⅳ类环境:0.15mm。

③采用钢丝或钢绞线的预应力混凝土构件:
a.Ⅰ类和Ⅱ类环境:0.10mm;
b.Ⅲ类和Ⅳ类环境不得进行带裂缝的 B 类构件设计。

(4)规定混凝土的基本要求。根据结构的环境类别,合理地选择混凝土原材料,控制混凝土中的氯离子含量和碱含量,防止碱—集料反应,改善混凝土的级配,控制最大水灰比、最小水泥用量和最低混凝土强度等级,提高混凝土的抗渗性能和密实度。

任务三 钢筋混凝土受弯构件正截面承载力计算

一、钢筋混凝土受弯构件的构造要求

梁和板是典型的受弯构件。受弯构件是指截面上通常有弯矩和剪力共同作用而轴力可以忽略不计的构件。梁和板又是组成工程结构的基本构件,在公路桥涵工程中应用很广。梁与板的区别是梁的截面高度大于其宽度,而板的截面高度远小于其宽度。公路桥涵工程中常用的受弯构件截面形式有矩形截面、T 形截面、空心截面、工字形截面等(图 2-3-1)。

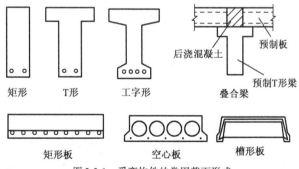

图 2-3-1 受弯构件的常用截面形式

1.钢筋混凝土板的构造

1)板厚

钢筋混凝土板的厚度根据跨径内最大弯矩和构造要求确定。为了保证施工质量,对板的最小厚度应加以控制。

(1)行车道板:跨间厚度不应小于 120mm,悬臂端厚度不应小于 100mm。

(2)人行道板:就地浇筑混凝土板不应小于 80mm,预制的混凝土板不应小于 60mm。

(3)空心板梁:底板和顶板厚度均不应小于80mm。
2)钢筋
车道板内的主钢筋直径不宜小于10mm,人行道板内的主钢筋直径不应小于8mm。在简支板跨中和连续支点处,板内主钢筋的间距不应大于200mm。

主钢筋外缘到构件边缘的保护层厚度应不小于20mm。垂直于主钢筋的行车道板内应设置分布钢筋,见图2-3-2,在交叉处点焊或用铁丝绑扎。分布钢筋的作用是将荷载更均匀地分布到主钢筋上,同时防止因混凝土收缩和温度变化而出现裂缝。分布钢筋设在主钢筋的内侧,其直径应不小于8mm,其间距不大于200mm,其截面面积不宜小于板的截面面积的0.1%。在所有主钢筋的弯折处,均应设置分布钢筋。人行道板内分布钢筋直径不应小于6mm,其间距不应大于200mm。

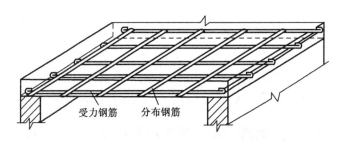

图2-3-2 板的配筋

3)保护层厚度
为防止钢筋外露锈蚀,钢筋表面到构件边缘的混凝土保护层厚度应符合《公预规》规定的最小保护层厚度要求。《公预规》关于行车道板、人行道板的受力主钢筋最小保护层要求是:Ⅰ类环境条件为30mm,Ⅱ类环境条件为40mm,Ⅲ、Ⅳ类环境条件为45mm。分布钢筋的最小保护层厚度是:Ⅰ类环境条件为15mm,Ⅱ类环境条件为20mm,Ⅲ、Ⅳ类环境条件为25mm。

2. 钢筋混凝土梁的构造
1)截面形式及尺寸
小跨径钢筋混凝土梁一般采用矩形截面;当跨径较大时,可采用T形、工字形或箱形截面。

考虑施工制模的方便,截面尺寸应模数化,矩形梁的截面宽度一般取150mm、180mm、200mm、220mm、250mm,以后按50mm为一级递增;当梁高超过800mm时,以100mm为一级递增。矩形梁的高宽比一般为2.5~3。T形截面梁的高度主要与梁的跨径、间距及作用大小有关。公路桥梁中常用的T形简支梁桥,其梁高与跨径之比为1/10~1/18。T形梁上翼缘尺寸按行车道板的受力和构造要求确定。T形梁的腹板(梁肋)宽度与配筋形式有关,当采用焊接骨架时,腹板宽度不应小于140mm,一般采用160~220mm。T形梁在与腹板相连接处的翼缘厚度不应小于梁高的1/10。

2)钢筋
梁内的钢筋骨架由纵向受力钢筋、弯起钢筋、箍筋、架立钢筋和水平纵向钢筋构成(图2-3-3)。
(1)纵向受力主筋(主钢筋)。仅在截面受拉区配置受力钢筋的受弯构件称为单筋截面受弯构件,同时在截面受压区也配置受力钢筋的受弯构件称为双筋截面受弯构件。因此,梁内主钢筋按其受力不同而有受拉及受压钢筋两种,受拉主钢筋系承受拉应力,受压主钢筋则承受压应力。一般当梁的截面高度受到限制,受压区混凝土截面不足时,才在受压区设置受压主钢筋。

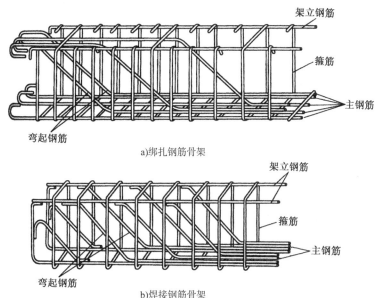

图 2-3-3 钢筋混凝土梁的钢筋骨架

主钢筋的直径一般为 14~32mm,不得超过 40mm,若采用两种直径,则直径相差不应小于 2mm,束筋的单根钢筋直径不应大于 28mm。梁端应至少有 2 根并不少于总数 1/5 的下层的受拉主钢筋通过。

梁内的纵向受力钢筋可以为单根或 2~3 根成束地布置。采用单根配筋时,主钢筋的层数不宜多于 3 层。

为保证混凝土的浇筑质量,梁内主钢筋间或层与层间应保证一定的距离。3 层及以下时,净距不应小于 30mm 并不小于钢筋直径;3 层以上时,净距不小于 40mm,并不小于钢筋直径的 1.25 倍。对于焊接骨架,叠高一般为 $(0.15~0.20)h$,h 为梁高。

为保护钢筋免于锈蚀,主钢筋至梁底面的净距应符合《公预规》规定的钢筋最小混凝土保护层厚度要求。主钢筋的最小保护层厚度:Ⅰ类环境条件为 30mm,Ⅱ类环境条件为 40mm,Ⅲ、Ⅳ类环境条件为 45mm。边上的主钢筋与梁侧面的净距应不小于 25mm,钢筋与梁侧面的净距应不小于 15mm,如图 2-3-4 所示。

(2)弯起钢筋。弯起钢筋为满足斜截面抗剪强度而设置,一般可以由受拉主钢筋弯起而成,故称为弯起钢筋。若将主钢筋弯起还不能满足斜截面抗剪强度要求,或者由于构造上的要求需增设斜筋时,则需另加专门的斜钢筋。

(3)箍筋。箍筋除了满足斜截面抗剪承载力要求外,还起到联结受拉主钢筋和受压混凝土使其共同工作的作用。此外,用它来固定主钢筋的位置而使梁内各种钢筋构成钢筋骨架。

箍筋的直径不应小于 8mm 或主筋直径的 1/4。箍筋间距不应大于梁高的 1/2 且不大于 400mm;当所箍钢筋为纵向受压钢筋时,不应大于所箍钢筋直径的 15 倍且不应大于 400mm。

在钢筋绑扎搭接接头范围内的箍筋间距,当绑扎搭接钢筋受拉时,不应大于主钢筋直径的5倍且不大于100mm;当搭接钢筋受压时,不应大于主钢筋直径的10倍且不大于200mm。在支座中心向跨径方向长度不小于1倍梁高范围内,箍筋间距不宜大于100m。

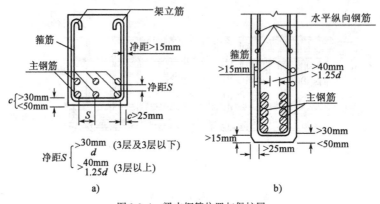

图 2-3-4 梁内钢筋位置与保护层

(4)架立钢筋。架立钢筋主要为构造上或施工上的要求而设置,其作用是固定箍筋,并与主钢筋等连成箍筋骨架。

(5)纵向水平钢筋。当梁高大于1 000mm时,纵向水平钢筋沿梁肋高度的两侧,并在箍筋外侧水平方向设置,以抵抗温度应力及混凝土收缩应力,同时与箍筋共同构成网格骨架,以利于应力扩散。

梁内钢筋骨架可以采用两种形式,即绑扎钢筋骨架[图 2-3-3a)]和焊接钢筋骨架[图 2-3-3b)]。在装配式T形梁中,钢筋数量多,如钢筋最小净距要求排列有困难时,可将钢筋叠置,并与弯起钢筋、架立钢筋一起焊接成钢筋骨架。焊接钢筋骨架整体性好,钢筋重心位置较低,安装就位比较简单。然而,焊接钢筋骨架的主钢筋与混凝土的黏结面积较小,一般说来,抗裂性能稍差。

二、钢筋混凝土梁正截面破坏特征

1.正截面工作的三个阶段

试验梁的布置如图 2-3-5 所示。为了重点研究正截面受力和变形的变化规律,通常采用两点加载。这样,在两个对称集中荷载间的"纯弯段"内,不仅可以基本上排除剪力的影响(忽略自重),同时也有利于布置测试仪表,以观察试验梁受荷后变形和裂缝出现与开展的情况。

在"纯弯段"内,沿梁高两侧布置测点,用仪表量测梁的纵向变形。浇筑混凝土时,在梁跨中附近的钢筋表面处预留孔洞(或预埋电阻片),用以量测钢筋的应变。不论使用哪种仪表量测变形,它都有一定的标距。因此,所测得的数值都表示标距范围内的平均值。另外,在跨中和支座上分别安装百(千)分表,以量测跨中的挠度f;有时还要安装倾角仪量测梁的转角。试验采用分级加载,每级加载后观测和记录裂缝出现及发展情况,并记录受拉钢筋的应变和不同高度处混凝土纤维的应变及梁的挠度。

图 2-3-6 为一根有代表性的单筋矩形截面梁的试验结果。图中纵坐标为无量纲M^t/M_u^t

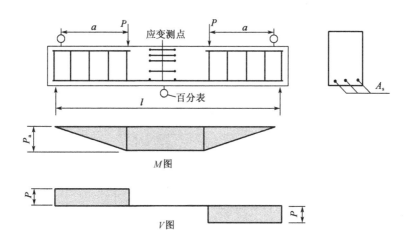

图 2-3-5 钢筋混凝土梁试验研究

值,横坐标为跨中挠度 f 的实测值;M^t 为各级荷载下的实测弯矩,M_u^t 为试验梁破坏时所能承受的极限弯矩。可见,当弯矩较小时,挠度和弯矩关系接近直线变化,梁的工作特点是未出现裂缝,称为第Ⅰ阶段。当弯矩超过开裂弯矩 M_{cr}^t 后将产生裂缝,且随着荷载的增加将不断出现新的裂缝;随着裂缝的出现与不断开展,挠度的增长速度较开裂前加快,梁的工作特点是带有裂缝,称为第Ⅱ阶段。在图 2-3-6 中纵坐标为 M_{cr}^t/M_u^t 处,M^t/M_u^t-f 关系曲线上出现了第一个明显转折点。

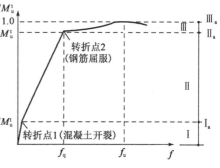

图 2-3-6 M^t/M_u^t-f 图

在第Ⅱ阶段整个发展过程中,钢筋的应力将随着荷载的增加而增加。当受拉钢筋刚刚到达屈服强度(对应于梁所承受的弯矩为 M_y^t)的瞬间,标志着第Ⅱ阶段的终结以及第Ⅲ阶段的开始(此时,在 M^t/M_u^t-f 关系上出现了第二个明显转折点)。第Ⅲ阶段梁的工作特点是裂缝急剧开展,挠度急剧增加,而钢筋应变有较大的增长,但其应力始终维持屈服强度不变。当 M^t 从 M_y^t 再增加不多时,即到达梁所承受的极限弯矩 M_u^t,此时标志着梁开始破坏。

在 M^t/M_u^t-f 关系曲线上的两个明显的转折点,把梁的截面受力和变形过程划分为如图 2-3-7 所示的三个阶段。

(1)第Ⅰ阶段。开始加载时,由于弯矩很小,量测的梁截面上各个纤维应变也很小,且变形的变化规律符合平截面假定,这时梁的工作情况与匀质弹性体梁相似,混凝土基本上处于弹性工作阶段,应力与应变成正比,受压区和受拉区混凝土应力分布图形可假设为三角形。

当弯矩再增大,量测到的应变也将随之加大,但其变化规律仍符合平截面假定。由于混凝土受拉时应力—应变关系呈曲线性质,故在受拉区边缘处混凝土将首先开始表现出塑性性质,应变较应力增长速度为快。从而可以推断出受拉区应力图形开始偏离直线而逐步变弯，随着弯矩继续增加，受拉区应力图形中曲线部分的范围将不断沿梁高向上发展。

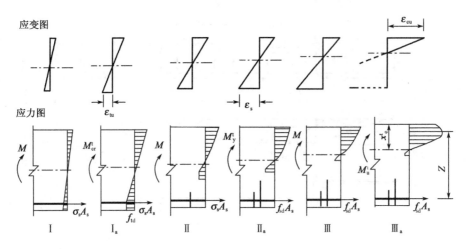

图 2-3-7　钢筋混凝土梁工作的三个阶段

当弯矩增加到 M_{cr}^t 时，受拉区边缘纤维应变恰好到达混凝土受弯时的极限拉应变 ε_{tu}，梁处于将裂而未裂的极限状态，此即第 Ⅰ 阶段末，以 Ⅰ$_a$ 表示，这时受压区边缘纤维应变量测值相对还很小，受压区混凝土基本上属于弹性工作性质，即受压区应力图形接近三角形。但这时受拉区应力图形呈曲线分布。在 Ⅰ$_a$ 时，由于黏结力的存在，受拉钢筋的应变与周围同一水平处混凝土拉应变相等，这时钢筋应力 $\sigma_s = \varepsilon_{tu} E_s$，量值较小。由于受拉区混凝土塑性的发展，第 Ⅰ 阶段末中性轴的位置较第 Ⅰ 阶段的初期略有上升。Ⅰ$_a$ 可作为受弯构件抗裂度的计算依据。

(2) 第 Ⅱ 阶段。当 $M = M_{cr}^t$ 时，在"纯弯段"抗拉能力最薄弱的截面处将首先出现第一条裂缝，一旦开裂，梁即由第 Ⅰ 阶段进入第 Ⅱ 阶段工作。在裂缝截面处，由于混凝土开裂，受拉区工作将主要由钢筋承受，在弯矩不变的情况下，开裂后的钢筋应力较开裂前将突然增大许多，使裂缝一出现即具有一定的开展宽度，并将沿梁高延伸到一定的高度，从而在这个截面处，中性轴的位置也将随之上移。但在中性轴以下裂缝尚未延伸到的部位，混凝土仍可承受一小部分拉力。

随着弯矩的继续增加，受压区混凝土压应变与受拉钢筋的拉应变实测值均不断增长，但其平均应变(标距较大时的量测值)的变化规律仍符合平截面假定。

在第 Ⅱ 阶段中，受压区混凝土塑性性质将表现得越来越明显，应力增长速度越来越慢，故受压应力图形将呈曲线变化。当弯矩继续增加使得受拉钢筋应力刚刚到达屈服强度(M_y^t)时，称为第 Ⅱ 阶段末，以 Ⅱ$_a$ 表示。

阶段 Ⅱ 相当于梁在正常使用时的应力状态，可作为正常使用极限状态的变形和裂缝宽度计算时的依据。

(3) 第 Ⅲ 阶段。在图 2-3-6 中 M^t/M_u^t - f 曲线的第二个明显转折点(Ⅱ$_a$)之后，梁就进入第 Ⅲ 阶段工作。这时钢筋因屈服，将在变形继续增大的情况下保持应力不变。此时，若弯矩稍有增加，则钢筋应变骤增，裂缝宽度随之扩展并沿梁高向上延伸，中性轴继续上移，受压区高度进一步减小。但为了平衡钢筋的总拉力，受压区混凝土的总压力也将始终保持不变。

这时量测的受压区边缘纤维应变也将迅速增长,受压区混凝土塑性特征将表现得更为充分,可以推断受压区应力图形将更趋丰满。

当弯矩再增加,直至梁承受极限弯矩 M_u^t 时,称为第Ⅲ阶段末,以Ⅲ$_a$ 表示。此时,边缘纤维压应变达到(或接近)混凝土受弯时的极限压应变 ε_{cu},此时标志着梁已开始破坏。其后,在试验室一定的条件下,适当配筋的试验梁虽可继续变形,但所承受的弯矩将有所降低,最后在破坏区段上受压区混凝土被压碎甚至崩落而完全破坏。

在第Ⅲ阶段整个过程中,钢筋所承受的总拉力和混凝土所承受的总压力始终保持不变。但由于中性轴逐步上移,内力臂 Z 不断略有增加,故截面破坏弯矩 M_u^t 较Ⅱ$_a$ 时的 M_y^t 也略有增加。第Ⅲ阶段末(Ⅲ$_a$)可作为极限状态承载力计算时的依据。

总结上述试验梁从加荷到破坏的整个过程,应注意以下几个特点:

(1)由图2-3-6可知,第Ⅰ阶段梁的挠度增长速度较慢;第Ⅱ阶段梁因带裂缝工作,故挠度增长速度较快;第Ⅲ阶段由于钢筋屈服,故挠度急剧增加。

(2)由图2-3-7可见,随着弯矩的增加,中性轴不断上移,受压区高度 x_c^t 逐渐缩小,混凝土边缘纤维压应变随之加大。受拉钢筋的拉应变也是随着弯矩的增大而加大。但应变图基本上仍是上下两个三角形,即平均应变符合平截面假定。受压区应力图形在第Ⅰ阶段为三角形分布,第Ⅱ阶段为微曲线形状,第Ⅲ阶段呈更为丰满的曲线分布。

(3)在第Ⅰ阶段,钢筋应力 σ_s 增长速度较慢;当 $M = M_{cr}^t$ 时,开裂前、后的钢筋应力发生突变。第Ⅱ阶段 σ_s 较第Ⅰ阶段增长速度加快;当 $M = M_y^t$ 时,钢筋应力到达屈服强度 f_y,以后应力不再增加,直到破坏。

2. 正截面的破坏形式

根据试验研究,梁正截面的破坏形式与配筋率 ρ、钢筋和混凝土的强度等级有关。配筋率 $\rho = A_s/bh_0$,此处 A_s 为受拉钢筋截面面积。在常用的钢筋级别和混凝土强度等级情况下,其破坏形式主要随配筋率 ρ 的大小而异。梁的破坏形式可分为以下三类。

1)适筋梁

已如前述,这种梁的特点是破坏始于受拉区钢筋的屈服。在钢筋应力到达屈服强度之初,受压区边缘纤维应变尚小于受弯时混凝土极限压应变。梁完全破坏以前,由于钢筋要经历较大的塑性伸长,随之引起裂缝急剧开展和梁挠度的激增,它将给人以明显的破坏预兆,习惯上常把这种梁的破坏称之为"塑性破坏"[图2-3-8a)]。

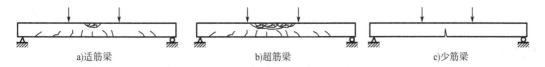

a)适筋梁　　　　　　　b)超筋梁　　　　　　　c)少筋梁

图2-3-8 钢筋混凝土梁的三种破坏形态

参见图2-3-6,对应于Ⅱ$_a$ 时的弯矩 M_y^t 的挠度设为 f_q;对应于Ⅲ$_a$ 时的最大破坏弯矩 M_u^t 的挠度设为 f_u。由图2-3-6可知,弯矩从 M_y^t 增长到 M_u^t 时的增量($M_u^t - M_y^t$)虽较小,但相应的挠度增量($f_u - f_q$)却较大。这意味着适筋梁当弯矩超过 M_y^t 后,在截面承载力没有明显变化的情况下,具有较大的承受变形的能力。换言之,这种梁具有较好的延性。显然,($f_u - f_q$)越大,截面延性越好。

2) 超筋梁

当梁截面配筋率 ρ 很大时，破坏将始于受压区混凝土的压碎，在受压区边缘纤维应变达到混凝土受弯时的极限压应变值，钢筋应力尚小于屈服强度，裂缝宽度很小，沿梁高延伸较短，梁的挠度不大，但此时梁已破坏。其在没有明显预兆的情况下，由于受压区混凝土突然压碎而破坏，故习惯上常称之为"脆性破坏"[图 2-3-8b)]。

超筋梁虽配置过多的受拉钢筋，但由于其应力低于屈服强度，不能充分发挥作用，造成钢材的浪费。这不仅不经济，且破坏前毫无预兆，故设计中不允许采用这种梁。

比较适筋梁和超筋梁的破坏，可以发现，两者的差异在于：前者破坏始自受拉钢筋，后者则始自受压区混凝土。显然，当钢筋级别和混凝土强度等级确定之后，一根梁总会有一个特定的配筋率 ρ_{max}，它使得钢筋应力到达屈服强度的同时，受压区边缘纤维应变也恰好到达混凝土受弯时的极限压应变值，这种梁的破坏称之为"界限破坏"，即适筋梁与超筋梁的界限。鉴于安全和经济，在实际工程中不允许采用超筋梁。那么，这个特定配筋率 ρ_{max} 实质上就限制了适筋梁的最大配筋率。梁的实际配筋率 $\rho < \rho_{max}$ 时，破坏始自钢筋的屈服；$\rho > \rho_{max}$ 时，破坏始自受压区混凝土的压碎；$\rho = \rho_{max}$ 时，受拉钢筋应力到达屈服强度的同时，压区混凝土压碎而梁立即破坏。

3) 少筋梁

当梁的配筋率 ρ 很小时，称为少筋梁。其受力特点为：梁破坏时的弯矩 M_u^l 小于在正常情况下的开裂弯矩 M_{cr}^l。梁配筋率 ρ 越小，$(M_u^l - M_y^l)$ 的差值越大；ρ 越大（但仍在少筋梁范围内），$(M_u^l - M_y^l)$ 的差值越小。当 $M_u^l - M_y^l = 0$ 时，从理论上讲，它就是少筋梁与适筋梁的界限。少筋梁混凝土一旦开裂，受拉钢筋立即达到屈服强度并迅速经历整个流幅而进入强化阶段工作。由于裂缝往往集中出现一条，不仅开展宽度较大，且沿梁高延伸很高。即使受压区混凝土暂未压碎，但因此时裂缝宽度过大，已标志着梁的"破坏"[图 2-3-8c)]。尽管开裂后梁仍可能保留一定的承载力，但因梁已发生严重的下垂，这部分承载力实际上是不能利用的，少筋梁也属于"脆性破坏"。因此该形式是不经济和不安全的，在工业与民用建筑结构设计中不允许使用。

三、正截面承载力计算原则

1. 基本假定

(1)两点说明。由试验得知，梁从加荷到破坏经历了三个阶段，为保证梁具有足够的安全性，必须按承载能力极限状态法对梁正截面进行承载能力计算，并以第Ⅲ阶段的应力状态作为计算基础。

①应变：受压与受拉应变图基本上是上下两个三角形，平均应变符合平截面假定，直到梁破坏前。梁破坏时，受压区混凝土边缘纤维压应变达到（或接近）混凝土受弯时的极限压应变 ε_{cu}，这标志着梁已开始破坏。

②应力：对应于极限压应变 ε_{cu} 的应力不是受压区混凝土的最大应力 σ_{max}，而 σ_{max} 却位于受压边缘纤维下一定高度处，其应力图形呈高次抛物线。因此，为了简化计算，可取等效矩形应力图形来代换受压区混凝土的理论应力图形，如图 2-3-9 所示。

等效矩形应力图代替抛物线应力图的原则如下：

a. 混凝土压应力的合力 D 大小相等；
b. 两图形中受压区合力 D 的作用点不变。

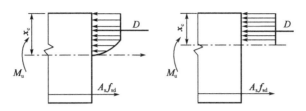

图 2-3-9 等效应力图

计算时，等效矩形应力图的受压区高度为 $\beta_1 x_c$，受压混凝土强度为 f_{cd}，此处 x_c 为受压区实际高度。按《公预规》规定，不同的混凝土强度等级的应力图形系数 β_1 取值见表 2-3-1。

受压混凝土的简化应力图形系数 β_1   表 2-3-1

混凝土强度等级	≤C50	C55	C60	C65	C70	C75	C80
β_1	0.80	0.79	0.78	0.77	0.76	0.75	0.74

(2) 基于受弯构件正截面的破坏特征，其承载力按下列基本假定进行计算：
① 构件弯曲后，其截面仍保持为平面；
② 截面受压区混凝土的应力图形简化为矩形，其压力强度取混凝土的轴心抗压强度设计值；截面受拉区混凝土的抗拉强度不予考虑；
③ 钢筋应力等于钢筋应变与其弹性模量的乘积，但不大于其强度设计值。极限状态计算时，受拉钢筋的应力取其抗拉强度设计值；受压区钢筋的应力取其抗压强度设计值。

2. 适筋和超筋破坏的界限条件

根据给定的混凝土极限压应变 ε_{cu} 和平截面假定可知，适筋和超筋的界限破坏，即钢筋达到屈服（$\varepsilon_y = f_y/E_s$），同时混凝土发生受压破坏（$\varepsilon_c = \varepsilon_{cu}$）的相对中性轴高度 ξ_{nb} 为（图 2-3-10）：

$$\xi_{nb} = \frac{x_{cb}}{h_0} = \frac{\varepsilon_{cu}}{(\varepsilon_{cu} + \varepsilon_s)} \quad (2\text{-}3\text{-}1)$$

引用 $x = \beta_1 x_c$ 的关系，则界限相对受压区高度 ξ_b 为：

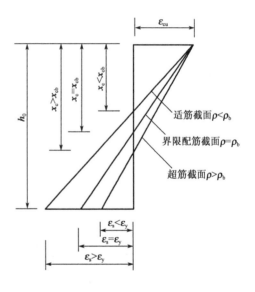

图 2-3-10 适筋梁、超筋梁、界限配筋梁破坏时的正截面平均应变图

$$\xi_b = \frac{x_b}{h_0} = \beta_1 \xi_{nb} = \beta_1 \frac{\varepsilon_{cu}}{\varepsilon_{cu} + \varepsilon_s} = \frac{\beta_1}{1 + \dfrac{\varepsilon_s}{\varepsilon_{cu}}} = \frac{\beta_1}{1 + \dfrac{f_{sd}}{\varepsilon_{cu} E_s}} \quad (2\text{-}3\text{-}2)$$

由式(2-3-2)可知，对不同级别钢筋和不同强度等级混凝土有着不同的 ξ_b 值，见表 2-3-2。当相对受压区高度 $\xi \leq \xi_b$ 时，属于适筋梁；相对受压区高度 $\xi > \xi_b$ 时，属于超筋梁。

《公预规》规定的受弯构件相对界限受压区高度 ξ_b 值　　　表 2-3-2

钢筋种类	混凝土强度等级			
	C50 及以下	C55、C60	C65、C70	C75、C80
R235	0.62	0.60	0.58	—
HRB335	0.56	0.54	0.52	—
HRB400、KL400	0.53	0.51	0.49	—
钢绞线、钢丝	0.40	0.38	0.36	0.35
精轧螺纹钢筋	0.40	0.38	0.36	—

注：1. 截面受拉区配置不同种类钢筋的受弯构件，其 ξ_b 值应选用相应于各种钢筋的较小者。
　　2. $\xi_b = x_b/h_0$，x_b 为纵向受拉钢筋和受压区混凝土同时达到其强度设计值时的受压区高度。

3. 适筋和少筋破坏的界限条件

为了避免出现少筋破坏状态，必须确定构件的最小配筋率 ρ_{min}。

少筋破坏的特点是一裂就坏，所以从理论上讲，纵向受拉钢筋的最小配筋率实际应是这样确定的：按Ⅲ$_a$阶段计算钢筋混凝土受弯构件正截面受弯承载力与按Ⅰ$_a$阶段计算的素混凝土受弯构件正截面受弯承载力两者相等。但是，考虑到混凝土抗拉强度的离散性，以及收缩等因素的影响，所以在实用上，最小配筋率 ρ_{min} 往往是根据传统经验得出的。为了防止梁"一裂即坏"，适筋梁的配筋率应大于 ρ_{min}。

我国《公预规》规定：受弯构件、偏心受拉、轴心受拉构件，其一侧纵向受拉钢筋的配筋百分率不应小于 0.2% 和 $45f_{td}/f_{sd}$ 中的较大值。

四、单筋矩形截面受弯构件正截面承载力计算

1. 基本计算公式及适用条件
1) 基本公式

根据上述基本假定，单筋矩形截面正截面强度的计算简图如图 2-3-11 所示。

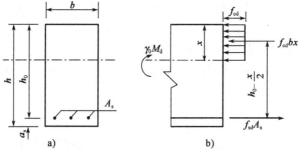

图 2-3-11　单筋矩形截面梁计算图式

根据力的平衡条件，可列出其基本方程：

$$\sum X = 0 \qquad \alpha_1 f_{sd} A_s = f_y A_s \qquad (2\text{-}3\text{-}3)$$

$$\sum M_C = 0 \qquad M \leq f_{sd} A_s \left(h_0 - \frac{x}{2}\right) \qquad (2\text{-}3\text{-}4a)$$

$$\sum M_C = 0 \qquad M \leq f_{cd} b x \left(h_0 - \frac{x}{2}\right) \qquad (2\text{-}3\text{-}4b)$$

$$\sum M_{As} = 0 \qquad M \leq \alpha_1 f_{cd} bx\left(h_0 - \frac{x}{2}\right) \tag{2-3-5}$$

式中：h_0——截面的有效高度，$h_0 = h - a_s$；

a_s——受拉区边缘到受拉钢筋合力作用点的距离。

2）适用条件

（1）为了防止超筋破坏，保证构件破坏时纵向受拉钢筋首先屈服，应满足：

$$\xi \leq \xi_b \quad 或 \quad x \leq \xi_b h_0 \quad 或 \quad \rho \leq \rho_{max}$$

（2）为了防止少筋破坏，应满足 $A_s \geq \rho_{min} bh$。

2. 计算方法

实际设计中，受弯构件的正截面强度计算，可分为截面设计和承载力复核两类问题。解决这两类问题的依据是前述的基本公式及适用条件。

1）截面选择

截面设计是根据要求截面所承受的弯矩，选定混凝土强度等级、钢筋牌号，计算出构件截面尺寸 b、h 及受拉钢筋截面面积 A_s。设计中，进行单筋矩形截面受弯构件截面选择时，常有下列两种情况。

（1）已知：弯矩组合设计值 M_d，结构重要性系数 γ_0，钢筋牌号和混凝土强度等级，构件截面尺寸 b、h，求受拉钢筋截面面积 A_s。

计算步骤如下：

①假定受拉钢筋合力点至受拉边缘的距离为 a_s。

一般在板中可先假定 $a_s = 25$ mm；在梁中，当估计为单排钢筋时，可先假定 $a_s = 35 \sim 45$ mm；当为双排时，可假定 $a_s = 60 \sim 80$ mm。

②求受压区高度 x。

由公式 $\gamma_0 M_d \leq f_{cd} bx\left(h_0 - \frac{x}{2}\right)$，得 $x = h_0 - \sqrt{h_0^2 - \dfrac{2\gamma_0 M_d}{f_{cd} b}}$，并满足 $x \leq \xi_b h_0$。

③若 $x > \xi_b h_0$，则此梁为超筋梁，需要增大截面尺寸，主要通过增加高度 h 或者提高混凝土的强度等级。

④求所需钢筋截面面积 A_s。

若 $x \leq \xi_b h_0$，则由公式 $f_{cd} bx = f_{sd} A_s$ 求得钢筋截面面积 A_s：

$$A_s = \frac{f_{cd} bx}{f_{sd}}$$

或

$$\gamma_0 M_d \leq f_{sd} A_s \left(h_0 - \frac{x}{2}\right) \Rightarrow A_s = \frac{\gamma_0 M_d}{f_{sd}\left(h_0 - \dfrac{x}{2}\right)}$$

⑤选择布置钢筋。通过计算求得 A_s，即可根据构造要求选择合适的钢筋直径及其根数，并进行具体的钢筋布置，从而再对假定的 a_s 值进行校核修正。此外，还应验证配筋率 $\rho \geq \rho_{min}$。

（2）已知弯矩组合设计值 M_d，钢筋牌号及混凝土强度等级，结构设计的安全等级。求构件截面尺寸 b、h 及受拉钢筋截面面积 A_s。

计算步骤如下:

①假定配筋率。在经济配筋率内选定一 ρ 值,并据受弯构件适应情况选定梁宽(设计板时,一般采用单位板宽,即取 $b=1\,000\text{mm}$)。

②求截面有效高度 h_0。按公式 $\xi=\rho\dfrac{f_{sd}}{f_{cd}}$,求出 ξ 值。若 $\xi\leqslant\xi_b$,则取 $x=\xi h_0$,代入公式 $\gamma_0 M_d \leqslant f_{cd}bx\left(h_0-\dfrac{x}{2}\right)$,化简后得:

$$h_0=\sqrt{\dfrac{\gamma_0 M_d}{\xi(1-0.5\xi)f_{cd}b}}$$

③求出所需截面高度 h,即 $h=h_0+a_s$。a_s 为受拉钢筋合力作用点至截面受拉区外缘的距离。为了使构件截面尺寸规格化,并考虑施工的方便,最后实际取用的 h 值应模数化,钢筋混凝土板 h 值应为整数。

④继续按第一种情况求出受拉钢筋面积并布置钢筋。若 $\xi>\xi_b$,则应重新选定 ρ 值,重复上述计算,直至满足 $\xi\leqslant\xi_b$ 的条件。

2)承载力复核

已知荷载效应设计值 M_d,截面尺寸 b、h,纵向受拉钢筋截面面积 A_s,混凝土强度等级和钢筋牌号,结构重要性系数 γ_0,验算截面所能承担的弯矩 M_u,并判断其安全程度。

计算步骤如下:

(1)计算纵向受拉钢筋配筋率 ρ:按公式 $\rho=\dfrac{A_s}{bh_0}$ 计算。

(2)计算矩形截面受压区高度系数 ξ:由公式 $\xi=\rho\dfrac{f_{sd}}{f_{cd}}$ 计算。

(3)求出本截面所能承担的弯矩 M_u。取 $x=\xi_b h_0$:

$$M_u=\dfrac{\xi(1-0.5\xi)bh_0^2 f_{cd}}{\gamma_0} \quad \text{或} \quad M_u=\dfrac{\xi(1-0.5\xi)A_s h_0 f_{sd}}{\gamma_0}$$

计算结果,若 $M_u\geqslant M_d$,则满足承载力要求。

3. 例题

【例2-3-1】 某钢筋混凝土单筋矩形截面梁截面尺寸为 $b=250\text{mm}$,$h=550\text{mm}$,拟采用C20混凝土,R235钢筋,承受弯矩 $M_d=100\text{kN}\cdot\text{m}$,结构重要性系数 $\gamma_0=1.1$。求受拉钢筋的截面面积,并配筋。

解: 根据已给的材料,分别查表2-1-1得:$f_{cd}=9.2\text{MPa}$,$f_{sd}=195\text{MPa}$,$\xi_b=0.62$。

(1)假定受拉钢筋合力点至受拉边缘的距离 a_s。

采用绑扎钢筋,按一层布置钢筋,假设 $a_s=40\text{mm}$,则截面有效高度:

$$h_0=h-a_s=550-40=510(\text{mm})$$

(2)求受压区高度 x。由公式 $\gamma_0 M_d \leqslant f_{cd}bx\left(h_0-\dfrac{x}{2}\right)$ 得:

$$x=h_0-\sqrt{h_0^2-\dfrac{2\gamma_0 M_d}{f_{cd}b}}=510-\sqrt{510^2-\dfrac{2\times1.1\times100\times10^6}{9.2\times250}}$$

$$= 104.5(\text{mm}) < \xi_b h_0 = 0.62 \times 510 = 316.2(\text{mm})$$

(3)求所需钢筋截面面积A_s。

由公式$f_{cd}bx = f_{sd}A_s$,求得钢筋截面面积A_s:

$$A_s = \frac{f_{cd}bx}{f_{sd}} = \frac{9.2 \times 250 \times 104.5}{195} = 1\,232.6(\text{mm}^2)$$

(4)选择并布置钢筋。

钢筋选用$4\phi20, A_s = 1\,256\,\text{mm}^2$。钢筋按一排布置,所需截面最小宽度:

$$b_{\min} = 3 \times 25 + 4 \times 22 + 2 \times 30 = 223(\text{mm}) < b = 250(\text{mm})$$

梁的实际有效高度:

$$h_0 = 550 - \left(30 + \frac{22}{2}\right) = 509(\text{mm})$$

实际配筋率:

$$\rho = \frac{A_s}{bh_0} = \frac{1\,256}{250 \times 509} = 0.009\,8 = 0.98\%$$

$$\rho_{\min} = 45\frac{f_{td}}{f_{sd}} = \left(45 \times \frac{1.06}{195}\right) \times 100\% = 0.24\%$$

所以有$\rho > \rho_{\min}$,配筋率满足《公预规》的要求。

【例2-3-2】 某钢筋混凝土单筋矩形截面梁,截面尺寸b、h未知,其余条件同【例2-3-1】,求截面尺寸b、h及所需的纵向受拉钢筋截面面积A_s。

解: 根据已给的材料,分别查表2-1-1得:$f_{cd} = 9.2\,\text{MPa}, f_{sd} = 195\,\text{MPa}, \xi_b = 0.62$。

(1)设纵向受拉钢筋配筋率$\rho = 0.01$,矩形截面宽$b = 250\,\text{mm}, a_s = 40\,\text{mm}$,则:

$$\xi = \rho\frac{f_{sd}}{f_{cd}} = 0.01 \times \frac{1.95}{9.2} = 0.212$$

(2)求截面有效高度h_0。

由公式$\gamma_0 M_d \leq f_{cd}bx\left(h_0 - \frac{x}{2}\right)$,取$x = \xi h_0$得:

$$h_0 = \sqrt{\frac{\gamma_0 M_d}{\xi(1-0.5\xi)f_{cd}b}} = \sqrt{\frac{1.1 \times 100 \times 10^6}{0.212 \times (1-0.5 \times 0.212) \times 9.2 \times 250}} = 503(\text{mm})$$

(3)求出所需截面高度h。

$$h = h_0 + a_s = 503 + 40 = 543(\text{mm})$$

截面高度尺寸模数化,取梁高$h = 550\,\text{mm}$,实际截面有效高度:

$$h_0 = h - a_s = 550 - 40 = 510(\text{mm})$$

继续按第一种情况求出受拉钢筋面积并布置钢筋。

(4)求受压区高度。

由下式求得受压区高度x:

$$x = h_0 - \sqrt{h_0^2 - \frac{2\gamma_0 M_d}{f_{cd}b}} = 510 - \sqrt{510^2 - \frac{2 \times 1.1 \times 100 \times 10^6}{9.2 \times 250}} = 104.5(\text{mm})$$

$$< \xi_b h_0 = 0.62 \times 510 = 316.2(\text{mm})$$

(5)求受拉钢筋截面面积 A_s。

由式 $f_{cd}bx = f_{sd}A_s$,可求得受拉钢筋截面面积 A_s:

$$A_s = \frac{f_{cd}bx}{f_{sd}} = \frac{9.2 \times 250 \times 104.5}{195} = 1232.6(\text{mm}^2)$$

(6)选择并布置钢筋。

钢筋选用 $4\phi20$,实际取用纵向受拉钢筋截面面积 $A_s = 1256\text{mm}^2$。

其他计算同【例 2-3-1】。

【例 2-3-3】 某单跨整体式钢筋混凝土盖板涵,板厚 $h = 200\text{mm}(h_0 = 170\text{mm})$,跨中弯矩组合设计值 $M_d = 40.5\text{kN}\cdot\text{m}$,材料采用 C20 混凝土 $(f_{cd} = 9.2\text{MPa})$,R235 钢筋 $\phi16@140\text{mm}$ $(A_s = 1436\text{mm}^2, f_{sd} = 195\text{MPa})$。试复核此盖板承载力。

解:现取单位板宽 $b = 1000\text{mm}$。

(1)计算纵向受拉钢筋配筋率 ρ:

$$\rho = \frac{A_s}{bh_0} = \frac{1436}{1000 \times 170} = 0.0084 > \rho_{\min} = \left(45 \times \frac{f_{td}}{f_{sd}}\right)\% = 0.24\%$$

(2)计算混凝土受压区高度系数 ξ:

$$\xi = \rho\frac{f_{sd}}{f_{cd}} = 0.0084 \times \frac{195}{9.2} = 0.178 < \xi_b = 0.62(\text{查表})$$

(3)计算本截面所能承担的弯矩 M_u(取 $x = \xi_b h_0$):

$$M_u = \frac{\xi(1 - 0.5\xi)bh_0^2 f_{cd}}{\gamma_0} = \frac{0.178 \times (1 - 0.5 \times 0.178) \times 1000 \times 170^2 \times 9.2}{1.1}$$

$$= 39.2(\text{kN}\cdot\text{m}) < M_d = 40.5(\text{kN}\cdot\text{m})$$

因此可知,承载力不满足要求。

五、单筋 T 形截面受弯构件计算

1. T 形截面的构成及计算宽度

由矩形截面受弯构件的受力分析可知,受弯构件进入破坏阶段以后,大部分受拉区混凝土已退出工作,计算正截面承载力时不考虑混凝土的抗拉强度,因此,设计时可将一部分受拉区的混凝土去掉,将原有纵向受拉钢筋集中布置在梁肋中,形成 T 形截面,其中伸出部分称为翼缘 $(b_f' - b) \cdot h_f'$,中间部分称为梁肋 $(b \cdot h)$。与原矩形截面相比,T 形截面的极限承载能力不受影响,同时还能节省混凝土,减轻构件自重,产生一定的经济效益。

T 形截面与矩形截面的主要区别在于翼缘参与受压。试验研究与理论分析证明,翼缘的压应力分布不均匀,离梁肋越远应力越小[图 2-3-12a]。可见,翼缘参与受压的有效宽度是有限的,故在设计独立 T 形截面梁时,应将翼缘限制在一定范围内,该范围称为翼缘的计算宽度 b_f',同时假定在 b_f' 范围内压应力均匀分布[图 2-3-12b]。

T 形截面梁的翼缘有效宽度 b_f' 应按下列规定采用:

(1)内梁的翼缘有效宽度应按《公预规》中的规定取下列三者中的最小值:

①简支梁计算跨径的 1/3;对于连续梁,在各中间跨正弯矩区段,取该计算跨径的 1/5;在边跨正弯矩区段,取该跨计算跨径的 0.27;在各中间支点负弯矩区段,取该支点相邻两跨

计算跨径之和的 0.07。

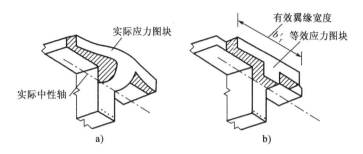

图 2-3-12 T 形截面翼缘板计算宽度

②相邻两梁的平均间距。

③$(b+2b_n+12h'_f)$,此处 b 为梁腹板宽度,b_n 为承托长度,h'_f 为受压区翼缘悬出板的厚度。当 $h_n/b_n<1/3$ 时,上式 b_n 应以 $3h_n$ 代替,此处 h_n 为承托根部厚度。

(2)外梁翼缘的有效宽度取相邻内梁翼缘有效宽度的一半,加上腹板宽度的 1/2,再加上外侧悬臂板平均厚度的 6 倍或外侧悬臂板实际宽度两者中的较小者。

2. 两类 T 形截面及判别方法

按受压区高度的不同,T 形截面分为两类:

(1)第一类 T 形截面。受压区高度在翼板内,即 $x \leq h'_f$ [图 2-3-13a)];

(2)第二类 T 形截面。受压区高度进入梁肋内,即 $x > h'_f$ [图 2-3-13b)]。

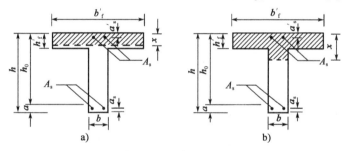

图 2-3-13 两类 T 形截面

要判断中性轴是否在翼缘中,首先应对界限位置进行分析。界限位置为中性轴在翼缘与梁肋交界处,即 $x=h'_f$ 处。根据力的平衡条件:

$\sum X = 0$,即

$$f_{cd}b'_f h'_f = f_{sd}A_s \quad (2-3-6)$$

$\sum M_{A_s} = 0$,即

$$\gamma_0 M_d = f_{cd}b'_f h'_f \left(h_0 - \frac{h'_f}{2}\right) \quad (2-3-7)$$

对于第一类 T 形截面,有 $x \leq h'_f$,则:

$$f_{sd}A_s \leq f_{cd}b'_f h' \quad (2-3-8)$$

$$\gamma_0 M_d \leq f_{cd}b'_f h'_f \left(h_0 - \frac{h'_f}{2}\right) \quad (2-3-9)$$

对于第二类 T 形截面,有 $x > h'_f$,则:

$$f_{sd}A_s > f_{cd}b'_f h'_f \qquad (2\text{-}3\text{-}10)$$

$$\gamma_0 M_d > f_{cd}b'_f h'_f \left(h_0 - \frac{h'_f}{2}\right) \qquad (2\text{-}3\text{-}11)$$

以上即为T形截面受弯构件类型的判别条件。但应注意，不同设计阶段应采用不同的判别条件：

(1) 在截面设计时，由于 A_s 未知，采用式(2-3-11)和式(2-3-13)进行判别。

(2) 在截面复核时，由于 A_s 已知，采用式(2-3-10)和式(2-3-12)进行判别。

3. 基本计算公式及适用条件

1) 第一类T形截面

第一类T形截面，中性轴在翼板内，即 $x \leq h'_f$，受压区为矩形，截面可按 $b'_f \cdot h$ 的矩形截面计算。

由平衡条件得基本计算公式：

$\sum X = 0$，即

$$f_{cd} \cdot b'_f x = f_{sd}A_s \qquad (2\text{-}3\text{-}12)$$

$\sum M = 0$，即

$$\gamma_0 M_d \leq f_{cd}b'_f x \left(h_0 - \frac{x}{2}\right) \qquad (2\text{-}3\text{-}13)$$

基本公式的适用条件为：

(1) $x \leq \xi_b h_0$（对于第一类T形截面，一般均能满足 $\xi < \xi_b$ 的条件，故可不必验算）。

(2) $\rho \geq \rho_{min}$。注意，这里的 $\rho = \dfrac{A_s}{bh_0}$，b 为T形截面的肋宽。

2) 第二类T形截面

第二类T形截面，中性轴在梁肋内，即 $x > h'_f$，受压区为T形（图2-3-14）。

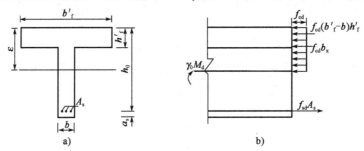

图2-3-14 第二类T形截面

由平衡条件得基本计算公式：

$\sum X = 0$，即

$$f_{sd}A_s = f_{cd}bx + f_{cd}(b'_f - b)h'_f \qquad (2\text{-}3\text{-}14)$$

$\sum M = 0$，即

$$\gamma_0 M_d \leq f_{cd}bx\left(h_0 - \frac{x}{2}\right) + f_{cd}(b'_f - b)h'_f\left(h_0 - \frac{h'_f}{2}\right) \qquad (2\text{-}3\text{-}15)$$

基本公式的适用条件为：
(1) $x \leq \xi_b h_0$。
(2) $\rho \geq \rho_{min}$（对于第二类 T 形截面，一般均能满足 $\rho \geq \rho_{min}$，故可不必验算）。

4. 例题

【例 2-3-4】 某中型桥预制钢筋混凝土 T 形梁截面高度 $h = 1.3$ m，翼板计算宽度 $b'_f = 1.52$ m（预制宽度为 1.58m），混凝土强度等级为 C30，钢筋采用 HRB400，$\gamma_0 = 1.0$。跨中最大弯矩设计值 $M_d = 2350$ kN·m。试进行配筋计算（焊接钢筋骨架）。

解：查表得 $f_{cd} = 13.8$ MPa，$f_{sd} = 330$ MPa，$\xi_b = 0.53$。

为便于计算，将图 2-3-15a) 的实际 T 形截面换算成图 2-3-15b) 所示的截面。$h'_f = \dfrac{80+140}{2} = 110$ (mm)。

(1) 截面设计。

因采用的是焊接钢筋骨架，从受拉边缘至受拉钢筋重心的距离可近似取为 $a_s = 30 + (0.07 \sim 0.10)h$ (mm)。本例为：$a_s = 30 + 0.07h = 30 + 0.07 \times 1300 = 121$ (mm)。

取 $a_s = 120$ mm，则截面有效高度 $h_0 = 1300 - 120 = 1180$ (mm)。

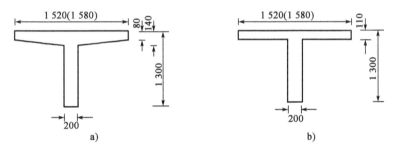

图 2-3-15 例 2-3-4 图（尺寸单位：mm）

(2) 判别 T 形截面类型。

$$f_{cd} b'_f h'_f \left(h_0 - \dfrac{h'_f}{2}\right) = 13.8 \times 1520 \times 110 \times \left(1180 - \dfrac{110}{2}\right)$$
$$= 25.96 \times 10^8 (\text{N·mm}) = 2596 (\text{kN·m})$$
$$> \gamma_0 M_d = 2350 (\text{kN·m})$$

故属于第一类 T 形截面。

(3) 求受压区高度 x。

$$x = h_0 - \sqrt{h_0^2 - \dfrac{2\gamma_0 M_d}{f_{cd} b'_f}}$$
$$= 1180 - \sqrt{1180^2 - \dfrac{2 \times 1.0 \times 2350 \times 10^6}{13.8 \times 1520}}$$
$$= 99 (\text{mm}) < h'_f = 110 (\text{mm})$$

(4) 求所需的受拉钢筋截面面积 A_s。

$$A_s = \dfrac{f_{cd} b'_f x}{f_{sd}} = \dfrac{13.8 \times 1520 \times 99}{330} = 6293 (\text{mm}^2)$$

选择钢筋为 $8\phi28+4\phi22$，截面面积 $A_s=6\,446\text{mm}^2$。钢筋布置如图 2-3-16 所示。

混凝土保护层厚度 $c=30\text{mm}$，钢筋净距为：
$$S_n = 200 - 2\times2.5 - 2\times34.5$$
$$= 126(\text{mm}) > 40\text{mm} 及 1.25d$$
$$= 1.25\times34.5 = 43(\text{mm})$$

钢筋叠高为：$4\times34.5+2\times18=174(\text{mm})<0.15h=195(\text{mm})$，故满足构造要求。

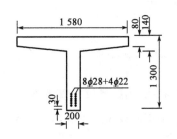

图 2-3-16　钢筋布置图(尺寸单位:mm)

【例 2-3-5】 预制的钢筋混凝土简支空心板，计算截面尺寸如图 2-3-17a) 所示。计算宽度 $b'_f=1\text{m}$，截面高度 $h=450\text{mm}$，混凝土强度等级为 C30，钢筋采用 HRB400，$\gamma_0=1.0$，跨中最大弯矩设计值 $M_d=600\text{kN}\cdot\text{m}$。试进行配筋计算。

解： 查表得 $f_{cd}=13.8\text{MPa}$，$f_{sd}=330\text{MPa}$，$\xi_b=0.53$。

为便于计算，先将空心板截面换算成等效的工字形截面，根据面积、惯性矩和形心位置不变的原则，将空心板的圆孔(直径为 D)换算成 $b_k\cdot h_k$ 的矩形孔，可按下式计算。

按面积相等：
$$b_k h_k = \frac{\pi}{4}D^2$$

按惯性矩相等：
$$\frac{1}{12}b_k h_k^3 = \frac{\pi}{64}D^4$$

联立求解上述两式，可得：
$$h_k = \frac{\sqrt{3}}{2}D$$
$$b_k = \frac{\sqrt{3}}{6}\pi D$$

这样，在空心板截面宽度、高度以及圆孔的形心位置都不变的条件下，等效工字形截面尺寸[图 2-3-17b)]为：

上翼板厚度
$$h'_f = y_1 - \frac{1}{2}h_k = 225 - \frac{\sqrt{3}}{4}\times300 = 95(\text{mm})$$

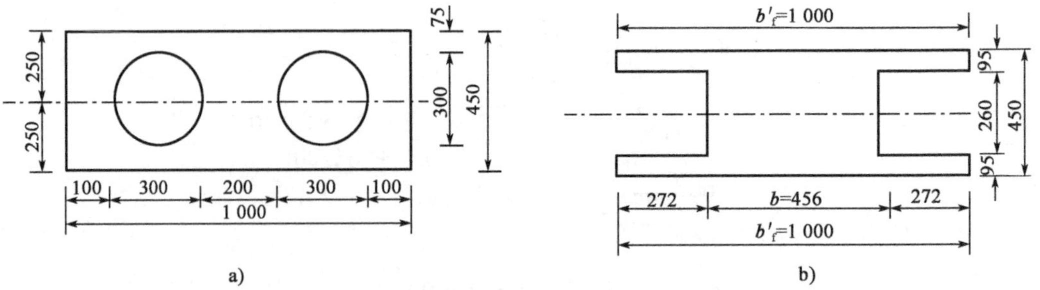

图 2-3-17　例 2-3-5 图(尺寸单位:mm)

下翼板厚度
$$h_f = y_2 - \frac{1}{2}h_k = 225 - \frac{\sqrt{3}}{4} \times 300 = 95(\text{mm})$$

腹板厚度
$$b = b_f - 2b_k = 1\,000 - \frac{\sqrt{3}}{3} \times 3.14 \times 300 = 456(\text{mm})$$

(1)空心板采用绑扎钢筋骨架,故假设 $a = 40\text{mm}$,则截面有效高度 $h_0 = 410\text{mm}$。

(2)判别 T 形截面类型:
$$f_{cd}b'_f h'_f \left(h_0 - \frac{h'_f}{2}\right) = 13.8 \times 1\,000 \times 95 \times \left(410 - \frac{95}{2}\right)$$
$$= 475 \times 10^6 (\text{N} \cdot \text{mm}) = 475(\text{kN} \cdot \text{m})$$
$$< \gamma_0 M_d = 600(\text{kN} \cdot \text{m})$$

故属于第二类 T 形截面。

(3)求受压区高度 x。

$$x = h_0 - \sqrt{h_0^2 - \frac{2\left[\gamma_0 M_d - f_{cd}(b'_f - b)h'_f \left(h_0 - \frac{h'_f}{2}\right)\right]}{f_{cd}b}}$$

$$= 410 - \sqrt{410^2 - \frac{2\left[1.0 \times 600 \times 10^6 - 13.8 \times (1\,000 - 456) \times 95 \times \left(410 - \frac{95}{2}\right)\right]}{13.8 \times 456}}$$

$$= 166(\text{mm})$$

故 $h'_f < x < \xi_b h_0 = 0.53 h_0 = 217(\text{mm})$。

(4)求所需的受拉钢筋截面面积 A_s。

$$A_s = \frac{f_{cd}bx + f_{cd}(b'_f - b)h'_f}{f_{sd}}$$
$$= \frac{13.8 \times 456 \times 166 + 13.8 \times (1\,000 - 456) \times 95}{330} = 5\,327(\text{mm}^2)$$

选择钢筋为 $8\phi 25 + 4\phi 22$,截面面积 $A_s = 5\,447\text{mm}^2$。钢筋布置如图 2-3-18 所示。混凝土保护层厚度 $c = 25\text{mm}$,钢筋间净距 $S_n = \dfrac{200 - 2 \times 2.5 - 8 \times 27 - 4 \times 24}{11} = 62(\text{mm})$ 及 $d = 27\text{mm}$,故满足构造要求。

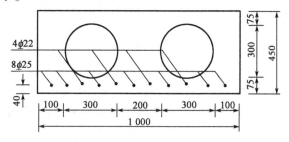

图 2-3-18 钢筋布置图(尺寸单位:mm)

任务四 钢筋混凝土受弯构件斜截面承载力计算

一、受弯构件斜截面的受力特点及破坏形态

1. 斜截面破坏形态

剪跨比 m：剪跨比是一个无量纲常数，表示荷载作用下钢筋混凝土受弯构件的斜截面破坏与弯矩和剪力的组合情况。对于集中荷载作用下的简支梁，集中荷载作用点至最靠近的简支梁支点之间的距离 a，称为剪跨，剪跨与截面有效高度 h_0 的比值，称为剪跨比，用 m 表示。而剪跨比又可表示为：$m = \dfrac{a}{h_0} = \dfrac{pa}{ph_0} = \dfrac{M_c}{V_c h_0}$，此处 M_c 和 V_c 分别为剪切破坏截面的弯矩和剪力。对于其他荷载作用情况，也可用 $m = \dfrac{M_c}{V_c h_0}$ 表示，此式又称为广义剪跨比公式。

斜截面破坏：随着荷载的增加，梁底出现裂缝并向上延伸，从而形成了大体与梁的主拉应力相垂直的弯剪斜裂缝，这样，当垂直截面的抗弯强度得到保证时，梁最后有可能由于斜截面强度不足而破坏。这种由于斜裂缝出现而导致钢筋混凝土梁的破坏，称为斜截面破坏。这是一种剪切破坏。

1) 斜压破坏 [图2-4-1a)]

斜压破坏多发生在钢筋混凝土梁剪力大而弯矩小的区段内。当集中荷载十分接近支座、剪跨比值较小 ($m<1$) 时或腹筋配置过多，或者当梁腹板很薄时，梁腹部分的混凝土往往因为主压应力过大而造成斜向压坏。破坏时，梁腹被一系列平行的斜裂缝分割成许多倾斜的受压柱体而被压坏，破坏是突然发生的。破坏时，箍筋往往并未屈服。

2) 剪压破坏 [图2-4-1b)]

对于有腹筋梁，剪压破坏是最常见的斜截面破坏形态。对于无腹筋梁，如剪跨比 $m=1\sim3$ 时，也会发生剪压破坏。剪压破坏的特点是：若构件内腹筋用量适当，当荷载增加到一定程度后，构件上早已出现的垂直裂缝和细微的倾斜裂缝发展形成一根主要的斜裂缝，称为"临界斜裂缝"。斜裂缝末端混凝土截面既受剪，又受压，称之为剪压区。随着荷载继续增加，斜裂缝向上伸展，直到与临界斜裂缝相交的箍筋达到屈服强度，同时剪压区的混凝土在剪应力与压应力共同作用下达到复合受力时的极限强度而破坏，梁也失去了承载力。

3) 斜拉破坏 [图2-4-1c)]

对于无腹筋梁或配置较少腹筋的有腹筋梁，当其剪跨比的数值较大 ($m>3$) 时，容易发生斜拉破坏。斜拉破坏的特点是斜裂缝一出现，就很快形成临界斜裂缝，并迅速延伸到集中荷载作用点处，使梁斜向被拉断而破坏。

各种破坏形态的斜截面承载力各不相同，斜压破坏时最大，其次为剪压，斜拉最小。它们在达到峰值荷载时，跨中挠度都不大，破坏后荷载都会迅速下降，表明它们都属脆性破坏类型，而其中尤以斜拉破坏为甚。一般用限制截面最小尺寸的办法，防止梁发生斜压破坏；用满足箍筋最大间距等构造要求和限制箍筋最小配筋率的方法，防止梁发生斜拉破坏。剪压破坏则通过配箍计算来防止。《公预规》给出的斜截面抗剪承载力计算公式，都是以剪压破坏形态的受力特征为基础而建立的。

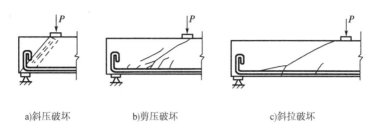

图 2-4-1 受弯构件斜截面破坏状态

2. 影响受弯构件斜截面抗剪承载力的主要因素

（1）剪跨比。剪跨比的大小决定着梁的抗剪承载力。试验表明，对无腹筋梁来说，剪跨比越大，梁的抗剪承载力越小，但当 $m>3$ 以后，剪跨比的影响不再明显。在有腹筋梁中，剪跨比同样显著地影响着梁的抗剪承载力，剪跨比越大，有腹筋梁的抗剪承载力越低。

（2）混凝土强度等级。斜截面破坏是因混凝土达到极限强度而发生的，故斜截面抗剪承载力随混凝土强度等级的提高而提高。

（3）纵向钢筋配筋率。试验表明，梁的抗剪承载力随着纵向钢筋配筋率的提高而增大。但到一定程度后，抗剪能力不再提高。

①纵向钢筋能抑制斜裂缝的开展，阻止中性轴上升，增大受压区混凝土的抗剪承载力。

②与斜裂缝相交的纵向钢筋可以起到"销栓作用"而直接承受一部分剪力。

（4）腹筋的强度和数量。腹筋包括箍筋和弯起钢筋，它们的强度和数量对梁的抗剪承载力有显著影响。

①箍筋的配置数量对受弯构件斜截面抗剪能力的影响。有腹筋梁出现斜裂缝后，箍筋不仅直接承受相当部分的剪力，而且可有效地抑制斜裂缝的开展和延伸，对提高剪压区混凝土的抗剪能力和纵向钢筋的销栓作用有着积极的影响。试验表明，在配箍最适当的范围内，梁的受剪承载力随配箍量的增多、箍筋强度的提高而有较大幅度的增长。

②配箍率。配箍量一般用配箍率（又称箍筋配筋率）ρ_{sv} 表示，即

$$\rho_{sv} = \frac{A_{sv}}{bs} = \frac{nA_{sv1}}{bs}$$

③配箍率与箍筋强度 f_{sv} 的乘积对梁抗剪承载力的影响。当其他条件相同时，两者大体呈线性关系。如前所述，剪切破坏属脆性破坏。为了提高斜截面的延性，不宜采用高强度钢筋做箍筋。

二、受弯构件斜截面抗剪承载力计算

1. 斜截面抗剪承载力计算的基本公式（图 2-4-2）

斜截面上的剪力，由裂缝顶端剪压区混凝土以及与斜裂缝相交的箍筋和弯起钢筋三者共同承担。故斜截面抗剪承载力计算公式可表达为：

$$\gamma_0 V_d \leq V_c + V_{sb} + V_{sv} = V_{cs} + V_{sb} \tag{2-4-1}$$

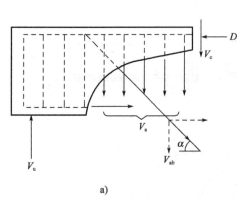
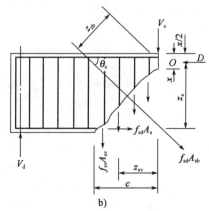

图 2-4-2 受剪承载力的组成

1) 混凝土和箍筋的抗剪承载力 V_{cs}

$$V_{cs} = \alpha_1\alpha_2\alpha_3 \times 0.45 \times 10^{-3}bh_0\sqrt{(2+0.6p)}\sqrt{f_{cu,k}}\rho_{sv}f_{sv} \tag{2-4-2}$$

式中：V_{cs}——斜截面内混凝土和箍筋共同的抗剪承载力设计值(kN)；

α_1——异号弯矩影响系数，计算简支梁和连续梁近边支点梁段的抗剪承载力时，$\alpha_1 = 1.0$，计算连续梁和悬臂梁近中间支点梁段的抗剪承载力时，$\alpha_1 = 0.9$；

α_2——预应力提高系数，对钢筋混凝土受弯构件，$\alpha_2 = 1.0$；

α_3——受压翼缘的影响系数，取 $\alpha_3 = 1.1$；

b——斜截面受压端正截面处，矩形截面宽度(mm)，或T形或工字形截面腹板宽度(mm)；

h_0——斜截面受压端正截面的有效高度，自纵向受拉钢筋合力点至受压边缘的距离(mm)；

p——斜截面内纵向受拉主筋的配筋率，$p = 100\rho$，$\rho = \dfrac{A_s}{bh_0}$，当 $\rho > 2.5$ 时，取 $\rho = 2.5$；

$f_{cu,k}$——边长为150mm的混凝土立方体抗压强度标准值(MPa)，即混凝土强度等级；

ρ_{sv}——箍筋配筋率，$\rho_{sv} = A_{sv}/s_v b$，其中 A_{sv} 表示斜截面内配置在同一截面的箍筋各肢总截面面积(mm^2)，s_v 表示斜截面内箍筋的间距(mm)；

f_{sv}——箍筋抗拉强度设计值。

2) 弯起钢筋的抗剪承载力 V_{sb}

$$V_{sb} = 0.75 \times 10^{-3}f_{sd}\sum A_{sb}\sin\theta_s \tag{2-4-3}$$

式中：V_{sb}——与斜截面相交的弯起钢筋抗剪承载力设计值(kN)；

f_{sd}——弯起钢筋抗拉强度设计值；

A_{sb}——斜截面内在一个弯起钢筋平面内的弯起钢筋总截面面积(mm^2)；

θ_s——弯起钢筋的切线与水平线的夹角。

按照《公预规》，配有箍筋和弯起钢筋的受弯构件，其斜截面抗剪强度计算公式为：

$$\gamma_0 V_d \leq \alpha_1\alpha_2\alpha_3 \times 0.45 \times 10^{-3}bh_0\sqrt{(2+0.6p)}\sqrt{f_{cu,k}}\rho_{sv}f_{sv} + 0.75 \times 10^{-3}f_{sd}\sum A_{sb}\sin\theta_s \tag{2-4-4}$$

式中：V_d——斜截面受压端正截面上由作用(或荷载)产生的最大剪力组合设计值(kN)，对变高度(承托)的连续梁和悬臂梁，当该截面处于变高度梁段时，则应考虑作用于截面的弯矩引起的附加剪应力的影响；

其余符号意义同前。

2.计算公式的适用条件

1)上限值——截面最小尺寸

《公预规》规定了截面尺寸的限制条件,即抗剪上限值的限制,为防止混凝土受斜压或劈裂而导致破坏,特别是薄腹梁,矩形、T形和工字形截面的钢筋混凝土受弯构件的抗剪应满足下列条件:

$$\gamma_0 V_d \leq 0.51 \times 10^{-3} \sqrt{f_{cu,k}} bh_0 \qquad (2\text{-}4\text{-}5)$$

若不满足式(2-4-5),则应加大截面尺寸。

2)下限值与最小配箍率 ρ_{svmin}

为了避免发生斜拉破坏,《公预规》规定,矩形、T形和工字形截面的受弯构件,若符合式(2-4-6)的要求,则不需要进行斜截面抗剪强度计算,而仅按构造要求配置箍筋:

$$\gamma_0 V_d \leq 0.50 \times 10^{-3} \alpha_2 f_{td} bh_0 \qquad (2\text{-}4\text{-}6)$$

对于板式受弯构件,混凝土的抗剪下限值可提高25%。

注意:上述基本公式是半经验半理论公式,使用时必须将规定计量单位的数值代入式中,而计算的斜截面抗剪承载力 V_u 的单位为kN。

3.受弯构件斜截面抗剪配筋设计(图2-4-3)

1)计算剪力的取值规定(仅适用于简支梁梁段)

(1)最大剪力取用距支座中心 $h/2$(梁高一半)处截面的数值,其中混凝土与箍筋共同承担不少于60%,弯起钢筋(按45°弯起)承担不超过40%。

(2)计算第一排(对支座而言)弯起钢筋时,取用距支座中心 $h/2$ 处由弯起钢筋承担的那部分剪力值。

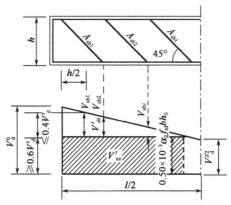

图2-4-3 斜截面抗剪承载力配筋设计计算图

(3)计算以后每一排弯起钢筋时,取用前一排弯起钢筋弯起点处由弯起钢筋承担的那部分剪力值。

2)箍筋和弯起钢筋的设计计算

(1)箍筋设计计算。

混凝土与箍筋所承担的剪力公式:

$$V_{cs} = \alpha_1 \alpha_3 0.45 \times 10^{-3} bh_0 \sqrt{(2+0.6p)\sqrt{f_{cu,k}} \rho_{sv} f_{sv}} \geq 0.6 V'_d \qquad (2\text{-}4\text{-}7)$$

由式(2-4-7)可求得配筋率 ρ_{sv}，根据 $\rho_{sv} = A_{sv}/(s_v b)$，欲先求选定箍筋种类和直径，可按下式计算箍筋间距：

$$s_v = \frac{\alpha_1^2 \alpha_3^2 \times 0.2 \times 10^{-6}(2+0.6p)\sqrt{f_{cu,k}} A_{sv} f_{sv} b h_0^2}{(\xi \gamma_0 V_d')^2} \tag{2-4-8}$$

同样亦可以先假定箍筋的间距 s_v，而求箍筋的截面面积 A_{sv}，最后根据 $A_{sv} = n_{sv} a_{sv}$ 选定箍筋的肢数 n_{sv} 及箍筋的直径 d_{sv} 和每一肢的截面面积 a_{sv}，并满足箍筋的直径、间距、布置等构造要求。

(2) 弯起钢筋设计。

第 i 个弯起钢筋平面内的弯起钢筋截面面积可按下式计算：

$$A_{sbi} = \frac{\gamma_0 V_{sb}}{0.75 \times 10^{-3} f_{sd} \sum \sin\theta_s} \tag{2-4-9}$$

其中，对于第一排(距支座中心)弯起钢筋的荷载效应为：

$$V_{sb1} = V_d' - 0.6 \times V_d' = 0.4 \times V_d'$$

注意：V_d' 为距支座中心 $h/2$(梁高一半)处的计算剪力。以后各排弯起钢筋的截面面积 A_{sb} 可按照计算剪力的取值依次求出，并符合弯起要求。

4. 斜截面抗剪承载力复核

1) 复核内容

已知构件截面尺寸 b、h_0，弯起钢筋截面积 $\sum A_{sbi}$、箍筋截面积 A_{sv} 及间距 s_v，结构重要性系数 γ_0，混凝土强度等级和钢筋牌号，剪力组合设计值(计算剪力) V_d，计算截面所能承受的剪力 V_u，且判断其安全程度。

2) 计算步骤

(1) 复核钢筋混凝土梁是否满足上限值条件 $\gamma_0 V_d \leq 0.51 \times 10^{-3}\sqrt{f_{cu,k}} b h_0$，如不符合，应考虑加大截面尺寸或提高混凝土强度等级。

(2) 当钢筋混凝土梁中配置有箍筋和弯起钢筋作腹筋时，按式 $\gamma_0 V_d \leq \alpha_1 \alpha_2 \alpha_3 \times 0.45 \times 10^{-3} b h_0 \sqrt{(2+0.6p)\sqrt{f_{cu,k}} \rho_{sv} f_{sv}} + 0.75 \times 10^{-3} f_{sd} \sum A_{sb} \sin\theta_s$ 进行抗剪承载力验算，即应满足 $\gamma_0 V_d \leq V_u = V_{cs} + V_{sb}$。否则应重新设计剪力钢筋或改变截面尺寸。

(3) 当钢筋混凝土梁中仅配置箍筋作腹筋时。按式 $\gamma_0 V_d = \alpha_1 \alpha_2 \alpha_3 \times 0.45 \times 10^{-3} b h_0 \times \sqrt{(2+0.6p)\sqrt{f_{cu,k}} \rho_{sv} f_{sv}}$ 进行抗剪承载力验算，即应满足 $\gamma_0 V_d \leq V_u = V_{cs}$ 这一不等式条件，否则应重新设计。

3) 抗剪承载力验算时验算截面的取用(图 2-4-4)

(1) 简支梁和连续梁近边支点梁段：

①距支座中心 $h/2$(梁高一半)处的截面；

②受拉区弯起钢筋弯起点处的截面，以及锚于受拉区的纵向主筋开始不受力处的截面；

③箍筋数量或间距有改变处的截面；

④受弯构件腹板宽度改变处的截面。

(2) 连续梁和悬臂梁近中间支点梁段：

①支点横隔梁边缘处截面；
②变高度梁高度突变处截面；
③参照简支梁的要求，需要进行验算的截面。

a)简支梁和连续梁近边支点梁段

b)连续梁和悬臂梁近中间支点梁段

图 2-4-4 斜截面抗剪承载力验算截面取用

三、受弯构件斜截面抗弯承载力计算

试验研究表明，斜裂缝的发生与发展，除了可能引起前述的斜截面受剪破坏外，还可能引起钢筋屈服而最后导致斜截面受弯破坏，因此还应进行斜截面抗弯承载力计算。受弯构件斜截面抗弯承载力计算的基本公式为式(2-4-10)，其计算图式见图 2-4-5。

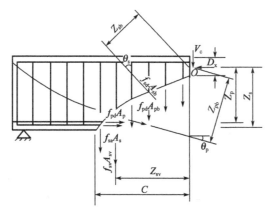

图 2-4-5 受弯构件斜截面抗弯承载力计算图式

(1)取斜截面隔离体，由对受压区作用点 O 的弯矩平衡条件 $\sum M_O = 0$ 可得：

$$\gamma_0 M_d \leq M_R = f_{sd}A_s Z_s + \sum f_{sd}A_{sb}Z_{sb} + \sum f_{sv}A_{sv}Z_{sv} \tag{2-4-10}$$

(2)受压区作用点 O 由受压区高度 x 决定。受压区高度 x 可利用所有作用于斜截面上的力对构件纵轴的投影之和为零的平衡条件 $\sum h = 0$ 求得：

$$f_{sd}A_s + f_{sd}A_{sb}\cos\alpha = f_{cd}A_c$$

(3)确定最不利的斜截面水平投影长度。沿斜截面弯曲破坏的位置，通常都认为发生在构件最薄弱的地方，一般是对受拉区抗弯薄弱处，自下而上沿斜向计算几个不同角度的斜截

面,按式(2-4-11)试算确定最不利的斜截面水平投影长度:

$$\gamma_0 V_d = \sum f_{sb} A_{sb} \sin\theta_s + \sum f_{sv} A_{sv} \tag{2-4-11}$$

式(2-4-11)是按照荷载效应与构件斜截面抗弯承载能力之差最小的原则推导出来的,其物理意义是满足此要求的斜截面,其抗弯能力最小。

(4)根据设计经验,在正截面抗弯承载力得到保证的情况下,一般受弯构件斜截面抗弯承载力仅按《公预规》中的有关构造措施就可得到保证,而不需按公式进行计算。

四、全梁承载能力校核与构造要求

1. 全梁承载力校核

全梁承载力校核就是进一步检查梁沿长度上的截面的正截面抗弯承载力、斜截面抗剪承载力和斜截面抗弯承载力是否满足要求。

在工程实践设计中,设计钢筋混凝土受弯构件,通常只需对若干控制截面进行承载力计算,至于其他截面的承载力能否满足要求,可通过图解法来校核。

1)设计弯矩图

设计弯矩图是指由永久荷载和各种不利位置的基本可变作用沿梁跨径,在各正截面产生的弯矩组合设计值的变化图形 M_{dx}。

设计弯矩图又称弯矩包络图,其线形为二次或高次抛物线。在均布荷载作用下,简支梁的弯矩包络图一般是以支点弯矩 $M_{d(0)}$、跨中弯矩 $M_{d(\frac{L}{2})}$ 作为控制点,按二次抛物线 $M_{dx} = M_{d(\frac{L}{2})}\left(1 - \frac{4x^2}{L^2}\right)$ 绘出。

2)正截面抗弯承载力图

弯起钢筋的弯起位置见图2-4-6。

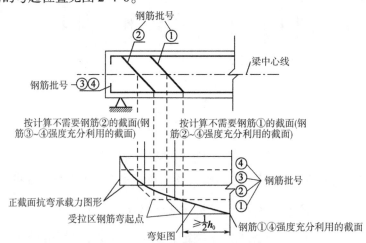

图2-4-6 弯起钢筋的弯起位置

正截面抗弯承载力图是指梁沿跨径各正截面实际具有的抵抗力矩 M_u 的分布图形,又称抵抗弯矩图。其构成如下:

(1)在跨中截面将其最大抵抗力矩根据纵向主钢筋数量改变处的截面实有抵抗力矩分

段,也可近似地根据各组钢筋的截面面积比例进行分段,然后作平行于横轴的水平线。

(2)通过支点,不弯起,水平线贯穿全跨。

(3)弯起钢筋在弯起点处将开始退出工作,水平线终止。

(4)弯起钢筋在其与梁纵轴相交后才完全退出工作,故与弯起点段用斜线相连。

(5)钢筋在截断处将完全退出工作,线形发生突变,呈阶梯形状。

3)全梁承载力校核

采用同一比例,将设计弯矩图与抵抗弯矩图置于同一坐标中,即两图叠合,用来确定纵向主钢筋的弯起或截断,或校核全梁正截面抗弯承载力。为了保证梁的正截面抗弯承载力,必须要求抵抗弯矩图全部包含在内。如果抵抗弯矩图形离开设计弯矩图,且离开的距离较大,说明纵筋较多,它所对应的正截面抗弯承载力尚有富余,此时,可以从此截面向跨中方向移动适当位置将纵筋弯起或截断。

4)利用弯矩包络图和抵抗弯矩图,确定弯起钢筋的弯起位置

(1)不需要点:指按正截面强度计算不需要该钢筋截面所在位置。

(2)充分利用点:指按计算充分利用该钢筋截面所在位置。

2. 构造要求

1)纵向钢筋弯起的构造要求

(1)保证正截面抗弯承载力的构造要求。从纯理论观点而言,若承载力图与弯矩包络图相切,则表明此梁设计是最经济合理的。

(2)保证斜截面抗剪承载力的构造要求。简支梁第一排(对支座而言)弯起钢筋弯终点应位于支座中心截面处,以后各排弯起钢筋的弯终点应落在或超过前一排弯起钢筋弯起点截面。

(3)保证斜截面抗弯承载力的构造要求。对于受弯构件,除了要进行斜截面抗弯承载力计算之外,还要在构造上采取一定措施。

《公预规》规定,当钢筋由纵向受拉钢筋弯起时,从该钢筋充分发挥抗力点即充分利用点(按正截面抗弯承载力计算,充分利用该钢筋的截面与弯矩包络图的交点)到实际弯起点之间的距离不得小于 $h_0/2$。弯起钢筋可在按正截面抗弯承载力计算不需要该钢筋截面面积之前弯起,但弯起钢筋与梁中心线的交点应位于按计算不需要该钢筋的截面之外。

2)纵筋的截断与锚固

(1)纵筋的截断。为了保证充分利用钢筋的强度,必须将钢筋从理论切断点外伸一定的长度再截断,这段距离称为钢筋的锚固长度(也称延伸长度)。

①钢筋混凝土梁内纵向受拉钢筋不宜在受拉区截断。

②需截断时,应从按正截面抗弯承载力计算充分利用该钢筋强度的截面至少延伸(l_a+h_0)长度,同时,尚应考虑从正截面抗弯承载力计算不需要该钢筋的截面至少延伸 $20d$。

③纵向受压钢筋如在跨间截面时,应延伸至按计算不需要该钢筋的截面以外至少 $15d$。

(2)纵筋的锚固。为防止伸入支座的纵筋因锚固不足而发生滑动,甚至从混凝土中拔出,造成破坏,应采取以下锚固措施。

①在钢筋混凝土梁的支点处,至少应有 2 根并不少于总数 1/5 的下层受拉主钢筋通过。

②梁底两侧的受拉主钢筋应伸出端支点截面以外,并弯成直角且顺梁高延伸至顶部,与

顶层架立钢筋相连。两侧之间不向上弯曲的受拉主钢筋伸出支点截面的长度,不应小于10倍钢筋直径;R235 钢筋应带半圆钩。

③弯起钢筋的末端(弯终点以外)应留有锚固长度,对 R235(Q235)钢筋尚应设置半圆弯钩。

任务五 钢筋混凝土受弯构件的应力、裂缝与变形验算

一、施工阶段的应力验算

对于钢筋混凝土受弯构件,按短暂状况设计时,应计算其在制作、运输及安装等施工阶段,由构件自重等施工荷载引起的应力,并不得超过《公预规》规定的限值。

施工荷载应采用标准值,当有组合时,不考虑荷载组合系数。

当用吊机(车)行驶于桥梁上进行安装时,应对已安装就位的构件进行验算,吊机(车)重力应乘以 1.15 的荷载系数;但当由吊机(车)产生的效应设计值小于按持久状况承载能力极限状态计算的荷载效应组合设计值时,则可不必验算。

当进行构件运输和安装计算时,构件自重应乘以动力系数。动力系数按《公预规》的规定采用。

钢筋混凝土受弯构件正截面应力按下列公式计算,并应符合下列规定:
受压区混凝土边缘的压应力

$$\sigma_{cc}^{t} = \frac{M_{k}^{t} x_{0}}{I_{cr}} \leqslant 0.8 f_{ck}' \tag{2-5-1}$$

受拉钢筋的应力

$$\sigma_{si}^{t} = \alpha_{Es} \frac{M_{k}^{t}(h_{0i} - x_{0})}{I_{cr}} \leqslant 0.75 f_{sk} \tag{2-5-2}$$

上两式中:M_{k}^{t}——由临时施工荷载标准值产生的弯矩值;

x_{0}——换算截面的受压区高度;

I_{cr}——开裂截面换算截面的惯性矩;

f_{ck}'——施工阶段相应于混凝土立方体抗压强度 f_{cu}' 的混凝土轴心抗压强度标准值;

σ_{si}^{t}——受拉区第 i 层钢筋的应力;

α_{Es}——普通钢筋弹性模量与混凝土弹性模量的比值;

h_{0i}——受压区边缘至受拉区第 i 层钢筋截面重心的距离;

f_{sk}——普通钢筋抗拉强度标准值。

式(2-5-1)、式(2-5-2)中换算截面的受压区高度 x_{0} 和惯性矩 I_{cr} 应按下列公式计算。

(1)矩形和翼缘位于受拉区的 T 形截面:

$$\frac{bx_{0}^{2}}{2} + \alpha_{Es} A_{s}'(x_{0} - a_{s}') - \alpha_{Es} A_{s}(h_{0} - x_{0}) = 0 \tag{2-5-3}$$

$$I_{cr} = \frac{bx_{0}^{3}}{3} + \alpha_{Es} A_{s}'(x_{0} - a_{s}')^{2} + \alpha_{Es} A_{s}(h_{0} - x_{0})^{2} \tag{2-5-4}$$

(2)工字形和翼缘位于受压区的 T 形截面:

① 当 $x_0 > h'_f$ 时,按下列公式计算。

$$\frac{b'_f x_0^2}{2} - \frac{(b'_f - b)(x_0 - h'_f)^2}{2} + \alpha_{Es} A'_s (x_0 - a'_s) - \alpha_{Es} A_s (h_0 - x_0) = 0 \quad (2\text{-}5\text{-}5)$$

$$I_0 = \frac{b'_f x_0^3}{3} - \frac{(b'_f - b)(x_0 - h'_f)^3}{3} + \alpha_{Es} A'_s (x_0 - a'_s)^2 + \alpha_{Es} A_s (h_0 - x_0)^2 \quad (2\text{-}5\text{-}6)$$

② 当 $x_0 \leq h'_f$ 时,按宽度为 b'_f 的矩形截面计算。当配有多层受拉钢筋时,式(2-5-5)、式(2-5-6)中 $\alpha_{Es} A_s (h_0 - x_0)^2$ 项可用 $\alpha_{Es} \sum_{i=1}^{n} A_{si} (h_{0i} - x_0)^2$ 代替,此处 n 为受拉钢筋层数,A_{si} 为第 i 层全部钢筋的截面面积。

二、受弯构件的裂缝宽度验算

钢筋混凝土构件在正常使用极限状态下的裂缝宽度,应按作用(或荷载)短期效应组合并考虑长期效应影响进行验算,并规定钢筋混凝土构件的最大裂缝宽度不应超过下列规定限值:Ⅰ类和Ⅱ类环境为 0.2 mm;Ⅲ类和Ⅳ类环境为 0.15 mm。

在上述各验算中,汽车荷载应不计冲击系数。

对矩形、T 形和工字形截面的钢筋混凝土受弯构件,其最大裂缝宽度按下式计算:

$$W_{tk} = c_1 c_2 c_3 \frac{\sigma_{ss}}{E_s} \left(\frac{30 + d}{0.28 + 10\rho} \right) (\text{mm}) \quad (2\text{-}5\text{-}7)$$

式中:c_1——考虑钢筋表面形状的系数,光面钢筋的系数 $c_1 = 1.4$,带肋钢筋的系数 $c_1 = 1.0$;

c_2——作用(或荷载)长期效应影响系数,$c_2 = 1 + 0.5 \frac{N_1}{N_s}$,其中 N_1 和 N_s 分别为长期效应组合和短期效应组合计算的内力值(弯矩或轴向力);

c_3——与构件受力性质有关的系数,当为钢筋混凝土板式受弯构件时,$c_3 = 1.15$,当为其他受弯构件时,$c_3 = 1.0$;

σ_{ss}——钢筋应力(MPa),$\sigma_{ss} = \frac{M_s}{0.87 A_s h_0}$,其中 M_s 为按作用(或荷载)短期效应组合计算的弯矩值;

E_s——钢筋弹性模量(MPa);

d——纵向受拉钢筋直径(mm),当用不同直径的钢筋时,d 改用换算直径 d_e($d_e = \frac{\sum n_i d_i^2}{\sum n_i d_i}$,其中,$n_i$ 为受拉区第 i 种普通钢筋的根数,d_i 为受拉区第 i 种普通钢筋的公称直径);对于焊接钢筋骨架,式中的 d 或 d_e 应乘以 1.3 的系数;

ρ——纵向受拉钢筋配筋率,$\rho = \frac{A_s}{bh_0 + (b_f - b)h_f}$,当 $\rho > 0.02$ 时取 $\rho = 0.02$,当 $\rho < 0.006$ 时取 $\rho = 0.006$,b_f、h_f 分别为受拉翼缘的宽度与厚度。

箱形截面的最大裂缝宽度可参照上述方法计算。

三、受弯构件的挠度验算

1. 受弯构件的刚度和挠度

钢筋混凝土受弯构件在正常使用极限状态下的挠度,可根据给定的构件刚度,用结构力学的方法计算。

钢筋混凝土受弯构件的刚度可按下式计算:

$$B = \frac{B_0}{\left(\frac{M_{cr}}{M_s}\right)^2 + \left[1 - \left(\frac{M_{cr}}{M_s}\right)^2\right]\frac{B_0}{B_{cr}}} \quad (2\text{-}5\text{-}8)$$

$$M_{cr} = \gamma f_{tk} W_0 \quad (2\text{-}5\text{-}9)$$

上两式中:B——开裂构件等效截面的抗弯刚度;

B_0——全截面的抗弯刚度,$B_0 = 0.95 E_c I_0$,I_0 为全截面换算截面惯性矩;

B_{cr}——开裂截面的抗弯刚度,$B_{cr} = E_c I_{cr}$,I_{cr} 为开裂截面换算截面惯性矩;

M_{cr}——开裂弯矩;

γ——构件受拉区混凝土塑性影响系数,$\gamma = 2S_0/W_0$,S_0 为全截面换算截面重心轴以上(或以下)部分截面对重心轴的面积矩;

W_0——换算截面抗裂验算边缘的弹性抵抗矩;

其余符号意义同前。

受弯构件在使用阶段的挠度应考虑荷载长期效应的影响,即按荷载短期效应组合和式(2-5-8)计算的刚度值计算挠度,并乘以挠度长期增长系数 η_θ。挠度长期增长系数 η_θ 可按下列规定采用:

采用 C40 以下混凝土时,$\eta_\theta = 1.60$;

采用 C40 ~ C80 混凝土时,$\eta_\theta = 1.45 \sim 1.35$,中间强度等级可适当插入取值。

受弯构件按上述计算的长期挠度值,在消除结构自重产生的长期挠度后不应超过下列规定的限值(在上述各组合中,汽车荷载应不计冲击系数):

梁式桥主梁的最大挠度处:$\frac{1}{600}l$;

梁式桥主梁的悬臂端:$\frac{1}{300}l_1$。

此处 l 为计算跨径,l_1 为悬臂长度。

2. 预拱度的设置

当由荷载短期效应组合并考虑长期效应影响产生的长期挠度不超过计算跨径 l 的 1/1 600 时,可不设预拱度;否则,应设预拱度。预拱度值等于结构自重和 1/2 可变荷载频遇值计算的长期挠度值之和,汽车荷载频遇值为汽车荷载标准值的 70%,人群荷载频遇值等于其标准值。

预拱度的设置应按最大的预拱度值沿顺桥向做成平顺的曲线,如抛物线等。

【例 2-5-1】 图 2-5-1 为钢筋混凝土简支 T 梁桥,计算跨径 $l = 19.5 \text{m}$。采用 C30 混凝

土,受拉纵筋均为 HRB335,主筋为 $8\phi32+2\phi16$($A_s=6\,434+402=6\,836\text{mm}^2$,$8\phi32$ 钢筋重心至梁底的距离为 99mm,$2\phi16$ 钢筋重心至梁底距离为 177mm)。梁自重在跨中截面产生的弯矩 $M_{gk}=750\text{kN}\cdot\text{m}$。汽车和人群荷载产生的弯矩为 $M_{qk}=650\text{kN}\cdot\text{m}$(不计冲击力),$I_0=64.35\times10^9\text{mm}^4$,$I_{cr}=58.05\times10^9\text{mm}^4$,$W_0=7.55\times10^7\text{mm}^3$,试进行挠度验算。

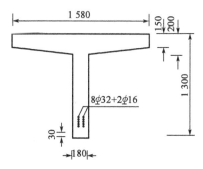

图 2-5-1 例 2-5-1 图(尺寸单位:mm)

解:(1)求抗弯刚度。

已知:$E_c=3.0\times10^4\text{MPa}$,$M_s=1\,400\text{kN}\cdot\text{m}$。

$$B_{cr}=E_c I_{cr}=3.0\times10^4\times58.05\times10^9=1.742\times10^{15}(\text{N}\cdot\text{mm})$$

$$B_0=0.95E_c I_0=0.95\times3.0\times10^4\times64.35\times10^9=1.834\times10^{15}(\text{N}\cdot\text{mm})$$

$$S_0=852.4\times180\times852.4/2+50\,462.7\times753.4+3\,152.9\times675.4=1.055\times10^8(\text{mm}^3)$$

$$\gamma=2\times1.055\times10^8/7.55\times10^7=2.795$$

$$M_{cr}=\gamma f_{tk}W_0=2.795\times0.92\times7.55\times10^7=1.941\,4\times10^8\text{N}\cdot\text{mm}=194.14(\text{kN}\cdot\text{m})$$

$$B=\frac{B_0}{\left(\dfrac{M_{cr}}{M_s}\right)^2+\left[1-\left(\dfrac{M_{cr}}{M_s}\right)^2\right]\dfrac{B_0}{B_{cr}}}$$

$$=\frac{1.834\times10^{15}}{\left(\dfrac{1.941\,4\times10^8}{1\,400\times10^6}\right)^2+\left[1+\left(\dfrac{1.941\,4\times10^8}{1\,400\times10^6}\right)^2\right]\times\dfrac{1.834\times10^{15}}{1.742\times10^{15}}}$$

$$=1.679\times10^{15}(\text{N}\cdot\text{mm}^2)$$

(2)挠度计算。

$$a_f=\eta_\theta\frac{5}{48}\cdot\frac{M_s l^2}{B}=1.60\times\frac{5}{48}\times\frac{1\,400\times10^6\times19\,500^2}{1.679\times10^{15}}$$

$$=52.8(\text{mm})>\frac{l}{600}=32.5(\text{mm})$$

由此可知,该 T 梁桥不满足要求,需修改设计,另外需设置预拱度,预拱度计算略。

任务六 钢筋混凝土受压构件承载力计算

一、受压构件概述

以承受轴向压力为主的构件称为受压构件。凡荷载的合力通过截面形心的受压构件称之为轴心受压构件,纵向荷载的合力作用线偏离构件形心的构件称之为偏心受压构件。受压构件(柱)往往在结构中具有重要作用,一旦产生破坏,往往导致整个结构的损坏,甚至倒塌。

按箍筋作用的不同,钢筋混凝土轴心受压构件可分为两种基本类型:一种为配有纵向钢筋及普通箍筋的构件,称为普通箍筋柱,如图 2-6-1a)所示;另一种为配有纵向钢筋及螺旋箍筋或焊环形箍筋的螺旋箍筋柱,如图 2-6-1b)所示。

二、配有纵向受力钢筋和普通箍筋的轴心受压构件

1. 构造要求

(1)截面形式:正方形、矩形、工字形、圆形。

(2)截面尺寸:根据正压力、柱身弯矩来确定,截面最小边长不宜小于 250mm。

(3)纵筋:纵向受力钢筋的直径不应小于 12mm,其净距不应小于 50mm,也不应大于 350mm,根数不少于 4 根。

受压钢筋的最大配筋率不宜超过 5%;《公预规》规定,轴心受压构件、偏心受压构件全部纵向钢筋的配筋率不应小于 0.5%,当混凝土强度等级为 C50 及以上时,不应小于 0.6%;同时,一侧钢筋的配筋率不应小于 0.2%。

纵向受力钢筋应伸入基础和盖梁,伸入长度不应小于规定的锚固长度。

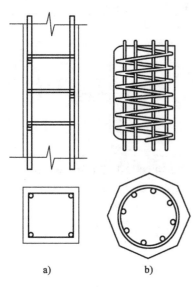

图 2-6-1 普通箍筋柱与螺旋箍筋柱

(4)箍筋:箍筋应做成封闭式,以保证钢筋骨架的整体刚度。

箍筋间距应不大于纵向受力钢筋直径的 15 倍且不大于构件横截面的较小尺寸(圆形截面采用 0.8 倍直径),且不大于 400mm。纵向受力钢筋搭接范围的箍筋间距,当绑扎搭接钢筋受拉时,不大于主钢筋直径的 5 倍且不大于 100mm;当搭接钢筋受压时,不大于主钢筋直径的 10 倍且不大于 200mm。纵向钢筋截面面积大于混凝土截面面积 3% 时,箍筋间距不应大于纵向钢筋直径的 10 倍且不大于 200mm。

箍筋直径不小于 8mm 且不小于纵向钢筋直径的 1/4。

构件内纵向受力钢筋应设置于离角筋(位于箍筋折角处的纵向钢筋)的间距 s 不大于 150mm 或在 15 倍箍筋直径(取较大者)范围内,如超出此范围设置纵向受力钢筋时,应设复合箍筋。各根箍筋的弯钩接头在纵向的位置应错开。

箍筋构造见图 2-6-2;当遇到柱截面内折角的构造时,箍筋应按照如图 2-6-3 所示的方式布置。

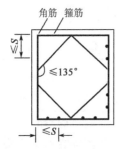 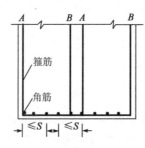 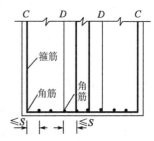

图 2-6-2 普通箍筋柱的箍筋布置

2. 破坏状态分析

1)短柱的破坏[材料破坏,如图 2-6-4a)所示]

在开始加载时,混凝土和钢筋都处于弹性工作阶段,钢筋和混凝土的应力基本上按其弹

性模量的比值来分配。当外荷载稍大后,随着荷载的增加,混凝土应力的增加越来越慢,而钢筋的应力基本上随其应变成正比增加,此时柱子变形增加的速度快于外荷载增加的速度。随着荷载的继续增加,柱中开始出现微小的纵向裂缝。在临近破坏荷载时,柱身出现很多明显的纵向裂缝,混凝土保护层开始剥落,箍筋间的纵筋被压曲,向外鼓出,混凝土被压碎。柱子发生破坏时,混凝土的应力达到轴心抗压极限强度

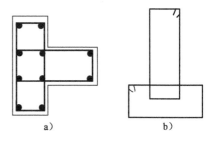

图 2-6-3 具有内折角截面的箍筋布置

f_{ck},相应的应变达到其抗压极限应变(一般取 $\varepsilon_c = 0.002$),而钢筋的应力为 $\sigma_s = \varepsilon_s \cdot E_s = $ 400MPa,但应小于其屈服强度,此值即为钢筋的抗压设计强度。

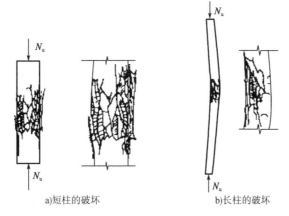

图 2-6-4 轴心受压构件的破坏形态

2)长柱的破坏[失稳破坏,如图 2-6-4b)所示]

长柱的破坏是由于丧失稳定导致的。由于初始偏心距的存在,构件受荷后产生附加弯矩,伴之发生横向挠度,加速了构件的失稳破坏。构件破坏时,首先在靠近凹边出现大致平行于纵轴方向的纵向裂缝,而在凸边发生水平的横向裂缝,随后受压区混凝土被压溃,纵筋向外鼓出,横向挠度迅速发展,构件失去平衡,最后将凸边的混凝土拉断。

对于钢筋混凝土轴心受压构件,长柱失稳破坏时的临界压力 $N_长$ 与短柱压坏时的轴心压力 $N_短$ 的比值,称为稳定系数,即稳定系数 $\varphi = \dfrac{\text{同截面、配筋、材料的长柱承载能力} N_长}{\text{同截面、配筋、材料的短柱承载能力} N_短}$,它反映了长柱承载能力的降低程度。稳定系数 φ 与构件的长细比有关。

所谓长细比,对矩形截面,可用 l_0/b 表示(l_0 为柱的计算长度,b 为截面的短边尺寸)。l_0/b 越大,即柱子越长细,则 φ 值越小,承载能力越低。《公预规》给出的钢筋混凝土轴心受压构件的纵向弯曲系数取值见表 2-6-1。

钢筋混凝土轴心受压构件的稳定系数 表 2-6-1

l_0/b	≤8	10	12	14	16	18	20	22	24	26	28
$l_0/2r$	≤7	8.5	10.5	12	14	15.5	17	19	21	22.5	24
l_0/i	≤28	35	42	48	55	62	69	76	83	90	97
φ	1.0	0.98	0.95	0.92	0.87	0.81	0.75	0.70	0.65	0.60	0.56

续上表

l_0/b	30	32	34	36	38	40	42	44	46	48	50
$l_0/2r$	26	28	29.5	31	33	34.5	36.5	38	40	41.5	43
l_0/i	104	111	118	125	132	139	146	153	160	167	174
φ	0.52	0.48	0.44	0.40	0.36	0.32	0.29	0.26	0.23	0.21	0.19

注：1. 表中 l_0 为构件计算长度；b 为矩形截面的短边尺寸；r 为圆形截面的半径；i 为截面最小回转半径。

2. 构件计算长度 l_0，当构件两端固定时，取 $0.5l$；当一端固定一端为不移动的铰时，取 $0.7l$；当两端均为不移动的铰时，取 l；当一端固定一端自由时，取 $2l$。l 为构件支点间的长度。

3. 正截面承载力计算公式

钢筋混凝土轴心受压构件，当配有普通箍筋（或螺旋筋，或在纵向钢筋上焊有横向钢筋）时（图 2-6-5），其正截面抗压承载力按下式计算：

$$\gamma_0 N_d \leq 0.90\varphi(f_{cd}A + f'_{sd}A'_s) \qquad (2-6-1)$$

式中：N_d——轴向力组合设计值；

φ——钢筋混凝土轴压构件的稳定系数，按表 2-6-1 采用；

A——构件毛截面面积，当纵向钢筋配筋率 $\rho' = \dfrac{A'_s}{A} > 3\%$ 时，式中 A 应改为 A_n，$A_n = A - A'_s$；

A'_s——纵向钢筋截面面积；

其余符号意义同前。

4. 计算内容

1）截面设计

情况一：已知截面尺寸，计算长度，混凝土轴心抗压强度设计值，钢筋抗压强度设计值，轴向压力 N_d。求：纵向钢筋截面面积 A'_s。

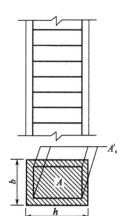

图 2-6-5 普通箍筋柱截面

计算步骤：

(1) 计算长细比，并查得相应的稳定系数 φ 值。

(2) 计算所需钢筋截面面积 A'_s。

由式 $\gamma_0 N_d \leq 0.90\varphi(f_{cd}A + f'_{sd}A'_s)$ 得到所需钢筋截面面积 A'_s。

(3) 选择并布置钢筋。由 A'_s 计算值及构造要求进行。

情况二：已知计算长度，混凝土轴心抗压强度设计值，钢筋抗压强度设计值，轴向压力 N_d。求：构件正截面面积 A 及纵向钢筋截面面积 A'_s。

计算步骤：

若截面尺寸未知，可先假定配筋率 $\rho(\rho = 0.8\% \sim 1.5\%)$，并设 $\varphi = 1$；可将 $A'_s = \rho A$ 代入式 $\gamma_0 N_d \leq 0.90\varphi(f_{cd}A + f'_{sd}A'_s)$，得 $A \geq \dfrac{\gamma_0 N_d}{0.9\varphi(f_{cd} + f'_{sd}\rho)}$。

构件的截面面积确定后，结合构造要求选取截面尺寸。然后，按构件的实际长细比，确定稳定系数 φ，再由公式计算所需的钢筋截面面积 A'_s，最后按构造要求选择并布置钢筋。

2）承载力复核

(1) 检查纵向钢筋及箍筋布置是否符合构造要求。

(2)由已知截面尺寸和计算长度算长细比,查得相应的稳定系数 φ。
(3)计算轴心受压构件正截面承载能力,应满足式(2-6-1)的要求。

三、配有纵向受力钢筋和螺旋箍筋的轴心受压构件

1. 构造要求

当柱承受很大轴心压力,并且柱截面尺寸由于建筑上及使用上的要求受到限制时,可考虑采用螺旋筋或焊接环筋,以提高承载力。这种柱的截面形状一般为圆形或多边形,图 2-6-6 示出了螺旋筋柱和焊接环筋柱的构造形式。其箍筋采用纵向钢筋外围所设的连续环绕的间距较密的螺旋箍筋或间距较密的焊接环式箍筋。螺旋筋的作用是使截面中间部分(核心)混凝土成为约束混凝土,从而提高构件的承载力和延性。

图 2-6-6 螺旋筋柱和焊接环筋柱

采用螺旋箍筋柱时,需注意以下几点:

(1)纵向钢筋:沿圆周均匀分布,截面面积应不小于构件箍筋圈内核心截面面积的 0.5%。核心截面面积应不小于构件整个截面面积的 2/3。

(2)箍筋的螺距或间距不应大于核心直径的 1/5,以不大于 80mm 为宜,且不应小于 40mm。

(3)纵向受力钢筋应伸入与受压构件连接的上下构件内,其长度不应小于受压构件的直径,且不应小于纵向受力钢筋的锚固长度。

(4)箍筋的直径不应小于纵向钢筋直径的 1/4,且不小于 8mm。

其余构造要求与普通箍筋柱相同。

2. 受力特点与破坏特征

对于配有纵向钢筋和螺旋箍筋的轴心受压短柱,沿柱高连续缠绕的、间距很密的螺旋箍筋犹如一个套筒,将核心部分的混凝土包住,有效地限制了核心混凝土的横向变形,使核心混凝土处于三向受压的工作状态,从而提高了柱的承载能力。

螺旋箍筋柱的破坏特征如下:

(1)由于螺旋箍筋的作用,核心混凝土处于三向受力状态,使混凝土抗压强度提高很多。

(2)螺旋箍筋柱破坏时,承受纵向压力的混凝土面积仅为其核心部分的截面面积。

(3)螺旋箍筋柱承载能力的提高是通过螺旋箍筋或焊接环式箍筋受拉而间接达到的。

3. 正截面承载力计算公式

1)正截面承载力计算公式

螺旋箍筋柱的正截面破坏的特征是其核心混凝土压碎,纵向钢筋已经屈服。而在破坏之前,柱的混凝土保护层已剥落。

螺旋箍筋柱的正截面抗压承载力是由核心混凝土、纵向钢筋、螺旋状或焊接环式箍筋三

部分的承载力所组成。其正截面承载力可按下式计算:

$$\gamma_0 N_d \leq 0.90(f_{cd}A_{cor} + f'_{sd}A'_s + kf_{sd}A_{s0}) \qquad (2\text{-}6\text{-}2)$$

式中:A_{cor}——构件的核心截面面积;

A_{s0}——螺旋式或焊接环式间接钢筋的换算截面面积,$A_{s0} = \dfrac{\pi d_{cor} A_{sol}}{s}$,$d_{cor}$ 为构件截面的核心直径,A_{sol} 为单根间接钢筋(即螺旋箍筋)的截面面积,s 为沿构件轴线方向间接钢筋的螺距或间距;

k——间接钢筋的影响系数,混凝土强度等级为 C50 及以下时,取 $k = 2.0$,混凝土强度等级为 C50~C80 时,取 $k = 2.0 \sim 1.70$,中间直接插入取用;

其余符号意义同前。

按式(2-6-2)计算的抗压承载力设计值不应大于按式(2-6-1)计算的抗压承载力设计值的 1.5 倍;当间接钢筋的换算截面面积、间距及构件长细比不符合《公预规》的要求,或按式(2-6-2)计算的抗压承载力小于按式(2-6-1)计算的抗压承载力时,不应考虑间接钢筋的套箍作用,此时正截面抗压承载力应按式(2-6-1)进行计算。

2)规定条件

螺旋箍筋的作用是只能提高核心混凝土的抗压强度,而不能增加柱的稳定性。当构件长细比较大时,间接钢筋因受构件纵向弯曲系数的影响难以充分发挥其提高核心混凝土抗压强度的作用,即螺旋箍筋柱只适用 $l_0/2r \leq 7$ 的场合。

注意:

(1)为保证使用荷载作用下,螺旋箍筋混凝土保护层不致过早剥落,按式(2-6-2)计算的螺旋箍筋柱的承载力值,不应比按普通箍筋柱算得的承载力大 50%。

(2)当遇到下列任意一种情况时,不考虑间接钢筋的套箍作用,而按普通箍筋柱计算构件的承载力:

①当间接钢筋的换算截面面积 A_{s0} 小于全部纵向钢筋截面面积 A'_s 的 25%,即 $A_{s0} < 0.25 A'_s$ 时,由于螺旋箍筋配置得太少,不能起到约束作用。

②当间接钢筋的间距大于 80mm 或大于核心直径的 1/5 时。

③当构件的长细比 $l_0/i > 48$ 或 $l_0/b > 14$ 或 $l_0/2r > 12$ 时,由于纵向弯曲的影响,螺旋箍筋不能发挥其作用。

④当按螺旋箍筋柱计算的承载力小于按普通箍筋柱计算的承载力时(当柱截面外围混凝土较厚时,核心面积相对较小,会出现这种情况)。

4.计算内容

1)截面设计

(1)按普通箍筋柱设计,求得所需钢筋的截面面积。

校核配筋率,若偏大,为细长构件,可改为采用配置螺旋箍筋以提高柱的承载力,按螺旋箍筋柱设计。

(2)求所需纵向钢筋的截面面积。

①假设按混凝土全截面计算的纵向钢筋配筋率,计算纵向钢筋的截面面积。选择并布

置钢筋。

②求所需螺旋箍筋的截面面积。

假设混凝土保护层厚度 c，计算柱的核心直径 $d_{cor} = d - 2c$ 及核心截面面积 $A_{cor} = \pi d_{cor}^2/4$。

由式 $\gamma_0 N_d \leq 0.90(f_{cd}A_{cor} + f'_{sd}A'_s + kf_{sd}A_{s0})$ 得到所需螺旋箍筋的换算截面面积为：

$$A_{s0} = \frac{\gamma_0 N_d - 0.9(f_{cd}A_{cor} + f'_{sd}A'_s)}{0.9kf_{sd}}$$

③选择螺旋箍筋的直径，计算其间距 $s = \dfrac{\pi d_{cor} A_{sol}}{A_{s0}}$，结合构造要求选择螺旋箍筋的间距。

(3) 按实际配筋情况验算柱的承载力。

$$N_{du} = 0.9(f_{cd}A_{cor} + f'_{sd}A'_s + k \cdot f_{sd}A_{s0})$$

与 $\gamma_0 N_d$ 及 $1.5 \times 0.9\varphi(f_{cd}A + f'_{sd}A'_s)$ 比较，判断是否满足承载力要求。

2) 承载力复核

计算步骤：

$$N_{du} = 0.9(f_{cd}A_{cor} + f'_{sd}A'_s + k \cdot f_{sd}A_{s0})$$

计算结果应满足：

$$\gamma_0 N_d \leq N_{du} \leq 1.5 \times 0.9\varphi(f_{cd}A + f'_{sd}A'_s)$$

四、偏心受压构件的构造及受力特点

1. 概述

偏心受压构件是指轴向力的作用点位于截面形心之外的构件。轴向力 N 对截面形心偏离的距离 e_0（图 2-6-7）称偏心距。偏心受压构件不论其具体的受力情况如何，对任一截面而言，既受有轴向压力，又承受弯矩。偏心受压构件应用很广，例如钢筋混凝土拱桥的主拱圈、刚架桥的支柱、桥墩、桥台等。

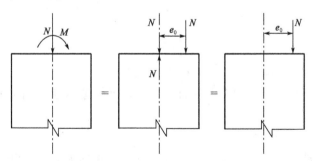

图 2-6-7 偏心受压构件受力示意图

2. 偏心受压构件的构造

现浇的偏心受压构件一般多采用矩形截面，应将长边布置在弯矩作用的方向，长短边比

值一般为 1.5～3.0,为了使模板尺寸模数化,边长宜采用 5cm 的倍数。预制的装配式结构中,常采用 T 形、工字形和箱形截面。柱式桥墩、钻孔灌注桩等采用圆形截面。

偏心受压构件常用的混凝土强度等级为 C20、C25、C30 或更高级别。宜尽可能地采用强度等级较高的混凝土。

纵向受力钢筋的直径、净距及保护层厚度等规定,均与轴心受压构件相同。截面每侧的纵向钢筋的最小配筋率不宜小于 0.2%,全部纵向钢筋的配筋率应不小于 0.5%,当采用的混凝土强度等级为 C50 及以上时,配筋率不应小于 0.6%。纵向受力钢筋大多按对称形式布置。不宜采用高强钢筋,以免因不能发挥其高强作用而造成浪费。

箍筋应做成闭合式,其直径不应小于纵向钢筋直径的 1/4,且不小于 8mm。箍筋的间距不应大于纵向钢筋直径的 15 倍、不大于构件短边尺寸(圆形截面采用 4/5 直径)并不大于 400mm。当被箍筋固定的纵向受力钢筋的配筋率大于 3% 时,箍筋间距不应大于纵向钢筋直径的 10 倍,且不大于 200mm。

当构件截面宽度 $b \leqslant 40$cm 及每侧钢筋不多于 4 根时,形式如图 2-6-8a)所示;当构件截面宽度 $b > 40$cm 时,则可采用如图 2-6-8b)所示的形式。

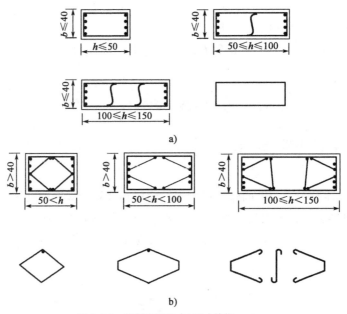

图 2-6-8　箍筋布置形式(尺寸单位:cm)

3. 偏心受压构件正截面的受力特点和破坏形态

根据钢筋混凝土偏心受压构件正截面的受力特点与破坏特征,偏心受压构件可分为大偏心受压构件和小偏心受压构件两种类型。

1)大偏心受压破坏(受拉破坏)

大偏心受压构件破坏时,远离轴向力一侧的钢筋先受拉屈服,近轴向力一侧的混凝土被压碎。这种破坏一般发生在轴向力偏心距较大,且受拉钢筋配置不多的情况。

大偏心受压构件破坏时的截面应力分布与构件上的裂缝分布情况如图 2-6-9 所示。在偏心轴向力的作用下,远离轴向力一侧的截面受拉,近轴向力一侧的截面受压。随着轴向力的增加,受拉区首先出现横向裂缝。偏心距越大,受拉钢筋越少,横向裂缝出现得越早,裂缝的开展与延伸越快。继续增加轴向力,主裂缝逐渐明显,受拉钢筋首先达到屈服,受拉变形的发展大于受压变形的发展,中性轴上升,混凝土压区的高度减小,压区边缘混凝土的应变达到其极限值,受压钢筋受压屈服,在压区出现纵向裂缝,最后混凝土压碎崩脱。

由于大偏心受压破坏时受拉钢筋先屈服,因此又称受拉破坏,其破坏特征与钢筋混凝土双筋截面适筋梁的破坏相似,属于延性破坏。

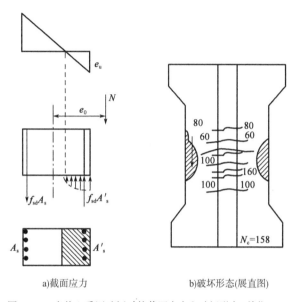

a)截面应力　　　b)破坏形态(展直图)

图 2-6-9　大偏心受压破坏时的截面应力和破坏形态(单位:kN)

2)小偏心受压破坏(受压破坏)

相对大偏心受压,小偏心受压的截面应力分布较为复杂,可能大部分截面受压,也可能全截面受压。其取决于偏心距的大小、截面的纵向钢筋配筋率等。

(1)大部分截面受压,远离轴向力一侧钢筋受拉但不屈服。

当偏心距较小,远离轴向力一侧的钢筋配置较多时,截面的受压区较大,随着荷载的增加,受压区边缘的混凝土首先达到极限压应变值,受压钢筋应力达到屈服强度,但受拉钢筋的应力没有达到屈服强度,其截面上的应力状态如图 2-6-10b)所示。

(2)全截面受压,远离轴向力一侧钢筋受压。

①当偏心距很小时,截面可能全部受压。由于全截面受压,近轴向力一侧的应变大,远离轴向力一侧的应变小,截面应变呈梯形分布,远离轴向力一侧的钢筋也处于受压状态,构件不会出现横向裂缝。破坏时一般近轴向力一侧的混凝土应变首先达到极限值,混凝土压碎,钢筋受压屈服;远离轴向力一侧的钢筋可能达到屈服,也可能不屈服,如图 2-6-10a)所示。

②当偏心距很小,且近轴向力一侧的钢筋配置较多时,截面的实际形心轴向配置较多,钢筋的一侧偏移,有可能使构件的实际偏心反向,出现反向偏心受压,如图 2-6-10c)所示。反向偏心受压使几何上远离轴向力一侧的应变大于近轴向力一侧的应变。此时,尽管构件截面的应变仍呈梯形分布,但与图 2-6-10a)所示的相反。破坏时,远离轴向力一侧的混凝土

首先被压碎,钢筋受压屈服。

对于小偏心受压,无论何种情况,其破坏特征都是构件截面一侧混凝土的应变达到极限压应变,混凝土被压碎,另一侧的钢筋受拉但不屈服或处于受压状态。这种破坏特征与超筋的双筋受弯构件或轴心受压构件相似,无明显的破坏预兆,属脆性破坏。由于构件破坏起因于混凝土压碎,所以也称受压破坏。

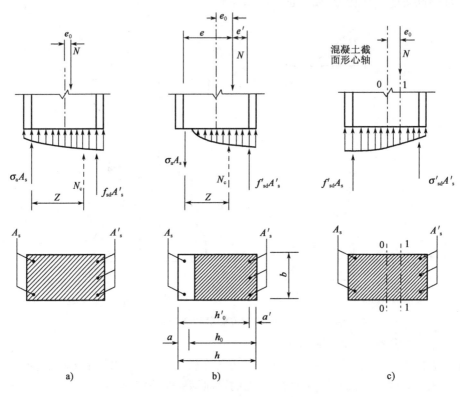

图 2-6-10 小偏心受压短柱截面受力的几种情况

4. 大小偏心受压的界限

1) 界限状态

从大、小偏心受压的破坏特征可见,两类构件破坏的相同之处是受压区边缘的混凝土都被压碎,都是"材料破坏";不同之处是大偏心受压构件破坏时受拉钢筋能屈服,而小偏心受压构件的受拉钢筋不屈服或处于受压状态。因此,大、小偏心受压破坏的界限是受拉钢筋应力达到屈服强度,同时受压区混凝土的应变达到极限压应变($\varepsilon_{cu}=0.0033$)而被压碎。

2) 判别标准

偏心受压构件截面是部分受压、部分受拉时的应变变化规律,与受弯构件截面应变变形是相似的,从截面的应变分布分析(图2-6-11),要保证受拉钢筋先达到屈服强度,相对受压区高度必须满足 $\xi<\xi_b$ 的条件。因此,与受弯构件正截面强度计算相同,可用相对受压区高度 ξ_b 来判别两种不同偏心受压形态:

(1) 当 $\xi \leqslant \xi_b$ 时,截面为大偏心受压破坏。

(2) 当 $\xi > \xi_b$ 时,截面为小偏心受压破坏。

5. 偏心受压构件的纵向弯曲

钢筋混凝土偏心受压构件在偏心轴向力的作用下将产生弯曲变形,使临界截面的轴向力偏心距增大。如图 2-6-12 所示为一两端铰支柱,在其两端作用偏心轴向力,在此偏心轴向力的作用下,柱将产生弯曲变形,在临界截面处将产生最大挠度,因此,临界截面的偏心距由 e_i 增大到 e_i+f,弯矩由 Ne_i 增大到 $N(e_i+f)$,这种现象称偏心受压构件的纵向弯曲,也称二阶效应。对于长细比小的柱,即所谓"短柱",由于纵向弯曲很小,一般可以忽略不计;对于长细比大的柱,即所谓"长柱",纵向弯曲的影响则不能忽略。长细比小于 5 的钢筋混凝土柱可认为是短柱,不考虑纵向弯曲对正截面受压承载能力的影响。

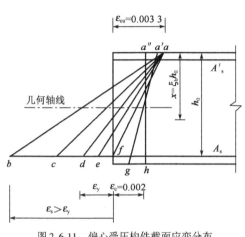
图 2-6-11 偏心受压构件截面应变分布

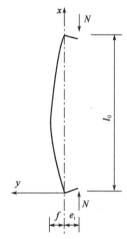
图 2-6-12 侧向弯曲影响

钢筋混凝土长柱在纵向弯曲的作用下,可能发生两种形式的破坏。一是"失稳破坏",二是"材料破坏"。所谓"失稳破坏"是指长细比较大的柱,其纵向弯曲效应随轴向力呈非线性增长,构件发生侧向失稳破坏;"材料破坏"是指破坏时材料达到极限强度。考虑纵向弯曲作用的影响,在同等条件下,长柱的承载能力低于短柱的承载能力。

纵向弯曲效应对具有不同长细比的钢筋混凝土柱的影响分析,见图 2-6-13。图中,ABCDE 为偏心受压构件的 $M-N$ 相关线,即钢筋混凝土偏心受压构件发生材料破坏时的 $M-N$ 关系。构件达到承载能力极限状态时,截面的弯矩和轴力存在对应关系。

当构件为短柱,纵向弯曲效应可以忽略,偏心距保持不变,截面的弯矩与轴力呈线性关系,沿直线达到破坏点,破坏属于"材料破坏"。当构件为长柱时,纵向弯曲效应不能忽略,随着轴力的增大,由纵向弯曲引起的偏心距呈非线性增大,截面的弯矩也随着偏心距的增大呈非线性增大,如 OC 线所示。在长细比不是很大的情况下,也发生"材料破坏",如 C 点;当长细比很大的情况下,纵向弯曲效应非常明显,当轴向力达到一定值时(F 点),由于纵向弯曲引起的偏心距急剧增大,微小的轴力增量可引起不收敛的弯矩增量,导致构件侧向失稳破坏。由图 2-6-13 可见,在初始偏心距相同的情况下,不同的长细

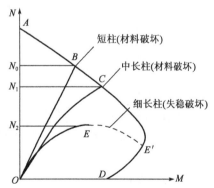
图 2-6-13 构件长细比对破坏形态的影响

比,偏心受压构件所能承受的极限压力是不同的,长细比越大,纵向弯曲效应越明显,轴力越小。因此,在偏心受压构件承载能力分析中,不仅不能忽略纵向弯曲的影响,而且要防止发生"失稳破坏"。

由以上分析可见,纵向弯曲影响的实质是临界截面的偏心距和弯矩大于初始偏心距和弯矩。因此,研究纵向弯曲的影响,应研究纵向弯曲引起的弯矩及其随构件长细比变化的规律。纵向弯曲引起的弯矩称二阶弯矩。二阶弯矩的大小与构件两端的弯矩情况和构件的长细比有关。

6. 偏心距增大系数

实际工程中最常遇到的是长柱,由于最终破坏是材料破坏,因此在设计计算中需考虑由于构件侧向挠度引起的二阶弯矩的影响。

《公预规》规定计算偏心受压构件正截面承载力时,对于矩形截面,$l_0/h > 5$(h 为弯矩作用平面内的截面高度),对于圆形截面,$l_0/d_1 > 5$(d_1 为圆形截面的直径),对于任意截面的构件 $l_0/r_i > 5$(r_i 为弯矩作用平面内截面的回转半径),应考虑构件在弯矩作用平面内的挠曲对轴向力偏心距的影响。此时,应将对截面重心轴的偏心距乘以偏心距增大系数。

矩形、T 形、工字形和圆形截面偏心受压构件的偏心距增大系数可按下式计算:

$$\eta = 1 + \frac{1}{1\,400\,\frac{e_0}{h_0}} \cdot \left(\frac{l_0}{h}\right)^2 \zeta_1 \zeta_2 \qquad (2\text{-}6\text{-}3)$$

其中

$$\zeta_1 = 0.2 + 2.7\,\frac{e_0}{h_0} \leq 1.0$$

$$\zeta_2 = 1.15 - 0.01\,\frac{l_0}{h} \leq 1.0$$

式中:l_0——构件的计算长度;

h——截面高度,对圆形截面取 $h = 2r$(r 为圆形截面半径);

h_0——截面有效高度,$h_0 = h - a_s$;

ζ_1——荷载偏心率对截面曲率的影响系数,当 $\zeta_1 > 1.0$ 时,取 1.0;

ζ_2——构件长细比对截面曲率的影响系数,当 $l_0/h < 15$ 时,取 1.0。

五、矩形截面偏心受压构件的正截面承载力计算

1. 基本假定

截面应符合以下基本假定:

(1)截面应变分布符合平截面假定。

(2)不考虑受拉区混凝土参加工作,拉力全部由钢筋承担。

(3)受压区混凝土的极限压应变 $\varepsilon_{cu} = 0.003\,3$。

(4)混凝土的压应力图形为矩形,受压区混凝土应力达到混凝土抗压强度设计值 f_{cd},矩形应力图的高度取 $x = \beta x_0$。

2. 基本公式及适用条件

矩形截面偏心受压构件正截面抗压承载力的计算图示如图 2-6-14 所示。

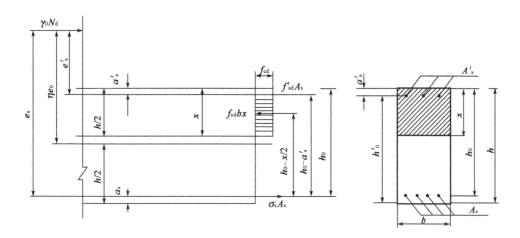

图 2-6-14 矩形截面偏心受压构件正截面承载力计算图示

1）基本公式

（1）按沿构件纵轴方向的内外力之和为零，即 $\sum N=0$，得：

$$\gamma_0 N_d \leq f_{cd}bx + f'_{sd}A'_s - \sigma_s A_s \tag{2-6-4}$$

（2）由截面上所有力对受拉边（或受压较小边）钢筋合力点的力矩之和等于零，即 $\sum M_{A_s}=0$，可得：

$$\gamma_0 N_d e_s \leq f_{cd}bx\left(h_0 - \frac{x}{2}\right) + f'_{sd}A'_s(h_0 - a'_s) \tag{2-6-5}$$

（3）由截面上所有力对受压较大边钢筋合力点的力矩之和等于零，即 $\sum M_{A'_s}=0$，可得：

$$\gamma_0 N_d e'_s \leq -f_{cd}bx\left(\frac{x}{2} - a'_s\right) + \sigma_s A_s(h_0 - a'_s) \tag{2-6-6}$$

（4）由截面上所有力对轴向力作用点取矩的平衡条件，即 $\sum M_N=0$，可得：

$$f_{cd}bx\left(e_s - h_0 + \frac{x}{2}\right) = \sigma_s A_s e_s - f'_{sd}A'_s e'_s \tag{2-6-7}$$

其中

$$e_s = \eta e_0 + h_0 - \frac{h}{2} \left(或\ e_s = \eta e_0 + \frac{h}{2} - a_s\right)$$

$$e'_s = \eta e_0 + a'_s - \frac{h}{2}$$

2）基本公式的使用要求

（1）受拉边或者受压较小边钢筋 A_s 的应力 σ_s 的取值：当 $x \leq \xi_b h_0$，构件为大偏心受压，取 $\sigma_s = f_{sd}$；当 $x > \xi_b h_0$ 时，构件为小偏心受压，钢筋应力按下式计算：

$$\sigma_{si} = \varepsilon_{cu} E_s \left(\frac{\beta h_{0i}}{x} - 1\right) \tag{2-6-8}$$

（2）为了保证构件破坏时，大偏心受压构件截面上的受压钢筋能达到抗压设计强度 f'_{sd}，必须满足：$x \geq 2a'_s$。

当 $x < 2a'_s$ 时，受压钢筋的应力可能达不到抗压强度设计值，与双筋矩形截面受弯构件类

似,近似取 $x=2a'_s$,受压区混凝土所承担的压力作用位置与受压钢筋承担的压力作用位置重合,由截面受力平衡条件可写出:

$$\gamma_0 N_d e'_s \leqslant f_{sd} A_s (h_0 - a'_s) \tag{2-6-9}$$

(3)在偏心压力作用的偏心距很小(即小偏心受压)的情况下,且全截面受压,若靠近偏心压力一侧的纵向钢筋配置较多,而远离偏心压力一侧的纵向钢筋配置较少时,钢筋的应力可能到达受压屈服强度,但离偏心压力较远一侧的混凝土也有可能被压坏,为使钢筋的数量不至于过少,防止出现这种破坏,应满足下列条件:

$$\gamma_0 N_d e'_s \leqslant f_{cd} bh \left(h'_0 - \frac{h}{2}\right) + f'_{sd} A_s (h_0 - a'_s) \tag{2-6-10}$$

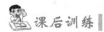

1. 钢筋和混凝土共同工作的基础是什么?
2. 和素混凝土梁相比,钢筋混凝土梁有哪些优势?
3. 钢材的应力—应变关系曲线的特征是什么?
4. 何谓条件屈服强度?
5. 什么是作用及作用效应?各有哪些类型?
6. 什么叫极限状态?结构有哪些极限状态?
7. 何谓结构的耐久性?影响结构耐久性的因素有哪些?
8. 梁、板中混凝土保护层的作用是什么,其最小值是多少?
9. 受弯构件中的适筋梁从加载到破坏经历哪几个阶段?各阶段的主要特征是什么?每个阶段是哪种极限状态的计算依据?
10. 什么是配筋率?配筋率对梁的正截面承载力有何影响?说明少筋梁、适筋梁与超筋梁的破坏特征有何区别?
11. 正截面强度计算的基本假定是什么?
12. 试画出单筋矩形截面正截面承载力计算时的实际图式及计算图式。
13. 如何判别两类T形截面?
14. 如何确定T形截面的翼缘板计算宽度?
15. 受弯构件沿斜截面破坏的形态有几种?各在什么情况下发生?如何防止?
16. 斜截面抗剪承载力计算公式的适用范围是什么?其意义何在?
17. 斜截面抗剪承载力计算用的剪力如何取用?受弯构件腹筋设计所用最大剪力取哪一截面的剪力?其中混凝土和箍筋承担多少?弯起钢筋承担多少?
18. 何谓设计弯矩图?何谓抵抗弯矩图?工程上如何使用它们?
19. 如何进行箍筋的设计计算?
20. 斜筋设计计算中有哪些问题要解决?如何进行?配置方法是什么?
21. 钢筋混凝土受弯构件在施工阶段的应力计算中为什么要引用换算截面的几何特性?
22. 在进行截面换算时有哪些基本假定?
23. 什么是刚度?什么是预拱度?如何设置预拱度?有什么条件?
24. 什么是正常裂缝?什么是非正常裂缝?

25. 轴心受压构件中纵筋的作用是什么？
26. 长柱和短柱的破坏有什么不同？为什么？
27. 正截面承载力计算公式是如何将纵向弯曲系数考虑在内的？
28. 普通箍筋柱与螺旋箍筋柱的承载力分别由哪些部分组成？
29. 偏心受压构件的破坏类型有哪些？它们的分界条件是什么？
30. 试从破坏原因、破坏性质及影响承载力的主要因素来分析偏心受压构件的两种破坏特征有何区别？
31. 偏心距增大系数 η 的物理意义是什么？

技能训练

一、设计题目

钢筋混凝土简支 T 形梁桥一片主梁设计。

二、设计资料

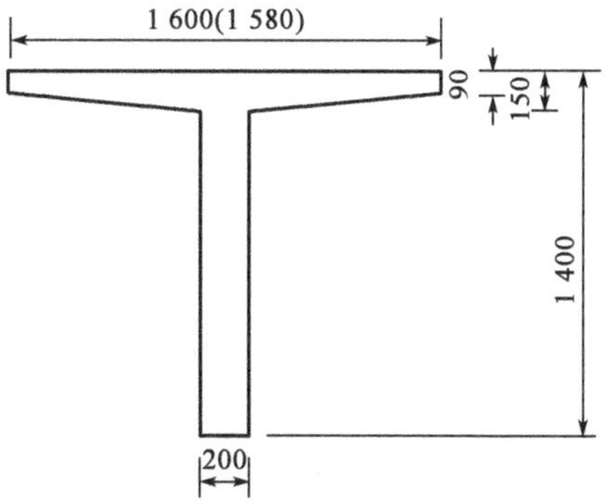

1. 某公路钢筋混凝土简支梁桥主梁结构尺寸

标准跨径：20.00m；

计算跨径：19.50m；

主梁全长：19.96m；

梁的截面尺寸如图 2-1 所示。

2. 计算内力

(1) 使用阶段的内力。

跨中截面计算弯矩（标准值）如下：

结构重力弯矩：$M_{1/2恒} = 810.72$ kN·m；

图 2-1 梁的截面图（尺寸单位：mm）

汽车荷载弯矩：$M_{1/2汽} = 697.28$ kN·m（已计入汽车冲击系数）；

人群荷载弯矩：$M_{1/2人} = 75.08$ kN·m；

1/4 跨截面计算弯矩（设计值）：$M_{d,1/4} = 1\,867$ kN·m（已考虑荷载安全系数），支点截面弯矩 $M_{d0} = 0$。

支点截面计算剪力（标准值）如下：

结构重力剪力：$V_{恒} = 172.75$ kN；

汽车荷载剪力：$V_{汽} = 165.80$ kN（已计入汽车冲击系数）；

人群荷载剪力：$V_{人} = 18.60$ kN；

跨中截面计算剪力（设计值）：$V_{j中} = 76.5$ kN（已考虑荷载安全系数）。

主梁使用阶段处于一般大气条件的环境中，结构安全等级为二级，汽车冲击系数 $1+\mu = 1.292$。

(2) 施工阶段的内力。

简支梁在吊装时，其吊点设在距梁端 $a = 400$mm 处，而梁自重在跨中截面的弯矩标准值 $M_{k,1/2} = 585.90$ kN·m，吊点的剪力标准值 $V_0 = 110.75$ kN。

3. 材料

主筋用 HRB335 级钢筋: $f_{sd}=280\mathrm{MPa}$; $f_{sk}=335\mathrm{MPa}$; $E_s=2.0\times10^5\mathrm{MPa}$。

箍筋用 HPB235 级钢筋: $f_{sd}=195\mathrm{MPa}$; $f_{sk}=235\mathrm{MPa}$; $E_s=2.1\times10^5\mathrm{MPa}$。

采用焊接平面钢筋骨架;混凝土强度等级为 C30;

$f_{cd}=13.8\mathrm{MPa}$; $f_{ck}=20.1\mathrm{MPa}$; $f_{td}=1.39\mathrm{MPa}$; $f_{tk}=2.01\mathrm{MPa}$; $E_c=3.00\times10^4\mathrm{MPa}$。

三、设计要求

(1)进行 T 形梁正截面设计计算;
(2)进行 T 形梁斜截面设计计算;
(3)进行 T 形梁的变形及裂缝宽度验算;
(4)计算书要程序分明,文字通顺,书写工整,引出资料来源;
(5)图面整洁、紧凑,符合工程制图要求。

四、提交成果

(1)设计计算说明书;
(2)一片 T 形梁配筋图(2 号)。

学习情境三　梁式桥设计

工作任务

1. 认识简支梁桥；
2. 简支梁桥的设计与计算。

学习目标

1. 叙述板桥的构造与设计内容；
2. 叙述装配式简支梁桥的构造与设计内容；
3. 叙述利用杠杆原理法和偏心受压法计算荷载横向分布系数的方法；
4. 叙述简支梁桥的各类行车道板的荷载分布及有效工作宽度的计算方法；
5. 叙述主梁梁肋内力计算的方法；
6. 叙述桥面板内力计算的方法；
7. 能运用设计规范、手册和标准图进行公路中、小桥梁的设计，并计算工程数量。

任务描述

简支梁桥结构适用于修建中小跨径桥梁，其构造相对较简单。主梁是桥梁结构的主要承重构件，是桥梁的重要组成部分。桥面板(或称行车道板)直接承受车辆的集中荷载，通常又是主梁的受压翼缘，它的工作状态不但影响到行车质量，而且还涉及主梁的受力。通常在桥梁上部结构计算时，可先计算主要承重构件(主梁)，其次计算次要受力构件(桥面板、横隔梁)。

本学习情境分解为2个学习任务。每个学生应沿着如下流程进行学习：

认知板桥的构造与设计内容 → 叙述装配式简支梁桥的构造与设计内容 → 叙述根据杠杆原理法和偏心受压法计算荷载横向分布系数的方法 →

叙述简支梁桥各类行车道板的荷载分布及有效工作宽度的计算方法 → 能进行主梁梁肋内力的计算 → 能进行桥面板内力的计算 → 能运用设计规范、手册等进行中、小桥的设计

任务一　认识简支梁桥

简支体系梁式桥简称简支梁桥，属静定结构，受力明确，在竖直荷载作用下支撑处只有

竖向反力,梁体以受弯为主,同时承受剪力。简支梁桥结构适用于修建中小跨径桥梁,其构造相对较简单。简支梁桥可以按照截面形式、施工方法、有无预应力的不同进一步分类。

按截面形式分,常见的有简支板、简支 T 梁、简支箱梁、组合简支梁。按施工方法分,有整体现浇板、预制安装板(梁)。按是否施加预应力分,有钢筋混凝土(板)梁桥、预应力混凝土(板)梁桥。

在已建成的桥梁中,中小跨径的桥梁占了大多数,特别是城市桥梁中,以中小跨径的桥梁为主。简支体系梁式桥是最常用的桥型。

一、简支板桥

板桥是小跨径桥梁最常用的桥型之一。由于它在建成之后外形像一块薄板,故称为板桥。板桥的建筑高度小,适用于桥下净空受限制的桥梁,还可用于降低桥头引道高度,缩短引道的长度。其外形简单,制作方便,既便于现场整体浇筑,又便于预制厂成批生产,因此可以采用整体式结构,也可以采用装配式结构。

简支板桥常见的结构形式:整体式简支板桥(截面形式有实体矩形板和矮肋板)、装配式简支板桥(截面形式有矩形板和空心板)、预应力空心板桥(截面形式有单空板和多空板),分别如图 3-1-1 ~ 图 3-1-3 所示。

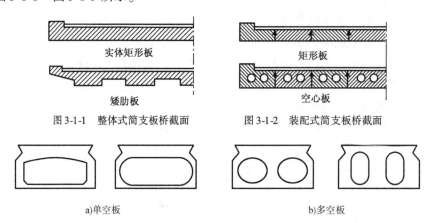

图 3-1-1 整体式简支板桥截面　　图 3-1-2 装配式简支板桥截面

a) 单空板　　b) 多空板

图 3-1-3 预应力空心板桥截面

简支板桥虽然应用广泛,但跨径不宜过大。当跨径超过一定限值时,其自重将显著增大,从而造成材料上的浪费。因此《公预规》中规定:钢筋混凝土简支板桥的标准跨径不宜超过 13m,预应力混凝土简支板桥的标准跨径不宜超过 25m。

1. 整体式简支板桥

1)板的截面尺寸和配筋

整体式简支板桥是工地现场经过搭设支架—安装模板—铺设钢筋—整体浇筑混凝土—养护的施工程序成型的钢筋混凝土板桥。其整体性能好,横向刚度较大,施工也较简便。但需要消耗一定量的模板和支架材料,通常用于跨径为 4~8m 的小桥。

整体式简支板桥的板厚与跨径之比一般为 1/23~1/16,随跨径增大,比值取用较小值。横截面一般设计成等厚度的矩形实体截面,如图 3-1-1 所示的整体式简支板桥截面之中的实体矩形板。为了减小自重,也可以将下缘受拉区混凝土部分挖空,形成矮肋式板截面。

整体式板桥的跨径与板宽尺寸通常相差不大（比值不大于2），在荷载作用下实际处于双向受力状态。所以，除了要通过设计计算配置纵向受力钢筋以外，还要在板内设置垂直于主钢筋的横向分布钢筋。纵向主筋除中间2/3板宽范围内按计算配置以外，在两侧各1/6的板宽范围内应比中间增加15%主筋用量。这是因为当车辆荷载在偏近板边行驶时，参与受力的板宽（荷载有效分布宽度）要比中间小，使得板边处的受力更为不利。主筋的直径不宜小于10mm，跨中主筋间距不得大于200mm。横向分布钢筋设在主钢筋的内侧，其直径不小于8mm，间距不大于200mm，配筋率不小于0.1%。在主钢筋的弯折处，还应布置分布钢筋。

整体式板桥的主拉应力较小，根据计算可以不设置弯起的斜钢筋，但习惯上还是将一部分主钢筋在沿板高中心纵轴线的1/6~1/4计算跨径处按30°~45°的角度弯起。通过支点的不弯起的主钢筋，每米板宽内不少于3根，且不少于主钢筋截面面积的1/4。

2）整体式简支板构造实例

某标准跨径6.0m的整体式钢筋混凝土简支板桥，如图3-1-4所示。桥面净宽8.5m，两侧各有0.25m的安全带。设计荷载为公路—Ⅱ级，计算跨径为5.69m，板厚32cm，约为跨径的1/18。纵向主筋采用HRB335钢筋，直径为20mm，在中间2/3的板宽内间距12.5cm，其余两侧的间距为11cm。主筋在跨径两端1/6~1/4的范围内呈30°弯起，分布钢筋按单位板宽上主筋面积的15%配置，采用R235钢筋，直径为10mm，间距为20cm。

2. 装配式简支板桥

当具备运输和起重设备时，简支板桥宜采用装配式结构，以缩短工期，提高工程施工质量。装配式简支板桥按截面形式可分为矩形板和空心板。截面构造如图3-1-4所示。

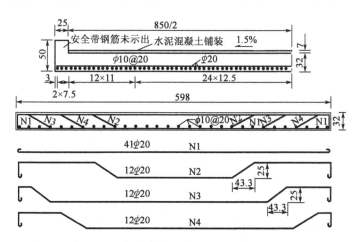

图3-1-4 钢筋混凝土整体式简支板桥构造（尺寸单位：cm；钢筋直径：mm）

实心矩形板桥通常用于跨径8m以下的桥梁，一般应尽量采用标准化设计。我国《公桥规》中，规定了1.5m、2.0m、2.5m、3.0m、4.0m、5.0m、6.0m和8.0m八种标准化跨径。预制板的设计宽度一般为1.0m，板厚一般为16~36cm；主钢筋一般采用HRB335钢筋。

图3-1-5是装配式简支钢筋混凝土实心矩形板6.0m标准化跨径设计实例。设计荷载为公路—Ⅱ级，标准跨径为6m，桥面宽度为净—7m，全桥由6块宽度为99cm（预制宽度）的中部块件和2块宽度为74cm的边部块件组成。

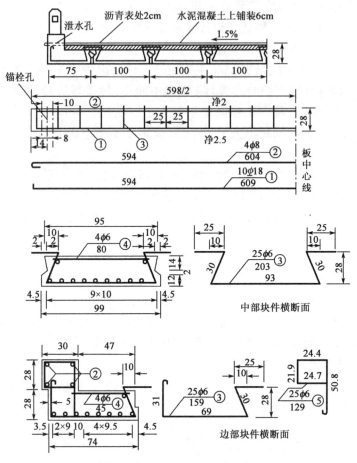

图 3-1-5 装配式钢筋混凝土实心矩形板桥构造(尺寸单位:cm;钢筋直径:mm)

装配式简支板桥,当跨径增大时,为了减小板的自重,充分合理地利用材料,在预制时应采用芯模使板体混凝土用量减少,形成空心矩形截面。空心板较同跨径的实心板质量小,运输安装方便,建筑高度比同跨径的 T 形梁小,因此目前使用较多。

装配式钢筋混凝土空心板桥的标准化跨径为 6~13m,即 6.0m、8.0m、10.0m 和 13.0m 四种,相应的板厚为 0.4~0.8m。

3. 预应力空心板桥

装配式简支板桥,当跨径继续增大时,为了减小板的自重,充分合理地利用材料,应该选择预应力混凝土空心板结构。截面构造如图 3-1-6 所示。预应力混凝土空心板桥的跨径一般在 8~20m,标准化跨径有 8.0m、10.0m、13.0m、16.0m 和 20.0m 五种跨径的标准图,相应板厚为 0.4~0.9m。空心板的顶板和底板厚度均不宜小于 80mm,截面的最薄处不得小于 70mm,以保证施工质量和构造的需要。为保证抗剪强度,应在截面内按设计计算需要配置弯起钢筋和箍筋。

预应力混凝土空心板,通常在预制厂采用先张法工艺预制,然后运输到工地现场安装。

图 3-1-6 所示为标准跨径 13m 的装配式预应力混凝土空心板桥实例。设计荷载为公路—I 级,计算跨径 12.6m,板厚 0.60m。空心板横截面为双孔形式,采用 C40 混凝土预制和

填缝。每块板底层配置 7 根 ϕ20 的精轧螺纹钢筋做预应力筋。板顶面除配置 3 根 ϕ12 的架立钢筋外,在支点附近还配置 6 根 ϕ8 的非预应力钢筋来承担由预加应力产生的拉应力。靠近支点截面,箍筋应加密加粗。

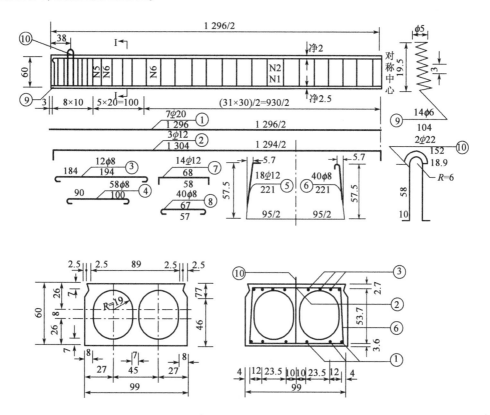

图 3-1-6 装配式预应力混凝土空心板桥构造(尺寸单位:cm;钢筋直径:mm)

4. 斜交板桥

桥梁纵轴线的布置与水流方向的交角不是 90°时,称为斜交桥。桥梁纵轴线与支承线垂线的夹角(或行车方向的垂线与水流方向的夹角)称为斜交角,用 φ 表示。斜交角位于桥梁纵轴线(以路线前进方向)左侧时,称为左斜交;位于右侧时,称为右斜交。如图 3-1-7 所示为左斜交桥。为了满足路线线形的要求,在高等级的道路上,需要设计小跨径斜交板桥。有时也可斜桥正做。

斜交板桥的钢筋设置,如图 3-1-8 所示。当整体式斜板的斜交角不大于 15°时,钢筋可平行于桥纵轴线方向布置。当整体式斜板斜交角大于 15°时,主钢筋宜垂直于板的支承轴线方向布置,此时,在板的自由边上、下应各设一条不少于 3 根主钢筋的平行于自由边的钢筋带,并用箍筋箍牢。在钝角部位靠近板顶的上层,应布置垂直于钝角平分线的加强钢筋,在钝角部位靠近板底的下层,应布置平行于钝角平分线的加强钢筋,加强钢筋直径不宜小于 12mm,间距 100~150mm,布置于钝角两侧 1.0~1.5m 边长的扇形面积内。

斜板的分布钢筋宜垂直于主钢筋方向设置,其直径、间距和数量可按整体式正交板规定确定。在斜板的支座附近宜增设平行于支座轴线的分布钢筋;或将分布钢筋向支座方向呈扇形分布,过渡到平行于支承轴线。

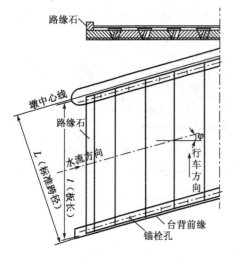

图 3-1-7 简支斜交板桥

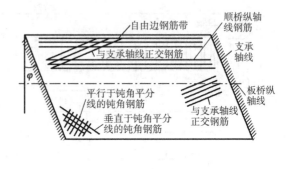

图 3-1-8 斜板桥钢筋布置

预制斜板的主钢筋可与桥纵轴线平行,其钝角部位加强钢筋及分布钢筋按整体式斜交板规定办理。

5. 装配式板桥的横向联结

为了使装配式板块能够共同承受车辆荷载,必须在块件之间设置强度足够的横向联结构造。装配式板的横向连接方法有企口混凝土铰和钢板焊接两种。其中,企口混凝土铰联结应用较为广泛。

1) 企口混凝土铰联结

企口式混凝土铰联结形式有圆形、菱形、漏斗形 3 种,如图 3-1-9a) ~ c)所示。铰的上口宽度应保证插入式振捣器能够顺利插入,铰槽的深度宜为预制板厚度的 2/3。预制板内应预埋钢筋伸入铰,块件安装就位后,伸出钢筋相互绑扎,铰缝内用 C30 ~ C40 的细集料混凝土填实。实践证明,一般的混凝土铰联结就能保证传递横向剪力使各块板共同受力。

铰接板顶面一般应铺设厚度不小于 80mm 的现浇混凝土层。为保证现浇层或铺装层共同参与受力,可以将预制板中的钢筋伸出,与相邻板的同样钢筋绑扎,再浇筑到现浇层或铺装层内,如图 3-1-9d)所示。

2) 钢板联结

由于企口混凝土铰需要现场浇筑混凝土,并需要经过一定的养护时间,待混凝土达到设计强度后才能通车。为了加快工程进度,也可以采用钢板联结,如图 3-1-10 所示。

钢板联结的施工方法是:首先在板顶部预埋钢板 N2,板块安装就位后,再在相邻两构件的预埋钢板上焊接一块钢板 N1。连接钢板的纵向中距通常为 80 ~ 150cm,根据受力特点,在跨中分布较密,靠两端支点处逐渐减疏。钢板联结的效果远不如企口混凝土铰联结,实际过程中较少采用。

二、简支 T 梁桥

简支 T 梁桥通常采用预制安装的装配式结构。装配式简支 T 梁桥受力明确,构造简单,施工方便,便于工业化生产,可节省大量的模板和支架,降低劳动强度,缩短工期。因此,在中小跨径桥梁中,它成为应用最多的桥型。简支T梁桥分为钢筋混凝土简支T梁和预应力简支T梁两类。

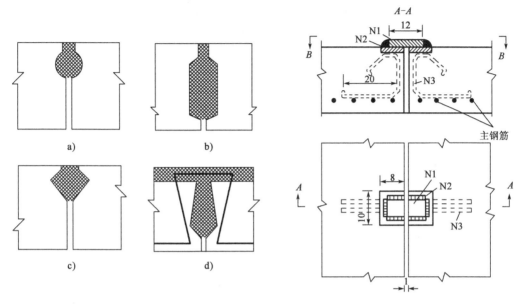

图3-1-9 企口混凝土铰联结　　　　图3-1-10 钢板联结(尺寸单位:cm)

1. 装配式钢筋混凝土简支T梁

1)简支T梁桥的布置与构造

梁桥的横截面设计主要是确定横截面的布置形式,包括主梁截面形式、主梁间距、截面各部分尺寸等,它与立面布置、建筑高度、施工方法、美观要求及经济适用等因素有关。

装配式钢筋混凝土简支梁桥截面最基本的类型是T形,如图3-1-11所示。目前,我国采用最多的装配式简支梁桥是图3-1-11a)所示的T形梁桥。T形梁的翼板构成桥梁的行车道板,直接承受车辆和人群荷载的作用,又是主梁的受压翼缘。它的优点是:外形简单,制造方便,肋内配筋可做成刚劲的钢筋骨架,主梁之间借助横隔梁连接,整体性较好,接头也较方便。但构件的截面形状不稳定,运输和安装较麻烦。下面着重叙述装配式钢筋混凝土简支T梁桥的结构和构造,如图3-1-12所示。

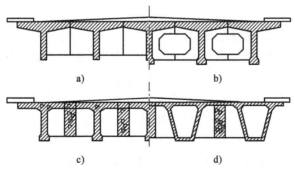

图3-1-11 装配式简支梁桥横截面

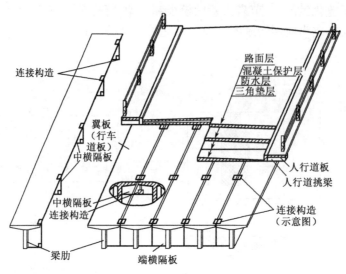

图 3-1-12 装配式钢筋混凝土简支 T 梁桥

2) 主梁布置

对于具有一定的跨径和桥面宽度(包括行车道和人行道)的桥梁,确定出适当的主梁间距(或主梁片数),是构造布置中首先需要解决的问题,应从材料用量经济、尽可能减少预制工作量、构件的吊装质量及保证翼板的刚度等方面综合考虑确定。显然,主梁间距越大,主梁的片数就越少,预制工作量就少,但构件的吊装质量增大,使运输和架设工作趋于复杂,同时桥面板的跨径增大,悬臂翼缘板端部较大的挠度引起桥面接缝处纵向裂缝的可能性也增大。根据已建成使用的桥梁经验来看,装配式钢筋混凝土 T 形简支梁桥的主梁间距一般为 1.5~2.3m。《公路桥涵设计图 装配式钢筋混凝土 T 形梁》(JT/GQS 025—1984)中所采用的主梁间距为 2.2m,预制宽度为 1.6m,吊装后接缝宽 0.6m,这是目前采用较多的构造尺寸。

3) 主梁细部尺寸

(1)主梁梁肋尺寸。主梁的合理高度与主梁的跨径、活载的大小等有关。经济分析表明,梁高与跨径之比(即高跨比)的经济范围在 1/18~1/11 之间,跨径大的取用其中偏小的比值。我国标准化跨径为 10m、13m、16m 和 20m 四种跨径,其梁高分别为 0.8~0.9m、0.9~1.0m、1.0~1.1m 和 1.1~1.3m。主梁高度受限制时,高跨比就要适当减小,会使钢筋用量增加,从而增加造价。

主梁梁肋的宽度,应满足抗剪承载力的要求,以及不致使振捣混凝土发生困难。梁肋宽度多采用 160~240mm,一般不应小于 140mm,且不小于梁肋高度的 1/15。钢筋混凝土简支梁一般沿跨径方向做成等截面的形式,以便于预制施工。

(2)主梁翼板尺寸。一般装配式主梁翼板的宽度视主梁间距而定,在实际预制时,翼板的宽度应比主梁间距小 20mm,以便在安装过程中易于调整 T 形梁的位置和减小制作上的误差。

在中小跨径的钢筋混凝土简支 T 形梁中,翼板的厚度主要满足桥面板承受车辆局部荷载的要求,还应当满足构造最小尺寸的要求。根据受力特点,翼板通常都做成变厚度的,即端部较薄,向根部逐渐加厚。为了保证翼板与梁肋连接的整体性,翼板与梁肋衔接处的厚度应不小于梁高度的1/10。翼板的端部尺寸一般不应小于100mm;横向整体现浇连接的预制T形截面梁,悬臂端厚度不应小于140mm。

4)主梁与翼板的配筋构造

装配式T形简支梁桥的钢筋可分为纵向主钢筋、架立钢筋、斜钢筋(弯起钢筋)、箍筋和分布钢筋等几种。

(1)钢筋保护层厚度。为了防护钢筋免于锈蚀,钢筋至梁体混凝土边缘的净距,应符合《公桥规》规定的钢筋最小混凝土保护层厚度要求(表2-2-3)。主钢筋的最小混凝土保护层厚度,Ⅰ类环境条件为30mm,Ⅱ类环境条件为40mm,Ⅲ、Ⅳ类环境条件为45mm。

(2)主梁钢筋布置。简支梁承受弯矩作用,故抵抗拉力的主钢筋应设在梁肋的下缘。随着弯矩向支点截面的减小,主钢筋可在适当位置弯起。主钢筋不宜截断,如必须截断时,为充分保证截断钢筋的锚固长度和斜截面受弯承载力,应从正截面抗弯承载力计算充分利用点算起,再至少延长到(最小锚固长度+梁截面有效高度)长度处截断。同时,不短于从按正截面抗弯承载力计算不需要点至少延伸$20d$(环氧树脂涂层钢筋$25d$),d为钢筋直径。

为保证主筋和梁端有足够的锚固长度和加强支承部分的强度,《公桥规》中规定,钢筋混凝土梁的支点处,应至少有2根且不少于总数20%的下层受拉主钢筋通过。两外侧钢筋应伸出支点截面以外,并弯成直角顺梁高延伸至顶部,与顶层纵向架立钢筋相连。两侧之间不向上弯起的受拉主钢筋伸出支承截面的长度不应小于$10d$(环氧树脂涂层钢筋伸出$12.5d$),如图3-1-13a)所示;HPB235钢筋应带半圆钩,如图3-1-13b)所示。

简支梁靠近支点截面的剪力较大,需要设置斜钢筋,以增强梁体的抗剪强度。斜钢筋可以由主钢筋弯起而成(称弯起钢筋),当可供弯起的主钢筋数量不足时,需要加配专门的焊接于主筋和架立筋上的斜钢筋。斜钢筋与梁轴线的夹角一般取45°。

箍筋的主要作用也是增强主梁的抗剪承载力,其直径不小于8mm且不小于1/4主钢筋直径。R235钢筋的配筋率不小于0.18%,HRB335钢筋的配筋率不小于0.12%。其间距应不大于梁高的1/2或400mm,从支座中心向跨径方向的长度在不小于1倍梁高的范围内,箍筋间距不大于100mm。近梁端第一根箍筋应设置在距端面的一个混凝土保护层距离处。

T形梁腹板(梁肋)两侧还应设置纵向分布钢筋,直径宜不小于8mm,以防止因混凝土收缩等原因产生裂缝。每个梁肋内分布钢筋的总面积取$(0.001 \sim 0.002)bh$,其中,b为梁肋宽度,h为梁的高度。当梁跨较大、梁肋较薄时,取用较大值。靠近下缘的受拉区钢筋应布置得密集些,其间距不应大于腹板(梁肋)宽度,且不应大于200mm;在上部受压区的布置则可稀疏些,但间距不应大于300mm。在支点附近剪力较大的区段,纵向分布钢筋间距应为100~150mm。T形梁的截面钢筋布置如图3-1-14所示。

架立钢筋布置在梁肋的上缘,主要起固定箍筋和斜筋并使梁内全部钢筋形成骨架的作用。

对于受弯构件的钢筋之间的净距,应考虑浇筑混凝土时,振捣器可以顺利插入。各主筋之间的横向净距和层与层之间的竖向净距,当钢筋为三层及以下时,不小于30mm,并且不小于d;在三层以上时,不小于40mm,并且不小于$1.25d$。

在装配式钢筋混凝土T形梁中,钢筋数量众多,为了尽可能地减小梁肋尺寸,通常将主筋叠置,并与斜筋、架立筋一起通过侧面焊缝焊接成钢筋骨架(图 3-1-15)。试验表明,焊接钢筋骨架整体性好,刚度大,能有效减小梁肋尺寸,钢筋的重心位置较低,还可以避免大量的绑扎工作。但是,彼此焊接后的主筋与混凝土的黏结面积减小,削弱了其抗裂性,所以,应限制焊接骨架的钢筋层数(不超过 6 层),并选用较小直径的钢筋(不大于 32mm),有条件时还可以将箍筋与主筋接触处点焊固结,以增大其黏结强度,从而改善其抗裂性能。

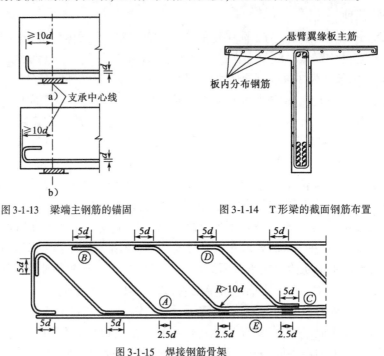

图 3-1-13 梁端主钢筋的锚固　　　　图 3-1-14 T形梁的截面钢筋布置

图 3-1-15 焊接钢筋骨架

为了缩短接头长度,减少焊接变形,钢筋骨架的焊接最好采用双面焊缝;但当骨架较长而不便翻身时,也可采用单面焊缝。焊缝设在弯起钢筋的弯折点处,并在钢筋骨架中间直线部分适当设置短焊缝。为了保证焊接质量,使焊缝处强度不低于钢筋本身强度,焊缝的长度必须满足以下规定:采用双面焊缝时,斜筋与纵向钢筋之间的焊缝长度为 $5d$,纵向钢筋之间的短焊缝长度为 $2.5d$,d 为纵向钢筋直径。采用单面焊时,焊缝长度加倍。

(3)翼板钢筋布置。T形梁翼缘板内的受力钢筋沿横向布置在板的上缘,以承受悬臂负弯矩(图 3-1-14)。板内主筋的直径不小于 10mm,间距不应大于 200mm。垂直于主钢筋还应设置分布钢筋,直径不小于 6mm,间距不应大于 200mm。设置分布钢筋的截面面积不小于板的截面面积的 0.1%。

5)横隔梁布置与构造

(1)横隔梁布置与尺寸。横隔梁在装配式 T 形梁桥中起着保证主梁之间相互连接成整体的作用,它不但有利于制造、运输和安装阶段构件的稳定性;而且能显著加强全桥的整体性;有中横隔梁的梁桥,荷载横向分布比较均匀,且可以减少翼板接缝处的纵向开裂现象。一般来说,当梁横向刚性连接时,横隔梁的间距(沿主梁肋纵向)不应大于 10m;当为铰接时,其间距可取 5m 左右。对于钢筋混凝土简支梁桥,一般在梁端、跨中和四分点处各设置一道横隔梁即可满足要求。

跨中横隔梁的高度应保证具有足够的抗弯刚度,通常可取主梁高度的3/4左右。从运输和安装阶段的稳定性考虑,端横隔梁应做成与主梁同高,但如果端横隔梁底部与主梁底缘之间留有一定的空隙,或者做成与中横隔梁同高,则对安装和检查支座有利。具体尺寸可视工地施工的情况而定。

横隔梁的宽度可取12~20cm,最常用的为15~18cm,且应当做成上宽下窄和内宽外窄的楔形,以便于脱模。

(2)横隔梁配筋。图3-1-16所示为常用的中主梁中横隔梁的构造形式。对装配式钢筋混凝土T形梁桥而言,其横隔梁近似于弹性支撑于各根主梁上的连续梁,承受正、负两种弯矩。因此,靠近下缘布置有4根承受正弯矩的钢筋(N1),上缘配有2根承受负弯矩的钢筋(N1)。当采用焊接钢板连接时,受力钢筋焊接钢板及锚固钢筋(N2,N3)焊在一起做成钢筋骨架。横隔梁中一般不需要配置斜钢筋,剪力由箍筋承受。

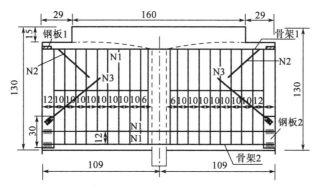

图3-1-16 中主梁的横隔梁配筋图(尺寸单位:cm)

6)主梁的横向连接

装配式T形梁桥通常均借助横隔梁和桥面板的接头使所有主梁连接成整体。接头要有足够的强度,以保证结构的整体性,并使其在运营过程中不致因荷载反复作用和冲击作用而发生松动。常用的接头形式有以下几种。

(1)焊接钢板接头。图3-1-17为常用的钢板连接的接头构造。钢板接头分别设在横隔梁靠近下缘的两侧和T梁翼板处,焊接钢板先与横隔梁的受力钢筋焊在一起做成安装骨架。当T梁安装就位后,即在预埋焊接钢板上再加焊连接钢板使之连成整体。端横隔梁的焊接钢板接头构造与中横隔梁相同,但由于在其外侧(台背一侧)不好实施焊接,故焊接接头只设于内侧(图3-1-12)。相邻横隔梁之间的缝隙最好用水泥砂浆填满,所有外露钢板也应当用水泥灰浆封盖。这种接头强度可靠,焊接后立即就能承受荷载,但现场要有焊接设备,而且有时需要在桥下进行仰焊,施工较困难。

(2)扣环接头。横隔梁扣环接头的构造如图3-1-18所示。预制时,横隔梁在接缝处伸出钢筋扣环A,安装时在相邻的扣环两侧安上接头扣环B,再在形成的圆环内插入短分布钢筋,接着支模就地浇筑混凝土连成整体。扣环接头往往也用于主梁间距较大而需要缩减预制构件尺寸或减轻预制梁体自重的情况。接缝宽度为0.2~0.6m。这种接头现浇混凝土数量较多,接头施工后也不能立即承受荷载,施工较复杂,但强度可靠,整体性及耐久性好。

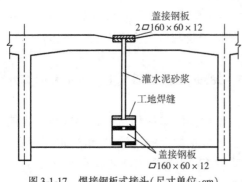
图 3-1-17 焊接钢板式接头(尺寸单位:cm)

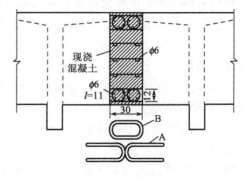
图 3-1-18 扣环接头

预制 T 形梁翼缘板(桥面板)之间的横向连接,也采用湿接缝(现浇混凝土)的扣环接头形式,如图 3-1-19 所示。

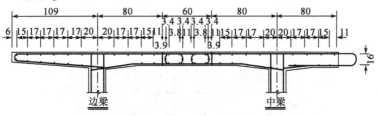
图 3-1-19 桥面板湿接缝扣环接头(尺寸单位:cm)

(3)桥面板的企口铰连接。对没有采用扣环接头连接的桥面板,过去是作为自由悬臂板处理的。为了改善挑出翼板的受力状态,可以将悬臂板也连接起来,做成企口铰接的形式。图 3-1-20a)为主梁翼板内底层钢筋伸出,交叉弯转后在接缝处再放入局部的钢筋网,并浇筑在铺装层内;或者将顶层钢筋伸出,弯转后套在一根长的钢筋上,形成纵向铰,如图 3-1-20b)所示。

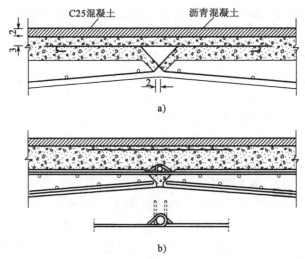
图 3-1-20 主梁翼板连接构造(尺寸单位:cm)

7)装配式钢筋混凝土简支梁桥实例

图 3-1-21 所示为标准跨径 20m 的装配式 T 梁的钢筋构造,荷载等级为公路—Ⅰ级。主

梁全长为 19.96m(多跨布置时,相邻梁端之间留有 40mm 的伸缩缝),梁高 1.5m,设有 5 道横隔梁,支座中心至梁端的距离为 0.23m。

每根梁内总共配置 14 根 ϕ32 HRB335 级纵向受力钢筋(编号为 N1~N6),其中位于梁底的 4 根 N1(占主筋截面面积的 20% 以上)通过梁端支承中心,其余 10 根则按梁的弯矩包络图和承载能力图的对比分析,在不同位置分别弯起。

设于梁顶部的架立钢筋 N7(ϕ22 HRB335)在梁端向下弯折,并与伸出支承中心的主筋 N1 相焊接。箍筋 N11 和 N12 采用 HPB235 钢筋(ϕ8@14cm),跨中为双肢箍筋(如图 3-1-21 所示,Ⅱ-Ⅱ截面)。在支座附近,为满足剪切强度需要和减少支座钢板锚筋的影响,采用四肢箍筋(如图 3-1-21 所示,Ⅲ-Ⅲ截面)。

腹板两侧设置 ϕ8 的防裂分布钢筋 N13,间距 14cm。靠近下缘部分布置得较密,向上则布置得较稀。

附加斜筋 N8、N9 和 N10,采 ϕ16 钢筋,它们是根据梁内抗剪要求布置的。

每片平面钢筋骨架的质量为 0.91t,每根中间主梁的安装质量为 32.2t。

2. 装配式预应力混凝土简支 T 梁

装配式钢筋混凝土简支梁桥,常用的较经济合理的跨径在 20m 以下。跨径增大时,不但钢材耗量大,而且混凝土开裂现象也比较严重,影响结构的耐久性。为了提高简支梁的跨越能力,可以采用预应力混凝土结构。目前,世界上预应力混凝土简支梁的最大跨径已达 76m。但是,根据建桥实践经验,当跨径超过 50m 后,不但结构笨重,施工困难,经济性也较差。因此,我国《公预规》明确指出:预应力混凝土简支梁桥的标准跨径不宜大于 50m。

1) 梁体构造

装配式预应力混凝土简支梁桥的横截面类型基本上与钢筋混凝土简支梁桥类似,通常也做成 T 形,但为了方便布置预应力束筋和满足锚头布置的需要,下部一般都设有马蹄或加宽的下缘,如图 3-1-11b)、图 3-1-11c)所示。有时为了提高单梁的抗扭刚度并减小截面尺寸,也采用箱形,如图 3-1-11d)所示。

经济分析表明,较大跨径的预应力混凝土简支 T 梁,当吊装质量不受限制时,主梁之间的横向距离采用较大间距比较合理,一般为 1.8~2.5m。

(1)主梁高度。预应力混凝土简支梁桥的主梁高度取决于采用的汽车荷载等级、主梁间距及建筑高度等因素,可以在较大范围内变化。对于常用的等截面简支梁,其高跨比的取值范围为 1/15~1/25,一般随跨径增大而取较小比值,随梁数减少而取较大比值。对预应力混凝土 T 梁,一般可取 1/16~1/18。当建筑高度不受限制时,采用较大梁高比较经济。

(2)细部尺寸。在预应力混凝土梁中,由于混凝土所受预应力和预应力束筋弯起,能抵消荷载剪力的作用,肋中的主拉应力较小,肋宽一般都由构造和施工要求决定,但不得小于 140mm。标准设计图中肋宽为 140~160mm。

T 形梁上翼缘的厚度按钢筋混凝土梁桥的相应原则来确定。为了减小翼板和梁肋连接处的局部应力集中和便于脱模,在该处一般还设置折线形承托或圆角。

T 形梁下缘的马蹄尺寸应满足预加力阶段的强度要求,同时,从截面效率指标 ρ 分析,马蹄应当是越宽且矮就越经济。截面效率指标 $\rho=K/h$,截面效率指标 ρ 越大,说明截面经济性越好。

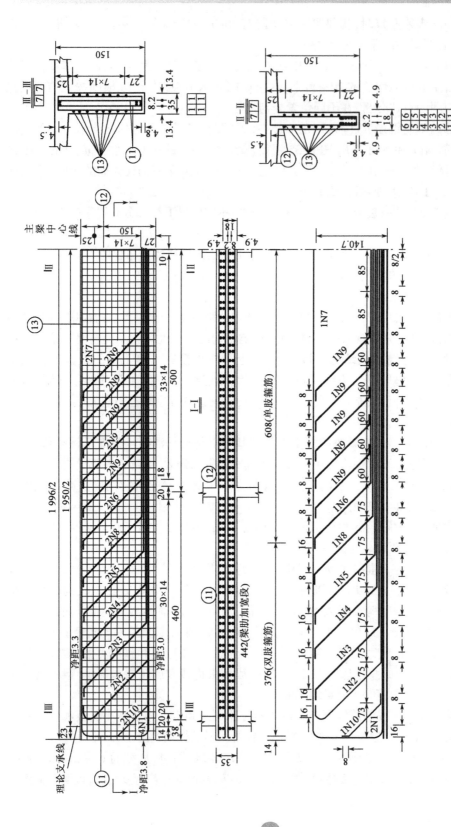

图3-1-21 装配式钢筋混凝土简支T梁配筋(尺寸单位:cm;钢筋直径:mm)

通常希望 ρ 在 0.45~0.5 之间。K(截面核心距) = k_0(截面上核心距) + k_u(截面下核心距),有关符号的含义如图 3-1-22 所示。

马蹄的具体形状要根据预应力束筋的数量和排列方式确定,同时还应考虑施工方便和预应力筋弯起的要求。具体尺寸建议如下:

①马蹄宽度为肋宽的 2~4 倍,并注意马蹄部分(特别是斜坡区)的管道保护层不应小于 60mm。

②马蹄全宽部分的高度加 1/2 斜坡区高度为梁高的 0.15~0.20,斜坡宜陡于 45°。

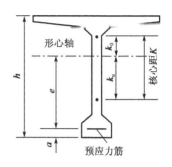

图 3-1-22　截面特征

为了配合预应力筋的弯起,在梁端能布置锚具和安放张拉千斤顶,在靠近支点附近马蹄部分应逐渐加高,腹板也应加厚至与马蹄同宽,加宽的范围最好达到一倍梁高(离锚固端)左右,从而形成沿纵向腹板厚度和马蹄高度都变化的变截面 T 形梁。标准设计中,一般采用自第一道内横隔梁向梁端逐渐变化的形式。

(3)横隔梁布置。沿主梁纵向的横隔梁布置基本上与钢筋混凝土 T 梁桥相同,但中横隔梁应延伸至马蹄的加宽处。在主梁跨度较大、梁较高的情况下,为了减小质量而往往将横隔梁的中部挖空。

2)配筋构造

预应力混凝土梁内的配筋,除主要的纵向预应力筋外,还有非预应力纵向受力钢筋、架立钢筋、箍筋、水平分布钢筋、承受局部应力的钢筋(如锚固端加强钢筋网)和其他构造钢筋等。

(1)纵向预应力筋的布置。预应力混凝土简支 T 形梁桥,通常采用后张法施工,根据简支梁的受力特点通常采用曲线配筋的形式,其常用的布置方式有图 3-1-23 中所示的两种。全部主筋直线布置的形式,仅适用于先张法施工的小跨径梁。预应力筋一般采用图 3-1-23a)所示全部弯至梁端锚固的布置形式,这样布置可使张拉操作简便,预应力筋的弯起角度不大(一般都小于 20°的限值),对减小摩阻损失有利。

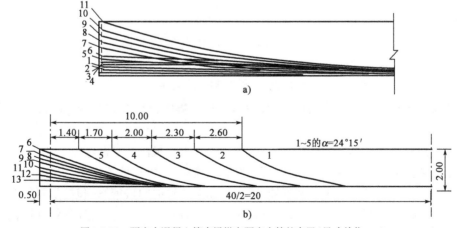

图 3-1-23　预应力混凝土简支梁纵向预应力筋的布置(尺寸单位:cm)

对于钢束根数较多或当梁高受到限制,以致梁端不能锚固全部钢束时,可以将一部分预应力筋弯出梁顶[图 3-1-23b)]。这样的布置方式使张拉操作稍趋烦琐,使预应力筋的弯起角度增大(达到 25°~30°),摩阻损失也增大。

预应力钢筋在梁内具体位置可以利用索界的概念来确定。以部分预应力截面为例,根据使其上、下缘允许出现不大于规定拉应力的原则,分别考虑预加应力阶段和运营阶段作用短期效应组合下,在各个截面上受拉边缘出现允许的最大拉应力时,对应的各面上、下偏心距极限值绘出的两条曲线,称为上、下索界。只要使预应索的重心位置位于这两条曲线所围成的区域内(即索界内),就能保证梁的任何截面在各个受力阶段上、下缘应力均不超过规定值。由于简支梁弯矩向梁端逐渐减小,故上、下索界逐渐上移,这就是必须将大部分预应力筋向梁端逐渐弯起的重要原因之一。显然,在实际布置时还要满足混凝土保护层厚度的要求。

预应力筋弯起的曲线形状可以采用圆弧线、抛物线或悬链线三种形式。在矢跨比较小的情况下,这三种曲线的坐标值很接近。工程中通常采用在梁中部保持一段水平直线后向两端圆弧弯起的做法。预应力筋在跨中横截面内的布置,应在保证满足梁底保护层要求和位于索界内的前提下,尽量使其重心靠下,以增大预应力的偏心距,节省高强钢材。预应力筋在满足构造要求的同时,尽量相互靠拢,以减小下马蹄的尺寸,从而减小梁体自重。直线管道的净距不应小于40mm,并且不小于管道直径的 0.6;此外,还应将适当数量的预应力筋布置在腹板中线处,以便于弯起。直线形管道保护层厚度应满足表 2-2-3 的要求;对曲线形管道,其曲线平面内侧受曲线预应力钢筋的挤压,混凝土保护层在曲线平面内和平面外均受剪力,梁底面保护层和侧面保护层均需要加厚,其值应依据《公桥规》计算确定。横截面内预应力筋的布置如图 3-1-24 所示,d 为管道的内直径,应比预应力筋直径至少大 10mm。

(2)纵向预应力筋的锚固。预应力筋的锚固分两种情形:在先张法梁中,钢丝或钢筋主要靠混凝土的握裹力锚固在梁体内;在后张法梁中,则通过各类锚具锚固在梁端或梁顶。此处仅介绍后张法的锚固。在后张法锚固构造中,锚具底部对混凝土作用有很大的压力,而直接承压的面积又不大,因此应力非常集中。在锚具附近不仅有很大的压应力,还有很大的拉应力。因此,锚具在梁端的布置必须遵循以下原则:

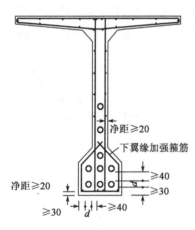

图 3-1-24　预应力 T 梁截面钢筋构造
(尺寸单位:mm)

①锚具的布置应尽量减小局部应力。一般而言,集中、过大的锚具不如分散、小型的锚具有利。

②锚具应在梁端对称于竖轴线布置,以免产生过大的横向不平衡弯矩。

③锚具之间应留有足够的净距,以便能安装张拉设备,方便施工作业。

为了防止锚具附近混凝土出现裂缝,还必须配置足够的间接钢筋(包括加强钢筋网和螺旋筋)予以加强。间接钢筋应根据局部抗压承载力的计算来确定,配置加强钢筋网的范围一般是在一倍梁高的区域。另外,锚具下还应设置厚度不小于 16mm 的钢垫板,以扩大承载面积,减小混凝土应力。图 3-1-25 为梁端锚固区的配筋构造示意图。

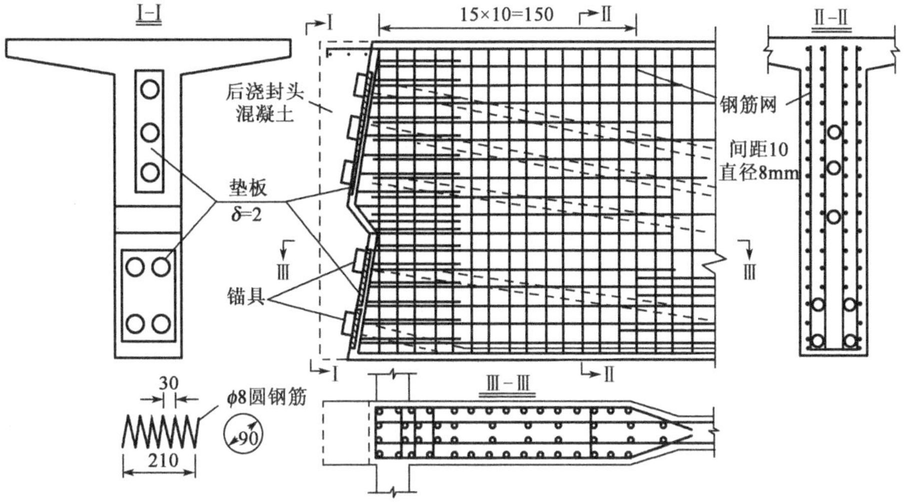

图 3-1-25 梁端锚固区配筋构造示意图(尺寸单位:cm)

也可以采用带有预埋锚具的预制钢筋混凝土端板来锚固预应力筋,如图 3-1-26 所示。此时除了加强钢筋骨架外,锚具下设置两层叉形钢筋网,施工起来会比较方便。

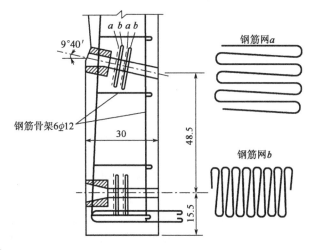

图 3-1-26 端板和叉形钢筋网(尺寸单位:cm)

目前,用于预应力钢绞线的锚具(如 OVM 锚)已包括了钢垫板和螺旋筋在内的整套抵抗锚固区局部承压所需要的加强措施,故不需要再配置上述的加强钢筋。施加预应力之后,应在锚具周围设置构造钢筋与梁体连接,并浇筑混凝土封锚(封端),以保护锚具不致锈蚀。封锚(封端)混凝土的强度等级不应低于构件本身混凝土强度等级的 80%,并且不低于 C30。

(3)其他钢筋的布置。预应力混凝土梁与钢筋混凝土梁一样,需按规定的构造要求布置箍筋、架立钢筋和纵向水平分布钢筋等。由于弯起的预应力筋对梁肋混凝土提供了预剪力,主拉应力较小,一般可不设斜筋。

①箍筋的配置。预应力混凝土 T 形梁的腹板内应设置直径不小于 10mm 的箍筋,且

采用带肋钢筋,间距不大于250mm;自支座中心起长度不小于一倍梁高的范围内,应采用闭合式箍筋,间距不大于100mm,用来加强梁端承受的局部应力。纵向预应力筋集中布置在下缘的马蹄部分,该部分的混凝土承受很大的压应力,因此,必须另外设置直径不小于8mm的闭合式加强箍筋,其间距不大于200mm。此外,马蹄内还必须设置直径不小于12mm的定位钢筋。

②非预应力纵向受力钢筋。在预应力混凝土简支梁中,将非预应力的钢筋与预应力钢筋协同配置,有时可以达到补充局部梁段内承载力不足的目的,满足承载力要求,也可起到更好地分布裂缝和提高梁体韧性等效果,使简支梁的设计更加经济合理。

先张法施工的小跨度梁,如果采用直线布筋形式,张拉阶段支点附近无法平衡的负弯矩会在梁顶引起过高的拉应力,为了防止因此可能产生的开裂,可适当布置如图3-1-27a)所示的局部受拉钢筋。

对于预制部分的自重比恒载与活载小得多的梁,在预加力阶段跨中部分的上缘可能会开裂而破坏,因而也可以在跨中部分的顶部加设无预应力的纵向受力钢筋[图3-1-27b)],这种钢筋在运营阶段还能起到加强混凝土的抗压能力的作用,在破坏阶段则可以提高梁的安全性。如图3-1-27c)所示,在跨中部分下翼缘内设置的钢筋,对全预应力梁可加强混凝土承受预加压力的能力。在下翼缘内通长设置的钢筋,对部分预应力梁可补足承载力的需要[图3-1-27d)],对于配置不黏结预应力筋的梁能起分布裂缝的作用。此外,非预应力钢筋还能增加梁在反复荷载作用下的疲劳极限强度。

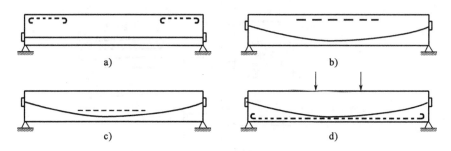

图3-1-27 非预应力纵向受力钢筋(虚线)

装配式预应力混凝土梁桥的横向连接构造一般与钢筋混凝土梁桥一样。

3)装配式预应力混凝土简支T梁桥实例

图3-1-28为一装配式预应力混凝土简支梁桥的标准设计。其标准跨径为30m,主梁全长29.96m,计算跨径为29m。荷载等级为公路—Ⅰ级。主梁中心距为2.26m,预制部分宽度为1.80m,吊装后现浇0.46m的湿接缝。预制主梁采用C40混凝土,截面为带马蹄的T形截面,梁高为1.96m,厚20cm的梁肋自第一道内横隔梁向梁端逐渐加宽至马蹄全宽40cm,但马蹄部分高度不变。全梁范围内共设置7道横隔梁,中心间距为4.5m和5.0m,横隔梁高1.65m,宽度采用上宽下窄、内宽外窄的形式,以利于脱模。为减小施工难度,横隔梁没有采用挖孔形式,吊装后彼此之间采用现浇接缝连成整体。

每片T形梁设三束预应力钢束,采用A416-87a标准270级钢绞线,直径15.24mm,其标准强度为1 860MPa,张拉控制应力为1 395MPa,其中N1、N2均采用9股钢绞线,N3则为7股,全部钢绞线均以圆弧起弯并锚固在梁端厚20mm的钢垫板上。钢束孔道采用预埋波纹

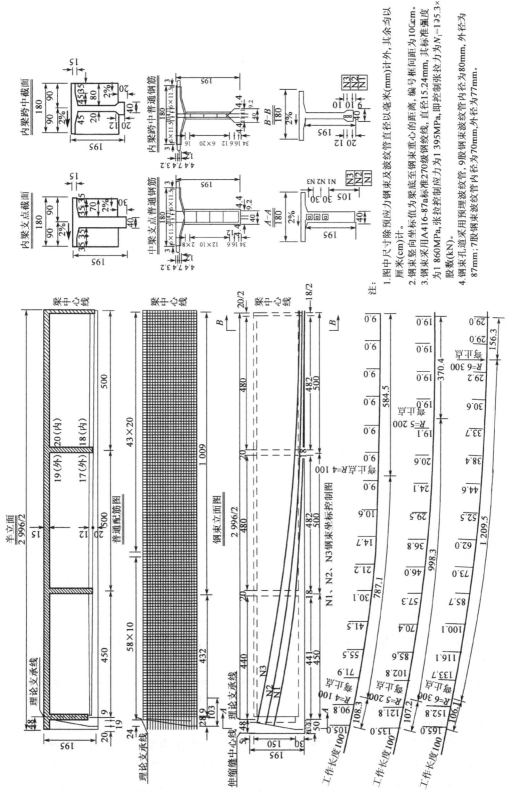

图3-1-28 装配式预应力混凝土简支T梁配筋（尺寸单位：cm；钢筋直径：mm）

管,9股钢束波纹管内径为80mm,外径为87mm;7股钢束波纹管内径为70mm,外径为77mm。每片T形梁预制部分的质量为63.78t,现浇部分的质量为20.75t,大大减少了吊装部分的质量。

任务二　简支梁桥的设计与计算

桥梁设计过程中,通常总是先根据使用要求、跨径大小、桥面宽度、荷载等级和施工条件等基本资料,综合运用桥梁的构造知识并参考已有桥梁的设计经验,拟定桥梁结构各构件的截面形式和细部尺寸,然后估算结构的自重,计算结构的各种作用效应,并进行作用效应组合,求出各构件最不利作用效应,据此进行构件的承载力、稳定性、抗裂、裂缝宽度和挠度等的验算,以此来判断原设计所拟定的细部尺寸是否符合要求。如果验算结果不能满足要求或者尺寸选得过大,则需要修正原设计所拟定的尺寸再进行验算,直至经济合理为止。

关于混凝土构件的截面设计和验算内容已在学习情境二中作了介绍,下面将主要介绍主梁、桥面板的内力及主梁挠度、预拱度的计算。主梁是桥梁结构的主要承重构件,是桥梁的重要组成部分。桥面板(或称行车道板)直接承受车辆的集中荷载,通常又是主梁的受压翼缘,它的工作状态不但影响到行车质量,而且还涉及主梁的受力。通常在桥梁上部结构计算时,可先计算主要承重构件(主梁),其次计算次要受力构件(桥面板、横隔梁)。

一、主梁内力计算

主梁的设计内力包括恒载内力、活载内力和其他作用引起的内力(如风力或离心力引起的内力)。桥梁设计内力中,恒载的计算比较简单,除了考虑实际的结构自重外,通常可以近似地将桥面铺装、人行道、栏杆等的质量分摊给各片主梁来承担,按平面问题来计算各片主梁的内力。鉴于人行道、栏杆等构件一般是在桥梁连成整体后安装在边梁上的,必要时为了精确起见,也可以将这些恒载按下述的实用空间计算方法计算。

由汽车荷载和人群荷载等活载引起的内力计算相对复杂些,故不能像恒载那样简单按平面问题计算。梁桥由承重结构(主梁)及传力结构(横隔梁、桥面板等)两大部分组成,多片主梁依靠横隔梁和桥面板连成空间整体结构,当桥上作用荷载时,各片主梁将共同参与工作,考虑到活载的作用具有空间性,它们的受力特征属于空间结构的范畴,求解结构的内力是属于空间计算理论问题。应用空间计算理论,并借助相关的桥梁结构分析软件,可由计算机分析计算得到结构上任意一点的内力或挠度。

由于空间结构分析计算量相对于平面结构要大得多,为了简化计算,也便于手算,通常采用下述实用空间计算方法,将复杂的空间问题合理转化成为简单的平面问题,来求解主梁的内力或挠度。

下面介绍的实用空间计算方法,目的是使学生通过对桥梁结构的分析计算,更深入地掌握桥梁结构构造的规范要求,为更好地学习桥梁的施工技术打下扎实基础。

1. 实用空间计算方法原理

下面我们先以单梁内力计算为例,来阐明一座梁式桥在活载作用下内力计算的特点。图3-2-1b)所示的单梁,如以$\eta_1(x)$表示梁上某一截面的内力影响线,则可以方便地计算该截面的内力值$S = P \cdot \eta(x,y)$,这里的$\eta_1(x)$是一个单值函数,梁在xOy平面内受力和变形,它是一种简单的平面问题。对于一座梁式板桥，或者多片主梁通过桥面板和横隔梁组成的梁桥来说，如图3-2-1a)所示，当荷载 P 作用在桥梁上时，由于结构的整体作用，各主梁、横梁不同程度地都会产生挠曲变形，形成一个挠曲面。也就是说，结构的横向刚性会使荷载在 x 和 y 方向上同时发生传递，并使所有主梁都不同程度地参与工作，显示了结构变形与受力的空间性。如果结构某点截面的内力影响面用双值函数 $\eta(x,y)$ 来表示，则该截面的内力值可以表示为 $S = P \cdot \eta(x,y)$。

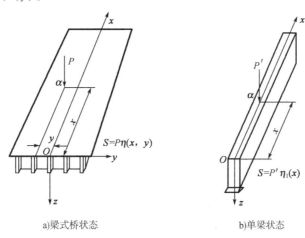

a)梁式桥状态　　　　　b)单梁状态

图 3-2-1　荷载作用下的内力计算

实用空间计算方法，是将影响面 $\eta(x,y)$ 分离成两个单值函数的乘积，因此对于某根主梁某一截面的内力值就可表示为 $S = P \cdot \eta(x,y) \approx P \cdot \eta_1(x) \cdot \eta_2(y)$，式中，$\eta_1(x)$ 就是单梁某一截面的内力影响线，如果我们将 $\eta_2(y)$ 看作是单位荷载沿横向作用在不同位置时对某梁所分配的荷载比值曲线，也称作对于某梁的荷载横向分布影响线，则 $P \cdot \eta_2(y)$ 就是当 P 作用于 $\alpha(x,y)$ 点时，沿横向分布给某梁的荷载，以 P' 表示，即 $P' = P \cdot \eta_2(y)$，这样，就可看作在某梁上作用有荷载 P'，按平面问题求得其某截面的内力值。由此，我们可以看到实用空间计算方法原理如下：

(1) 梁桥空间计算的实用近似方法，就是用一个近似的内力影响面去代替精确的内力影响面。近似内力影响面可用变量分离的方法得到，其坐标为 $\eta(x,y) = P \cdot \eta_1(x) \cdot \eta_2(y)$。

(2) 在梁桥空间结构的近似计算中，"荷载"横向分布仅仅是一个借用的概念，其实质应该是"内力"横向分布，而并不是"荷载"横向分布。只是在变量分离后在计算式的表现形式上，形成了"荷载"横向分布。

当桥上承受汽车荷载时，由于沿桥宽作用的车轮荷载通常不止一个，可在任一片主梁的荷载横向分布影响线上，按横向最不利位置排列荷载，求得其分配得到的荷载最大值 P_{max}，令 $P_{max} = mP$，然后就可完全像图3-2-1a)所示的平面问题一样，求得该主梁任一截面的内力值。此处 P 为车辆轴重；m 则表示主梁在横向分配到的最大荷载比例值(通常小于1)，称为荷载横向分布系数。

实用空间计算方法的关键是如何计算绘制荷载横向分布影响线和计算荷载横向分布系数，其实质是采用什么样的近似内力影响面代替实际的内力影响面，既能简化计算又能保证计算精度。

2. 荷载横向分布计算方法

桥梁荷载横向分布的规律与结构的横向连接刚度有着密切的关系,横向连接刚度越大,荷载横向分布作用越显著,各主梁的负担也越趋均匀。因此,需要按不同的横向连接拟定出相应的荷载横向分布计算方法。目前常用以下几种荷载横向分布计算方法:

(1)杠杆原理法。把横向结构(桥面板和横隔梁)看作在主梁上断开而两端简支搁置在主梁上的简支梁或悬臂梁。

(2)偏心压力法。把横隔梁看作刚性极大的梁,当考虑主梁抗扭刚度影响时,此法又叫修正偏心压力法。

(3)横向铰接板(梁)法。把相邻板(梁)之间视为铰接,只传递剪力,不传递弯矩。

(4)横向刚接梁法。把相邻主梁之间视为刚性连接,既传递剪力,也传递弯矩。

(5)比拟正交异性板法。将主梁和横隔梁的刚度换算成纵、横两向刚度不同的比拟弹性平板来求解,并由实用的曲线图表进行荷载横向分布计算。

下面将分别介绍前两种计算方法,其余方法请参阅其他有关书籍。

1)杠杆原理法

按杠杆原理法进行荷载横向分布计算的基本假定是忽略主梁之间横向结构的联系作用,即假设桥面板在主梁梁肋处断开,而当作沿横向支承在主梁上的简支梁或悬臂梁来考虑,如图3-2-2所示。

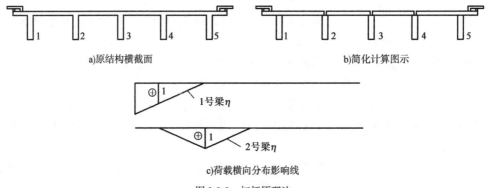

图3-2-2 杠杆原理法

杠杆原理法适用于荷载位于靠近主梁支点时的荷载横向分布影响线。此时,主梁的支承刚度远大于主梁间横向联系的刚度,荷载作用于某处时,基本上由相邻的两片梁分担,并传递给支座,其受力特性与杠杆接近。另外,该法也可用于双主梁桥,或横向联系很弱的无中间横隔梁的桥梁。

利用上述假定作出主梁的荷载横向分布影响线,即当移动的单位荷载 $P=1$ 作用于计算梁上时,该梁承担的荷载为1;当 $P=1$ 作用于相邻或其他梁上时,该梁承担的荷载为零,该梁与相邻梁之间荷载按线性变化,如图3-2-2c)所示。

假定荷载横向分布影响线的坐标为 η,车辆荷载轴重为 P,则轮重为 $P/2$,将车辆荷载按最不利情况加载,则分布到某主梁的最大荷载为:

$$P_{\max} = \sum \frac{P}{2} \cdot \eta = \left(\frac{1}{2}\sum \eta\right) \cdot P \tag{3-2-1}$$

根据荷载横向分布系数的定义可知,式(3-2-1)中的 $\frac{1}{2}\sum\eta$ 即为车辆荷载的横向分布系数。《公桥规》中规定,车道荷载横向分布系数按车辆荷载横向分布系数计,因此,两者可统称为汽车荷载横向分布系数,其值为:

$$m_{oq} = \frac{1}{2}\sum\eta_q \qquad (3\text{-}2\text{-}2)$$

同理可得人群的荷载横向分布系数为:

$$m_{or} = \eta_r \qquad (3\text{-}2\text{-}3)$$

上两式中:q、r——分别指汽车和人群荷载;

η_q、η_r——汽车车轮和每延米人群荷载集度对应的荷载横向分布影响线竖标值。

【例3-2-1】 如图3-2-3所示,某钢筋混凝土简支T形梁桥,桥面净宽为净-7,人行道宽为 2×0.75m,共设5根主梁。试求荷载位于支点处时,1号梁和2号梁相应于公路—Ⅱ级汽车荷载和人群荷载的横向分布系数。

解:(1)选择横向分布系数计算方法。当荷载位于支点处时,应按杠杆原理法计算荷载横向分布系数。

(2)绘制荷载横向分布影响线。首先绘制1号梁和2号梁的荷载横向影响线,如图3-2-3b)和图3-2-3c)所示。

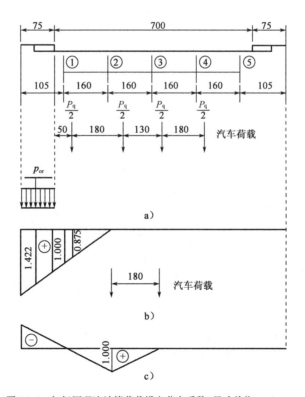

图3-2-3 杠杆原理法计算荷载横向分布系数(尺寸单位:cm)

(3)按横向最不利位置排列荷载,并计算荷载的横向分布系数。根据《公桥规》的规定,在横向影响线上确定荷载沿横向最不利的布置位置。图中 P_q 和 p_{or} 相应为汽车荷载轴重和每延米跨长的人群荷载集度,η_q 和 η_r 为对应于汽车车轮和人群荷载集度的影响线竖标值。则,荷载横向分布系数计算如下:

①1 号梁。

汽车作用时

$$m_{oq} = \frac{1}{2} \sum \eta = \frac{1}{2} \times 0.875 = 0.438$$

人群作用时

$$m_{or} = \eta_r = 1.422$$

②2 号梁。

汽车作用时

$$m_{oq} = \frac{1}{2} \sum \eta_q = \frac{1}{2} \times 1 = 0.5$$

人群作用时

$$m_{or} = \eta_r = 0$$

2 号梁人群荷载取 $m_{or} = 0$,是考虑人行道上不布载时为最不利情况;否则,人行道荷载引起的负反力,在考虑作用效应组合时反而会减小 2 号梁的受力。

2)偏心压力法

(1)计算原理。偏心压力法是把梁桥看作由主梁和横隔梁组成的梁格系,荷载通过横梁由一片主梁传到其他主梁上去,主梁对横梁起弹性支撑作用,并假定横梁刚度无穷大,忽略主梁抗扭刚度。由此得到桥梁挠曲变形,如图 3-2-4 所示,它完全类似于一般材料力学中杆件偏心受压的情况,故此法称为"偏心压力法",也称"刚性横梁法"。

图 3-2-5 所示为一座由 5 片主梁组成的梁桥的跨中截面,单位竖向集中荷载 $P = 1$ 作用在离截面扭转中心 O 点的距离为 e 处。下面分析荷载在各片主梁上的横向分布情况。

由于假定横梁是刚性的,因此在 $P = 1$ 移动作用下,各梁会产生向下挠度变形,且在横桥方向呈直线分布。根据材料力学荷载与挠度的关系及力的平衡原理,可计算出各梁承担的荷载(反力),这个荷载值就是 $P = 1$ 作用时,各主梁的荷载横向分布影响线的坐标值。当各主梁的截面尺寸相同时,该荷载横向分布影响线的竖标值可写成:

$$\eta_{ki} = \frac{1}{n} \pm \frac{a_k a_i}{\sum_{i=1}^{n} a_i^2} \tag{3-2-4}$$

式中:n——主梁根数;

η_{ki}——荷载 P 作用于 k 号梁上时,在 i 号梁上产生的影响线的坐标值。

例如:当 $p = 1$ 作用在 1 号梁上时,1 号梁上产生的影响线的坐标值 η_{11} 为:

$$\eta_{11} = \frac{1}{n} + \frac{a_1 a_1}{\sum a_i^2} = \frac{1}{n} + \frac{a_1^2}{\sum a_i^2}$$

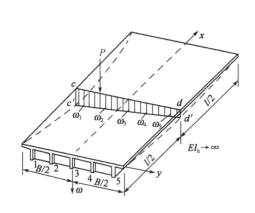
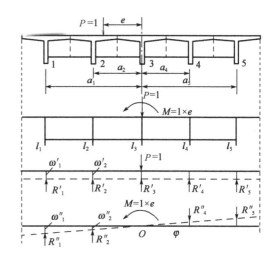

图 3-2-4 梁桥挠曲变形（刚性横梁）　　图 3-2-5 $P=1$ 作用时,对各主梁的荷载横向分布影响

当 $P=1$ 作用在 2 号梁上时,1 号梁上产生的影响线的坐标值 η_{21} 为：

$$\eta_{21} = \frac{1}{n} + \frac{a_2 a_1}{\sum a_i^2}$$

当 $P=1$ 作用在 5 号梁上时,1 号梁上产生的影响线的坐标值 η_{51} 为：

$$\eta_{51} = \frac{1}{n} - \frac{a_5 a_1}{\sum a_i^2}$$

其余各梁的计算,以此类推。由于各主梁的荷载横向分布影响线呈直线分布,所以只需计算两根梁的荷载横向分布影响线的坐标值,即可绘制出某根梁的荷载横向分布影响线。

偏心压力法适用于具有可靠横向联结的梁桥,并且宽跨比(B/L)小于或等于 0.5 的情况一般称为窄桥。偏心压力法在计算中,由于假定了横梁是刚性的和忽略了主梁抗扭刚度的影响,致使边梁计算结果偏大。若为减小计算误差,可考虑对上述因素进行修正,即所谓的"修正偏心压力法"。对于此法本书不再介绍,需要时请参阅有关书籍。

（2）计算示例。

【例 3-2-2】 如图 3-2-6 所示,某钢筋混凝土简支梁桥,计算跨径 $l=19.50$m,桥面净宽为净 -7,人行道宽为 2×0.75m;共设 5 根主梁,每根主梁设置 5 道横隔梁,各主梁截面尺寸相同。试求荷载位于跨中时,1 号梁的汽车荷载和人群荷载的横向分布系数。

解：①选择横向分布系数计算方法。该桥设有多道横梁,横向连接可靠,并且承重结构的宽跨比为：

$$\frac{B}{l} = \frac{5 \times 1.60}{19.50} = 0.41 < 0.5$$

符合偏心压力法适用条件,故采用偏心压力法计算。
②绘制荷载横向分布影响线。本桥各主梁截面尺寸

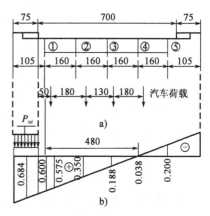

图 3-2-6 偏心压力法计算图式
（尺寸单位:cm）

相同，$n=5$，主梁横向间距为1.60m，则：

$$\sum a_i^2 = a_1^2 + a_2^2 + a_3^2 + a_4^2 + a_5^2$$
$$= (2 \times 1.6)^2 + (1.6)^2 + (0) + (-1.6)^2 + (-2 \times 1.6)^2$$
$$= 25.60(\text{m}^2)$$

则

$$\eta_{11} = \frac{1}{n} + \frac{a_1 a_1}{\sum a_i^2} = \frac{1}{5} + \frac{(2 \times 1.6)^2}{25.60} = 0.2 + 0.4 = 0.6$$

$$\eta_{51} = \frac{1}{n} - \frac{a_5 a_1}{\sum a_i^2} = \frac{1}{n} - \frac{a_1^2}{\sum a_i^2} = 0.2 - 0.4 = -0.2$$

由η_{11}和η_{51}坐标值绘制1号梁的荷载横向分布影响线如图3-2-6b)所示。

③按横向最不利位置排列荷载，并计算荷载的横向分布系数。根据《公桥规》的规定，在横向影响线上按横向最不利位置排列荷载，车辆荷载离开侧石（或缘石）最小距离为0.5m。设横向影响线的0点距离1号梁为x，则：

$$\frac{x}{0.6} = \frac{4 \times 1.6 - x}{0.2}$$

解得

$$x = 4.80\text{m}$$

设人行道缘石至1号梁轴线的距离为Δ，则：

$$\Delta = \frac{7.0 - 4 \times 1.60}{2} = 0.3(\text{m})$$

根据几何关系，左侧第一个轮重对应的影响线坐标为（以x_{q1}表示影响线O点至汽车车轮的横坐标距离）：

$$\eta_{q1} = \frac{\eta_{51}}{x} x_{q1} = \frac{0.6}{4.8} \times (4.8 + 0.3 + 0.5) = 0.575$$

同理可得各轮重和人群荷载集度对应的影响线坐标分别为[图3-2-6b)]：

$$\eta_{q2} = 0.35, \eta_{q3} = 0.188, \eta_{q4} = 0.038, \eta_{qr} = 0.684$$

则1号梁的汽车荷载的横向分布系数为：

$$m_{cq} = \frac{1}{2} \sum \eta_q = \frac{1}{2}(\eta_{q1} + \eta_{q2} + \eta_{q3} + \eta_{q4})$$
$$= \frac{1}{2}(0.575 + 0.350 + 0.188 - 0.038)$$
$$= 0.538$$

1号梁的人群荷载的横向分布系数为：

$$m_{cr} = \eta_r = 0.684$$

3）荷载横向分布系数沿跨长的变化

用杠杆原理法和用偏心压力法分别计算出支点处和跨中的荷载横向分布系数m_0、m_c，之后，支点处和跨中之间的荷载横向分布系数可用图3-2-7所示的近似处理方法来确定其他位置的荷载横向分布系数m_x。

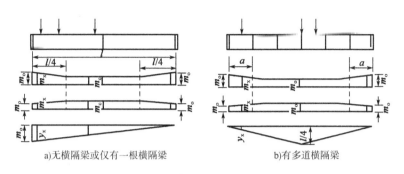

a)无横隔梁或仅有一根横隔梁　　　　b)有多道横隔梁

图3-2-7　荷载横向分布系数沿跨长的变化

对于无中间横隔梁或仅有一根中横隔梁的情况,跨中部分采用不变的m_c,从梁跨1/4点处(仍取m_c)起至支点的区段内任一截面m_x按直线变化过渡至m_o[图3-2-7a)]。

对于有多根内横隔梁的情况,从两端算起,第一根内横隔梁之间的区段内均采用不变的m_c,从第一根内横隔梁起向两端之间的任一截面m_x按直线变化过渡至m_o[图3-2-7b)]。

按照上述计算方法,主梁上的活载因其纵向位置不同,应有不同的横向分布系数。在实际应用中,当计算简支梁跨内各截面的最大弯矩时,通常均可按不变化的m_c来计算。只有在计算主梁支点截面的最大剪力时,才考虑荷载横向分布系数沿跨长的变化影响[图3-2-7a)]。对于跨内其他截面的主梁剪力,也可视具体情况计及m沿跨长的变化影响。

3. 主梁内力计算

根据作用于一片主梁的恒载和通过横向分布系数求得的计算活载,可计算主梁的截面内力(弯矩M和剪力Q)。有了截面内力,就可以按钢筋混凝土和预应力混凝土结构的计算原理,进行主梁各截面的配筋设计或验算。

对于一般小跨径的简支梁,通常只需要计算跨中截面的最大弯矩和支点截面及跨中截面的剪力。跨中与支点之间各截面的剪力可以近似地按直线规律变化,弯矩可以假设按二次抛物线规律变化,即

$$M_x = \frac{4M_{\max}}{l^2} \cdot x \cdot (l-x) \tag{3-2-5}$$

式中:M_x——主梁离开支点x处任一截面的弯矩值;

$M_{\max}$——主梁跨中最大弯矩设计值;

l——主梁的计算跨径。

对于较大跨径的简支梁,一般还应计算跨径1/4截面的弯矩和剪力。如果主梁沿桥纵轴方向截面有变化,比如梁肋宽度或梁高变化,则还应计算截面变化处的内力。

1)恒载内力计算

主梁恒载内力,包括主梁自重(前期恒载)引起的主梁前期恒载内力和后期恒载(如桥面铺装、人行道、栏杆、灯柱等)引起的主梁后期恒载内力,总称为主梁恒载内力。钢筋混凝土或预应力混凝土桥梁的恒载效应,往往在总作用效应中占很大的比例,梁的跨径越大,恒载所占的比例也越大。因此,设计时应正确地确定作用于梁上的计算恒载。

(1)计算方法。在计算恒载时,为了简化起见,习惯上往往将沿桥跨方向分隔设置的横隔梁重力、沿桥横向不等厚度分布的铺装层重力以及作用于两侧的人行道和栏杆等重力均

匀地分摊给各主梁承受。因此,对于等截面梁桥的主梁,其计算恒载是简单的均布荷载。为了更精确,也可以根据施工先后安装的情况,将人行道、栏杆、灯柱和管道等重力像活载那样计算,按荷载横向分布的规律进行分配。对于预应力混凝土简支梁桥,在施加预应力阶段,往往要利用梁体自重来抵消强大钢丝束的张拉力在梁体上翼缘产生的拉应力。在此情况下,需要将恒载分成两个阶段(即先期恒载和后期恒载)来分别计算。在特殊情况下,恒载可能要分成更多的阶段来考虑。

恒载的集度荷载 g,可按照下式计算:

$$g = 结构(或构件)体积 \times 材料的重度 \div 结构(或构件)长度$$

材料的重度可参照表 3-2-1 查用。

确定了计算恒载集度 g 之后,就可以按一般材料力学的公式计算出梁内各截面的弯矩 M 和剪力 Q。当恒载分阶段计算时,应按各阶段的计算恒载来计算内力,以便进行内力或应力组合。

常用材料的重度(单位:kN/m^3)   表 3-2-1

材料种类	重度	材料种类	重度
钢、铸钢	78.5	浆砌片石	23.0
铸铁	72.5	干砌块石或片石	21.0
锌	70.5	沥青混凝土	23.0~24.0
铅	114.0	沥青碎石	22.0
黄铜	81.1	碎(砾)石	21.0
青铜	87.4	填土	17.0~18.0
钢筋混凝土或预应力混凝土	25.0~26.0	填石	19.0~20.0
混凝土或片石混凝土	24.0	石灰三合土、石灰土	17.5
浆砌块石或料石	24.0~25.0		

(2)计算示例。

【例 3-2-3】 某装配式钢筋混凝土简支梁桥,计算资料如图 3-2-8 所示,为主梁横截面和横隔梁布置图。已知计算跨径 $l = 19.5m$,每侧栏杆及人行道重力作用力为 $5kN/m$,钢筋混凝土、沥青混凝土和混凝土的重度分别为 $25kN/m^3$、$23kN/m^3$ 和 $24kN/m^3$。其余资料详见图 3-2-8。请计算主梁的恒载内力。

解:①恒载集度。

主梁肋:

$$g_1 = \left[18 \times 1.30 + \frac{0.08 + 0.14}{2} \times (1.60 - 0.18)\right] \times 25 = 9.76 (kN/m)$$

横隔梁(边主梁):

$$g_2 = \frac{1.0 - \dfrac{0.08 + 0.14}{e_1} \times \dfrac{1.60 - 0.18}{2} \times 0.15 \times 5 \times 25}{19.5}$$

$$= 0.61 (kN/m)$$

横隔梁(中主梁):

$$g_3 = 2 \times 0.61 = 1.22 (kN/m)$$

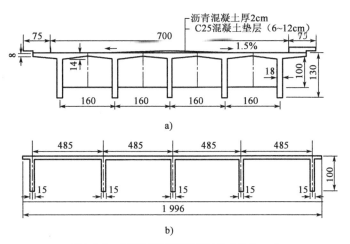

图 3-2-8 主梁及横隔梁布置图(尺寸单位:cm)

桥面铺装层：

$$g_4 = \frac{0.02 \times 7.00 \times 23.0 + \frac{0.06+0.12}{2} \times 7.00 \times 24.0}{5} = 3.70(\text{kN/m})$$

栏杆和人行道：

$$g_5 = 5 \times \frac{2}{5} = 2.00(\text{kN/m})$$

边主梁全部集度恒载 $g_{边}$：

$$g_{边} = g_1 + g_2 + g_4 + g_5 = 9.76 + 0.61 + 3.70 + 2.00 = 16.07(\text{kN/m})$$

中主梁全部集度恒载 $g_{中}$：

$$g_{中} = g_1 + g_3 + g_4 + g_5 = 9.76 + 1.22 + 3.70 + 2.00 = 16.68(\text{kN/m})$$

②荷载内力。

上述计算结果说明，应该计算中主梁的恒载内力为最大，但通常活载内力边主梁最大，经荷载内力效应组合后，往往边主梁控制设计，因此，本算例只计算边主梁的恒载内力。

边主梁距离支座为 x 处的横截面弯矩和剪力按下式计算：

$$M_x = \frac{4M_{max}}{l^2} \cdot x \cdot (l-x) = \frac{gl}{2} \cdot x - \frac{g}{2} \cdot x^2 = \frac{g}{2} \cdot x \cdot (l-x)$$

$$Q_x = \frac{gl}{2} - gx = \frac{g}{2} \cdot (l-2x)$$

各截面计算的剪力和弯矩值列于表 3-2-2。

边主梁的恒载内力 表 3-2-2

内力 截面位置	剪力(kN)	弯矩(kN·m)
$x = 0$	$Q = 157.0$	$M = 0$
$x = l/4$	$Q = 16.07(19.50 - 2 \times 19.5/4)/2$ $= 78.40$	$M = (16.07/2) \times (19.50/4) \times$ $(19.50 - 19.50/4)$ $= 572.90$
$x = l/2$	$Q = 0$	$M = 19.5^2 \times 16.07/8 = 763.80$

2)活载内力计算

主梁活载内力是由可变作用中车道荷载、人群荷载产生的。当求得了活载的横向分布系数后,就可以具体确定作用于一根主梁上的荷载数值,然后可利用工程力学的方法来计算活载内力。

(1)计算方法。主梁活载内力计算分为两步:第一步求某主梁的最不利荷载横向分布系数;第二步应用主梁内力影响线,乘以对应的荷载横向分布系数后计算截面活载内力。对于车道荷载,应将其均布和集中荷载引起的内力进行叠加求出总效应。对于人群荷载内力,计算方法同车道均布荷载,但不计冲击力的影响。

均布荷载

$$S_{qk} = (1+\mu) \cdot \varepsilon \cdot m_i \cdot q_k \cdot \Omega \tag{3-2-6}$$

集中荷载

$$S_{pk} = (1+\mu) \cdot \varepsilon \cdot m_i \cdot P_k \cdot y_k \tag{3-2-7}$$

车道荷载总效应

$$S = S_{qk} + S_{pk} = (1+\mu) \cdot \varepsilon \cdot m_i \cdot (q_k \cdot \Omega + P_k \cdot y_k) \tag{3-2-8}$$

式中:S_{qk}——主梁在车道荷载的均布荷载作用下的内力;

　　　S_{pk}——主梁在车道荷载的集中荷载作用下的内力;

　　　μ——汽车荷载的冲击系数(按规定取值);

　　　ε——多车道横向折减系数(按《公桥规》的规定,多车道桥梁的汽车荷载应考虑折减);

　　　m_i——荷载横向分布系数(计算主梁弯矩可用跨中荷载横向分布系数 m_c 代替全跨各点上的 m_i,在计算主梁剪力时,应考虑 m_i 在跨内的变化);

　　　q_k——车道荷载的均布荷载;

　　　P_k——车道荷载的集中荷载;

　　　Ω——相应的主梁内力影响线的面积;

　　　y_k——对应于车道集中荷载的影响线最大竖标值。

在求汽车荷载中车道均布荷载及人群荷载作用下的主梁支点或靠近支点截面的剪力时,荷载横向分布系数在这一区段内是变化的,如图3-2-9所示,以支点截面为例,其计算公式为:

$$Q_A = Q'_A + \Delta Q = Q'_A + (1+\mu) \cdot \varepsilon \cdot \frac{a}{2}(m_0 - m_c) \cdot q_k \cdot \bar{y} \tag{3-2-9}$$

式中:Q'_A——按照 m_i 在跨内不变,均取 m_c 计算的剪力值;

　　　ΔQ——计及靠近支点处横向分布系数变化而引起的内力增(或减)值;

　　　a——主梁端横梁至第一道内横梁的距离(图3-2-9);

　　　$\bar{y}$——对应于附加三角形荷载重心位置的内力影响线的坐标值(图3-2-9)。在上述计算中,当 $m_0 < m_c$ 时,ΔQ 为负值,这意味着剪力反而减小了。

(2)计算示例。

【例3-2-4】 如图3-2-8所示,五梁式装配钢筋混凝土简支梁桥,计算跨径 $l=19.5$m,主梁翼板刚性连接。计算边主梁在公路—Ⅱ级车道荷载和人群荷载标准值 $p_r=3.0$kN/m² 作用下的跨中最大弯矩和最大剪力以及支点截面的最大剪力。汽车冲击系数 $\mu=0.18$,荷载横向分布系数按表 3-2-3 中给出的值选取。其他资料参见图 3-2-9。

荷载分布系数 m_i　　　　　　　　　　　　表 3-2-3

梁　号	荷载位置	汽车荷载	人群荷载
边主梁	跨中	0.504	0.620
	支点	0.438	1.422

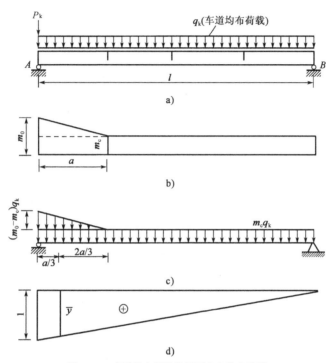

图 3-2-9　车道均布荷载作用下支点剪力计算

解：①计算公路—Ⅱ级车道荷载的标准值。

均布荷载

$$q_k = 0.75 \times 10.5 = 7.875 (\text{kN/m})$$

计算弯矩时的集中荷载：

$$P_k = 0.75 \times \left[180 + \frac{19.5 - 5}{50 - 5} \times (360 - 180)\right] = 178.5 (\text{kN})$$

计算剪力时的集中荷载：

$$P_k = 1.2 \times 178.5 = 214.2 (\text{kN})$$

②计算车道荷载的跨中弯矩。
双车道不折减：

$$\xi = 1$$

车道均布荷载作用下：

$$\Omega = \left(\frac{1}{8}\right) l^2 = \left(\frac{1}{8}\right) \times 19.5^2 = 47.53 (\text{m}^2)$$

则

$$M_{\frac{1}{2},qk} = (1+\mu) \cdot \varepsilon \cdot m_c \cdot q_k \cdot \Omega$$
$$= (1+0.18) \times 1 \times 0.504 \times 7.875 \times 47.53 = 222.60(kN \cdot m)$$

车道集中荷载作用下：
$$M_{\frac{1}{2},pk} = (1+\mu) \cdot \varepsilon \cdot m_c \cdot P_k \cdot y_k$$
$$= (1+0.18) \times 1 \times 0.504 \times 178.5 \times 19.5/4 = 517.50(kN \cdot m)$$

车道荷载的跨中弯矩为：
$$M_{\frac{1}{2}} = M_{\frac{1}{2},qk} + M_{\frac{1}{2},pk} = 222.60 + 517.50 = 740.10(kN \cdot m)$$

③计算人群荷载的跨中弯矩。

纵向每延米人群荷载集度：
$$p_{or} = 3.0 \times 0.75 = 2.25(kN/m)$$
$$M_{\frac{1}{2},r} = m_{cr} \cdot p_{or} \cdot \Omega$$
$$= 0.620 \times 2.25 \times 47.53$$
$$= 66.30(kN \cdot m)$$

④计算跨中截面车道荷载最大剪力。

鉴于跨中剪力影响线的较大坐标位于跨中部分(图3-2-10)，故采用全跨统一的荷载横向分布系数 m_c 来计算：

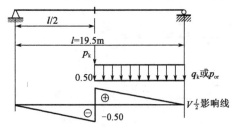

图3-2-10 跨中剪力计算图式

$$\Omega = \frac{1}{2} \times \frac{1}{2} \times 19.5 \times 0.5 = 2.438(m)$$

车道均布荷载作用下：
$$Q_{\frac{1}{2},qk} = (1+\mu) \cdot \varepsilon \cdot m_c \cdot q_k \cdot \Omega$$
$$= (1+0.18) \times 1 \times 0.504 \times 7.875$$
$$\times 2.438 = 11.4(kN)$$

车道集中荷载作用下：
$$Q_{\frac{1}{2},pk} = (1+\mu) \cdot \varepsilon \cdot m_c \cdot P_k \cdot y_k$$
$$= (1+0.18) \times 1 \times 0.504 \times 214.2 \times 0.5 = 63.7(kN)$$

跨中截面车道荷载最大剪力为：
$$Q_{\frac{1}{2}} = Q_{\frac{1}{2},qk} + Q_{\frac{1}{2},pk} = 11.4 + 63.7 = 75.1(kN)$$

⑤计算跨中截面人群荷载最大剪力。
$$Q_{\frac{1}{2},r} = m_{cr} \cdot p_{or} \cdot \Omega = 0.620 \times 2.25 \times 2.438 = 3.40(kN)$$

⑥计算支点截面汽车荷载最大剪力。

做荷载横向分布系数沿桥跨方向的变化图形和支点剪力影响线，如图3-2-11所示。

横向分布系数变化区段的长度：
$$a = \frac{1}{2} \times 19.5 - 4.85 = 4.90(m)$$

影响线面积：
$$\Omega = \frac{1}{2} \times 19.5 \times 1 = 9.75(m)$$

车道均布荷载作用下 $Q_A = Q'_A + \Delta Q$，则

$$Q'_A = (1+\mu) \cdot \varepsilon \cdot m_c \cdot q_k \cdot \Omega$$
$$= (1+0.18) \times 1 \times 0.504 \times 7.875 \times 9.75$$
$$= 45.70(\text{kN})$$

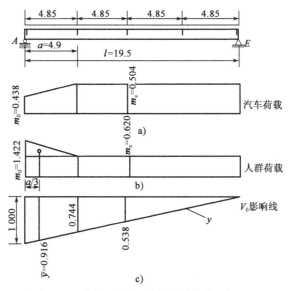

图 3-2-11 支点剪力计算图式(尺寸单位：m)

附加三角形荷载重心的影响线坐标为：

$$\bar{y} = 1 \times \frac{19.5 - \frac{1}{3} \times 4.9}{19.5} = 0.916(\text{m})$$

附加车道均布荷载剪力为：

$$\Delta Q = (1+\mu) \cdot \varepsilon \cdot \frac{a}{2}(m_0 - m_c) \cdot q_k \cdot \bar{y}$$
$$= (1+0.18) \times 1.00 \times \frac{4.9}{2} \times (0.438 - 0.504) \times 7.875 \times 0.916$$
$$= -1.38(\text{kN})$$

故车道均布荷载作用下的支点剪力为：

$$Q_A = Q'_A + \Delta Q = 45.7 - 1.38 = 44.32(\text{kN})$$

车道集中荷载作用下：

$$Q_A^P = (1+\mu) \cdot \varepsilon \cdot m_0 \cdot P_k \cdot y_k$$
$$= (1+0.18) \times 1 \times 0.438 \times 214.2 \times 1.00$$
$$= 110.71(\text{kN})$$

车道荷载作用下的支点剪力为：

$$Q_0 = Q_A^P + Q_A = 110.71 + 44.32 = 155.03(\text{kN})$$

⑦计算支点截面人群荷载最大剪力。

人群荷载的横向分布系数如图 3-2-11b)所示。

附加三角形荷载重心的影响线坐标为：

$$\bar{y} = 1 \times \frac{19.5 - \frac{1}{3} \times 4.9}{19.5} = 0.916(\text{m})$$

故可得人群荷载的支点剪力:

$$Q_{or} = m_{cr} \cdot p_{or} \cdot \Omega + \frac{a}{2}(m_0 - m_c) \cdot p_{or} \cdot \bar{y}$$

$$= 0.620 \times 2.25 \times 9.75 + \frac{4.9}{2} \times (1.422 - 0.620) \times 2.25 \times 0.916$$

$$= 17.7(\text{kN})$$

3)内力组合及包络图

(1)内力组合。在按各种极限状态来设计钢筋混凝土及预应力混凝土梁时,需要确定主梁向各截面的内力组合设计值,它是将各类作用代表值引起的最不利内力分别乘分项系数和组合系数后,按规定的作用效应组合而得到的作用效应组合设计值。

(2)内力包络图。如果沿桥梁纵轴的各个截面作为 x 方向,将垂直于 x 方向作为控制设计的计算内力值,按适当的比例绘制坐标图,其中右半跨的弯矩值(M_{max})对称于左半跨,右半跨的剪力值(Q_{min})反对称于左半跨(Q_{max}),连接这些坐标点而绘成的曲线,就称为内力包络图,如图 3-2-12 所示。对于小跨径梁,如果仅计算 $M_{\frac{l}{2}}$ 以及 $Q_{\frac{l}{2}}$,则弯矩包络图可以绘成二次抛物线,而剪力包络图可绘成直线形。

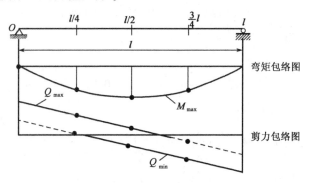

图 3-2-12 内力包络图

内力包络图确定以后,就可以按钢筋混凝土或预应力混凝土结构设计原理和方法来设计整根梁内的纵向主筋、斜筋和箍筋,并进行各种验算。

二、桥面板内力计算

钢筋混凝土和预应力混凝土肋梁桥的桥面板(也称行车道板),是直接承受车辆轮压的承重结构,在构造上,它通常与主梁梁肋和横隔梁(或横隔板)连接在一起,这样既保证了梁的整体作用,又能将车辆荷载传给主梁。桥面板一般用钢筋混凝土制造,对于跨度较大的桥面板,也可以施加横向预应力,做成预应力混凝土板。

从结构形式上看,对于具有主梁和横隔梁的简单梁格[图 3-2-13a)]体系,行车道板实际上就是周边支承的板。

从承受荷载特点来看,在矩形的四边支承板上,当板中央作用一竖向荷载 P 时,虽然荷载 P 要向相互垂直的两对支承边传递,但当支承跨径 l_a 和 l_b 不相同时,由于板沿 l_a 和 l_b 的跨径的相对刚度不同,使向两个方向传递的荷载也不相等。根据弹性薄板理论的研究,对于四边简支的板,只要板的长边与短边之比(l_a/l_b)接近 2 时,荷载的绝大部分会沿短跨方向传递,沿长跨方向传递的荷载将不足 6%。l_a/l_b 的值越大,向 l_a 跨度方向传递的荷载就越少。

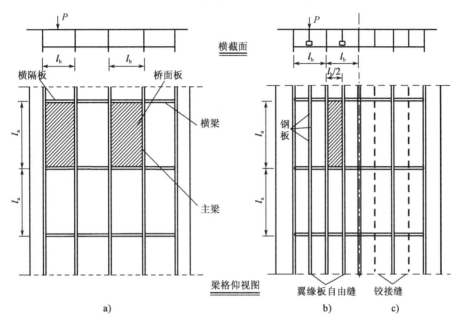

图 3-2-13 梁格系构造和桥面板的支承方式

鉴于上述理由,通常可把长宽比大于或等于 2 的周边支承板看作是只由短跨承受荷载的单向受力板(简称单向板)来设计,而在长跨方向只要适当配置一些分布钢筋即可。对于长宽比小于 2 的板,则称为双向板,需要按两个方向的内力分别配置钢筋。

目前,桥梁设计的趋势是横隔板稀疏布置,因此主梁的间距往往比横隔板的间距小得多,桥面板属单向板的居多。有时也会遇到桥面板两个支承跨径之比小于 2 的情况,例如 T 形梁刚架桥空心墩的墩顶 0 号块上的桥面板等,对此就必须按双向板进行设计。一般来说,双向桥面板的用钢量较大,构造也较复杂,宜尽量少用。对于常见 $l_a/l_b \geq 2$ 的装配式 T 形梁桥,也可能遇到两种情形:其一是当翼缘板的端边是自由边[图 3-2-13b)]时,实际上是三边支承的板,此时,可以按沿短跨一端嵌固,而另一端为自由端的悬臂板来分析;另一种是相邻翼缘板在端部互相做成铰接的构造[图 3-2-13c)],在这种情况下,桥面板应按一端嵌固而另一端铰接的铰接悬臂板计算。

综上所述,在实践中最常遇到的桥面板受力图式为:梁式单向板、悬臂板、铰接板和双向板。下面将分别介绍各种板的计算方法。

1. 车轮荷载在板上的分布

作用在桥面上的车轮压力,通过桥面铺装层扩散分布到钢筋混凝土板面上,由于板的计算跨径相对于轮压的分布宽度来说不是很大,因此,在计算时应较精确地将轮压作为分布荷载来处理,这样做可以避免造成较大的计算误差,又可以节约桥面板的材料用量。

富有弹性的车轮与桥面的接触面实际上接近于椭圆,而且荷载又要通过铺装层扩散分布,故车轮压力在桥面板上的实际分布形状是很复杂的。为了计算方便起见,可以近似地把车轮与桥面的接触面看作是 $a_1 \times b_1$ 的矩形,此处 a_1 是车轮沿行车方向的着地长度,b_1 为车轮的宽度,如图 3-2-14 所示。各级荷载的 a_1 和 b_1 值,可以从学习情境一查得。至于荷载在铺装层内的扩散程度,根据试验研究得知,对于混凝土或沥青面层,荷载可以偏安全地假定成 45° 角扩散。因此,最后作用于钢筋混凝土承重板顶面的矩形荷载压力面的边长为:

沿桥梁纵向边长为
$$a_1 + 2h$$

沿桥梁横向边长为
$$b_1 + 2h$$

式中:a_1 ——车轮沿行车方向的着地长度;
  b_1 ——车轮沿行车方向的着地宽度;
  h ——铺装层的厚度。

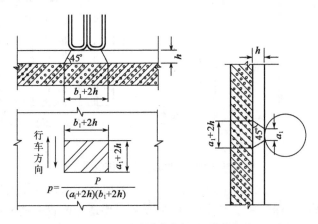

图 3-2-14 汽车荷载在板面上的分布

2. 桥面板的荷载分布宽度

板在局部荷载作用下,不仅直接承压部分的板带参加工作,而且与其相邻的部分板带也会分担一部分荷载共同参与工作。因此,在桥面板的计算中,需要确定荷载的分布宽度。下面分单向板和悬臂板来阐明荷载分布宽度的计算方法。

1)单向板

图 3-2-15 所示为一块跨径为 l、宽度较大的梁式桥面板,板中央作用着局部分布荷载。其分布面积为 $(a_1 + 2h) \times (b_1 + 2h)$。显然,板除了沿计算跨径 x 方向产生挠曲变形 w_x 外,在 y 方向也必然发生挠曲变形 w_y [图 3-2-15b)]。这说明在荷载作用下,不仅直接承压的宽度为 $(a_1 + 2h)$ 的板条受力,其邻近的板也参与工作,共同承受车轮荷载所产生的弯矩。图 3-2-15a) 示出了沿 y 方向板条所分担弯矩 m_x 的分布图形。在荷载中心处,板条承担的弯矩达到最大值 $m_{x\max}$,离荷载越远的板条所承受的弯矩就越小。

如果设想以 $a \times m_{x\max}$ 的矩形来代替实际的曲线分布图形,也就是:

$$a \times m_{x\max} = \int m_x \mathrm{d}y = M$$

则得弯矩图形的换算宽度为:

$$a = \frac{M}{m_{x\max}} \tag{3-2-10}$$

式中:M——车轮荷载产生的跨中总弯矩;
$m_{x\max}$——荷载中心处的最大单宽弯矩值,可按弹性薄板理论求得。

式中的 a 为车轮传递到板上的荷载分布宽度,也称为板的有效工作宽度。以此板宽来承受车轮荷载产生的总弯矩,既满足了弯矩最大值的要求,计算起来也很方便。

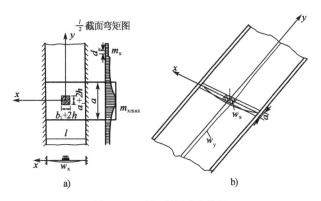

图 3-2-15 桥面板的受力状态

荷载分布宽度 a 的大小与板的支承条件、荷载性质以及荷载作用位置有关。两边固结的板的荷载分布宽度要比简支板小 30%~40%;全跨满布的条形荷载的有效分布宽度比局部分布荷载的小;荷载越靠近支承边,其有效工作宽度越小。

考虑到实际上 $(a_1+2h)/l$ 的比值不会很小,而且桥面板属于弹性固结支承。因此,为了计算方便,对于梁式单向板的荷载分布宽度有如下规定。

(1)平行于板的跨径方向的荷载分布宽度。

$$b = b_1 + 2h \tag{3-2-11}$$

(2)垂直于板的跨径方向的荷载分布宽度。

①单个车轮在板的跨径中部时[图 3-2-16a)]:

$$a = a_1 + 2h + \frac{l}{3} \geqslant \frac{2}{3}l \tag{3-2-12}$$

式中:l——板的计算跨径。

②多个相同车轮在板的跨径中部,且按各单个车轮计算的荷载分布宽度有重叠时[图 3-2-16c)]:

$$a = a_1 + 2h + d + \frac{l}{3} \geqslant \frac{2}{3}l + d \tag{3-2-13}$$

式中:d——多个车轮时外轮之间的中距。

③车轮在板的支承处时:

$$a = a_1 + 2h + t \tag{3-2-14}$$

式中:t——板的厚度。

④车轮在板的支承附近,距支点的距离为 x 时:

$$a = a_1 + 2h + t + 2x \tag{3-2-15}$$

但 a 不大于车轮在板的跨径中部的分布宽度,也就是说,荷载由支点处向跨中移动时,相应的有效分布宽度可以近似地按45°线过渡。

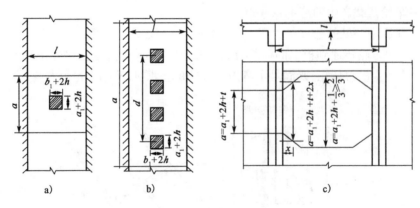

图 3-2-16 荷载分布宽度

按以上公式算得的所有分布宽度,均不得大于板的全宽度;彼此不相连的预制板,车轮在板内的分布宽度不得大于预制板宽度。对于不同荷载位置时,单向板的荷载分布宽度图形如图 3-2-16c)所示。

2)悬臂板

悬臂板在荷载作用下,除了直接承受荷载的板条外,相邻板条也会发生挠曲变形[图 3-2-17b)]而承受部分弯矩。悬臂根部沿 y 方向各板条的弯矩分布如图 3-2-17a)中 m_x 所示。

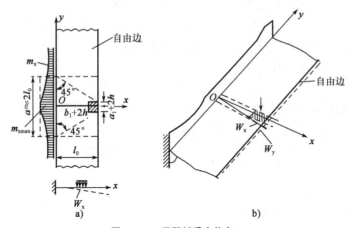

图 3-2-17 悬臂板受力状态

根据弹性薄板理论分析,当板端作用集中力 P 时,在荷载中心处的根部最大负弯矩 $m_{xmax} \approx -0.465P$,而荷载所引起的总弯矩为 $M_0 = -Pl_0$,l_0 为悬臂板的净跨径。因此,按最大负弯矩值换算的荷载分布宽度为:

$$a = \frac{M}{m_{xmax}} = \frac{-Pl_0}{-0.465P} = 2.15l_0$$

由此可见,悬臂板的有效工作宽度接近于 2 倍的悬臂长度,也就是说,荷载可近似地按 45°向悬臂板支承处分布[图 3-2-17a)]。《公桥规》中规定,当 c 值(图 3-2-18)不大于 2.5m 时,垂直于悬臂板跨径的车轮荷载分布宽度按式(3-2-16)计算:

$$a = a_1 + 2h + 2c \tag{3-2-16}$$

式中:c——平行于悬臂板跨径方向的车轮着地尺寸,通过铺装层 45°分布线的外边线至腹板外边缘的距离。

对于分布荷载靠近板边的最不利情况,c 就等于悬臂板的跨径 l_0[图3-2-18a)],于是:

$$a = a_1 + 2h + 2l_0 \tag{3-2-17}$$

当长悬臂板 c 值大于2.5m时,悬臂板根部负弯矩取按式(3-2-16)计算的1.3～1.5倍。此外,在车轮荷载作用点下方的无限宽板条中还有正弯矩出现,当然,还应当考虑按正弯矩计算配筋方为安全。

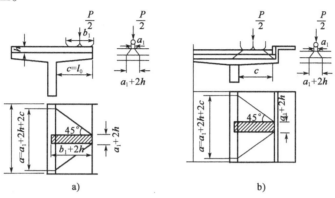

图3-2-18 悬臂板的荷载分布宽度

3. 桥面板的内力计算

对于实体的矩形截面桥面板,一般均由弯矩控制设计。设计时,习惯上以每米宽的板条来进行计算比较方便。对于梁式单向板或悬臂板,只要借助板的荷载分布宽度,就不难得到作用在每米宽板条上的荷载和其引起的弯矩。对于双向板,除可以按弹性理论进行分析外,在工程实践中常用简化的计算方法或现成的图表进行计算。

1)多跨连续单向板

常见的桥面板实质上是一个支承在一系列弹性支承上的多跨连续板,在构造上,板与梁肋是整体连接在一起的,因此各根主梁的不均匀弹性下沉和梁肋本身的抗扭刚度必然会影响到桥面板的内力,所以桥面板实际受力状况是非常复杂的。通常,我们采用简便的近似方法进行计算。

(1)计算弯矩。计算弯矩时,先算出一个跨度相同的简支板在恒载重力和汽车荷载作用下的跨中弯矩 M_0,再乘以偏安全的经验系数加以修正,以求得支点处和跨中截面的设计弯矩。弯矩修正系数可视板厚与梁肋高度的比值来选用。

①支点弯矩。

$$M_{支} = -0.7 M_0 \tag{3-2-18}$$

②跨中弯矩。板厚与梁肋高度比小于1/4(即主梁抗扭刚度较大)时:

$$M_{中} = +0.5 M_0 \tag{3-2-19}$$

板厚与等肋高度比大于或等于1/4(即主梁抗扭刚度较小)时:

$$M_{中} = +0.7 M_0 \tag{3-2-20}$$

式中:M_0——与计算跨径相同的简支板的跨中弯矩。

每米板宽的跨中恒载弯矩可由式(3-2-21)计算:

$$M_{og} = \frac{1}{8}gl^2 \qquad (3\text{-}2\text{-}21)$$

式中：g——1m 宽板条每延米的恒载重力；

l——板的计算跨径，应为两支撑中心之间的距离（与梁肋整体连接的板，计算弯矩时，计算跨径取两肋间的净距加板厚，即 $l = l_0 + t$，但不大于两肋中心之间的距离，此处 l_0 为板的净跨径，t 为板厚）。

1m 宽简支板条的跨中车辆荷载弯矩[图 3-2-19a)]，可由式(3-2-22)计算：

$$M_{OP} = (1 + \mu)\frac{P}{8a}\left(l - \frac{b_1 + 2h}{2}\right) \qquad (3\text{-}2\text{-}22)$$

式中：P——轴重，取车辆荷载后轴的轴重计算；

a——板的有效工作宽度；

μ——冲击系数（对于行车道板，取 0.3）。

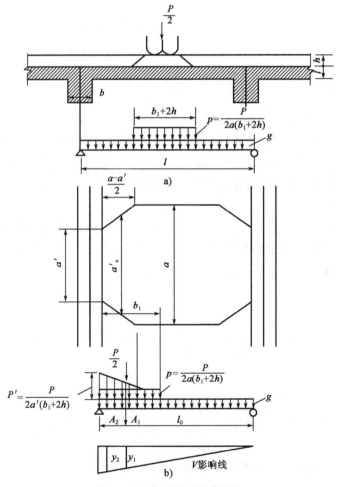

图 3-2-19 单向板内力计算图示

如果板的跨径较大，可能还有第二个车轮进入跨径内，此时，应按最不利荷载布置计算跨中弯矩最大值。

(2)计算剪力。计算单向板的支点剪力时,可不考虑板和主梁的弹性固结作用,此时,荷载必须尽量靠近梁肋边缘布置。考虑了相应的有效工作宽度后,1m板宽承受的分布荷载如图3-2-19b)所示。

支点剪力 $Q_\text{支}$ 的计算公式如下所述。

①恒载剪力

$$Q_{\text{支}g} = \frac{1}{2}gl_0 \tag{3-2-23}$$

②跨内作用于一个车轮荷载的剪力

$$Q_{\text{支}p} = (1+\mu)(A_1 \cdot y_1 + A_2 \cdot y_2) \tag{3-2-24}$$

其中矩形部分荷载的合力为

$$A_1 = p \cdot (b_1 + 2h) = \frac{P}{2a(b_1+2h)} \cdot (b_1+2h) = \frac{P}{2a} \tag{3-2-25}$$

其中三角形部分荷载的合力为

$$A_2 = \frac{1}{2}(P'-P) \cdot \frac{1}{2}(a-a') = \frac{P}{8aa'(b_1+2h)} \cdot (a-a')^2 \tag{3-2-26}$$

上述式中:P'、P——对应于有效工作宽度 a' 和 a 处的荷载集度;

y_1、y_2——对应于荷载合力 A_1 和 A_2 的支点剪力影响线的竖标值;

l_0——板的净跨径。

如果跨径内不止一个车轮进入时,还应计入其他车轮的影响。

2)铰接悬臂板

T形梁翼缘板作为行车道板往往用铰接的方式连接,其最大弯矩在悬臂根部。

根据计算分析可知:计算活载弯矩 M_{sp} 时,最不利的荷载位置是把车轮荷载对中布置在铰接处,这时铰内的剪力为零,两相邻悬臂板各承受半个车轮荷载,即 $P/4$,如图 3-2-20a)所示。

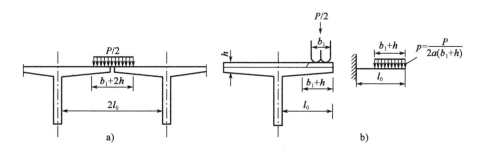

图 3-2-20 铰接悬臂板内力计算图式

因此,1m 宽悬臂板在根部的活载弯矩为:

$$M_{sp} = -(1+\mu)\frac{P}{4a}\left(l_0 - \frac{b_1+2h}{4}\right) \tag{3-2-27}$$

1m 板宽的恒载弯矩为：

$$M_{sp} = -\frac{1}{2}gl_0^2 \qquad (3\text{-}2\text{-}28)$$

需要注意的是，此处 l_0 为铰接悬臂板的净跨径。

悬臂根部的剪力可以偏安全地按一般悬臂板的图式来计算，这里从略。

3）悬臂板

对于沿纵缝不相连接的悬臂板，在计算根部最大弯矩时，应将车轮荷载靠板的边缘布置，如图 3-2-20b）所示，则恒载和活载弯矩值可由下列公式求得。

（1）恒载弯矩。

$$M_{sg} = -\frac{1}{2}gl_0^2 \qquad (3\text{-}2\text{-}29)$$

（2）活载弯矩。

当 $(b_1 + h) \geq l_0$ 时，计算式为：

$$M_{sp} = -(1+\mu)\frac{1}{2}pl_0^2 = -(1+\mu)\frac{P}{4a(b_1+h)}l_0^2 \qquad (3\text{-}2\text{-}30)$$

当 $(b_1 + h) < l_0$ 时，则按下式计算：

$$M_{sp} = -(1+\mu)p(b_1+h)\left(l_0 - \frac{b_1+h}{2}\right)$$

$$= -(1+\mu)\frac{P}{2a}\left(l_0 - \frac{b_1+h}{2}\right) \qquad (3\text{-}2\text{-}31)$$

式中：l_0——悬臂板的净长度。

剪力计算从略。

4）桥面板计算示例

【例 3-2-5】 如图 3-2-21 所示为 T 梁翼板所构成铰接悬臂板横截面，桥面铺装为 2cm 的沥青混凝土面层（重度为 23kN/m³）和平均厚度为 9cm 的 C25 混凝土垫层（重度为 24kN/m³），T 形梁翼板的重度为 25kN/m³。请计算该铰接悬臂板的恒载及车辆荷载产生的内力。

解：（1）恒载及其内力计算（以纵向 1m 宽的板条进行计算）。

①每延米板上的恒载 g。

沥青混凝土面层：

$$g_1 = 0.02 \times 1.0 \times 23 = 0.46(\text{kN/m})$$

C25 混凝土垫层：

$$g_2 = 0.09 \times 1.0 \times 24 = 2.16(\text{kN/m})$$

T 形梁翼板自重：

$$g_3 = \frac{0.08+0.14}{2} \times 1.0 \times 25 = 2.75(\text{kN/m})$$

合计：

$$g = g_1 + g_2 + g_3 = 5.37 (\text{kN/m})$$

② 1m 板宽的恒载内力。

弯矩：
$$M_{sg} = -\frac{1}{2}gl_0^2 = -\frac{1}{2} \times 5.37 \times 0.71^2 = -1.35(\text{kN} \cdot \text{m})$$

剪力：
$$Q_{sg} = gl_0 = 5.37 \times 0.71 = 3.81(\text{kN})$$

(2) 车辆荷载的内力计算。

将车辆荷载的后轮布置于铰接缝轴线上，如图 3-2-22 所示，后轴作用力 $P = 140\text{kN}$，轮压分布宽度如图 3-2-22 所示。汽车荷载的着地长度 $a_1 = 0.2\text{m}$，宽度 $b_1 = 0.6\text{m}$。

$$b_1 + 2h = 0.6 + 2 \times 0.11 = 0.82(\text{m})$$

荷载对于悬臂根部的分布宽度为：

$$a = a_1 + 2h + 2l_0 = 0.2 + 2 \times 0.11 + 2 \times 0.71 = 1.84(\text{m})$$

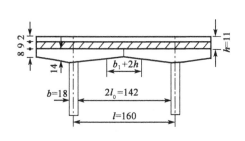

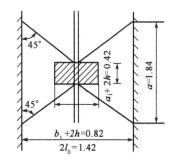

图 3-2-21 铰接悬臂板横截面(尺寸单位：cm)　　图 3-2-22 车轮荷载计算示意图(尺寸单位：m)

冲击系数：
$$\mu = 0.3$$

① 作用于 1m 宽板条上的弯矩为：

$$M_{sp} = -(1+\mu)\frac{P}{4a}\left(l_0 - \frac{b_1 + 2h}{4}\right)$$
$$= -(1+0.3) \times \frac{140}{4 \times 1.84} \times \left(0.71 - \frac{0.6 + 2 \times 0.11}{4}\right)$$
$$= -12.5(\text{kN} \cdot \text{m})$$

② 作用于 1m 宽板条上的剪力为：

$$Q_{sp} = -(1+\mu)\frac{P}{4a} = (1+0.3) \times \frac{140}{4 \times 1.84} = 24.7(\text{kN})$$

三、挠度、预拱度计算

在进行钢筋混凝土或预应力混凝土梁桥设计时，除了要对主梁进行承载能力计算和应力验算外，还应该校核梁的变形(挠度)，以确保结构具有足够的刚度，避免因变形(挠度)过大而影响高速行车，使桥面铺装层和结构的辅助设施被破坏，甚至危及桥梁的安全。

桥梁的挠度，根据产生原因可分成永久作用(结构自重力、桥面铺装、预应力、混凝土徐变和收缩作用等)产生的和可变作用(汽车、人群)产生的两种。永久作用产生的挠度是恒久存在的且与持续的时间有关,可分为短期挠度和长期挠度。可变作用产生的挠度是临时出现的,在最不利的作用位置下,挠度达到最大值,随着可变作用位置的移动,挠度逐渐减小,一旦可变作用离开桥梁,挠度随即消失。

永久作用产生的挠度并不表征结构的刚度特性,通常可以通过施工时预设的反向挠度(即预拱度)来加以抵消,使竣工后的桥梁达到理想的设计线形。

可变作用产生的挠度,使梁产生反复变形,变形的幅度越大,可能发生的冲击和振动作用也越强烈,对行车的影响也越大。因此,在桥梁设计中,需要通过验算可变作用产生的挠度以体现结构的刚度特性。

《公预规》中规定,对于钢筋混凝土及预应力混凝土梁式桥,处于使用阶段的长期挠度值,在消除结构自重产生的长期挠度后,梁式桥主梁的最大挠度处不应超过计算跨径的1/600,梁式桥主梁的悬臂端不应超过悬臂长度的1/300。此挠度为不计冲击力时的值。

钢筋混凝土和预应力混凝土受弯构件,在正常使用极限状态下的挠度,可根据给定的构件刚度用结构力学的方法来计算。受弯构件的刚度可以按下列公式计算。

1. 钢筋混凝土构件

开裂构件等效截面的抗弯刚度 B 的计算可参见学习情境二式(2-5-8)和式(2-5-9)。

2. 预应力混凝土构件

(1)全预应力混凝土和 A 类预应力混凝土构件。

$$B_0 = 0.95 E_c I_0 \tag{3-2-32}$$

(2)允许开裂的 B 类预应力混凝土构件。

在开裂弯矩 M_{cr} 作用下

$$B_0 = 0.95 E_c I_0 \tag{3-2-33}$$

在 $(M_s - M_{cr})$ 作用下

$$B_{cr} = E_c I_{cr} \tag{3-2-34}$$

开裂弯矩按下式计算

$$M_{cr} = (\sigma_{pc} + \gamma \cdot f_{tk}) W_0 \tag{3-2-35}$$

式中:σ_{pc}——全部预应力损失后,预应力钢筋和普通钢筋合力在构件抗裂边缘产生的混凝土预压应力(计算方法见《公预规》)。

受弯构件在使用阶段的挠度应考虑荷载长期效应的影响(长期挠度),即按荷载短期效应计算的挠度值乘以挠度长期增长系数。当采用 C40 以下混凝土时,$\eta_\theta = 1.60$;当采用 C40~C80混凝土时,$\eta_\theta = 1.35~1.45$;中间强度等级可以按直线内插取用。

预应力混凝土受弯构件由预加力引起的反拱值,可用结构力学方法按刚度 $E_c I_{cr}$ 进行计算,并乘以长期增长系数。计算使用阶段预加力的反拱值时,预应力钢筋的预加力应扣除全部预应力损失,长期增长系数取用 2.0。

预应力混凝土受弯构件在施工阶段的挠度,可以按构件自重和预加力产生的初始弹性变形乘以 $[1 + \phi(t, t_0)]$ 求得。此处 $\phi(t, t_0)$ 为混凝土徐变系数,按《公预规》规定的方法计算。

《公预规》中规定,对于钢筋混凝土梁桥,当由荷载短期效应组合并考虑荷载长期效应影响而产生的长期挠度不超过跨径的 1/1 600 时,可不设预拱度;当不符合上述规定时,应设预拱度,且其值应按结构自重和 1/2 可变荷载频遇值计算的长期挠度值之和采用。对于预应力混凝土梁桥,当预加应力产生的长期反拱值大于按荷载短期效应组合计算的长期挠度时,可不设预拱度;反之应设预拱度,其值应按该项荷载的挠度值与预加应力长期反拱值之差采用。

【例 3-2-6】 某装配式钢筋混凝土简支 T 形梁,采用 C30 混凝土,计算跨径 $l = 19.50$m,恒载弯矩标准值 $M_{gk} = 912.52$kN·m,荷载短期效应为 $M_s = 1503.59$kN·m,已知混凝土弹性模量 $E_c = 3.0 \times 10^4$MPa,混凝土轴心抗拉强度标准值 $f_{tk} = 2.01$MPa,全截面换算截面惯性矩 $I_0 = 5.9881 \times 10^{10}$mm⁴,开裂截面换算截面惯性矩为 3.5202×10^{10}mm⁴,换算截面重心至受拉边缘的距离 $y_0 = 613.80$mm,换算截面重心以上部分面积对重心轴的面积矩为 $S_0 = 78\,179\,812.8$mm²,求梁跨中截面挠度。

解:在荷载短期效应作用下,跨中截面挠度可按下式计算:

$$f_s = \frac{5}{48} \times \frac{M_s l^2}{B}$$

其中

$$B = \frac{B_0}{\left(\frac{M_{cr}}{M_s}\right)^2 + \left(1 - \frac{M_{cr}}{M_s}\right)^2 \times \frac{B_0}{B_{cr}}}$$

全截面的抗弯刚度 B_0 为:

$B_0 = 0.95 E_c I_0 = 0.95 \times 3.0 \times 10^4 \times 5.9881 \times 10^{10} = 17.0661 \times 10^{14}$ (N·mm²)

$B_{cr} = E_c I_{cr} = 3.0 \times 10^4 \times 3.5202 \times 10^{10} = 10.5607 \times 10^{14}$ (N·mm²)

因为

$$W_0 = \frac{I_0}{y_0} = \frac{5.9881 \times 10^{10}}{613.80} = 9.7557 \times 10^7 \text{ (mm}^3\text{)}$$

$$\gamma = \frac{2S_0}{W_0} = \frac{2 \times 78\,179\,812.8}{9.7557 \times 10^7} = 1.6028$$

开裂弯矩为:

$M_{cr} = \gamma \cdot f_{tk} \cdot W_0 = 1.6028 \times 2.01 \times 9.7557 \times 10^7 = 314.29 \times 10^6$ (N·mm)

故

$$B = \frac{B_0}{\left(\frac{M_{cr}}{M_s}\right)^2 + \left(1 - \frac{M_{cr}}{M_s}\right)^2 \times \frac{B_0}{B_{cr}}}$$

$$= \frac{17.0661 \times 10^{14}}{\left(\frac{314.29}{1503.59}\right)^2 + \left(1 - \frac{314.29}{1503.59}\right)^2 \times \frac{17.0661 \times 10^{14}}{10.5607 \times 10^{14}}}$$

$$= 11.548 \times 10^{14} \text{ (N·mm)}$$

在荷载短期效应作用下,跨中截面挠度为:

$$f_s = \frac{5}{48} \times \frac{1503.59 \times 10^6 \times 19\,500^2}{11.548 \times 10^{14}} = 51.60 \text{ (mm)}$$

长期挠度为

$$f_1 = \eta_0 \cdot f_s = 1.6 \times 51.6 = 82.6(\text{mm}) > \frac{l}{1\,600} = \frac{19\,500}{1\,600} = 12.19(\text{mm})$$

所以应设置预拱度,预拱度值按结构自重和 1/2 可变荷载频遇值计算的长期挠度值之和采用。

因此,消除自重影响后的长期挠度为:

$$f_{1q} = \eta_0 \times \frac{5}{48} \times \frac{(M_s - M_{gk})l^2}{B}$$

$$= 1.6 \times \frac{5}{48} \times \frac{(1\,503.59 - 912.52) \times 10^6 \times 19\,500^2}{11.548 \times 10^{14}}$$

$$= 32.4(\text{mm}) < \frac{l}{600} = \frac{19\,500}{600} = 32.5(\text{mm})$$

计算挠度满足规范限值。由此说明,该梁保证了正常使用极限状态的设计要求。

课后训练

1. 混凝土梁桥如何分类?
2. 简述整体式简支板桥的受力及配筋特点。
3. 装配式板桥横向联结方式有哪些?
4. 简述简支斜板桥的主要受力特点及配筋特点。
5. 简支梁桥的上部构造由哪些部件构成?各有什么作用?
6. 名词解释:单向板;板的有效分布宽度;荷载横向分布影响线;荷载横向分布系数。
7. T 梁行车道板结构形式有哪几种?各按什么力学模式计算?
8. 如何确定行车道板的有效宽度?
9. 简述主梁内力计算步骤。
10. 简支 T 梁计算荷载横向分布系数的方法有哪些?
11. 杠杆原理法、偏心受压法、比拟正交异性板法、铰接板(梁)法计算荷载横向分布系数的基本假定及其适用范围分别是什么?
12. 荷载横向分布系数沿梁跨是如何变化的?
13. 计算如图 3-1 所示行车道板的最不利内力。

荷载:公路—Ⅱ级;

材料:混凝土 C25,钢筋 HPB235。

结构计算按图 3-1 所拟尺寸进行。

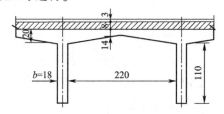

图 3-1　T 梁横断面图(尺寸单位:cm)

学习情境四　钢筋混凝土简支梁桥施工

工作任务

1. 了解桥梁施工方法；
2. 桥梁施工准备；
3. 支架与模板施工；
4. 钢筋的制作与安装；
5. 混凝土工程；
6. 构件的移运、堆放；
7. 装配式梁桥的安装。

学习目标

1. 叙述各种施工方法的特点；
2. 知道桥梁施工的各项准备工作；
3. 叙述模板制作和安装的要求和方法；
4. 叙述钢筋制作和安装的要求和方法；
5. 叙述混凝土施工工艺及注意事项；
6. 叙述桥梁上部结构预制安装施工方法和工艺流程；
7. 知道桥梁上部工程安全施工技术。

任务描述

在桥梁工程中，施工是非常重要的一环，它决定着工程的质量和整个工程的造价等问题。施工准备工作是为桥梁工程的施工建立必要的技术和物资条件，统筹安排施工力量和施工现场，是施工企业做好目标管理，推行技术经济承包的重要依据，也是施工得以顺利进行的基本保证。钢筋混凝土简支梁桥上部结构施工就是支架与模板施工、钢筋骨架的安装、混凝土工程、构件的移运、堆放及装配式梁桥安装各项工作的综合。

本学习情境分为7个学习任务。每个学生应沿着如下流程进行学习：

认知每项施工的基本概念 → 掌握施工工艺流程 → 熟悉施工要点及注意事项 → 熟悉施工质量检测与评定项目

任务一　了解桥梁施工方法

在桥梁工程中,施工是非常重要的一环,它决定着工程的质量和整个工程的造价等问题。因此,在桥梁施工中,合理地选择施工方法,正确地组织施工和科学管理具有十分重要的意义。

回顾混凝土梁桥的发展历史,可以看到施工工艺的革新对提高桥梁的跨越能力和丰富结构构造形式都起着重要的作用。早期的混凝土梁桥一般是就地浇筑施工的中、小跨径的钢筋混凝土简支梁桥和悬臂梁桥。随着桥梁构件的工厂化,出现了装配式钢筋混凝土简支梁桥。自从预应力技术在桥梁工程中应用之后,并且随着起重能力的提高,中、小跨径的装配式预应力混凝土简支梁桥得到了普遍推广。这些装配式混凝土简支梁桥,大多数采用分片式整体预制,安装后横向整体化,即采用整体施工的方法。

20世纪50年代中期,悬臂施工法从钢桥引入混凝土梁桥,混凝土梁桥可以从桥墩对称进行分段悬臂浇筑施工或悬臂拼装施工(图4-1-1、图4-1-2)。这种施工方法不用或很少用支架,不影响河道的通航,建造大跨径桥梁不需要大型起吊设备,从而使预应力混凝土悬臂梁桥、预应力混凝土T形刚构桥、连续梁桥和连续刚构桥(图4-1-3)得到了普遍发展。继悬臂施工法之后,1959年顶推施工法首次用于预应力混凝土连续梁桥的施工(图4-1-4),它是在沿桥纵轴方向的桥后开辟预制场地,分节段预制主梁,并用纵向预应力筋连成整体,然后通过水平液压千斤顶施力,借助滑动装置,将梁段向对岸顶进就位。

图4-1-1　悬臂浇筑施工法

图4-1-2　悬臂拼装施工

图4-1-3　连续刚构桥

图4-1-4　预应力混凝土连续梁桥顶推法施工

桥梁结构的发展对施工提出了各种不同的要求,也促进了施工方法的发展,多跨长桥和高架桥梁大量建造,并且出现了与它们适应的逐孔施工和移动模架施工方法。多跨长桥及高架桥的跨径通常考虑经济分孔,采用等截面梁,因此要求施工快速、简便,使用一套机具设备连续作业。逐跨施工法可以整跨预制逐跨施工,也可以分节段预制后再进行拼装逐跨施工,还可在支架上逐跨现浇施工。而移动模架法则是采用大型的施工设备,在梁的位置上逐跨完成梁的一系列制造工作后,纵移施工设备连续施工,其相当于把桥梁的预制场移到桥位,并依靠动力逐跨完成,它对于大型桥梁工程施工向工厂化、机械化、自动化和标准化方向迈进是一种有益的尝试(图4-1-5)。

桥梁转体施工是20世纪40年代以后发展起来的一种架桥工艺(图4-1-6)。它是在河流的两岸或适当的位置,利用地形或使用简便的支架先将半桥预制完成,之后以桥梁结构本身为转动体,使用一些机具设备,分别将两个半桥转体到桥位轴线位置合龙成桥。转体施工将复杂的、技术性强的高空及水上作业变为岸边的陆上作业,既能保证施工的质量、安全,也减少了施工费用和机具设备,同时在施工期间不影响桥位通航。转体施工法较多用于拱桥的施工,目前在梁桥、斜拉桥、刚架桥等不同桥型的上部结构施工中也有应用。

图4-1-5 移动模架法施工

图4-1-6 转体施工法

科学技术的发展将不断对施工提出新的要求,今后也将会出现更多的、适应各种不同条件的施工方法。混凝土梁桥的施工方法很多,即使在同一种方法中也有不同的情况,所需的机具、劳力、施工步骤和施工期限也不一样。因此,在确定桥梁施工方法时,应根据桥梁的设计要求、施工现场、环境、设备、经验等各种因素综合分析考虑,合理选择最佳的施工方法。

桥梁上部结构的形式是多种多样的,其施工方法的种类也较多,但除一些比较特殊的施工方法之外,大致可分为预制安装和现浇两大类。现将常用施工方法(图4-1-7)的特点和适用性分述如下。

一、梁桥就地浇筑施工

就地浇筑施工是一种古老的施工方法,它是在桥孔位置搭设支架,并在支架上安装模板,绑扎及安装钢筋骨架,预留孔道,并在现场浇筑混凝土与施加预应力的施工方法。由于该施工方法需用大量的模板支架,以前一般仅在小跨径桥或交通不便的边远地区采用。随着桥跨结构形式的发展,出现了一些变宽的异形桥、弯桥等复杂的混凝土结构,加

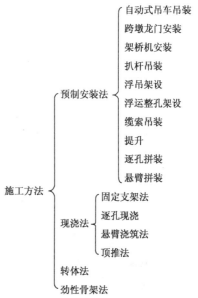

图4-1-7 桥梁上部结构施工方法

注:1.逐孔拼装、悬臂拼装、悬臂浇筑法和顶推法适用于预应力混凝土连续梁桥。

2.转体法和劲性骨架法适用于拱桥。

之近年来临时钢构件和万能杆件系统的大量应用,在其他施工方法都比较困难时,或经过比较,施工方便、费用较低时,也常在中、大跨径桥梁中采用就地浇筑的施工方法。

1. 就地浇筑施工方法的特点

(1)桥梁的整体性好,施工平稳、可靠,不需大型起重设备。

(2)施工中无体系转换。

(3)预应力混凝土连续梁桥可以采用强大预应力体系,使结构构造简化,方便施工。

(4)需要使用大量施工支架,跨河桥梁搭设支架影响河道的通航与排洪,施工期间支架可能受到洪水和漂浮物的威胁。

(5)施工工期长,费用高,需要有较大的施工场地,施工管理复杂。

2. 就地浇筑钢筋混凝土简支梁桥的施工工序

就地浇筑的钢筋混凝土简支梁的施工工序如图 4-1-8 所示。

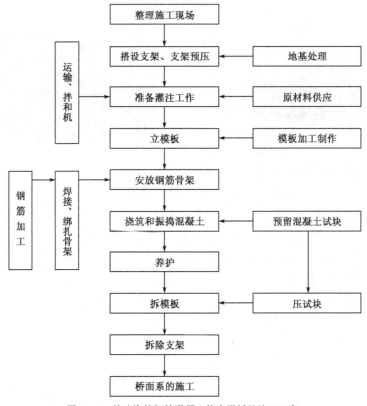

图 4-1-8　就地浇筑钢筋混凝土简支梁桥的施工工序

3. 就地浇筑施工方法

1)固定支架法

这是在桥跨间设置支架,安装模板,绑扎钢筋,现场浇筑混凝土的施工方法,特别适用于旱地上的钢筋混凝土和预应力混凝土中小跨径连续梁桥的施工。支架按其构造的不同可分为满布式、柱式、梁式和梁柱式几种类型,组件形式有门式支架、扣件式支架、碗扣式支架、贝雷桁片、万能杆件及各种型钢组合构件等。在这种施工法中,支架虽为临时结构,但施工中需承受梁体的大部分恒重,因此必须有足够的强度和刚度。同时,支架的地基要可靠,必要时需对地基进行加固处理。固定支架法施工的特点是:梁的整体性好,施工平稳、可靠,不需大型起重设备;施工中无体系转换的问题;需要大量施工支架,并需要有较大的施工场地。

2)逐孔现浇法

(1)在支架上逐孔现浇施工。这是一种与前述固定支架法相类似的施工方法,其区别在于逐孔现浇施工仅在梁的一孔(或两孔)间设置支架,完成后将支架整体转移到下一孔进行连续施工,因此,这种方法可仅用一孔(或两孔)的支架和模板周转使用,所需施工费用较少。支架可用落地式、梁式和落地移动式。落地式支架多用于旱地桥梁或桥墩较低的情况;梁式支架的承重梁则可支承在位于桥墩承台的立柱上或锚固于桥墩的横梁上;落地移动式支架可在地面设置轨道,支架在轨道上(或其他滑动、滚动装置上)进行转移。逐孔现浇施工的接头通常设在距桥墩中心约 $L/4$ 弯矩较小的部位。这种施工方法适用于中、小跨径及结构构造比较简单的预应力混凝土桥梁。

(2)移动模架逐孔现浇施工。这种方法是使用不着地移动式的支架和装配式的模板进行连续地逐孔现浇施工。此法自 20 世纪 50 年代末开始使用以来,得到了较广泛的应用,特别对于多跨长桥以及弯、坡、斜桥,如高架桥、海湾桥,使用十分方便,施工快速,安全可靠,机械化程度高,节省劳力,减轻劳动强度,少占施工场地,不会受桥下各种条件的影响,能周期循环施工。但因其模架设备的投资较大,拼装与拆除都较复杂,所以此法一般适用于跨径 20~50m 的预应力混凝土连续梁桥施工,且桥长至少应在 500m 以上。

移动模架可分为在梁下以支架梁等支承梁体重力的活动模架(支承式)和在桥面上设置的主梁支承梁重的移动悬吊模架两种形式。

3)悬臂浇筑法

这种方法最常用的是采用挂篮悬臂浇筑施工,在桥墩两侧对称逐段就地浇筑混凝土,待混凝土达到一定强度后张拉预应力筋,移动挂篮继续进行施工,使悬臂不断接长,直至合龙。挂篮悬臂浇筑施工是1959年首先由联邦德国迪维达克公司创造和使用的,因此又称迪维达克施工法。挂篮的构造形式很多,通常由承重梁、悬吊模板、锚固装置、行走系统和工作平台几部分组成。挂篮的功能是:支承梁段模板,调整位置,吊运材料机具,浇筑混凝土,拆模和在挂篮上进行预应力张拉工作。挂篮除强度应保证安全可靠外,还要求造价省,节省材料,操作使用方便,变形小,稳定性好,装拆移动灵活和施工速度快等。

悬臂浇筑施工不需在跨间设置支架,使用少量施工机具设备,便可以很方便地跨越深谷和河流,适用于大跨径连续梁桥的施工。同时,根据施工受力特点,悬臂施工一般宜在变截面梁中使用。

4)顶推法

顶推施工是在桥台的后方设置施工场地,分节段浇筑梁体,并用纵向预应力筋将浇筑节段与已完成的梁体连成整体,在梁体前端安装长度为顶推跨径的0.7倍左右的钢导梁,然后通过水平千斤顶施力,将梁体向前方顶推出施工场地,重复这些工序即可完成全部梁体的施工。顶推法最早是1959年在奥地利的阿格尔桥上使用。其特点是:由于作业场所限定在一定范围内,可于作业场上方设置顶棚而使施工不受天气影响,全天候施工。连续梁的顶推跨径在 30~50m 最为经济有利,如果跨径大于此值,则需有临时墩等辅助手段。逐段顶推施工宜在等截面的预应力、混凝土连续梁桥中使用,也可在组合梁和斜拉桥的主梁上使用。用顶推法施工,设备简单,施工平稳,噪声低,施工质量好,可在深谷和宽深河道上的桥梁、高架桥以及等曲率的曲线桥、带有曲线的桥和坡桥上采用。

4. 转体施工法

转体法多用于拱桥的施工,亦可用于连续梁桥、斜拉桥和刚构桥。这种施工法是在岸边立支架(或利用地形)预制半跨桥梁的上部结构,然后借助上、下转轴偏心值产生的分力使两岸半跨桥梁上部结构向桥跨转动,用风缆控制其转速,最后就位合龙。该法最适用于峡谷、水深流急、通航河道和跨线桥等地形特殊的情况,具有工艺简单,操作安全,所需设备少、成本低,速度快等特点。转体法分平转和竖转两种施工方法,施工中又分为有平衡重和无平衡重两种方式。

5. 劲性骨架法

劲性骨架法是以钢骨架作为拱圈的劲性拱架,采用现浇混凝土包裹骨架,最后形成钢筋混凝土拱桥。这种埋入式拱架法,我国国内有施工实例,国外称为"米兰拱"。"米兰拱"骨架可采用型钢或钢管等材料制作。

二、装配式梁桥施工

一般来说,用预制安装法施工的装配式梁桥与就地浇筑的整体式梁桥相比,有如下特点。

(1)缩短施工工期。构件预制可以提早进行,可在下部结构施工的同时进行预制工作,做到上、下部结构平行施工。

(2)节约支架、模板。装配式梁桥往往采用无支架或少支架施工。另外,构件在预制场或工厂内预制时采用的模板和支架易于做到尽量简便、合理,并可考虑更多的反复使用。

(3)提高工程质量。装配式梁桥的构件在预制的过程中较易于做到标准化和机械化。

(4)需要吊装设备。主要预制构件自重,少则几吨或十几吨,一般为几十吨,这就要求施工单位有相应的吊装能力和设备。

(5)用钢量略大。

综上所述,装配式梁桥的造价较之整体式梁桥是高还是低的问题,要根据具体情况来具体分析。当桥址地形条件难以设立支架,且施工队伍有足够的吊装设备,桥梁的工程数量又相当大时,采用装配式施工将是经济合理的。

预制安装可分为预制梁安装和预制节段式块件拼装两种类型。前者主要指装配式的简支梁板,如空心板梁、T形梁、工字形梁及小跨径箱梁等的安装,是先将梁(板)吊装就位,然后进行横向联结或施工桥面板而使之成为桥梁整体;后者是指将梁体(一般为箱梁)沿桥轴向分段预制成节段或节式块件,运到现场进行拼装(悬臂拼装),连续梁、T构、刚构和斜拉桥多应用这种方法进行施工。装配式梁桥架设方法有如下几种:

1)自行式吊车吊装法

这种吊装法多采用汽车吊、履带吊等机械,有单吊和双吊之分,一般适用于跨径在30m以内的简支梁(板)的安装作业。在现场吊装的桥梁孔跨内或引道上应有足够设置吊车的场地,同时应确保运梁道路的畅通。吊车的选型应充分考虑梁体的质量和作业半径后方可决定。

2)跨墩龙门安装法

该法是在墩台两侧顺桥向设置轨道,其上安置跨墩的龙门吊,将梁体在吊起状态下运到架设地点并安装在预定位置。此法一般可将梁的预制场地安排在桥头引道,以缩短运梁距离。其优点是:施工作业简单,施工速度快,容易保证施工安全。但要求架设地点的地形平坦、土质良好,梁体应能沿顺桥向搬运,桥墩不能太高。此法因设备的费用较高,所以架设安装的孔跨数不能太少。

3)架桥机安装法

这是预制梁的典型架设安装方法。在孔跨内设置安装导梁,以此作为支承梁来架设梁体,这种作为支承梁的安装梁结构称为架桥机。目前,架桥机的种类甚多,有专用的架桥机设备,也有施工者应用常备构件(万能杆件和贝雷桁片等)自行拼装而成的。按形式的不同,架桥机又可分为单导梁、双导梁、斜拉式和悬吊式等。悬臂拼装和逐跨拼装的节段式桥梁也经常采用专用的架桥机设备进行施工。其特点是:不受架设孔跨的桥墩高度影响,亦不受梁下条件的影响;架设速度快,作业安全度高,对于跨数较多的长大桥梁更具优越性。

4)扒杆吊装法

扒杆吊装是一种较原始但简单易行的方法,对一些质量小的小型构件比较适宜,目前已很少采用。但近年国内亦有采用扒杆吊装大跨径(330m)桁式拱的经验,单件吊装最大质量可达200t。

5)浮吊架设法

这种方法一般适用于河口、海上长大桥梁的架设安装,包括整孔架设和节段式块件的悬臂拼装。采用此法工期较短,但梁体的补强、趸船的补强及趸船、大型吊具、架设用的卡具等设备均较大型化。浮吊和趸船移动,伴随而来的是会使梁体摇动,因此应充分考虑其倾覆问题。

6)浮运整孔架设法

该法是将梁体用趸船载运至架设地点后进行架设安装的方法。可分两种方式:第一种方式是用两套卷扬机(或液压千斤顶装置)组合提升吊装就位;第二种方式是利用趸船的吃水落差将整体梁体安装就位。

7)缆索吊装法

该法是当桥址为深谷、急流等,桥下净空不能利用时,在桥台或桥台后方设立钢塔架,塔架上悬挂缆索,以缆索作为承重索进行架设安装的施工方法。缆索吊装较多的应用于拱桥的拼装施工,梁式桥及其他桥型也有的采用此法施工。吊装法有直吊式和斜拉式之分,缆索吊装法比其他方法的架设机械庞大且工期长,采用时应对其经济性进行充分分析。

8)提升法

提升法有两种形式:一是采用卷扬机装置进行提升,较适用于悬臂拼装的桥梁;另一种是采用液压式千斤顶装置进行连续提升,较适用于重型构件或梁(板)的架设安装。

9)逐孔拼装法

逐孔拼装法一般适用于节段式预应力混凝土连续梁的施工。在施工的孔跨内搭设落地式支架或采用悬吊式支架,将节段预制块件按顺序吊放在支架上,然后在预留孔道内穿入预应力筋,对梁施加预应力使其成为整体,这种方法被形象地称为"穿糖葫芦"。

10)悬臂拼装法

悬臂拼装法现多用于预应力混凝土梁体的施工,其他类型的桥梁亦可选用。这是一种将梁体分节段预制,墩顶附近的块件用其他架设机械安装或现浇,然后以桥墩为对称点,将预制块件沿桥跨方向对称起吊、安装就位后,张拉预应力筋,使悬臂不断接长,直至合龙的施工方法。悬臂拼装法施工速度快,桥梁上、下部结构可平行作业,预制块件的施工质量易控制,但预制节段所需的场地较大。大跨桥梁的施工,对拼装精度要求较高,因此此法可在跨径 100~200m 的大桥中选用。这种施工方法可不用或少用支架,施工时不影响通航或桥下交通,宜在跨深水、山谷和海上进行施工,并适用于变截面预应力混凝土梁桥。

悬臂拼装可用的机具设备较多,有移动式吊车、缆索吊、汽车吊和浮吊等,可根据不同的桥梁结构和地形条件进行选择。

任务二 桥梁施工准备

桥梁施工准备工作的基本任务是为桥梁工程的施工建立必要的技术和物资条件,统筹安排施工力量和施工现场,是施工企业做好目标管理,推行技术经济承包的重要依据,也是施工得以顺利进行的基本保证。

施工单位在承接了施工任务后,要尽快做好各项准备工作,创造有利的施工条件,使施工工作能连续、均衡、有节奏、有计划地进行,从而按质、按量、按期完成施工任务。

施工准备通常包括技术准备、劳动组织准备、物资准备和施工现场准备等工作。

一、技术准备

技术准备是施工准备的核心。由于任何技术上的差错和隐患都可能危及人身安全和造成质量事故,带来生命、财产和经济的巨大损失,因此必须认真做好技术准备工作。

1. 熟悉设计文件、研究施工图纸及现场核对

施工单位在收到拟建工程的设计图纸和有关技术文件后,应尽快组织工程技术人员熟悉、研究所有技术文件和图纸,全面领会设计意图;检查图纸与其各组成部分之间有无矛盾和错误;在几何尺寸、坐标、高程、说明等方面是否一致;技术要求是否正确;并与现场情况进行核对。同时要做好详细记录,记录应包括对设计图纸的疑问和有关建议。

2. 原始资料的进一步调查分析

对拟建工程进行实地勘察,进一步获得有关原始数据的第一手资料,这对于正确选择施工方案、制订技术措施、合理安排施工顺序和施工进度计划是非常必要的。

1)自然条件的调查分析

(1)地质。应了解的主要内容有:地质构造、墩(台)位处的基岩埋深、岩层状态、岩石性质、覆盖层土质、土的性质和类别、地基土的承载力、土的冻结深度、妨碍基础施工的障碍物、地震级别和烈度等。

(2)水文。应了解的主要内容有:河流流量和水质、年水位变化情况、最高洪水位和最低枯水位的时期及持续时间、流速和漂浮物、地下水位的高低变化、含水层的厚度和流向;冰冻地区的河流封冻时间、融冰时间、流冰水位、冰块大小;受潮汐影响河流或水域中潮水的涨落时间、潮汐水位的变化规律和潮流等情况。

(3)气象。调查的内容一般包括:气温、气候、降雨、降雪、冰冻、台风(含龙卷风、雷雨大风等突发性灾害)、风向、风速等变化规律及历年记录;冬、雨季的期限及冬季地层冻结厚度等情况。

(4)施工现场的地形地物。

2)技术经济条件的调查分析

主要内容包括:施工现场的动迁状况、当地可利用的地方材料状况、地方能源和交通运输状况、地方劳动力和技术水平状况、当地生活物资供应状况、可提供的施工用水用电状况、设备租赁状况、当地消防治安状况及分包单位的实力状况等。

3. 施工前的设计技术交底

设计技术交底一般由建设单位(业主)主持,设计、监理和施工单位(承包人)参加。先由设计单位说明工程的设计依据、意图和功能要求,并对特殊结构、新材料、新工艺和新技术提出设计要求,进行技术交底。然后施工单位根据研究图纸的记录以及对设计意图的理解,提出对设计图纸的疑问、建议和变更。最后在统一认识的基础上,对所探讨的问题逐一做好记录,形成"设计技术交底纪要",由建设单位正式行文,参加单位共同会签盖章,作为与设计文件同时使用的技术文件和指导施工的依据,以及建设单位与施工单位进行工程结算的依据。当工程为设计施工总承包时,应由总承包人主持进行内部设计技术交底。

4. 制订施工方案、进行施工设计

在全面掌握设计文件和设计图纸,正确理解了设计意图和技术要求,以及进行了以施工为目的的各项调查之后,应根据进一步掌握的情况和资料,对投标时初步拟订的施工方法和技术措施等进行重新评价和深入研究,以制订出详尽的更符合现场实际情况的施工方案。

施工方案一经确定,即可进行各项临时性结构诸如基坑围堰、浮运沉井和钢围堰的制造场地及下水、浮运、就位、下沉等设施,钻孔桩水上工作平台,连续梁桥顶推施工的台座和预制场地,悬浇桥梁的挂篮、导梁或架桥机、模板支架及脚手架,自制起重吊装设备,施工便桥便道及装卸码头等的施工设计。施工设计应在保证安全的前提下尽量考虑使用现有材料和设备,因地制宜,使设计出的临时结构经济适用、装拆简便、功能性强。

5. 编制施工组织设计

施工组织设计是施工准备工作的重要组成部分,也是指导工程施工中全部生产活动的基本技术经济文件。编制施工组织设计的目的在于全面、合理、有计划地组织施工,从而具体实现设计意图,优质高效地完成施工任务。

6. 编制施工预算

施工预算是根据施工图纸、施工组织设计或施工方案、施工定额等文件进行编制的。施工预算是施工企业内部控制各项成本支出、考核用工、签发施工任务单、限额领料以及基层进行经济核算的依据,也是制订分包合同时确定分包价格的依据。

二、劳动组织准备和物资准备

1. 劳动组织准备

(1)建立组织机构。确定组织机构应遵循的原则是:根据工程项目的规模、结构特点和管理机构中各职能部门的职责,人员的配备应力求精干,以适应任务的需要。坚持合理分工与密切协作相结合,使之便于指挥和管理,分工明确,责权具体。

(2)合理设置施工班组。施工班组的建立应认真考虑专业和工种之间的合理配置,技工和普工的比例要满足合理的劳动组织,并符合流水作业方式的要求,同时制订出该工程的劳动力需要量计划。

(3)集结施工力量,组织劳动力进场。进场后应对工人进行技术、安全操作规程以及消防、文明施工等方面的培训教育。

(4)施工组织设计、施工计划和施工技术的交底。在单位工程或分部分项工程开工之前,应将工程的设计内容、施工组织设计、施工计划和施工技术等要求,详尽地向施工班组和工人进行交底,以保证工程能严格按照设计图纸、施工工艺、安全技术措施、降低成本措施和施工验收规范的要求施工;新技术、新材料、新结构和新工艺的实施方案和保证措施的落实;有关部位的设计变更和技术核定等事项。

(5)建立健全各项管理制度。通常包括:技术质量责任制度、工程技术档案管理制度、施工图纸学习与会审制度、技术交底制度、技术部门及各级人员的岗位责任制、工程材料和构件的检查验收制度、工程质量检查与验收制度、材料出入库制度、安全操作制度、机具使用保养制度等。

2. 物资准备

物资准备工作的内容主要包括:

(1)工程材料,如钢材、木材、水泥、砂石等的准备。

(2)工程施工设备的准备。

(3)其他各种小型生产工具、小型配件等的准备。

3. 施工现场准备

施工现场的准备工作,主要是为工程的施工创造有利条件和提供物资保证。其具体内容如下:

(1)施工控制网测量。按照勘测设计单位提供的桥位总平面图和测图控制网中所设置的基线桩、水准高程以及重要桩志和保护桩等资料,进行三角控制网的复测,并根据桥梁结构的精度要求和施工方案补充加密施工所需要的各种标桩,建立满足施工要求的平面和立面施工测量控制网。

(2)补充钻探。桥梁工程在初步设计时所依据的地质钻探资料往往因钻孔较少、孔距过大而不能满足施工的需要,因此必须对有些地质情况不甚明了的墩位进行补充钻探,以查明墩位处的地质情况和可能的隐蔽物,为基础工程的施工创造有利条件。

(3)做好"四通一平"。"四通一平"是指水通、电通、通信通、路通和平整场地。为蒸汽养生的需要以及考虑寒冷冰冻地区的特殊性,还要考虑暖气供热的要求。

(4)建造临时设施。按照施工总平面图的布置,建造所有生产、办公、生活、居住和储存等临时用房,以及临时便道、码头、混凝土拌和站、构件预制场地等。

(5)安装调试施工机具。对所有施工机具,都必须在开工之前进行检查和试运转。

(6)材料的试验和储存堆放。按照材料的需要量计划,应及时提供包括混凝土和砂浆的配合比与强度、钢材的机械性能等各种试验申请计划,并组织材料进场,按规定的地点和指定的方式进行储存堆放。

(7)新技术项目的试制和试验。按照设计文件和施工组织设计的要求,认真组织新技术项目的试验研究。

(8)冬、雨季施工安排。按照施工组织设计要求,落实雨季施工的临时设施和技术措施,做好施工安排。

(9)消防、保安措施。建立消防、保安等组织机构和有关的规章制度,布置安排好消防保安等措施。

(10)建立健全施工现场各项管理制度。根据工程特点,制定施工现场必要的各项规章制度。

任务三　支架与模板施工

支架宜采用钢材或常备式定型钢构件等材料制作;模板宜用钢材、胶合板或其他适宜材料制作。支架和模板应具有足够的强度、刚度和稳定性,能够承受施工过程中产生的各种荷载;构造简单合理,结构受力应明确,安装拆除应方便。

一、支架类型及构造

就地浇筑混凝土梁桥的上部结构,首先应在桥孔位置搭设支架,以支承模板、浇筑的钢筋混凝土,以及其他施工荷载的重力。支架有满布式木支架、满布式钢管脚手架[图4-3-1a)],钢木混合的梁式支架[图4-3-1b)],梁支柱式支架及万能杆件拼装支架与装配式公路钢桥桁节拼装支架[图4-3-1c)]等形式。

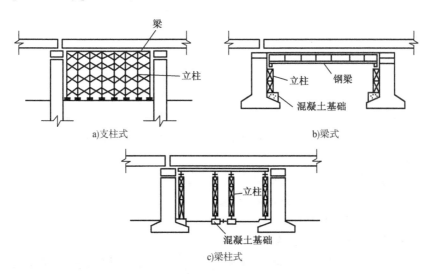

图4-3-1　支架构造形式

1.满布式木支架

满布式木支架常用于陆地或不通航的河道,或桥墩不高、桥位处水位不深的桥梁。其形式可根据支架所需跨径的大小等条件,采用排架式、人字撑式或八字撑式。排架式为最简单的满布式支架,主要由排架及纵梁等部件构成,其纵梁为抗弯构件,因此,跨径一般不大于4m。人字撑式和八字撑式的支架构造较复杂,其纵梁须加设人字撑式,八字撑为可变形结构。因此,须在浇筑混凝土时适当安排浇筑程序和保持均匀、对称地进行,以防发生较大变形。这类支架的跨径可达8m左右。

满布式木支架的排架,可设置在枕木上或桩基上,基础须坚实可靠,以保证排架的沉陷值不超过规定。当排架较高时,为保证支架横向的稳定,除在排架上设置撑木外,尚需在排架两端外侧设置斜撑木或斜立桩。

满布式支架的卸落设备一般采用木楔、木马或砂筒等,可设置在纵梁支点处或桩顶帽木上面。

2. 钢木混合支架

为加大支架跨径,减少排架数量,支架的纵梁可采用工字钢,其跨径可达10m。但在这种情况下,支架多改用木框架结构,以加强支架的承载力及稳定性。这类钢木混合支架的构造通常为图4-3-2所示的形式。所需热轧普通工字钢见图4-3-3,其各项参考数值可查《五金手册》。

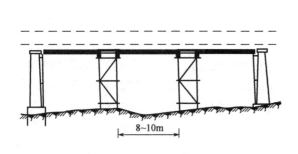

图4-3-2 钢木混合支架

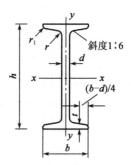

图4-3-3 热轧普通工字钢截面形状

3. 万能杆件拼装支架

用万能杆件可拼装成各种跨度和高度的支架,其跨度须与杆件本身长度成倍数关系。用万能杆件拼装的桁架的高度,可达2m、4m、6m或6m以上。当高度为2m时,腹杆拼为三角形;高度为4m时,腹杆拼为菱形;高度超过6m时,则拼成多斜杆的形式。

用万能杆件拼装墩架时,柱与柱之间的距离应与桁架之间的距离相同。桩高除柱头及柱脚外应为2m的倍数。

用万能杆件拼装的支架,在荷重作用下的变形较大,而且难以预计其数值。因此,应考虑预加压重,预压重力相当于灌注的混凝土的重力。

万能杆件的类别、规格及容许应力,可参阅有关资料。

4. 装配式公路钢桥桁节拼装支架

用装配式公路钢桥桁节,可拼装成桁架梁和塔架。为加大桁架梁孔径和利用墩台作支承,也可拼成八字斜撑以支撑桁架梁。桁架梁与桁架梁之间,应用抗风拉杆和木斜撑等进行横向联结,以保证桁架梁的稳定。

用装配式公路钢桥桁节拼装的支架,在荷重作用下的变形很大,因此,应进行预压。

5. 轻型钢支架

桥下地面较平坦,有一定承载力的梁桥,为节省木料,宜采用轻型钢支架。轻型钢支架的梁和柱,以工字钢、槽钢或钢管为主要材料,斜撑、联结系等可采用角钢。构件应制成统一规格和标准;排架应预先拼装成片或组,并以混凝土、钢筋混凝土枕木或木板作为支承基底。为了防止冲刷,支承基底须埋入地面以下适当的深度。为适应桥下高度,排架下应垫以一定厚度的枕木或木楔等。

为便于支架和模板的拆卸,纵梁支点处应设置木楔。

轻型钢支架构造示例,如图4-3-4所示。

6. 墩台自承式支架

在墩台上留下承台式预埋件,上面安装横梁及架设适宜长度的工字钢或槽钢,即构成模板的支架。这种支架适用于跨径不大的梁桥,但支立时仍须考虑梁的预拱度、支架梁的伸缩以及支架和模板的卸落等所需条件。

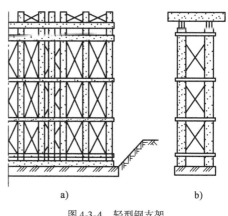

图4-3-4 轻型钢支架

7. 模板车式支架

这种支架适用于跨径不大、桥墩为立桩式的多跨梁桥的施工,形状如图4-3-5所示。在墩柱施工完毕后即可立即铺设轨道,拖进孔间,进行模板的安装,这种方法可简化安装工序和节省安装时间。

当上部构造混凝土浇筑完毕,且强度达到要求后,模板车即可整体向前移动,但移动时须将斜撑取下,将插入式钢梁节段推入中间钢梁节段内,并将千斤顶放松。

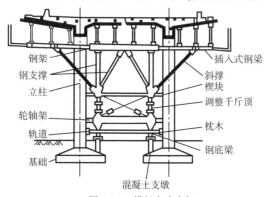

图4-3-5 模板车式支架

二、模板构造

跨径不大的肋板梁,其模板如图4-3-6a)所示,一般用木料制成。安装时,首先在支架纵梁上安装横木(分布杆件),横木上钉底板,然后在其上安装肋梁的侧面模板及桥面板的底板。肋梁的侧面模板系钉于肋木之上。桥面板底板之横木则由钉于上述肋木上的托板承托。肋木后面须钉以压板,以支承肋梁混凝土的水平压力。为减少现场的安装工作,肋梁的侧面模板及桥面板的底板(包括横木),可预先分别制成镶板块件。

当上部构造的肋梁较高时,其模板一般须采用框架式;梁的侧模及桥面板的底模,用木板或镶板钉于框架之上即可。但当梁超高(1.5m左右)时,梁下部混凝土的浇筑和捣实宜从侧面进行,此时,梁的一侧的模板须开窗口或分两次装钉。

框架式模板的构造示例见图4-3-6b)~d)。

三、模板和支架的制作、安装与拆除

1. 模板的制作与安装

1) 模板的制作

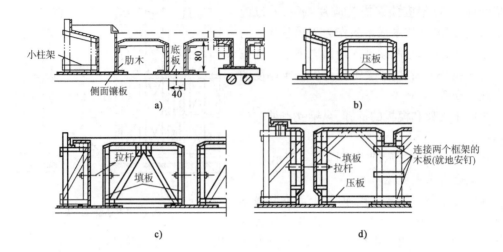

图 4-3-6　肋板梁模板(尺寸单位:cm)

钢模板应按批准的施工图进行制作,成品经检验合格后方可使用。组装前应对零部件的几何尺寸和焊缝进行全面检查,合格后方可进行组装。制作钢木组合模板时,钢与木之间接触面应贴紧,木模板与混凝土接触的表面应刨光且应保持平整,所有接缝应严密、平整。

2)模板的安装

模板的设计要求准确就位,且不应与脚手架连接;安装侧模板时,支撑应牢固,防止模板在浇筑混凝土时产生侧移;模板在安装过程中,必须设置防倾覆的临时固定设施;固定在模板上的预埋件和预留孔洞均不得遗漏,安装牢固,位置应准确。

模板的制作、安装精度应符合《公路桥涵施工技术规范》(JTG F50—2011)(以下简称《桥施规》)的要求。

2.支架的制作与安装

1)支架的制作

支架宜采用标准化、系列化、通用化的钢构件制作拼装;制作木支架时,两相邻立柱的连接接头宜分设在不同的水平面上,并应减少长杆件接头。主要压力杆的接长连接,宜使用对接法,并宜采用木夹板或铁夹板夹紧;次要构件的连接可采用搭接法。

2)支架的安装

支架应按施工图设计的要求进行安装。立柱应垂直,节点连接应可靠;支架在纵桥向和横桥向均应加强水平、斜向连接,增强整体稳定。高支架应设置足够的斜向连接、扣件或缆风绳,横向稳定应有保证措施;应通过预压的方式,消除支架地基的不均匀沉降和支架的非弹性变形并获取弹性变形参数,或检验支架的安全性。预压荷载宜为支架需承受全部荷载的1.05~1.10倍,预压荷载的分布应模拟需承受的结构荷载及施工荷载。支架在安装完成后,应对其平面位置、顶部高程、节点连接及纵、横向稳定性进行全面检查,符合要求后,方可进行下一工序。

3.支架应结合模板的安装设置预拱度和卸落装置

设置的预拱度值,应包括结构本身需要的预拱度和施工需要的预拱度两部分;专用支架应按其产品的要求进行模板的卸落,自行设计的普通支架应在适当部位设置相应的木楔、木马、砂筒或千斤顶等卸落模板的装置,并应根据结构形式、承受的荷载大小确定卸落量。

支架制作、安装质量应分别符合《桥施规》的规定。

4. 支架与模板的拆除

（1）模板、支架的拆除期限和拆除程序等应严格按施工图设计的要求进行,设计未要求时,应根据结构物特点、模板部位和混凝土所应达到的强度要求决定。

（2）非承重侧模板应在混凝土抗压强度达到2.5MPa,且能保证其表面及棱角不致因拆模而受损坏时,方可拆除。

（3）芯模和预留孔道的内模,应在混凝土强度能保证其表面不发生塌陷或裂缝现象时,方可拆除。

（4）钢筋混凝土结构的承重模板、支架,应在混凝土强度能承受其自重荷载及其他可能的叠加荷载时,方可拆除。

（5）对预应力混凝土结构,在符合《桥施规》规定的条件下,其侧模应在预应力钢束张拉前拆除；底模及支架应在结构建立预应力后方可拆除。

（6）模板、支架的拆除应遵循后支先拆、先支后拆的原则顺序进行。墩、台的模板宜在其上部结构施工前拆除。

（7）拆除梁、板等结构的承重模板时,在横向应同时、在纵向应对称均衡卸落。简支梁、连续梁结构的模板宜从跨中向支座方向依次循环卸落；悬臂梁结构的模板宜从悬臂端开始顺序卸落。

（8）在低温、干燥或大风环境下拆除模板时,应采取必要的措施,防止混凝土表面产生裂缝。

（9）拆除模板、支架时,不得损伤混凝土结构。

四、施工预拱度

1. 确定预拱度时应考虑的因素

在支架上浇筑梁式上部构造时,在施工时和卸架后,上部构造要发生一定的下沉和产生一定的挠度。因此,为使上部构造在卸架后能满意地获得设计规定的外形,须在施工时设置一定数值的预拱度。在确定预拱度时应考虑下列因素。

（1）卸架后上部构造本身及活载一半所产生的竖向挠度 δ_1；
（2）支架在荷载作用下的弹性压缩 δ_2；
（3）支架在荷载作用下的非弹性变形 δ_3；
（4）支架基底在荷载作用下的非弹性沉陷 δ_4；
（5）由混凝土收缩及温度变化而引起的挠度 δ_5。

2. 预拱度的计算

上部构造和支架的各项变形值之和,即为应设置的预拱度。各项变形值可按下列方法计算和确定。

（1）桥跨结构应设置预拱度,其值等于恒载和半个静活载所产生的竖向挠度 δ_1。当恒载和静载产生的挠度不超过跨径的1/1 600时,可不设预拱度。

（2）满布式支架,当其杆件长度为 L、压应力为 σ 时,其弹性变形为：

$$\delta_2 = \frac{\sigma \cdot L}{E} \qquad (4\text{-}3\text{-}1)$$

当支架为桁架等形式时,应按具体情况计算其弹性变形。

(3)支架在每一个接缝处的非弹性变形,见表4-3-1。

预留施工沉落值参考数据(单位:mm)　　　　4-3-1

项目		沉落值
接头承压非弹性变形	木与木	每个接头顺纹约为2,横纹为3
	木与钢	每个接头约为2
卸落设备的压缩变形	砂筒	2~4
	木楔与木马	每个接缝为1~3
支架基础沉陷	底梁置于砂土上	5~10
	底梁置于黏土上	10~20
	底梁置于砌石或混凝土上	约为3
	打入砂土中的桩	约为5
	打入黏土中的桩	5~10(桩承受极限荷载时用10,低于极限荷载时用5)

3. 预拱度的设置

根据梁的挠度和支架的变形所计算出来的预拱度之和,为预拱度的最高值,应设置在梁的跨径中点。其他各点的预拱度,应以中间点为最高值,以梁的两端为零,按直线或二次抛物线比例进行分配。

任务四　钢筋的制作与安装

钢筋混凝土中的钢筋和预应力混凝土中的非预应力钢筋,其力学、工艺性能必须符合现行国家规范的要求。钢筋应具有出厂质量证明书和试验报告单。对桥涵所用的钢筋应抽取试样做力学性能试验。

钢筋必须按不同钢种、等级、牌号、规格及生产厂家分批验收,分别堆置,不得混杂,且应设立识别标志。钢筋在运输过程中,应避免锈蚀和污染。钢筋宜堆置在仓库(棚)内,露天堆置时,应垫高并加遮盖。

钢筋表面上的油渍、漆污和锤击能剥落的浮皮、铁锈应清除干净。带有颗粒状或片状老锈的钢筋不得使用。钢筋除锈通常可在冷拉或调直过程中除锈,少量的除锈可采用电动除锈机或喷砂,局部除锈可采用人工用钢丝刷或砂轮等方法进行,亦可将钢筋通过砂箱往返搓动除锈。如除锈后钢筋表面有严重的麻坑、斑点,已伤蚀截面时,应降级使用或剔除不用。

一、钢筋的下料

(1)钢筋调直和清除污锈应符合下列要求:

①钢筋的表面应洁净,使用前应将表面油渍、漆皮、鳞锈等清除干净。

②钢筋应平直、无局部弯折,成盘的钢筋和弯曲的钢筋均应调直。

③采用冷拉方法调直钢筋时,HPB235钢筋的冷拉率不宜大于2%;HRB335、HRB400牌号

钢筋的冷拉率不宜大于1%。

(2)钢筋的弯制和末端的弯钩应符合设计要求,如设计无规定时,应符合表4-4-1的规定。

受力主钢筋制作和末端弯钩形状　　　　　　　表4-4-1

弯曲部位	弯曲角度	形 状 图	钢筋种类	弯曲直径 D(mm)	平直部分长度	备注
末端弯钩	180°		HPB235 HPB300	6~22	≥2.5d	≥3d
末端弯钩	135°		HRB335	6~25	≥3d	≥5d
				28~40	≥4d	
				50	≥5d	
			HBB400	6~25	≥4d	
				28~40	≥5d	
				50	≥6d	
			HRR400	8~25	≥3d	
				28~40	≥4d	
末端弯钩	90°		HRB335	6~25	≥3d	≥10d
				28~40	≥4d	
				50	≥5d	
			HRB400	6~25	≥4d	
				28~40	≥5d	
				50	≥6d	
			RRB400	8~25	≥3d	
				28~40	≥4d	
中间弯钩	90°以下		各类	≥20d		

注:表中d为钢筋直径。采用环氧树脂涂层钢筋时,除应满足表内规定外,当钢筋直径d≤20mm时,弯钩内直径D不应不于4d;当d≥20mm时,弯钩内直径D不应小于6d;直径段长度不应小于5d。

(3)用HPB235钢筋制作的箍筋,其末端应做弯钩,弯钩的弯曲直径应大于受力主钢筋的直径,且不小于箍筋直径的2.5倍。弯钩平直部分的长度,一般结构不宜小于箍筋直径的5倍,有抗震要求的结构,不应小于箍筋直径的10倍。弯钩的形式,如设计无要求时,可按图4-4-1a)、b)加工;有抗震要求的结构,应按图4-4-1c)加工。

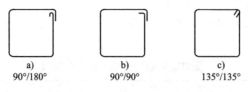

图 4-4-1 箍筋弯钩形式图

二、钢筋连接

钢筋的连接方式有绑扎连接、焊接和机械连接三种方式,其中机械焊接又有套筒挤压接头、锥螺纹接头、镦粗直螺纹接头等方法。

1. 钢筋的连接宜采用焊接接头或机械连接接头

绑扎接头仅当钢筋构造复杂施工困难时方可采用,绑扎接头的钢筋直径不宜大于28mm,对轴心受压和偏心受压构件中的受压钢筋可不大于32mm;轴心受拉和小偏心受拉构件不应采用绑扎接头。

2. 受力钢筋的连接接头应设置在内力较小处,并应错开布置

对焊接接头和机械连接接头,在接头长度区段内,同一根钢筋不得有两个接头;对绑扎接头,两接头间的距离应不小于1.3倍的搭接长度。配置在接头长度区段内的受力钢筋,其接头的截面面积占总截面面积的百分率,应符合表4-4-2的规定。

接头长度区段内受力钢筋接头面积的最大百分率(单位:%)　　表4-4-2

接头形式	接头面积最大百分率	
	受拉区	受压区
主钢筋绑扎接头	25	50
主钢筋焊接接头	50	不限制

注:1. 焊接接头长度区段内是指35d(d为钢筋直径)长度范围内,但不得小于500mm,绑扎接头长度区段是指1.3倍的搭接长度。
　2. 在同一根钢筋上宜少设接头。
　3. 装配式构件连接处的受力钢筋焊接接头可不受此限制。
　4. 绑扎接头中钢筋的横向净距不应小于钢筋直径且不应小于25mm。

3. 钢筋的焊接接头

钢筋的焊接接头宜采用闪光对焊,或采用电弧焊、电渣压力焊或气压焊,但电渣压力焊仅可用于竖向钢筋的连接,不得用作水平钢筋和斜筋的连接。钢筋焊接的接头形式、焊接方法和焊接材料应符合现行行业标准《钢筋焊接及验收规程》(JGJ 18—2012)的规定。

每批钢筋焊接前,应先选定焊接工艺和焊接参数,按实际条件进行试焊,并检验接头外观质量及规定的力学性能,试焊质量经检验合格后方可正式施焊。焊接时,对施焊场地应有适当的防风、雨、雪、严寒的设施。

电弧焊宜采用双面焊缝,仅在双面焊无法施焊时,方可采用单面焊缝。采用搭接电弧焊时,两钢筋搭接端部应预先折向一侧,两搭接合钢筋的轴线应保持一致;采用帮条电弧焊时,帮条应采用与主筋相同的钢筋,其总截面面积不应小于被焊接钢筋的截面面积。电弧焊接头的焊缝长度,对双面焊缝不应小于$5d$,单面焊缝不应小于$10d$(d为钢筋直径)。电弧焊接与

钢筋弯曲处的距离不应小于10d，且不宜位于构件的最大弯矩处。

4. 钢筋的机械连接

钢筋的机械连接宜采用镦粗直螺纹、滚轧直螺纹或套筒挤压连接接头。镦粗直螺纹和滚轧直螺纹连接接头适用于直径大于或等于25mm的HRB335、HRB400级热轧带肋钢筋；套筒挤压连接接头适用于直径16～40mm的HRB335、HRB400级热轧带肋钢筋。各类接头的性能均应符合现行行业标准《钢筋机械连接技术规程》(JGJ 107—2010)的规定。

5. 钢筋的绑扎接头

绑扎接头的末端距钢筋弯折处的距离，不应小于钢筋直径的10倍，接头不宜位于构件的最大弯矩处。

受拉钢筋绑扎接头的搭接长度，应符合表4-4-3的规定。受压钢筋绑扎接头的搭接长度，应取受拉钢筋绑扎接头搭接长度的0.7倍。

受拉钢筋绑扎接头的搭接长度　　　　　　表4-4-3

钢筋类型	混凝土强度等级		
	C20	C25	>C25
HPB235	35d	30d	25d
HRB335	45d	40d	35d
HRB400、RRB400	—	50d	45d

注：1. 当带肋钢筋直径d大于25mm时，其受拉钢筋的搭接长度应按表中值增加5d采用；当带肋钢筋直径d小于或等于25mm时，其受拉钢筋的搭接长度应按表中值减少5d采用。
2. 当混凝土在凝固过程中受力钢筋易受扰动时，其搭接长度应增加5d。
3. 在任何情况下，纵向受拉钢筋的搭接长度不应小于300mm；受压钢筋的搭接长度不应小于200mm。
4. 环氧树脂涂层钢筋绑扎搭接长度，对受拉钢筋按表值1.5倍采用。
5. 两根不同直径的钢筋的搭接长度，以较细的钢筋直径计算。

三、钢筋安装

(1)安装钢筋时应符合下列规定：
①钢筋的级别、直径、根数等应符合设计的规定；
②对于多层多排钢筋，宜根据安装需要在其间隔外设立一定数量的架立钢筋或短钢筋，但架立钢筋或短钢筋端头不得伸入混凝土保护层内；
③当钢筋过密影响到混凝土质量时，应及时与设计人员协商解决。

(2)钢筋与模板之间应设置垫块，垫块应与钢筋绑扎牢固，且其绑丝的丝头不应进入混凝土保护层内。混凝土浇筑前，应对垫块的位置、数量和紧固程度进行检查，不符合要求时应及时处理，应保证钢筋的混凝土保护层厚度满足设计要求和规范的规定。

(3)钢筋骨架的焊接拼装应在坚固的工作台上进行，拼装前应按设计图纸放样，放样时应考虑焊接变形的预留拱度。拼装时，在需要焊接的位置宜采用楔形卡卡紧，防止焊接时局部变形。骨架焊接时，不同直径钢筋的中心线应在同一平面上，较小直径的钢筋在焊接时，下面宜垫以厚度适当的钢板。施焊顺序宜由中到边对称地向两端进行，先焊骨架下部，后焊管架上部。相邻的焊缝应采用分区对称跳焊，不得顺方向一次焊成。钢筋骨架拼装的允许偏差不得超过表4-4-4的规定。

钢筋焊接骨架质量标准(单位:mm)　　　　　　　　　表4-4-4

项目	允许偏差	项目	允许偏差
骨架的宽及高	±5	钢筋间距	±10
骨架长度	±10		

绑扎或焊接的钢筋网和钢筋骨架不得有变形、松脱和开焊,钢筋安装质量应符合表4-4-5的规定。

钢筋安装质量标准(单位:mm)　　　　　　　　　　表4-4-5

检查项目			允许偏差
受力钢筋间距	两排以上排距		±5
	同排	梁、板、拱肋	±10
		基础、锚碇、墩台、柱	±20
	灌注桩		±20
箍筋、横向水平钢筋、螺旋筋间距			±10
钢筋骨架尺寸	长		±10
	宽、高或直径		±5
弯起钢筋位置			±20
保护层厚度	柱、梁、拱肋		±5
	基础、锚碇、墩台		±10
	板		±3

任务五　混凝土工程

一、原材料的检测

1. 水泥

(1)公路桥涵工程采用的水泥应符合现行国家标准《通用硅酸盐水泥》(GB 175—2007)的规定,水泥的品种和强度等级应通过混凝土配合比试验选定,且其特性应不会对混凝土的强度、耐久性和工作性能产生不利影响。当混凝土中采用碱活性集料时,宜选用含碱量不大于0.6%的低碱水泥。

(2)水泥进场时,应附有生产厂的品质试验检验报告等合格证明文件,并应按批次对同一生产厂、同一品种、同一强度等级及同一出厂日期的水泥进行强度、细度、安定性和凝结时间等性能的检验,散装水泥应以每500t为一批,袋装水泥应以每200t为一批,不足500t或200t时,亦按一批计。当对水泥质量有怀疑或受潮或存放时间超过3个月时,应重新取样复验,并应按其复验结果使用。水泥的检验试验方法应符合现行行业标准《公路工程水泥及水泥混凝土试验规程》(JTG E30—2005)的规定。

(3)公路桥涵混凝土工程宜用散装水泥,散装水泥在工地上应用专用水泥罐储存;采用袋装水泥时,在运输和储存过程中应防止受潮,且不得长时间露天堆放,临时露天堆放时应设支垫并覆盖。不同品种、强度和出厂日期的水泥应分别按批存放。

2. 细集料

1)细集料的选择

细集料宜用级配良好、质地坚硬、颗粒洁净且粒径小于5mm的河砂;当河砂不易得到时,可采用符合规定的其他天然砂或人工砂;细集料不宜采用海砂,不得不采用时,应经冲洗处理,细集料的技术指标应符合《桥施规》的要求。

2)细集料试验

细集料宜按同产地、同规格、连续进场数量不超过400m³或600t为一验收批,小批量进场的宜以不超过200m³或300t为一验收批进行检验;当质量稳定且进料量较大时,可以1000t为一验收批。检验内容应包括外观、筛分、细度模数、有机物含量、含泥量、泥块含量及人工砂的石粉含量等;必要时应对坚固性、有害物质含量、氯离子含量及碱活性等指标进行检验。检验试验方法应符合现行行业标准《公路工程集料试验规程》(JTG E42—2005)的规定。

3. 粗集料

粗集料宜采用质地坚硬、洁净、级配合理、粒形良好、吸水率小的碎石或卵石,其技术指标应符合《桥施规》的要求。

粗集料宜根据混凝土最大粒径采用连续两级配或连续多级配,不宜采用单粒级配或间断级配配制,必须使用时,应通过试验验证。粗集料的级配范围应符合规范要求。粗集料最大粒径宜按混凝土结构情况及施工方法选取,但最大粒径不得超过结构最小边尺寸的1/4和钢筋最小净距的3/4;在两层或多层密布钢筋结构中,最大粒径不得超过钢筋最小净距的1/2,同时不得超过75.0mm。混凝土实心板的粗集料最大粒径不宜超过板厚的1/3且不得超过37.5mm。泵送混凝土时的粗集料最大粒径,除应符合上述规定外,对碎石不宜超过输送管径的1/3;对卵石不宜超过输送管径的1/2.5。

施工前应对所用的粗集料进行碱活性检验,在条件许可时宜避免采用有碱活性反应的粗集料,必须采用时应采取必要的抑制措施。粗集料的进场检验组批应符合规范规定,检验内容应包括外观、颗粒级配、针片状颗粒含量、含泥量、泥块含量、压碎值指标等,检验试验方法应符合现行行业标准《公路工程集料试验规程》(JTG E42—2005)的规定。

无论是粗集料,还是细集料,在进场之前,必须报请监理抽验,填写进场材料检验申请单,经监理工程师检验合格并签证后方可进场使用。

此外,组成混凝土的材料还有水以及外加剂、混合材料。人畜可用的洁净水可用来拌制混凝土。主要的外加剂类型有普通和高效减水剂、早强减水剂、缓凝减水剂、引气减水剂、抗冻剂、膨胀剂、阻锈剂和防水剂等。混合材料包括粉煤灰、火山灰质材料、粒化高炉矿渣等。混凝土用的外加剂、混合材料应符合《桥施规》的要求。

二、混凝土配合比

由于大部分桥梁施工远离城市,特别是中、小桥以及涵洞工程混凝土数量不大,基本上都是采用现场拌制混凝土,除非城市桥梁施工,采用商品混凝土(预拌混凝土)。因此工程技术人员要设计并控制好现场混凝土配合比,确保混凝土质量。

混凝土的配合比应以质量比表示,并应通过计算和试配选定。试配时应使用施工实际采用的材料,配制的混凝土拌和物应满足和易性、凝结时间等施工技术条件,制成的混凝土应满足强度、耐久性(抗冻、抗渗、抗侵蚀)等质量要求。

普通混凝土的配合比,可按照《普通混凝土配合比设计规程》(JGJ 55—2011)的规定进行计算,并应通过试配确定。混凝土的试配强度,应根据设计强度等级,并考虑施工条件的差异和变化以及原材料质量可能的波动,按照《桥施规》计算确定;混凝土的坍落度和工作性能宜根据结构物情况和施工工艺要求确定,在满足工艺要求的前提下,宜采用低坍落度的混凝土施工。通过设计和试配确定的配合比,应经批准后方可使用,且应在混凝土拌制前将理论配合比换算为施工配合比。

混凝土的最大水胶比、最小水泥用量及最大氯离子含量应符合表4-5-1的规定。在混凝土中掺入外加剂时,应符合下列规定:

(1)在钢筋混凝土和预应力混凝土中,均不得掺用氯化钙、氯化钠等氯盐。

(2)当从各种组成材料引入的氯离子含量(折合氯盐含量)大于表4-5-1规定的限值时,宜在混凝土中采取掺加阻锈剂、增加保护层厚度、提高密实度等防腐蚀措施。

(3)掺入引气剂的混凝土,其含气量宜为3.5%~5.5%。

混凝土的最大水胶比、最小水泥用量及最大氯离子含量　　　　表4-5-1

环境类型	环 境 条 件	最大水胶比	最小水泥用量(kg/m^3)	最低混凝土强度等级	最大氯离子含量(%)
I	温暖或寒冷地区的大气环境、与无侵蚀的水或土接触的环境	0.55	275	C25	0.30
II	严寒地区的大气环境、使用除冰盐环境、滨海环境	0.50	300	C30	0.15
III	海水环境	0.45	300	C35	0.10
IV	受侵蚀性物质影响的环境	0.40	325	C35	0.10

注:1.水胶比、氯离子含量系指其与胶凝材料用量的百分比。

2.最小水泥用量,包括掺合料。当掺用外加剂且能有效地改善混凝土的和易性时,水泥用量可减少25kg/m^2。

3.严寒地区系指最冷月份平均气温低于或等于-10℃,且日平均温度低于或等于5℃的天数在145d以上的地区。

4.预应力混凝土结构中的最大氯离子含量为0.06%,最小水泥用量为350kg/m^3。

5.封底、垫层及其他临时工程的混凝土,可不受本表的限制。

除应对由各种组成材料带入混凝土中的碱含量进行控制外,尚应控制混凝土的总碱含量。每立方米混凝土的总碱含量,对一般桥涵不宜大于3.0kg/m^3,对特大桥、大桥和重要桥梁不宜大于1.8kg/m^3;对混凝土结构处于受严重侵蚀的环境时,不得使用有碱活性反应的集料。

三、混凝土拌制

混凝土应采用机械拌制,人工拌制仅用于小量的辅助或修补工程。

混凝土的配料宜采用自动计量装置,各种衡器的精度应符合要求,计量应准确。计量器具应定期标定,迁移后应重新进行标定。拌制混凝土所用的各项材料应按质量投料,配料数量的允许质量偏差应符合表4-5-2的规定。

材料数量允许质量偏差(单位:%)　　　　　　表4-5-2

材料类别	允许偏差	
	现场拌制	预制场或集中搅拌站拌制
水泥、干燥状态的掺合料	±2	±1
粗、细集料	±3	±2
水、外加剂	±2	±1

混凝土拌制时,自全部材料加入搅拌筒开始搅拌至开始出料的最短拌制时间,应按搅拌机产品说明书的要求并经试验确定。混凝土拌和物应搅拌均匀,颜色一致,不得有离析和泌水现象。

混凝土搅拌完毕后,应检测混凝土拌和物的坍落度及损失,必要时,尚宜对工作性能、泌水率及含气量等混凝土拌和物的其他指标进行检测。

四、混凝土的运输

运输能力应与混凝土的凝结速度和浇筑速度相适应,应使浇筑工作不间断且混凝土运到浇筑地点时仍能保持其均匀性和规定的坍落度。混凝土的运输宜采用搅拌运输车,或在条件允许时采用泵送方式输送;采用吊斗或其他方式运输时,运距不宜超过100m且不得使混凝土产生离析。

采用搅拌运输车运输混凝土时,途中应以2~4r/min的慢速进行搅动,卸料前应以常速再次搅拌。混凝土运至浇筑地点后发生离析、泌水或坍落度不符合要求时,应进行第二次搅拌,二次搅拌时不宜任意加水,确有必要时,可同时加水、相应的胶凝材料和外加剂,并保持其原水胶比不变;二次搅拌仍不符合要求时,则不得使用。

混凝土采用泵送方式时,混凝土的供应宜使输送混凝土的泵能连续工作,泵送的间歇时间不宜超过15min。在泵送过程中,受料斗内应具有足够的混凝土,应防止吸入空气产生阻塞;输送管应顺直,转弯处应圆缓,接头应严密不漏气;向低处泵送混凝土时,应采取必要的措施,防止混凝土离析或堵塞输送管。

五、混凝土浇筑

浇筑前应做好准备工作:应根据待浇筑结构物的情况、环境条件及浇筑量等制订合理的浇筑方案,工艺方案应对施工缝设置、浇筑顺序、浇筑工具、防裂措施保护层的控制等做出明确的规定;应对支架、模板、钢筋和预埋件进行检查,模板内的杂物、积水及钢筋上的污物应清理干净,模板如有缝隙或孔洞,应堵塞严密不漏浆;应对混凝土的坍落度和均匀性进行检测。

自高处向模板内倾卸混凝土时,应防止混凝土离析。直接倾卸时,其自由倾落高度不宜超过2m;超过2m时,应通过串筒、溜管等设施下落;倾落高度超过10m时,应设置减速装置。

1. 混凝土的浇筑厚度

混凝土应按一定的厚度、顺序和方向分层浇筑,且应在下层混凝土初凝或能重塑前完成上层混凝土浇筑;上下层同时进行浇筑时,上层与下层的前后浇筑距离应保持1.5m以上;在倾斜面上浇筑混凝土时，应从低处开始逐层扩展升高，并保持水平分层。混凝土分层浇筑的厚度不宜超过表 4-5-3 的规定。

混凝土分层浇筑厚度（单位：mm）　　　　表 4-5-3

振捣方式		浇筑层厚度
采用插入式振动器		300
采用附着式振动器		300
采用表面振动器	无筋或配筋稀疏时	250
	配筋较密时	150

2. 混凝土的浇筑顺序

在考虑主梁混凝土的浇筑顺序时，不应使模板和支架产生有害的下沉；为了使混凝土振捣密实，应采用相应的分层浇筑；当在斜面或曲面上浇筑混凝土时，一般应从低处开始。

（1）水平分层浇筑。对于跨径不大的简支梁桥，可在钢筋全部扎好以后，将梁和板沿一跨全长内水平分层浇筑，在跨中合龙。分层的厚度视振捣器的能力而定，一般为 0.15～0.3m；当采用人工捣实时，可采用 0.15～0.2m。为避免支架不均匀沉陷的影响，浇筑工作应尽量快速进行，以便在混凝土失去塑性以前完成。

（2）斜层浇筑。跨径不大的简支梁桥混凝土的浇筑，还可用斜层法从主梁两端对称地向跨中进行，并在跨中合龙。T 梁和箱梁采用斜层浇筑的顺序如图 4-5-1a）所示。当采用梁式支架、支点不设在跨中时，应在支架下沉量大的位置先浇筑混凝土，使应该发生的支架变形及早完成。其浇筑顺序如图 4-5-1b）所示。采用斜层浇筑时，混凝土的倾斜角与混凝土的稠度有关，一般为 20°～25°。

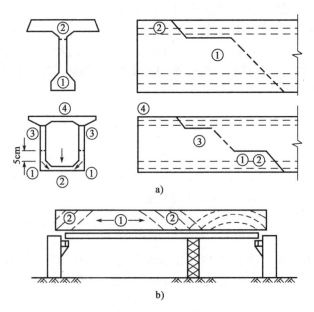

图 4-5-1　简支梁桥在支架上的浇筑顺序

对于较大跨径的简支梁桥，可用水平分层或斜层法先浇筑纵横梁，待纵横梁浇筑完毕后，再沿桥的全宽浇筑桥面板混凝土。在桥面板与纵横梁间应按设置工作缝处理。

(3)单元浇筑法。当桥面较宽且混凝土数量较大时,可分成若干纵向单元分别浇筑。每个单元的纵横梁可沿其长度方向水平分层浇筑或用斜层法浇筑,在纵梁间的横梁上设置工作缝,并在纵横梁浇筑完成后填缝连接。之后,桥面板可沿桥全宽全面积一次浇筑完成,不设工作缝。桥面板与纵横梁间设置水平工作缝。

3.混凝土的振捣

混凝土的振捣分人工振捣(用铁钎)和机械振捣两种。人工振捣一般用于坍落度大、混凝土数量少或钢筋过密部位的振捣。大规模的混凝土浇筑,必须用机械振捣。

机械振捣设备有插入式、附着式、平板式振动器和振动台等。平板式振动器用于大面积混凝土施工,如桥面。附着式振动器可设在侧模板上,但附着式振动器是借助振动模板来振捣混凝土,故对模板要求较高,常用于薄壁混凝土部分振捣,如梁肋上和空心板两侧部分。插入式振动器常用的是软管式,只要构件断面足够,而钢筋又不太密时,采用插入振动器的振捣效果比平板式和附着式都要好。

采用振动器振捣混凝土时,应符合下列规定:

(1)插入式振动器的移位间距应不超过振动器作用半径的1.5倍,与侧模应保持50～100mm的距离,且插入下层混凝土中的深度宜为50～100mm。

(2)平板式振动器的移位间距应使振动器平板能覆盖已振实部分不小于100mm。

(3)附着式振动器的布置距离,应根据结构物形状和振动器的性能通过试验确定。

(4)每一振点的振捣延续时间宜为20～30s,以混凝土停止下沉、不出现气泡、表面呈现浮浆为度。

4.混凝土浇筑的注意事项

混凝土的浇筑宜连续进行,因故中断间歇时,其间歇时间应小于前层混凝土的初凝时间或能重塑时间。混凝土的运输、浇筑及间歇的全部时间不宜超出表4-5-4的规定。

混凝土的运输、浇筑时间及间歇的全部允许时间(单位:min)　　表4-5-4

混凝土强度等级	气温≤25℃	气温>25℃
≤C30	210	180
>C30	180	150

施工缝的位置应在混凝土浇筑之前确定,且宜留置在结构受剪力和弯矩较小并便于施工的部位,施工缝宜设置成水平面或垂直面。对施工缝的处理应符合下列规定:

(1)处理层混凝土表面的松弱层应予以凿除。对处理层混凝土的强度,当采用水冲洗凿毛时,应达到0.5MPa;人工凿毛时,应达到2.5MPa;采用风动机凿毛时,应达到10MPa。

(2)经凿毛处理后的混凝土面,应采用洁净水冲洗干净。

(3)重要部位及有抗震要求的混凝土结构或钢筋稀疏的钢筋混凝土结构,宜在施工缝处补插锚固钢筋;有抗渗要求的混凝土,其施工缝宜做成凹形、凸形或设置止水带;施工缝为斜面时宜浇筑或凿成台阶状。

在环境相对湿度较小、风速较大的条件下浇筑混凝土时,应采取适当措施防止混凝土表面过快失水。浇筑混凝土期间,应随时检查支架、模板、钢筋、预应力管道和预埋件等的稳固情况,并应及时填写混凝土施工记录。新浇筑混凝土的强度达到2.5MPa之前,不得使其承受行人、运输工具、模板、支架及脚手架等荷载。

六、混凝土养护

对新浇筑混凝土的养护,应满足其对温度、湿度和时间的要求。应根据施工对象、环境条件、水泥品种、外加剂或掺合料以及混凝土性能等因素,制订具体的养护方案,并严格实施。

混凝土浇筑完成后,应在其收浆后尽快予以覆盖并洒水保湿养护。对于硬性混凝土、高强度和高性能混凝土、炎热天气浇筑的混凝土以及桥面等大面积裸露的混凝土,应加强初始保湿养护,具备条件的可在浇筑完成后立即加设棚罩,待收浆后再予以覆盖量和洒水养护,覆盖时不得损伤或污染混凝土的表面。混凝土面有模板覆盖时,应在养护期间使模板保持湿润。

混凝土的养护不得采用海水或含有害物质的水。混凝土的洒水保湿养护时间应不少于7d,对重要工程或有特殊要求的混凝土,应根据环境湿度、温度、水泥品种,以及掺用的外加剂和掺合料等情况,酌情延长养护时间,并应使混凝土表面始终保持湿润状态。当气温低于5℃时,应采取保温养护的措施,不得向混凝土表面洒水。当采用喷洒养护剂对混凝土进行养护时,所使用的养护剂应不会对混凝土产生不利影响,且应通过试验验证其养护效果。

新浇筑的混凝土与流动的地表水或地下水接触时,应采取临时防护措施,保证混凝土在7d以内且强度达到设计强度的50%以前,不受水的冲刷侵袭;当环境水具有侵蚀作用时,应保证混凝土在10d以内且强度达到设计强度的70%以前,不受水的侵袭。混凝土处于冻融循环作用的环境时,宜在结冰期到来4周前完成浇筑施工,且在混凝土强度未达到设计强度等级的80%前不得受冻,否则应采取技术措施,防止发生冻害。

七、混凝土的质量检验

混凝土的质量宜分为施工前、施工过程和施工后三个阶段进行检验。施工前检验的项目应全部合格方可进行施工;施工过程中的检验项目不合格时,应分析原因,采取措施调整,待合格后方可继续施工;施工后的检验应与施工前、施工过程的检验共同作为混凝土质量评定和验收的依据。

(1)混凝土施工前的检验项目应包括下列内容:
①施工设备和场地;
②混凝土的原材料和各种组成材料的质量;
③混凝土配合比及其拌和物的工作性能、力学性能及抗裂性能等,对耐久性混凝土,尚应包括耐久性的性能;
④钢筋、预埋件及支架、模板;
⑤混凝土的运输、浇筑和养护方法及设施、安全设施。

(2)混凝土施工过程中的检验项目应包括下列内容:
①混凝土组成材料的外观及配料、拌制,每一工作班应不少于2次,必要时应抽样试验;
②混凝土的和易性、坍落度及扩展度等工作性能;每工作班检验不少于2次;
③砂石材料的含水率,每日开工前应检测1次,天气变化较大时应随时检测;
④钢筋、预应力管道、模板、支架等安装位置及稳定性;
⑤混凝土的浇筑质量;

⑥外加剂的使用效果。

(3)对混凝土应制取试件检验其在标准养护条件下 28d 龄期的抗压强度。不同强度等级及不同配合比的混凝土应分别制取试件,试件在浇筑地点从同一盘混凝土或同一车混凝土中随机制取,试件组数应符合《桥施规》的要求。

(4)除另有规定外,混凝土应以标准养护条件下 28d 龄期试件的抗压强度进行评定,其合格条件应符合《桥施规》的规定。

(5)高性能混凝土的质量除了常规检验外,尚应对其耐久性质量进行检验。耐久性质量应根据不同要求和处于不同环境作用下的工程,对混凝土的拌和物及实体结构分别进行相应的检验。质量检验的结果应符合设计的规定,同时应符合《桥施规》的相关规定;当质量检验评定结果不合格时,应委托专门的咨询机构就其耐久性质量进行评价,并应按其评价结论采取措施进行处理。

任务六 构件的移运、堆放

一、对构件混凝土强度的要求

装配式预制构件在移运、堆放时,混凝土的强度不应低于设计对吊装所要求的强度,并且不宜低于设计强度标准值的 75%,对于预应力混凝土构件,其孔道水泥浆的强度不应低于设计要求。如无设计规定时,应不低于 30MPa。

二、构件移运前的准备工作

(1)构件拆模后,应检查其外形实际尺寸,以及伸出钢筋、吊环和各种预埋件的位置及构件混凝土的质量。如构件尺寸误差超过允许限度,伸出钢筋、吊环的预埋件位置误差超过规定,或混凝土有裂缝、蜂窝、露筋、鼓面、掉角、榫槽等缺陷时,应修补、处理,务必使构件形状正确,表面平整,确保安装时不致发生困难。

(2)尖角、凸出或细长构件在移运和堆放时,应用木板或相应的支架保护。

(3)安装时需测量高程的构件在移运前应定好标尺。

(4)对分段预制的组拼构件应注上号码。

三、吊移工具的选择

构件预制场内的吊移工具设备可视构件尺寸、质量和设备条件采用 A 形小车、平板车、扒杆、龙门架、拖履(走板)、滚杠、聚四氟乙烯滑板、汽车吊、履带吊等工具设备,其构造、计算方法、竖立方法及使用注意事项,可参阅《公路施工手册——桥涵》(上、下册)有关章节。

四、吊运时的注意事项

(1)构件移运时的起吊点位置,应按设计的规定布置。如设计无规定时,对上、下面有相同钢筋的等截面直杆构件的吊点位置,一点吊可设在离端头 $0.293L$ 处,两点吊可设在离端头 $0.207L$ 处(L 为构件长度)。其他配筋形式的构件应根据计算决定。

(2)构件的吊环应顺直,如发现弯扭,必须校正,以使吊钩能顺利套入。吊绳交角大于

60°时,必须设置吊架或扁担,使吊环垂直受力,以防吊环折断或破坏吊环周边混凝土。当用钢丝绳捆绑起吊时,需用木板、麻袋等垫衬,以保护混凝土的棱角和钢丝绳。

(3)板、梁、柱构件移运和堆放时的支承位置应与吊点位置一致,并应支承牢固。起吊及堆放板式构件时,注意不得将上、下面吊错,以免折断。

用千斤顶顶起构件时,必须用木垛保险。运输构件时,应有特制的固定支架,构件应按受力方向竖立或稍倾斜放置,注意防止倾覆。如平放,两端吊点位置必须设置垫方木,以免因正、负弯矩超过设计要求而断裂。

(4)使用平板拖车或超长拖车运输大型构件时,车长应能满足支撑点间距的要求。构件装车时须平衡放正,使车辆承重对称均匀。构件支点下即相邻两构件间,须垫上麻袋或草帘,以免损坏车辆和避免构件相互碰撞,为适应车辆在途中转弯,支点处须设活动转盘,以免扭伤混凝土。当运输道路坑洼不平,颠簸厉害时,可采取如图4-6-1所示的措施,防止构件产生负弯矩而断裂。

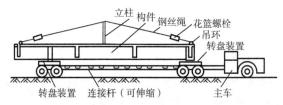

图4-6-1 防止运输构件时发生负弯矩的措施

构件装在平板拖车的垫木上后,与构件中部设一立柱,用钢丝绳穿过两端吊环,中间搁在立柱上,并以花篮螺栓将钢丝绳收紧,这样,构件在运输途中不会发生负弯矩。为防止构件倾倒或滑移,还应另外采取固定措施。

五、成垛堆放装配式构件时的注意事项

(1)堆放构件的场地应平整压实,不能积水。

(2)构件应按吊运及安装次序顺号堆放,并注意在相邻两构件之间留出适应通道。

(3)堆放构件时,应按构件刚度及受力情况平放或竖放,并保持稳定。小型构件堆放,应以其刚度较大的方向作为竖直方向。

(4)构件堆垛时,应设置在垫木上,吊环应向上,标志应向外,构件混凝土养护期未满的,应继续洒水养护。

(5)水平分层堆放构件时,其堆垛高度按构件强度、地基承压力、垫木强度以及堆垛的稳定性而定。一般大型构件以2层为宜,不宜超过3层,板、桩和盖梁不宜多于6层。

(6)堆放构件须在吊点处设垫木,层与层之间应以垫木隔开,多层垫木位置应在一条垂直线上。

(7)雨季和春季冻融期间,必须注意防止地面软化下沉造成构件折裂损坏。

六、移运工具设备

1. A形小车

A形小车构造如图4-6-2a)所示。可用木料或钢材制作,起重运输能力为2~10kN。

A形小车适用于小型构件的场内运输。使用方法是将车架前端抵住构件,抬高车柄使A字架向前倾斜,吊钩钩住构件,压下车辆,使构件离开地面并靠在A字架上,即可用人力推动小车行走,如图4-6-2b)所示。空车运输时,则可将车轮移至后面的轴座上。

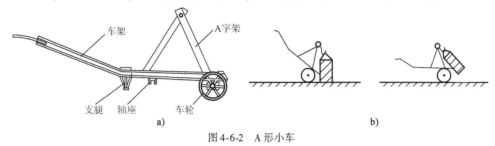

图4-6-2 A形小车

2. 轨道平板车

轨道平板车应设有转盘装置,以便装上构件后能在曲线上安全运行。同时还应设置制动装置,以便在发生意外时能进行制动,保证安全。轨道平板车的构造如图4-6-3所示。

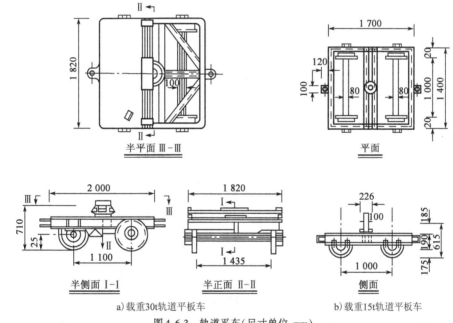

a) 载重30t轨道平板车 b) 载重15t轨道平板车
图4-6-3 轨道平车(尺寸单位:mm)

轨道平板车的临时铁路线的轨距有1 435mm、1 000mm、750mm 和600mm 等多种,钢轨质量从5~50kg/m 不等,均视承载质量大小和设备条件而定。场内铁路线纵坡宜尽量设平坡,须设纵坡时宜控制在2%以内。

运输构件时,以两辆平车装载构件,平车应设在构件前后吊点的下面。牵引钢丝绳挂在前面平车上,前后平车间应用钢丝绳连接。或从整个构件的下部缠绕一周后再引向导向滑车至绞车。这样,即使构件与平车之间稍有滑动,也不致倾覆。

3. 扒杆

扒杆在场内主要作为出坑用,即把构件从预制的底座上吊移出来。各种扒杆的构造、计算和使用时需注意之处,可参阅《公路施工手册——桥涵》(上、下册)有关章节。

4. 龙门架(龙门吊机)

用龙门架起吊移运构件出坑,横移至预制构件运输轨道,再卸落在运输平车或汽车上,较其他设备使用方便。龙门架的构造形式有固定式和活动式两种。用于起吊预制构件出坑的龙门架都采用活动式。这种吊机是由底座、腿架和横梁、跑车组成,运行在专用轨道上,操作时分构件上下升降、跑车横向运行及龙门架整体纵向运行三个方向运动,其动力可用人力或电力。

龙门架运行及构件起吊则根据吊荷载大小选用不同起重能力的卷扬机。各种结构的龙门架的构造可参阅《公路施工手册——桥涵》(上、下册)有关章节。

5. 拖履(走板)、滚杠、聚四氟乙烯滑板

拖履和滚杠的构造、计算及使用方法可参阅《公路施工手册——桥涵》(上、下册)有关章节。聚四氟乙烯俗称塑料王,是一种热塑料,成型品色泽洁白,半透明,有蜡状感觉。能耐高温和低温,可在 -180 ~ +250℃ 范围内长期使用,有较强的化学稳定性,除融熔金属钠和液氟外,能耐其他一切化学药品,即使在高温下也不与强酸浓碱和强氧化剂起作用,也不为水浸湿和泡胀。制成模压板作为滑板(简称四氟板)时其摩擦系数很低,启动阶段为 0.04,它与铸铁和钢的干摩擦和静摩擦系数也很低,而且在摩擦过程中,静摩擦和动摩擦系数很接近。它的抗压强度也很高,为 12.5 ~ 24.5MPa,表面硬度为 3.41 ~ 3.82(布氏)。

由于聚四氟乙烯具有以上的特性,国内外将其用作桥梁活动支座,用于顶推法架桥或墩台上横移大梁。在构件预制场内也可用四氟板代替走板和滚杠作为移动构件的滑板。

6. 汽车、轮胎式吊机和履带式吊机

这些吊机通称为运行式回转吊机。其中汽车式吊机,是把起重机构装在载重汽车底盘上,由汽车发动机供给动力,起重操纵室和行驶驾驶室是分开的。底盘两侧设有支腿,以扩大支承点,增加稳定性。它的优点是机动性高,行驶速度快,可与汽车编队行驶,转移灵活方便。作业时应放下支腿,一般不宜带负荷行驶。它的缺点是要求有较好的路面及支承点。

轮胎式吊机与汽车式吊机的区别在于:前者是装在特别的轮胎盘上的回转台上,一般全机只有一台发动机;起重和行驶在一个驾驶室内操纵;行驶速度较低,一般不超过 30km/h;没有外伸支腿;可吊较小的荷重行驶,要求较好的路面。

履带式吊机由回转台和行驶履带两部分组成。在回转台上装有起重臂、动力装置、绞车和操纵室,在其尾部装有平衡重。回转台能绕中心轴线转动 360°,履带架既是行驶机构,也是起重机的支座。它的优点是起重质量大,可在崎岖不平及松软泥泞的施工场地行驶,稳定性较好;缺点是行驶速度慢,一般不超过 20km/h,自重大,对路面有破坏作用。

任务七 装配式梁桥的安装

预制梁(板)的安装是预制装配式混凝土梁桥施工中的关键性工序,应结合施工现场条件、工程规模、桥梁跨径、工期条件、架设安装的机械设备条件等具体情况,以安全可靠、经济简单和加快施工速度等为原则,合理选择架梁的方法。

对于简支梁(板)的安装设计,一般包括起吊、纵移、横移、落梁(板)就位等工序,从架设的工艺来分有陆地架梁、浮吊架梁和利用安装导梁、塔架、缆索的高空架梁法等方法。《公路施工手册——桥涵》(上、下册)详细介绍了预制梁安装的十几种方法,可供参考,这里简要

介绍几种常用的架梁方法的工艺特点。

必须注意的是,预制梁(板)的安装既是高空作业,又需用复杂的机具设备,施工中必须确保施工人员的安全,杜绝工程事故。因此,无论采用何种施工方法,施工前均应详细、具体地研究安装方案,对各承力部分的设备和杆件进行受力分析和计算,采取周密的安全措施,严格执行操作规程,加强施工管理和安全教育,确保安全、迅速地进行架梁工作。同时,安装前应将支座安装就位。

一、陆地架梁法

1. 移动式支架架梁法

此法是在架设孔的地面上,顺桥轴线方向铺设轨道,其上设置可移动支架,预制梁的前端搭在支架上,通过移动支架将梁移运到要求的位置后,再用龙门架或人字扒杆吊装;或者在桥墩上设枕木垛,用千斤顶卸下,再将梁横移就位,如图4-7-1所示。

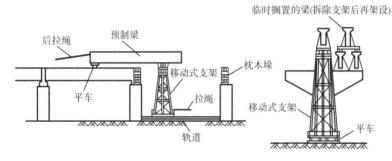

图 4-7-1 移动式支架架设法

利用移动支架架设,设备较简单,但可安装重型的预制梁;无动力设备时,可使用手摇卷扬机或绞磨移动支架进行架设。但不宜在桥孔下有水及地基过于松软的情况下使用,一般也不适宜桥墩过高的场合,因为这时为保证架设安全,支架必须高大,因而此种架设方法不够经济。

2. 摆动式支架架梁法

此法是将预制梁(板)沿路基牵引到桥台上并稍悬出一段,悬出距离根据梁的截面尺寸和配筋确定。从桥孔中心河床上悬出的梁(板)端底下设置人字扒杆或木支架,如图4-7-2所示。前方用牵引绞车牵引梁(板)端,

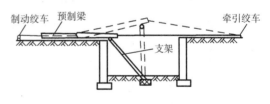

图 4-7-2 摆动式支架架设法

此时支架随之摆动而到对岸。为防止摆动过快,应在梁(板)的后端用制动绞车牵引制动。

摆动式支架架梁法较适宜于桥梁高跨比稍大的场合。当河中有水时,也可用此法架梁,但需在水中设一个简单小墩,以供立置木支架用。

3. 自行式吊机架梁法

由于大型的自行式吊机的逐渐普及,且自行式吊机本身有动力、架设迅速、可缩短工期,不需要架设桥梁用的临时动力设备,不必进行任何架设设备的准备工作和不需要如其他方法架梁时所具备的技术工种,因此,一般中小跨径的预制梁(板)的架设安装越来越多地采用

自行式吊机。

自行式吊机架梁可以采用一台吊机架设、两台吊机架设、吊机和绞车配合架设等方法。

当预制梁重力不大,而吊机又有相当的起重能力,河床坚实无水或少水,允许吊机行驶、停搁时,可用一台吊机架设安装。这时应注意钢丝绳与梁面的夹角不能太小,一般以45°~60°为宜,否则应使用起重梁(扁担梁)。用一台自行式吊机架梁如图4-7-3a)所示。

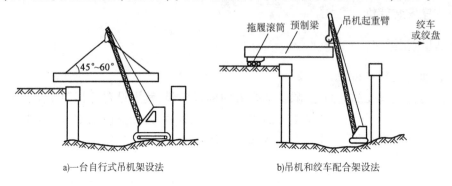

图4-7-3 自行式吊机架梁法

对跨径不大的预制梁,吊机起重臂跨径10m以上且起重能力超过梁重的1.5倍时,吊机可搁放在桥台后路基上架设安装,或先搁放在一孔已安装好的桥面上,架设安装次一孔的梁(板)。

用两台吊机架梁法是用两台自行式吊机各吊住梁(板)的一端,将梁(板)吊起并架设安装。此法应注意两吊机的互相配合。

吊机和绞车配合架梁如图4-7-3b)所示。将梁一端用拖履、滚筒支垫,另一端用吊机吊起。前方用绞车或绞磨牵引预制梁前进。梁前进时,吊机起重臂随之转动。梁前端就位后,吊机行驶到后端,提起梁后端取出拖履滚筒,再将梁放下就位。

4. 跨墩或墩侧龙门架架梁法

此法是以胶轮平板拖车、轨道平车或跨墩龙门架将预制梁运送到桥孔,然后用跨墩龙门架或墩侧高低脚龙门架将梁吊起,再横移到梁设计位置,然后落梁,如此就位完成架梁工作。

搁置龙门架脚的轨道基础要按承受最大反力时能保持安全的原则进行加固处理。河滩上如有浅水,可在水中填筑临时路堤,水稍深时,可考虑修建临时便桥,在便桥上铺设轨道。并应与其他架设方法进行技术经济比较,以决定取舍。

用本法架梁的优点是架设安装速度较快,河滩无水时也较经济,而且架设时不需要特别复杂的技术工艺,所需作业人员较少。但龙门吊机的设备费用一般较高,尤其是在高桥墩的情况下。

跨墩龙门架的架梁程序如图4-7-4a)所示。预制梁可由轨道平车运送至桥孔,如两台龙门架吊机自行且能达到同步运行时,也可利用跨墩龙门架将梁吊着运送到桥孔,再吊起横移落梁就位。

墩侧高低脚龙门架如图4-7-4b)所示,其架设程序与跨墩龙门架基本相同。但预制梁必须用轨道平车或胶轮平车拖板运送至桥孔。一孔各片梁安装完毕后,将1号墩的龙门架拆除运送到3号墩安装使用,以后如此循环使用。为了加快预制梁吊起横移就位速度,可准备三台高低脚龙门架,设置在1、2、3号墩侧。待第一跨各梁安装完毕,即可安装第二跨,与此同时,将1号墩龙门架运送到4号墩安装。这种高低脚龙门架较跨墩龙门架可减少一条轨道,一条腿的高度也可降低,但增加了运、拆装龙门架的工作量,并需要多准备一台龙门架。

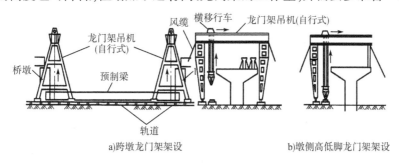

图 4-7-4　龙门架架梁法

二、浮运架梁法

浮运架梁法是将预制梁用各种方法移装到浮船上,并浮运到架设孔以后就位安装。采用浮运架梁法时,河流须有适当的水深,水深需根据梁重而定,一般宜大于2m;水位应平稳或涨落有规律,如潮汐河流;流速及风力不大;河岸能修建适宜的预制梁装卸码头;具有坚固适用的船只。浮运架梁法的优点是桥跨中不需设临时支架,可以用一套浮运设备架设安装多跨等跨径的预制梁,较为经济,且架梁时浮运设备停留在桥孔的时间很少,不影响河流通航。

浮运架梁法采用如下两种方法。

(1)预制梁装船浮运。装梁上船一般采用引道栈桥码头,用龙门架吊着预制梁上船,如图4-7-5所示。

若装载预制梁的船本身无起吊设施,可用另外的浮吊吊装就位,或用装设在墩顶的起吊设施吊装就位。

将预制梁装载在一艘或两艘浮船中的支架枕木垛上,使梁底高度高于墩台支座顶面0.2~0.3m,然后将浮船拖运至架设孔,充水入浮船,使浮船吃水加深,降低梁底高度,使预制梁安装就位。在有潮汐的河流或港湾上建桥时,可利用潮汐水位的涨落来调整梁底高程以安装就位。若潮汐的水位高差不够,可在浮船中配合排水、充水解决。因此,浮船应配备足够的水泵,以保证及时有效地排水和充水。在装梁时,应进行水泵的性能试验。

预制梁较短、质量较小时,可装载在一艘浮船上。如预制梁较长且又重时,可装载在两艘浮船上或以多艘浮船连成两组使用。不论浮船多少,预制梁的支承处不宜多于两处,并由荷载分布确定。预制梁支承处两端伸出长度应考虑浮船进入架设孔便利,同时应考虑因两端伸出在支承外产生的负弯矩,在浇筑梁体时适当加固,防止由负弯矩而产生的裂纹、损坏发生。

(2)浮船支架拖拉架梁法。此法是将预制梁的一端纵向拖拉滚移到岸边的浮船支架上,再用如移动式支架架梁法相同的方法沿桥轴线拖拉浮船至对岸,相应地将预制梁也拖拉至对岸,当梁前端抵达安装位置后用龙门架或人字扒杆安装就位,如图4-7-6所示。

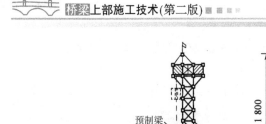
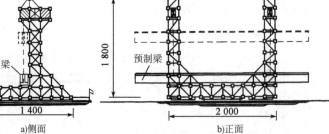
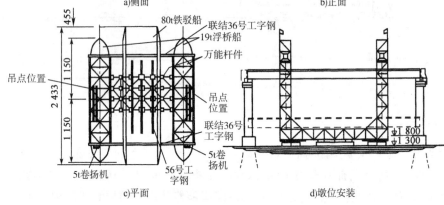

图 4-7-5　预制梁装船浮运架设法(尺寸单位：cm)

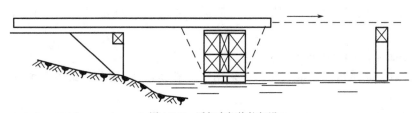

图 4-7-6　浮船支架拖拉架设

　　预制梁装船的方法，应根据梁的长度、质量、河岸的情况，选用不同的方法。对于河边有垂直驳岸、预制梁不太长又不太重时，可采用大起重量、大伸幅的轮胎式或履带式吊机将梁从岸上吊装到浮船上，或用大起重量、大伸幅的浮吊将梁从岸上吊装到浮船上。必须建栈桥码头时，可用栈桥码头将预制梁纵向拖拉上船，也可用栈桥码头横移预制梁上船，但此时必须与河岸垂直修建两座栈桥，其间距等于预制梁的长度。

　　用栈桥码头纵向拖拉将梁装船，栈桥码头必须与河岸垂直，在栈桥上铺设轨道，轨道一端接梁预制场轨道，另一端接浮船支架上轨道。预制梁拖拉上船如图 4-7-7 所示。

　　栈桥码头宜设在桥位下游，因为向上游牵引浮船较下游要稳当些。栈桥的高度、长度应根据河岸与水位的高差、水下河床深度、浮船最大吃水深度、浮船支架高度等因素确定。

　　在预制梁被拖拉上第一艘浮船的过程中，随着梁移出栈桥端排架的长度的增加，浮船所支承的梁重也逐渐增加。为了维持梁处于水平位置，必须在与梁向前拖拉的同时，不断地将浮船中先充入的压舱水相应排出，以逐渐增加浮船的浮力，使浮船在载重逐渐增加时，浮船的吃水深度保持不变。因此，水泵的能力和排水速度应根据梁的质量和拖移的速度来决定。浮船可用缆索和绞车拉动或用拖船牵引至架设孔。

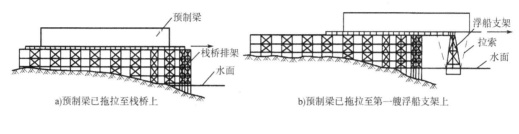

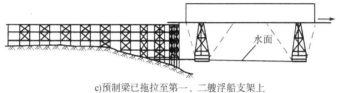

图 4-7-7 利用栈桥码头将预制梁纵向拖拉上船

用栈桥码头横移梁上船如图 4-7-8 所示。预制梁经过栈桥横向移运到两个提升塔（或龙门吊机下）之间后，就可用卷扬机将梁提升起来，然后将双艘浮船联系的浮船支架拖入，再将梁落放在浮船支架上。浮船中线宜与预制梁中线相垂直。

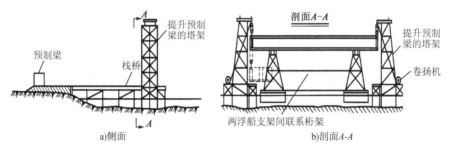

图 4-7-8 用栈桥码头横移预制梁上船

当栈桥排架较高，浮船支架高度稍低于栈桥上梁底高度时，可不必用卷扬机或龙门架提升预制梁，而采用先将浮船充水，使它吃水深些，待浮船拖到梁下的预定位置后，再用水泵将浮船中压舱水排出，使浮船升高，将梁托起在支架上。但完全靠充水、排水来升降浮船支架高度比较费时，可与千斤顶联合使用。但在浮船支架拖运途中，必须撤除千斤顶，以免梁发生翻倒现象。

三、高空架梁法

1. 联合架桥机架梁（蝴蝶架架梁法）

此法适用于架设安装 30m 以下的多孔桥梁，其优点是完全不设桥下支架，不受水深流急影响，架设过程中不影响桥下通航、通车。预制梁的纵移、起吊、横移、就位都较方便。缺点是架设设备用钢量较多，但可周转使用。

联合架桥机由两套门式吊机、一个托架（即蝴蝶架）、一根两跨长的钢导梁三部分组成，如图 4-7-9 所示。钢导梁由贝雷装配，梁顶面铺设运梁平车和托架行走的轨道，门式吊机和工字梁组成，并在上、下翼缘处及接头的地方，用钢板加固。门式吊机顶横梁上设有吊梁用的行走小车。为了不影响架梁的净空位置,其立柱做成拐脚式(俗称拐脚龙门架)。门式吊机的横梁高程,由两根预制梁叠起的高度加平车及起吊设备高度确定。蝴蝶架是专门用来托运门式吊机转移的,它由角钢组成,如图4-7-9所示,整个蝴蝶架放在平车上,可沿导梁顶面轨道行走。

联合架桥机架梁顺序如下:

(1)在桥头拼装钢导梁,在梁顶铺设钢轨,并用绞车纵向拖拉导梁就位。

(2)拼装蝴蝶架和门式吊机,用蝴蝶架将两个门式吊机移运至架梁孔的桥墩(台)上。

(3)由平车轨道运送预制梁至架梁孔位,将导梁两侧可以安装的预制梁用两个门式吊机吊,横移并落梁就位,如图4-7-9中1、2、3、4号梁。

(4)将导梁所占位置的预制梁临时安放在已架设好的梁上,如图4-7-9中的5、6号梁。

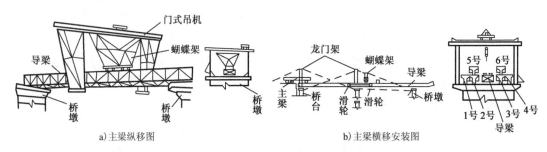

图4-7-9 联合架桥机架梁法

(5)用绞车纵向拖拉导梁至下一孔后,将临时安放的梁由门式吊机架设就位,完成一孔梁的架设工作,并用电焊将各梁连接起来。

(6)在已架设的梁上铺接钢轨,再用蝴蝶架顺序将两个门式吊机托起并运至前一孔的桥墩上。

如此反复,直至将各孔梁全部架设好为止。

2. 双导梁穿行式架梁法

本法是在架设孔间设置两组导梁,导梁上配有悬吊预制梁设备的轨道平车和起重行车或移动式龙门吊机,将预制梁在双导梁内吊着运到规定位置后,再落梁、横移就位。横移时,可将两组导梁吊着预制梁整体横移,另一种是导梁设在桥面宽度以外,预制梁在龙门吊机上横移,导梁不横移,这比第一种横移方法安全。

双导梁穿行式架梁法的优点与联合架桥机法相同,适用于墩高、水深的情况下架设多孔中、小跨径的装配式梁桥,但不需蝴蝶架,而配备双组导梁,故架设跨径可较大,吊装的预制梁可较重。我国用这类型的吊机架设了梁长51m、重1 310kN的预应力混凝土T形梁桥。

两组分离布置的导梁可用公路装配式钢桥桁节、万能杆件设备或其他特制的钢桁节拼装而成。两组导梁内侧净距应大于待安装的预制梁宽度。导梁顶面铺设轨道,供起重行车吊梁行走。导梁设三个支点,前端可伸缩的支承设在架桥孔前方墩桥上,如图4-7-10所示。

两根型钢组成的起重横梁支承在能沿导梁顶面轨道行走的平车上,横梁上设有带复式滑车的起重行车。行车上的挂链滑车供吊装预制梁用。其架设顺序如下:

(1)在桥头路堤上拼装导梁和行车,并将拼装好的导梁用绞车纵向拖拉就位,使可伸缩支承脚在架梁孔的前墩上。

(2)先用纵向滚移法把预制梁运到两导梁间,当梁前端进入前行车的吊点下面时,将预制梁前端稍稍吊起,并将前方起重横梁吊起,继续运梁前进至安装位置后,固定起重横梁。

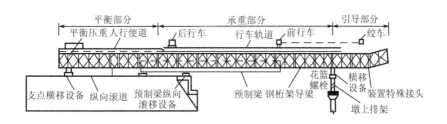

图 4-7-10　双导梁穿行式架梁法

(3)用横梁上的起重行车将梁落在横向滚移设备上,并用斜撑撑住,以防倾倒,然后在墩顶横移落梁就位。

(4)用以上步骤并直接用起重行车架设中梁。如用龙门吊机吊着预制梁横移,其方法同联合架桥机架梁。此法预制梁的安装顺序是先安装两个边梁,再安装中间各梁。全孔各梁安装完毕并符合要求后,将各梁横向焊接联系,然后在梁顶铺设移运导梁的轨道,将导梁推向前进,安装下一孔。

重复上述工序,直至全桥架梁完毕。

3. 自行式吊车桥上架梁法

在预制梁跨径不大,质量较轻且梁能运抵桥头引道上时,可直接用自行式伸臂吊车(汽车吊或履带吊)来架梁。但是,对于架桥孔的主梁,当横向尚未连成整体时,必须核算吊车通行和架梁工作时的承载能力。此种架梁方法简单方便,几乎不需要任何辅助设备,如图 4-7-11 所示。

4. 扒杆纵向"钓鱼"架梁法

此法是用立在安装孔墩台上的两副人字扒杆,配合运梁设备,以绞车互相牵吊,在梁下无支架、导梁支托的情况下,把梁悬空吊过桥孔,再横移落梁、就位安装的架梁法。其架梁示意图如图 4-7-12 所示。

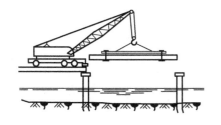

图 4-7-11　自行式吊车桥上架梁法

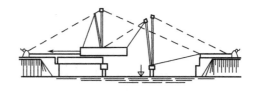

图 4-7-12　扒杆纵向"钓鱼"架梁法

用此法架梁时,必须以预制梁的质量和墩台间跨径为基础,在竖立扒杆、放倒扒杆、转移扒杆或架梁或吊着梁进行横移等各个工作阶段,对扒杆、牵引绳、控制绳、卷扬机、锚碇和其他附属零件进行受力分析和应力计算,以确保设备的安全。另外,还须对各阶段的操作安全性进行检查。

本法不受架设孔墩台高度和桥孔下地基、河流水文等条件影响;不需要导梁、龙门吊机等重型吊装设备而可架设 30~40m 以下跨径的桥梁;扒杆的安装移动简单,梁在吊着状态时横移容易,且较安全,故总的架设速度快。但本法需要技术熟练的起重工,且不宜用于不能设置缆索锚碇和梁上方有障碍物处。

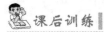

1. 梁桥就地浇筑施工方法主要有哪些?
2. 装配式梁桥架设方法有哪些?
3. 桥梁施工准备中的技术准备的主要内容有哪些?
4. 支架的类型有哪些?
5. 模板与支架的制作安装有哪些要求?
6. 模板及支架预拱度应如何设置?
7. 钢筋的连接有哪些方法?有何要求?
8. 钢筋的焊接有何要求?
9. 钢筋的安装有何规定?
10. 混凝土原材料有哪些?分别要检测哪些内容?
11. 混凝土浇筑厚度有什么要求?
12. 采用振动器振捣混凝土时有什么规定?
13. 混凝土的养护有哪些要求?
14. 桥梁预制构件出坑、堆放时应注意哪些内容?
15. 几种较常用的吊装方法的特点如何?
16. 双导梁穿行式架梁法原理是什么?

学习情境五　预应力混凝土简支梁桥施工

工作任务

1. 认识预应力混凝土结构；
2. 预加力的计算与预应力损失估算的原理和方法；
3. 预应力混凝土简支梁桥的构造要求和特点；
4. 先张法预应力混凝土简支梁构件的制作工艺；
5. 后张法预应力混凝土简支梁构件的制作工艺。

学习目标

1. 描述预应力混凝土结构的基本概念及材料；
2. 说明预加力的计算与预应力损失估算的原理和方法；
3. 描述预应力混凝土简支梁桥的构造要求和特点；
4. 说明先张法预应力混凝土简支梁桥的施工工艺和要求；
5. 说明后张法预应力混凝土简支梁桥的施工工艺和要求；
6. 能看懂预应力混凝土简支梁桥施工图并能计算工程量；
7. 能绘制预应力混凝土简支梁桥的施工流程图；
8. 能运用相关的规范进行预应力混凝土简支梁桥施工质量控制；
9. 说明预应力混凝土简支梁桥上部工程施工质量检测评定基本要求、实测项目、外观鉴定要求。

任务描述

由于预应力混凝土结构具有能充分利用材料的高强度性能，有效防止混凝土裂缝，减轻结构自重，增大桥梁跨径，刚度大，行车舒适等优点，因此，其在公路桥梁上得到了普遍的应用。尤其广泛应用于大跨度和重荷载结构以及不允许开裂的结构中。本学习情境主要学习预应力混凝土结构的基本概念、预应力结构基本计算、预应力混凝土简支梁桥的构造要求和特点、先张法及后张法预应力混凝土简支梁桥的施工。

本学习情境分为5个学习任务。学生应沿着如下流程进行学习：

预应力混凝土的基本概念 → 预应力混凝土结构对材料的要求 →
预加力计算及预应力损失估算 → 预应力混凝土简支梁桥构造特点 → 先张法施工工艺
→ 后张法施工工艺

任务一　认识预应力混凝土结构

一、预应力混凝土的基本原理及特点

1. 预应力混凝土的基本原理

从受力性能的角度而言,所谓预应力混凝土结构,就是在结构承受外荷载作用之前,在其可能开裂的部位预先人为地施加压应力,以抵消或减小外荷载所引起的拉应力,是结构在正常使用和在作用下不开裂或者裂缝开展宽度小一些的结构。

预应力的作用可用图5-1-1的梁来说明。在外荷载作用下,梁下边缘产生拉应力σ_3,如图5-1-1b)所示。如果在荷载作用以前,给梁先施加一个偏心压力N,使得梁下边缘产生预压应力σ_1,如图5-1-1a)所示,那么在外荷载作用后,截面的应力分布将是两者的叠加,如图5-1-1c)所示。梁的下边缘应力可为压应力(如$\sigma_1-\sigma_3>0$)或数值很小的拉应力(如$\sigma_1-\sigma_3<0$)。

由此可见,预应力混凝土可以改善混凝土结构的受拉性能,延缓受拉混凝土的开裂或裂缝的开展,使结构在使用荷载下不出现裂缝或不产生过大裂缝,提高了构件的抗裂度和刚度,并取得了节约钢筋、减轻自重的效果,克服了钢筋混凝土的主要缺点。

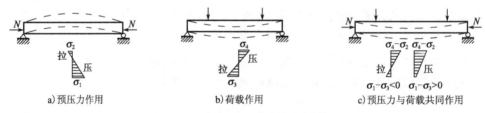

图5-1-1　预应力混凝土简支梁的受力情况

2. 预应力混凝土结构的特点

相对于钢筋混凝土结构,预应力混凝土结构具有如下特点:

(1)自重轻,节约工程材料。预应力混凝土充分发挥了混凝土抗压强度高、钢筋抗拉强度高的优点,利用高强混凝土和高强钢筋建立合理的预应力,提高了结构构件的抗裂度和刚度,有效地减小了构件的截面尺寸和减轻了自重。因此节约了工程材料,适用于建造大跨度、大悬臂等有变形控制要求的结构。

(2)改善结构的耐久性。由于对结构构件的可能开裂部位施加了预压应力,避免了使用荷载作用下的裂缝,使结构中预应力钢筋和普通钢筋免受外界有害介质的侵蚀,大大提高了结构的耐久性。对于水池、压力管道、污水沉淀池和污泥消化池等,施加预应力后还提高了其抗渗性能。

(3)提高结构的抗疲劳性能。承受重复荷载的结构或构件,如吊车梁、桥梁等,因为荷载经常往复地作用,结构长期处于加载与卸载的变化之中,当这种反复变化超过一定次数时,

材料就会发生低于静力强度的破坏。预应力可以降低钢筋的疲劳应力变化幅度,从而提高结构或构件的抗疲劳性能。

(4)增强结构或构件的抗剪能力。大跨、薄壁结构构件,如薄壁箱形、T形、工字形等截面构件,靠近搁置处的薄壁往往由于剪力或扭矩作用产生斜向裂缝,预应力可提高斜截面的抗裂性和抗扭性,并可延缓裂缝的出现、约束裂缝宽度的开展,因此提高了抗剪能力。

3.预应力混凝土结构的分类

国内通常把混凝土结构内配有纵筋的结构总称为加筋混凝土结构系列。

1)预应力度的定义

《公桥规》将预应力度(λ)定义为由预加应力大小确定的消压弯矩 M_0 与外荷载产生的弯矩 M 的比值,即

$$\lambda = \frac{M_0}{M} \tag{5-1-1}$$

式中:λ ——预应力度;

M_0——消压弯矩,也就是使构件控制截面受拉区边缘混凝土的预压应力抵消到零时的弯矩;

M——使用荷载(不包括预加力)作用下控制截面的弯矩。

2)加筋混凝土结构的分类

(1)全预应力混凝土:$\lambda \geq 1$,沿预应力筋方向的正截面不出现拉应力。

(2)部分预应力混凝土:$0 < \lambda < 1$,沿预应力筋方向的正截面出现拉应力或出现不超过规定宽度的裂缝;当对拉应力加以限制时,为部分预应力混凝土 A 类构件;当拉应力超过规定限值或出现不超过限值的裂缝时,为部分预应力混凝土 B 类构件。

(3)钢筋混凝土:$\lambda = 0$,无预加应力。

4.预应力的施加方法

预应力的施加方法,按混凝土浇筑成型和预应力钢筋张拉的先后顺序,可分为先张法和后张法两大类。

1)先张法

先张法即先张拉预应力钢筋,后浇筑混凝土的方法。其施工的主要工序(图5-1-2)如下所述。

(1)在台座上按设计规定的拉力张拉钢筋,并用锚具临时固定于在台座上[图5-1-2a)]。

(2)支模,绑扎非预应力钢筋,浇筑混凝土构件[图5-1-2b)]。

(3)待构件混凝土达到一定的强度后(一般不低于混凝土设计强度等级的75%,以保证预应力钢筋与混凝土之间具有足够的黏结力),切断或放松钢筋,预应力钢筋的弹性回缩受到混凝土阻止而使混凝土受到挤压,产生预压应力[图5-1-2c)]。

先张法是将张拉后的预应力钢筋直接浇筑在混凝土内,依靠预应力钢筋与周围混凝土之间的黏结力来传递预应力。先张法需要有用来张拉和临时固定钢筋的台座,因此初期投资费用较大。但先张法施工工序简单,钢筋靠黏结力自锚,在构件上不需设永久性锚具,临时固定的锚具都可以重复使用。因此在大批量生产时,先张法构件比较经济,质量易保证。为了便于吊装运输,先张法一般宜用于生产中小型构件。

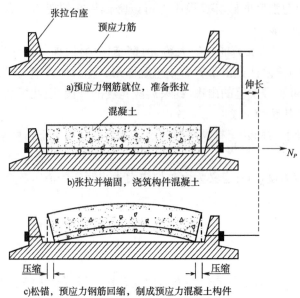

图 5-1-2　先张法工艺流程示意图

2) 后张法

后张法是先浇筑混凝土构件,当构件混凝土达到一定的强度后,在构件上张拉预应力钢筋的方法。按照预应力钢筋的形式及其与混凝土的关系,具体分为有黏结和无黏结两类。

(1) 后张有黏结。其施工的主要工序(图5-1-3)如下:

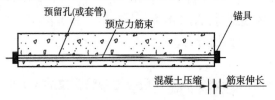

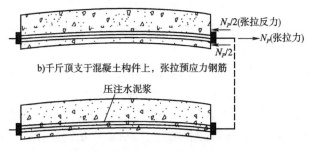

图 5-1-3　后张法工艺流程示意图

① 浇筑混凝土构件,并在预应力钢筋位置处预留孔道[图5-1-3a)]。

② 待混凝土达到一定强度(不低于混凝土设计强度等级的75%)后,将预应力钢筋穿过孔道,以构件本身作为支座张拉预应力钢筋[图5-1-3b)],此时,构件混凝土将同时受到压缩。

③当预应力钢筋张拉至要求的控制应力时,在张拉端用锚具将其锚固,使构件的混凝土受到预压应力[图5-1-3c)]。

④在预留孔道中压入水泥浆,以使预应力钢筋与混凝土黏结在一起。

(2)后张无黏结。预应力钢筋沿全长与混凝土接触表面之间不存在黏结作用,可产生相对滑移,一般做法是在预应力钢筋外涂防腐油脂并设外包层。现使用较多的是钢绞线外涂油脂并外包PE塑料管的无黏结预应力钢筋,将无黏结预应力钢筋按配置的位置固定在钢筋骨架上浇筑混凝土,待混凝土达到规定强度后即可张拉。

后张无黏结预应力混凝土与后张有黏结预应力混凝土相比,有以下特点:

①无黏结预应力混凝土不需要留孔、穿筋和灌浆,简化了施工工艺,又可在工厂制作,减少了现场施工工序。

②如果忽略摩擦的影响,无黏结预应力混凝土中预应力钢筋的应力沿全长是相等的,在单一截面上与混凝土不存在应变协调关系,当截面混凝土开裂时对混凝土没有约束作用,裂缝疏而宽,挠度较大,需设置一定数量的非预应力钢筋,以改善构件的受力性能。

③无黏结预应力混凝土的预应力钢筋完全依靠端头锚具来传递预压力,所以对锚具的质量及防腐蚀要求较高。

后张法不需要台座,构件可以在工厂预制,也可以在现场施工,应用比较灵活,但是对构件施加预应力需要逐个进行,操作比较麻烦。而且每个构件均需要永久性锚具,用钢量大,因此成本比较高。后张法适用于运输不方便的大型预应力混凝土构件。本学习情境所述的计算方法仅限于后张有黏结预应力混凝土。

二、预应力混凝土结构的材料

1. 混凝土

1)预应力混凝土结构对混凝土的要求

预应力混凝土结构构件所用的混凝土,需满足下列要求:

(1)强度高。预应力混凝土结构必须采用与高强度钢筋相匹配的高强度混凝土,这样才可以充分发挥高强钢筋的作用,从而有效减小构件截面尺寸,减轻结构自重。《公预规》规定:预应力混凝土构件的混凝土强度等级不应低于C40。

(2)收缩、徐变小。预应力混凝土构件除了在结硬过程中产生收缩变形以外,混凝土因承受长期的预压应力作用,还会产生徐变变形。收缩、徐变会使构件缩短,引起钢筋中的张拉应力下降,即产生预应力损失。收缩、徐变值越大,预应力损失越大。因此,在设计和施工中,应尽量减小混凝土的收缩、徐变值。

(3)快硬、早强。可以尽早对构件施加预应力,加快施工进度,提高劳动生产率。

2)混凝土的配制要求

为了提高混凝土强度,减小其收缩、徐变变形值,除了选用高强度等级的水泥、减少水泥用量、选用高品质的集料以及加强振捣和养护外,还要尽量降低水灰比,水灰比一般控制在0.25~0.35范围内。为了增加和易性,可掺加适量的高效减水剂。工程实践表明,使用高效减水剂降低水灰比来配制高强混凝土,是最简便、最经济、最有效的方法。

另外,为了减少混凝土的收缩、徐变变形,还可以掺加优质活性掺合剂。

2. 预应力钢材

1）对钢筋性能的要求

（1）高强度。在制作构件过程中，由于多种原因会使预应力钢筋的张拉力逐渐降低。为了使构件在混凝土产生弹性压缩、徐变、收缩后仍能够使具有较高的预应力，需要钢筋具有较高的张拉力，即要求预应力钢筋有较高的抗拉强度。

（2）塑性好。为避免构件发生脆性破坏，要求钢筋被拉断时具有一定的延伸率。当构件处于低温或受冲击荷载时，对塑性和冲击韧性方面的要求是很重要的。

（3）与混凝土间具有良好的黏结性能。先张法构件的预应力主要靠预应力筋和混凝土之间的黏结力来实现；而后张法构件也要求预应力筋与灌浆料之间有良好的黏结，以保证协同工作。当采用光圆高强钢筋时，钢筋表面应经"压纹"或"刻痕"处理后使用。

（4）良好的加工性能。钢筋应具有良好的可焊性，并要求钢筋"镦粗"后不影响其原材料的物理力学性能。

2）常用的预应力钢筋

常用的预应力钢筋有：钢绞线、高强钢丝、螺纹钢筋等。

（1）钢绞线。预应力混凝土用钢绞线是用冷拔钢丝制造而成的。在钢绞线机上以一种较粗的直钢丝为中心，其余钢丝围绕其进行螺旋状绞合，再经低温回火处理而成。中心钢丝的直径加大范围不小于2.5%。钢绞线的规格有2、3、7或19根股等。钢丝的捻距在12~16倍的钢绞线公称直径之间，捻向一般为左捻。

模拔钢绞线是在普通钢绞线绞制成型时通过一个模子拔制，并对其进行低温回火处理而成的。由于每根钢丝在积压接触时被压扁，使钢绞线的内部间隙和外径都大大减小，提高了钢绞线的密度。因此，在同样直径的后张预应力管道中，预应力筋的吨位可增加20%。而且由于周边面积增大，更易于锚固。

钢绞线的优点是截面集中，直径较大，比较柔软，运输和施工方便，便于操作，与混凝土或灌浆材料咬合均匀而充分，具有良好的锚固延性，因而被越来越广泛的应用。最常用的是7股钢绞线，1×2和1×3钢绞线在先张法预应力混凝土构件中被应用。经绞制的钢绞线呈螺旋形，钢绞线截面如图5-1-4所示，故其弹性模量较单根钢丝略低。

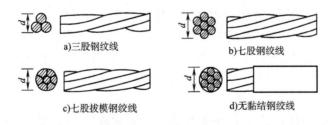

图5-1-4 几种常见的预应力钢绞线

（2）高强钢丝。预应力混凝土用高强钢丝的应用具有以下特点：

①钢丝强度高；

②易于制备，便于运输；

③应用灵活，可以根据需要组成不同钢丝根数的预应力束；

④柔性好，便于成型或穿束，特别适用于曲线形预应力筋；

⑤可以用7根平行钢丝为一组制备成无黏结束。

预应力混凝土结构常用的高强钢丝,按交货状态分为冷拉及矫直回火两种;冷拉钢丝是用经过处理使之适用于冷拔的热轧盘圆拔制的盘圆成品,其表面光滑,并可能有润滑剂的残渣。随后可用机械方式对钢丝进行压痕而成为刻痕钢丝;对钢丝进行矫直回火处理后就成为矫直回火钢丝。预应力钢丝经过矫直回火后,可消除钢丝冷拔中产生的残余应力,提高钢丝的比例极限、屈服强度和弹性模量,并改善塑性;同时也可解决钢丝的伸直性,方便施工。

预应力混凝土结构高强钢丝,按外形分为光面钢丝、螺旋肋钢丝、刻痕钢丝等。图5-1-5为几种常见的预应力高强钢丝。

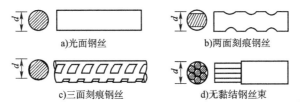

图5-1-5 几种常见的预应力高强钢丝

(3)精轧螺纹钢筋。高强度精轧螺纹钢筋是在整根钢筋上轧有外螺纹的大直径、高强度、高尺寸精度的直条钢筋。该钢筋在任意截面处都拧上带有内螺纹的连接器进行连接或拧上带螺纹的螺母进行锚固。精轧螺纹钢筋如图5-1-6所示。

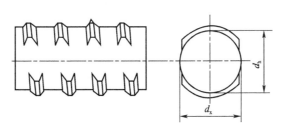

图5-1-6 预应力高强精轧螺纹粗钢筋

精轧螺纹钢筋具有连接、锚固简便,黏着力强,张拉锚固安全可靠,施工方便等优点,而且节约钢筋,减小了构件面积和质量。精轧螺纹钢筋广泛应用于大型水利工程、工业和民用建筑中的连续梁和大型框架结构,公路、铁路大中跨桥梁,核电站及地锚等工程。

3)预应力钢筋质量要求

预应力混凝土结构所采用的钢丝、钢绞线、螺纹钢筋等材料的性能和质量,应符合现行国家标准的规定。钢丝应符合《预应力混凝土用钢丝》(GB/T 5223—2014)的规定;钢绞线应符合《预应力混凝土用钢绞线》(GB/T 5224—2014)的规定;螺纹钢筋应符合《预应力混凝土用螺纹钢筋》(GB/T 20065—2006)的规定。

预应力筋进场时应分批验收,验收时,除应按合同要求对其质量证明书、包装、标志和规格等进行检查外,尚应按《桥施规》的规定进行检验。

三、预应力锚具与管道

1.锚具

锚具是锚固钢筋时所用的工具,是保证预应力混凝土结构安全可靠的关键部位之一。

通常把在构件制作完毕后,能够取下重复使用的称为夹具;锚固在构件端部,与构件连成一体共同受力,不能取下重复使用的永久性锚固装置称为锚具。

锚具的制作和选用应满足下列要求:

(1)锚具零部件选用的钢材性能要满足规定指标,加工精度高,受力安全可靠,预应力损失小。

(2)构造简单,加工方便,节约钢材,成本低。

(3)施工简便,使用安全。

(4)锚具性能应满足结构要求的静载和动载锚固性能。

锚具的种类很多,常用的锚具有以下几种。

1)支承式锚具

(1)螺丝端杆锚具。如图5-1-7所示,这种锚具主要用于预应力钢筋张拉端。预应力钢筋与螺栓端杆直接对焊连接或通过套筒连接,螺栓端杆另一端与张拉千斤顶相连。张拉终止时,通过螺母和垫板将预应力钢筋锚固在构件上。

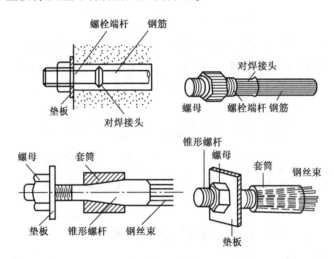

图5-1-7 螺栓端杆锚具

这种锚具的优点是比较简单、滑移小和便于再次张拉;缺点是对预应力钢筋长度的精度要求高,不能太长或太短,否则螺纹长度不够用。需要特别注意焊接接头的质量,以防止发生脆断。

(2)镦头锚具。如图5-1-8所示,这种锚具用于锚固钢筋束。张拉端采用锚杯,固定端采用锚板。先将钢丝端头镦粗成球形,穿入锚杯孔内,边张拉边拧紧锚杯的螺母。每个锚具可同时锚固几根到一百多根5~7mm的高强钢丝,也可用于单根粗钢筋。这种锚具的锚固性能可靠,锚固力大,张拉操作方便,但要求钢筋(丝)的长度有较高的精确度,否则会造成钢筋(丝)受力不均。

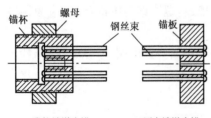

a)张拉端镦头锚 b)固定端镦头锚

图5-1-8 镦头锚具

2)锥形锚具

如图5-1-9所示,这种锚具用于锚固多根直径为5mm、7mm、8mm、12mm的平行钢丝束,或者锚固多根直径为12.7mm、15.2mm的平行钢绞线束。锚具由锚环和锚塞两部分组成,锚环在构件混凝土浇筑前埋置在构件端部,锚塞中间有小孔作锚固后灌浆用。由双作用千斤顶张拉钢丝后又将锚塞顶压入锚圈内,利用钢丝在锚塞与锚圈之间的摩擦力锚固钢丝。

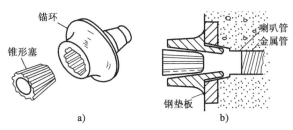

图 5-1-9 锥形锚具

3) 夹片式锚具

目前,公路桥梁预应力张拉端最常用的锚具是夹片式锚具,每套锚具是由一个锚环和若干个夹片组成,钢绞线在每个孔道内通过有牙齿的钢夹片夹住。可以根据需要,每套锚具锚固数根直径为 15.2mm 或 12.7mm 的钢绞线。预应力钢绞线夹片式锚具有 OVM、QM、XM 等。根据锚环的形状,又分为单孔锚具、圆锚锚具、扁锚锚具等,图 5-1-10 为 OVM 圆锚锚具。

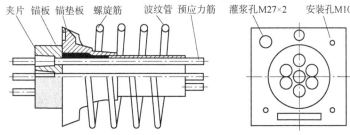

图 5-1-10 OVM 圆锚锚具构造图

4) 固定端锚具

采用一端张拉时,其固定端锚具,除可采用张拉端锚具外,还可采用 H 型锚具和 P 型锚具。

(1) H 型锚具,又称压花锚具。利用钢绞线梨形(通过压花设备成型)自锚头与混凝土的黏结进行锚固。适用于 55 根以下钢绞线束的锚固,如图 5-1-11 所示。

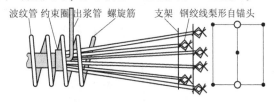

图 5-1-11 H 型锚具

(2) P 型锚具,又称挤压锚具。由挤压筒和锚板组成,利用挤压筒对钢绞线的挤压握裹力进行锚固。适用于锚固 19 根以下的钢绞线束,如图 5-1-12 所示。

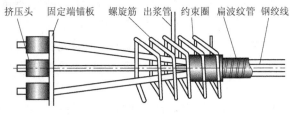

图 5-1-12 P 型锚具

5)连接器

连接器有单根和多根两种形式,单根作为接长预应力筋用;多根作为接长预应力束,通常用于连续梁中。连接器的结构见图5-1-13。

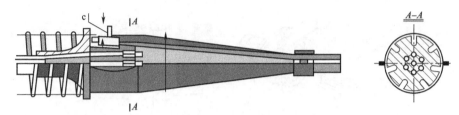

图5-1-13 连接器构造图

锚具、夹具和连接器应按设计规定采用,并应具有可靠的锚固性能、足够的承载能力和良好的适用性,应能保证充分发挥预应力筋的强度,并安全地实现预应力张拉作业,其性能和质量应符合现行国家标准《预应力筋用锚具、夹具和连接器》(GB/T 14370—2007)的规定。

锚具、夹具和连接器进场时,应按合同核对其型号、规格和数量,以及适用的预应力筋品种、规格和强度等级,且生产厂家应提供产品质保书、产品技术手册、锚固区传力性能型式检验报告,以及夹片式锚具的锚口摩擦损失测试报告或参数。产品按合同验收后,应按《桥施规》的规定进行检验。

2. 管道

后张有黏结预应力钢筋的孔道成型方法分抽拔型和预埋型两类。

抽拔型是在浇筑混凝土前预埋钢管或充水(充压)的橡胶管,在浇筑混凝土后并达到一定强度时拔抽出预埋管,便形成了预留在混凝土中的孔道。适用于直线形孔道。

预埋型是在浇筑混凝土前预埋金属波纹管(或塑料波纹管)(图5-1-14),在浇筑混凝土后不再拔出而永久留在混凝土中,便形成了预留孔道。适用于各种线形孔道。设置于混凝土中的刚性或半刚性管道不应有漏浆现象,且应具有足够的强度和刚度,应能在浇筑混凝土重力的作用下保持原有的形状,并能按要求传递黏结应力。

a)金属波纹管　　　　b)SBG塑料波纹管及连接套管

图5-1-14 孔道成型材料

金属波纹管的性能和质量应符合《预应力混凝土用金属波纹管》(JG 225—2007)的规定;塑料波纹管的制作材料、性能和质量应符合《预应力混凝土桥梁用塑料波纹管》(JT/T 529—2004)的规定。

管道应按批进行检验。金属波纹管每批应由同一钢带生产厂生产的同一批钢带所制造的产品组成,累计半年或50 000m生产量为一批,不足半年产量或50 000m也作为一批的,则取产量最多的规格;塑料波纹管每批应由同一配方、同一生产工艺、同设备稳定连续生产的产品组成,每批数量应不超过 10 000m。

检验时应先进行外观质量的检验,合格后再进行其他指标的检验。当其他指标中有不合格项时,应取双倍数量的试件对该不合格项进行复验;复验仍不合格时,则该批产品为不合格。

波纹管在搬运时应采用非金属绳捆扎,或采用专用框架装载,不得抛摔或在地面上拖拉。波纹管在存放时应远离热源及可能遭受各种腐蚀性气体、介质影响的地方,存放时间不宜超过 6 个月,在室外存放时不得直接堆在地面上,应支垫并遮盖。

四、预应力设备

1. 预应力张拉设备

预应力张拉设备由高压油泵、千斤顶、油压表和油管组成,由电动高压油泵提供动力,推动千斤顶完成对预应力筋的张拉、锚固作业。

1)千斤顶

预应力筋的张拉宜采用穿心式双作用千斤顶。张拉千斤顶的额定张拉力宜为所需张拉力的 1.5 倍,且不得小于 1.2 倍。张拉千斤顶应与锚具产品配套使用。各种锚具与适用的张拉千斤顶,需要时可查各生产厂家的产品目录。

图 5-1-15 是常用的 YCQ 型千斤顶,其特点是不顶锚,用限位板代替顶压器。限位板的作用是在钢绞线束张拉过程中限制工作锚夹片的外伸长度,以保证在锚固时夹片有均匀一致和所期望的内缩值。YCQ 型千斤顶的构造简单、造价低、操作方便,但要求锚具的自锚性能可靠。在每次张拉到控制油压值或需要将钢绞线锚住时,只要打开截止阀,钢绞线即随之被锚固。

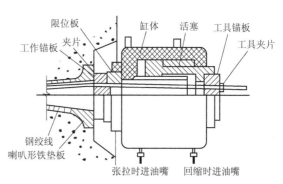

图 5-1-15 YCQ 型千斤顶

图 5-1-16 是前置内卡式千斤顶,它是将工具锚安装在千斤顶前部的一种穿心式千斤顶,这种千斤顶的优点是节约预应力钢材,使用方便、效率高。前置内卡式千斤顶广泛应用于张拉单根钢绞线或 7φ⁵ 钢丝束。

2)高压油泵

预应力高压油泵是预应力液压机具的动力源。油泵的额定油压和流量,必须满足配套机具的要求。大部分预应力液压千斤顶等液压机具,都要求油压在 50MPa 以上,流量较小。能够连续供高压油,供油稳定,操作方便。

图 5-1-17 为 ZB4 – 500 型电动油泵,由泵体、控制阀、油箱小车和电气设备等组成。ZB – 500 型电动油泵是目前通用的预应力油泵,主要与额定压力不大于 50N/mm 的中等吨位的预应力千斤顶配套使用,也可供对流量无特殊要求的大吨位千斤顶和对油泵自重无特殊要求的小吨位千斤顶使用,还可供液压镦头用。

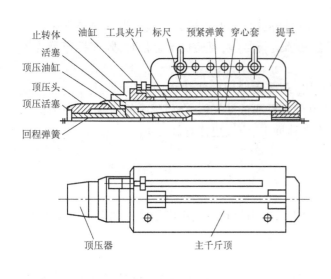

图 5-1-16　前置内卡式千斤顶

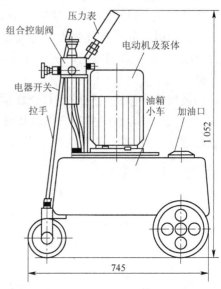

图 5-1-17　ZB4-500 型电动泵(尺寸单位:mm)

3)张拉设备校验

由于每台千斤顶液压配合面实际尺寸和表面粗糙度不同,所以密封圈和防尘圈松紧程度不同,造成千斤顶内摩擦阻力不同,而且,摩阻力随油压高低、使用时间的变化而改变。所以,千斤顶要和工程中使用的油压表、油管等一起进行配套标定。标定应在经国家授权的法定计量技术机构定期进行,标定时千斤顶活塞的运行方向应与实际张拉工作状态一致。校验用的标准仪器可选用材料试验机或压力(拉力)传感器。该标准仪器的精度不得低于 1%,压力表的精度不宜低于 1.5 级,最大量程不宜小于设备额定张拉力的 1.3 倍。当处于下列情况之一时,应该进行标定:

(1)新千斤顶初次使用前;

(2)使用时间超过 6 个月;

(3)张拉次数超过 300 次;

(4)使用过程中千斤顶或油压表出现异常情况;

(5)千斤顶、油压表和油管进行过更换或维修后。

2. 固定端锚具制作设备

预应力筋固定端,即不需在此端进行预应力张拉。所以设计者把此端埋入混凝土中,也可称为埋入端;也有的固定端放在构件外部,最后再进行防护处理,进行二次浇筑混凝土。放在构件外的固定端形式,也可以选用张拉端锚具作固定端,如钢绞线或钢丝束用的夹片式锚具。固定端锚具制作设备主要有挤压机、压花机和镦头器等。

1)挤压机

挤压式固定端的锚具,是将套在预应力筋上的异形钢丝衬套和挤压元件,按图 5-1-18a)所示顺序安装,向油缸供高压油后,顶杆将挤压元件、钢绞线一起推入挤压模锥孔中,由于模孔小端直径小于挤压元件外径尺寸,使挤压元件牢牢地压缩在预应力筋上的异形钢丝衬套内,内侧锋利刃卡住预应力筋,外侧刃嵌入挤压元件,制成锚固性能非常可靠的挤压式锚具,如图5-1-18b)所示。此挤压形式也用于预应力筋连接器中锚固头的制作。

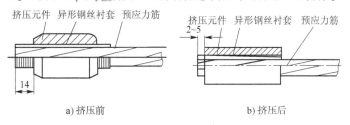

图5-1-18 挤压锚示意图(尺寸单位:mm)

JY-45型挤压机构造见图5-1-19,适用于制作预应力钢绞线和钢丝束的挤压锚,主要由油缸、活塞、顶杆、挤压模等件组成。

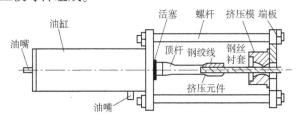

图5-1-19 JY-45型挤压机

2)压花机

压花锚具是将预应力筋采用压花机压成梨状后埋入混凝土中,构成固定端,见图5-1-20。压花机的构造见图5-1-21,将要压花的钢绞线插入活塞杆端部孔内,操作夹紧把手将钢绞线夹紧后,向油缸中供压力油使活塞杆伸出,当压力足够大时,把钢绞线压成梨状。

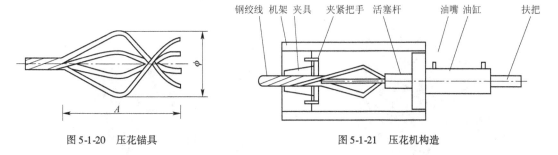

图5-1-20 压花锚具　　　　　　图5-1-21 压花机构造

3)镦头器

镦头锚具是锚固高强钢丝束的锚具形式之一,其固定端锚具见图5-1-22,在每根钢丝端部,用液压镦头器将其镦粗成大半圆形,钢丝的拉力由承压板承担,这样形成的钢丝束为预应力筋的镦头锚固定端。

高强钢丝镦头器根据工作状态分为液压式镦头器和机械式镦头器。液压式镦头器体积小、重量轻、操作方便,镦头质量稳定。图5-1-23为LD300型液压镦头器。

3. 压浆设备

构件经过张拉施加预应力后,立即灌压水泥浆,以使钢筋束(钢绞线)在孔道中与混凝土结为一体,防止钢筋受到气蚀。

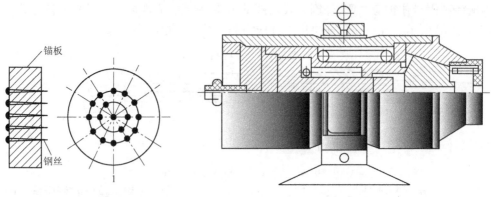

图 5-1-22　固定端镦头锚　　　　图 5-1-23　LD300 型钢丝液压镦头器

压浆设备由搅拌筒、搅拌器、储浆筒、灰浆泵、供水系统、泄浆机构等组成,如图 5-1-24 所示,应具有水灰比级配准确、拌和均匀、泵送水泥速度快等特点。灰浆泵的泵送压力要达到 0.6~6MPa,常用的有螺杆泵和柱塞泵两种。柱塞泵是靠活塞的往复运动,达到压浆的作用,它的压力及排量均较大。但结构复杂,体积大,所以很少采用。螺杆泵是靠一根螺杆和一个螺旋橡胶衬套组成密封腔,螺杆转动则把水泥灰浆推向压出端。这种泵体积小、结构紧凑、质量轻,被广泛采用。

有真空辅助压浆要求时,必须采用真空泵。图 5-1-25 为 VSL 真空泵,是真空压浆工艺中用于孔道形成负压的主要设备,利用偏心叶轮带动工作液,通过截止阀和调节阀直接进入泵的工作室,同时泵工作时的工作液随气体一起排出,这种连接可使泵获得高的极限真空,在压浆过程中,水泥浆在密封腔内被螺杆匀速推进,故输送量均匀,压力平稳,无空气渗入,且停止输送后可保压。这些特点保证了匀速连续压浆的质量。

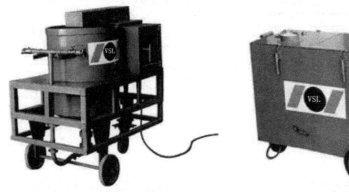

图 5-1-24　VSL 压浆机　　　　图 5-1-25　VSL 真空泵

4. 制孔设备

后张法预应力混凝土构件,必须留有穿过钢丝束或钢绞线的预留孔道,一般采用接缝质量好、耐压、抗渗、生产效率高的壁厚在 0.25~0.5mm 范围内的波纹管。金属波纹管可以在施工现场采用专门的卷管机来卷制。图 5-1-26 为卷管机。

金属波纹管是用薄钢带经卷管机压波后卷成,其重量轻,纵向弯曲性能好,径向刚度较大,连接方便,与混凝土黏结良好,与预应力钢筋的摩阻系数也小,是后张法预应力混凝土构件一种较理想的制孔器。

5. 穿索机

在桥梁悬臂施工和尺寸较大的构件中,一般都采用后穿法穿束。对于长束预应力钢筋,采用人工穿束十分吃力,故采用穿索(束)机。

穿索(束)机有两种类型:一是液压式;二是电动式。桥梁中多用前者。它一般采用单根钢绞线穿入,穿束时应在钢绞线前端套一子弹形帽子,以减小穿束阻力。穿索机由电动机带动链板,钢绞线置于链板上,并用四个与托轮相对应的压紧轮压紧,则钢绞线就可借链板的转动向前穿入构件的预留孔中。如图5-1-27所示为穿索机。

图5-1-26 卷管机

图5-1-27 穿索机

任务二 预加力计算与预应力损失估算的原理和方法

一、预应力钢筋的张拉控制应力

预应力筋中预拉应力的大小并不是一个恒定值,由于施工因素、材料性能及环境条件等的影响,钢筋中的预拉应力将会逐渐减小。预应力筋中这种预拉应力减小的现象称为预应力损失。

设计中所需的钢筋预应力值,应是扣除相应阶段的应力损失 σ_l 后,钢筋中实际存在的预应力(即有效预应力 σ_{pe})值。钢筋初始张拉的预应力,一般称为张拉控制应力,记作 σ_{con}。

$$\sigma_{pe} = \sigma_{con} - \sigma_l \tag{5-2-1}$$

张拉控制应力是指预应力钢筋张拉时需要达到的最大应力值,即用张拉设备所控制施加的张拉力除以预应力钢筋截面面积所得到的应力,用 σ_{con} 表示。

张拉控制应力的取值对预应力混凝土构件的受力性能影响很大。张拉控制应力越高,混凝土所受到的预压应力越大,构件的抗裂性能越好,还可以节约预应力钢筋,所以张拉控制应力不能过低。但张拉控制应力过高会造成构件在施工阶段的预拉区拉应力过大,甚至开裂;过大的预压应力还会使构件开裂荷载值与极限荷载值很接近,使构件破坏前无明显预兆,构件的延性较差;此外,为了减小预应力损失,往往进行超张拉,过高的张拉应力可能使个别预应力钢筋超过它的实际屈服强度,使钢筋产生塑性变形,对高强度硬钢,甚至可能发生脆断。

张拉控制应力值的大小主要与张拉方法及钢筋种类有关。先张法的张拉控制应力值高于后张法。后张法在张拉预应力钢筋时,混凝土即产生弹性压缩,所以张拉控制应力为混凝土压缩后的预应力钢筋应力值;而先张法构件,混凝土是在预应力钢筋放张后才产生弹性压缩,故需考虑混凝土弹性压缩引起的预应力值的降低。消除应力钢丝和钢绞线这类钢材材质稳定,对后张法张拉时的高应力,在预应力钢筋锚固后降低很快,不会发生拉断,故其张拉控制应力值应较高些。

《公预规》规定,对于钢丝、钢绞线,$\sigma_{con} \leqslant 0.75 f_{pk}$;对于精轧螺纹钢筋,$\sigma_{con} \leqslant 0.9 f_{pk}$。$f_{pk}$为预应力钢筋抗拉强度标准值。

当对构件进行超张拉或计入锚圈口摩擦损失时,钢筋中最大控制应力(千斤顶油泵上显示的值)对钢丝和钢绞线不应超过 $0.8 f_{pk}$;对精轧螺纹钢筋不应超过 $0.95 f_{pk}$。

二、预应力损失产生的原因及减少损失的措施

在预应力混凝土构件施工及使用过程中,预应力钢筋的张拉应力值由于张拉工艺和材料特性等原因逐渐降低,这种现象称为预应力损失。预应力损失会降低预应力的效果,因此,尽可能减小预应力损失并对其进行正确的估算,对预应力混凝土结构的设计是非常重要的。

引起预应力损失的因素很多,而且许多因素之间相互影响,所以要精确计算预应力损失非常困难。对预应力损失的计算,我国规范采用的是将各种因素产生的预应力损失值分别计算然后叠加的方法。

1. 预应力钢筋与管道壁之间的摩擦引起的应力损失 σ_{l1}

1)产生原因及估算方法

采用后张法张拉预应力钢筋时,钢筋与孔道壁之间产生摩擦力,使预应力钢筋的应力从张拉端向里逐渐降低(图5-2-1)。预应力钢筋与孔道壁间摩擦力产生的原因为:

(1)直线预留孔道因施工原因发生凹凸和轴线的偏差,使钢筋与孔道壁之间产生法向压力而引起摩擦力;

(2)曲线预应力钢筋与孔道壁之间的法向压力引起的摩擦力。

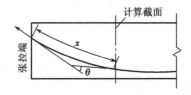
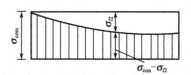

图 5-2-1　预应力摩擦损失 σ_{l1} 计算简图

2)减小 σ_{l1} 的措施

(1)对于较长的构件可在两端进行张拉,则计算中孔道长度可按构件的一半长度计算。

(2)采用超张拉。一般张拉程序为:

$$0 \to 初应力(0.1\sigma_{con}) \to 1.05\sigma_{con} \xrightarrow{持荷2min} 0.85\sigma_{con} \xrightarrow{持荷2min} 1.0\sigma_{con}(锚固)$$

2. 锚具变形、钢筋回缩和拼装构件的接缝压缩引起的应力损失 σ_{l2}

1）产生原因及估算方法

预应力钢筋张拉完毕后，用锚具锚固在台座或构件上。由于锚具压缩变形，垫板与构件之间的缝隙被挤紧以及钢筋和楔块在锚具内的滑移等因素的影响，将使预应力钢筋产生预应力损失，用符号 σ_{l2} 表示。计算这项损失时，只需考虑张拉端，不需考虑锚固端，因为锚固端的锚具变形在张拉过程中已经完成。

2）减小 σ_{l2} 的措施

(1) 选择锚具变形和钢筋内缩值 Δl 较小的锚具。

(2) 尽量减少垫板的数量。

(3) 对先张法，可增加强拉台座的长度 l。

3. 混凝土加热养护时，预应力钢筋与台座之间的温度引起的应力损失 σ_{l3}

1）产生原因及估算方法

为了缩短生产周期，先张法构件在浇筑混凝土后采用蒸汽养护。在养护的升温阶段，钢筋受热伸长，台座长度不变，故钢筋应力值降低，而此时混凝土尚未硬化。降温时，混凝土已经硬化并与钢筋产生了黏结，能够一起回缩，由于这两种材料的线膨胀系数相近，原来建立的应力关系不再发生变化。

2）减小 σ_{l3} 的措施

(1) 采用分阶段升温养护方法。先在常温或略高于常温下养护，待混凝土达到一定强度后，再逐渐升温至养护温度，这时因为混凝土已硬化，与钢筋黏结成整体，能够一起伸缩而不会引起应力变化。

(2) 采用整体式钢模板。预应力钢筋锚固在钢模上，因钢模与构件一起加热养护，不会引起此项预应力损失。

4. 混凝土的弹性压缩引起的应力损失 σ_{l4}

1）产生原因及估算方法

当预应力混凝土构件在受到预压应力而产生压缩应变时，则对于已经张拉并锚固于混凝土构件上的预应力钢筋来说，亦将产生与该钢筋重心水平处混凝土同样的压缩应变，因而产生一个预拉应力损失，称为混凝土弹性压缩损失，以 σ_{l4} 表示。引起应力损失的混凝土弹性压缩量，与施加预加应力的方式有关。

2）减小 σ_{l4} 的措施

分批张拉时，由于每批钢筋的应力损失不同，则实际有效预应力不等。补救方法如下：

(1) 重复张拉先张拉过的预应力钢筋。

(2) 超张拉先张拉的预应力钢筋。

5. 钢筋松弛引起的应力损失 σ_{l5}

1）产生原因及估算方法

在高拉应力作用下，随时间的增长，钢筋中将产生塑性变形，在钢筋长度保持不变的情况下，钢筋的拉应力会随时间的增长而逐渐降低，这种现象称为钢筋的应力松弛。钢筋的应力松弛与下列因素有关：

(1) 时间。受力开始阶段松弛发展较快，1h 和 24h 松弛损失分别达总松弛损失的 50%

和80%左右,以后发展缓慢。

(2)钢筋品种。热处理钢筋的应力松弛值比钢丝、钢绞线小。

(3)初始应力。初始应力越高,应力松弛越大。

2)减小 σ_{l5} 的措施

为减小预应力钢筋应力松弛损失,可采用超张拉,即先将预应力钢筋张拉至 $1.05\sigma_{con}$,持荷 2min,再卸荷至张拉控制应力 σ_{con}。因为在高应力状态下,短时间所产生的应力松弛值即可达到在低应力状态下较长时间才能完成的松弛值。所以,经超张拉后部分松弛已经完成,锚固后的松弛值即可减小。

6.混凝土收缩和徐变引起的预应力钢筋应力损失 σ_{l6}

混凝土在硬化时发生体积收缩,在压应力作用下,混凝土还会产生徐变。混凝土收缩和徐变都使构件长度缩短,预应力钢筋也随之回缩,造成预应力损失。混凝土收缩和徐变虽是两种性质不同的现象,但它们的影响是相似的,为了简化计算,将此两项预应力损失一起考虑。

以上各项预应力损失的估算值,可作为一般设计的依据。但计算值与实际损失可能有出入。在施工中,应加强管理并做好应力损失值的实测工作。除了以上六项损失外,还应根据具体情况考虑其他因素引起的损失。

三、预应力钢筋的有效预应力计算

1.预应力损失值的组合

上述预应力损失有的只发生在先张法中,有的则发生于后张法中,有的在先张法和后张法中均有,而且是分批出现的。为了便于分析和计算,设计时可将预应力损失分为两批:

(1)传力锚固时的损失,称第一批损失 $\sigma_{l\mathrm{I}}$;

(2)传力锚固后出现的损失,称第二批损失 $\sigma_{l\mathrm{II}}$。先、后张法预应力构件在各阶段的预应力损失组合见表 5-2-1。

各阶段的预应力损失组合　　　　　　　　表 5-2-1

预应力损失值的组合	先张法构件	后张法构件
传力锚固时的损失(第一批)$\sigma_{l\mathrm{I}}$	$\sigma_{l1}+\sigma_{l2}+\sigma_{l3}+\sigma_{l4}+0.5\sigma_{l5}$	$\sigma_{l1}+\sigma_{l2}+\sigma_{l4}$
传力锚固后的损失(第二批)$\sigma_{l\mathrm{II}}$	$0.5\sigma_{l5}+\sigma_{l6}$	$\sigma_{l5}+\sigma_{l6}$

2.预应力钢筋的有效预应力

预加力阶段

$$\sigma_{pe}^{\mathrm{I}}=\sigma_{con}-\sigma_{l\mathrm{I}} \qquad (5\text{-}2\text{-}2)$$

使用阶段

$$\sigma_{pe}^{\mathrm{II}}=\sigma_{con}-\sigma_{l\mathrm{II}} \qquad (5\text{-}2\text{-}3)$$

任务三　预应力混凝土简支梁桥的构造要求和特点

一、截面形式和尺寸

预应力混凝土构件的截面形式应根据构件的受力特点进行合理选择。对于轴心受拉构件,通常采用正方形或矩形截面;对于受弯构件,宜选用 T 形、工字形或其他空心截面形式。此外,沿受弯构件纵轴,其截面形式可以根据受力要求改变,形成变截面构件。

由于预应力混凝土构件具有较好的抗裂性能和较大的刚度,其截面尺寸可比钢筋混凝土构件小些。对一般的预应力混凝土受弯构件,截面高度一般可取跨度的 1/20 ~ 1/14,最小可取 1/35,翼缘宽度一般可取截面高度的 1/3 ~ 1/2,翼缘厚度一般可取截面高度的 1/10 ~ 1/6,腹板厚度尽可能薄一些,一般可取截面高度的 1/15 ~ 1/8。

二、预应力钢筋的布置

1. 先张法构件

预应力钢绞线之间的净距不应小于其直径的 1.5 倍,且对 1×2(两股)、1×3(三股)钢绞线不应小于 20mm,对 1×7(七股)钢绞线不应小于 25mm。预应力钢丝间净距不应小于 15mm。

在先张法预应力混凝土构件中,对于单根预应力钢筋,其端部应设置长度不小于 150mm 的螺旋筋;对于多根预应力钢筋,在构件端部 10 倍预应力钢筋直径范围内,应设置 3~5 片钢筋网。

预应力钢丝束埋入式锚具之间的净距不应小于钢丝束直径,且不应小于 60mm;预应力钢丝束与埋入式锚具之间的净距不应小于 20mm。预应力钢筋或埋入式锚具的混凝土保护层厚度不应小于 30mm,当构件处于受侵蚀环境时,该值应增加 10mm。

2. 后张法构件

在靠近端支座区段横向对称弯起,尽可能沿梁端面均匀布置,同时沿纵向可将梁腹板加宽。在梁端部附近,设置间距较密的纵向钢筋和箍筋,并符合 T 形和箱形梁对纵向钢筋和箍筋的要求。

预应力直线管道的混凝土保护层厚度,对构件顶面和侧面,当管道直径等于或小于 55mm 时,不应小于 35mm;当管道直径大于 55mm 时,不应小于 45mm;对构件底面不应小于 50mm。当桥梁处于受侵蚀的环境时,上述保护层厚度应增加 10mm。

后张法预应力混凝土构件的端部锚固区,在锚具下面应设置厚度不小于 16mm 的垫板或采用具有喇叭管的锚具垫板。锚垫板下应设间接钢筋,其体积配筋率不应小于 0.5%。

三、预应力钢筋管道的设置

后张法预应力混凝土构件,其预应力钢筋管道的设置应符合下列规定:

(1)直线管道的净距不应小于 40mm,且不宜小于管道直径的 0.6 倍;对于预埋的金属或塑料波纹管和铁皮管,在竖直方向可将两管道叠置。

(2)曲线形预应力钢筋管道在曲线平面内相邻管道间的最小净距应按《公桥规》进行计算,当计算结果小于其相应直线管道外缘间净距时,应取用直线管道最小外缘间净距。

(3)后张法预应力混凝土构件的曲线形预应力钢筋的曲线半径,钢丝束、钢绞线束的钢丝直径等于或小于 5mm 时,不宜小于 4m;钢丝直径大于 5mm 时,不宜小于 6m;精轧螺纹钢筋的直径等于或小于 25mm 时,不宜小于 12m;直径大于 25mm 时,不宜小于 15m。

(4)管道内径的截面面积不应小于两倍预应力钢筋截面面积。

(5)按计算需要设置预拱度时,预留管道也应同时起拱。

四、非预应力筋布置

1. 箍筋

(1)箍筋直径和间距。预应力混凝土 T 形、工字形和箱形截面梁腹板内应分别设置直径不小于 10mm 和 12mm 的箍筋,且应采用带肋钢筋,间距不应大于 250mm;自支座中心起长度不小于 1 倍梁高范围内,应采用闭合式箍筋,间距不应大于 100mm。

(2)在 T 形、工字形截面梁下部的马蹄内,应另设直径不小于 8mm 的闭合式箍筋,间距不应大于 200mm。此外,马蹄内尚应设直径不小于 12mm 的定位钢筋。

2. 其他辅助钢筋

其他辅助钢筋有:架立钢筋、防收缩钢筋、局部加强钢筋。

(1)在先张法预应力混凝土构件中,预应力钢筋端部周围应采用以下局部加强措施:

①对于单根预应力钢筋,其端部设置长度不小于 150mm 的螺旋筋。

②对于多根预应力钢筋,在构件端部 10d(d 为预应力钢筋直径)范围内,设置 3~5 片钢筋网。

(2)在后张法预应力混凝土构件中,预应力钢筋端部周围应采用以下局部加强措施:

后张法预应力混凝土构件的端部锚固区,在锚具下面应设置厚度不小于 16mm 的垫板或采用具有喇叭管的锚具垫板。锚垫板下应设间接钢筋,其体积配筋率不应小于 0.5%。

任务四 先张法预应力混凝土简支梁构件的制作工艺

一、张拉台座设计

预制场内的布置应安全、紧凑、通畅。根据施工现场地形、施工顺序及方法,对场内的制梁台座、加工车间、运输道路、机械安装位置、材料堆放场地、临时工棚等作全面合理的布局。使各道工序紧密衔接又不互相干扰,从而形成一条通畅的施工流水线。

1. 张拉台座的种类

台座按构造类型的不同,可分为墩式台座、槽式台座、构架式台座和换埋式台座四种类型,其中墩式台座和槽式台座较为常用。对构件台面要求高的还应设计滑动台面。

1)墩式台座

墩式台座由承力台墩、台面与横梁组成,其长度宜为 100~150m。台座的承载力根据构件的张拉力大小,可设计成 200~500kN/m。

墩式台座由传力墩、台座板、台面板和横梁组成(图 5-4-1),其构造通常采用传力墩与台座板、台面共同受力的形式,依靠自重平衡张力,并可减小台墩自重和埋深。台座长度和宽度由场地大小、构件类型和产量等因素确定,一般长不大于 150m,每组宽不大于 2.0m,张拉力可达到 1 000~2 000kN。适用于生产中小型构件或多层重叠浇筑的预应力构件。

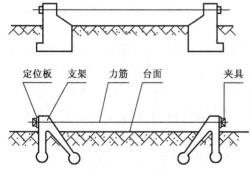

图 5-4-1 墩式台座构造

2)槽式台座

槽式台座(又称压杆式台座)由钢筋混凝土压杆、传力架及台面组成。槽式台座能承受的张拉力较大(1 000~4 000kN),台座变形较小,但建造时较墩式台座材料消耗多,需花费时间长。为便于混凝土运输和蒸汽养护,槽式台座多低于地面。在施工现场还可利用已预制好的柱、桩等构件装配成简易槽式台座。

槽式台座由锚固端柱、张拉端柱、传力柱台面及上下横梁等受力构件组成(图5-4-2),一般可做成装配式。传力柱可分段制作,每段长5~6m,总长度为45~47m,宽度随构件外形及制作方式而定,一般不小于2m,它既可承受张力,又可作为养生槽,适用于张拉和倾覆力矩均较大的中型预应力构件,如跨径较大的预应力空心板梁。

3)构架式台座

预应力构架式台座一般采用装配式,由多个1m宽、重约2.4t的三角形块体组成,每个块体能承受约130kN的拉力,可根据台座需要的张拉力,设置一定数量的块体(图5-4-3)。该台座适用于张拉力不大的中小型构件。

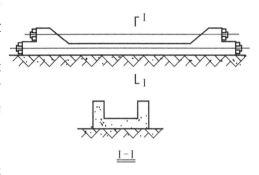

图5-4-2　槽式台座构造

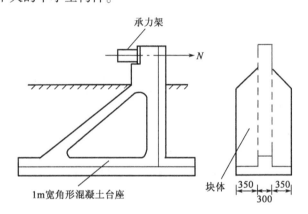

图5-4-3　构架式台座(尺寸单位:mm)

4)换埋式台座

预应力换埋式台座由立柱、横梁、挡板和砂床组成。其特点是用砂床埋住挡板、立柱,以此来代替现浇混凝土墩,抵抗张拉时的倾覆力矩(图5-4-4)。

它具有拆迁方便、可多次周转使用等优点,适用于临时性预制场生产张拉力不大的中小型构件。

2.模板、台座的构造要求

模板应满足承载力、刚度和稳定性的要求,并应具有构造简单、装拆方便、不漏浆的特点。长线生产的模板应采用钢模或外包钢板的木模。混凝土胎模表面应平整光滑,目前常见的做法是做成水磨石台面或钢板台面,转角处应做成圆角。短线生产的钢模承载力和刚度应满足张拉、成型、起吊时的要求。

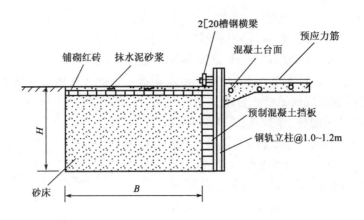

图 5-4-4 换埋式台座构造

台座长度应根据构件的长度倍数再加上一定的生产需要长度确定,以 100m 左右为宜,但不宜小于 50m。台座太长,钢筋在进行运输和放入台座时都很不方便,而且钢筋的垂度过大,对预应力有一定的影响。台座表面应光滑平整,平整度用 2m 直尺检查,不平度不得超过 3mm;横向应做成 0.5% 的排水坡度。

台座宽度主要决定于构件外形尺寸的大小、生产操作的方便程度以及用料的经济情况等。台座宽度太窄,会影响模板的安装与拆卸;太宽则需用较大的横梁,用钢量就增多。

墩式台座的各部件应符合下列要求:

(1) 台座的承力台墩必须具有足够的强度和刚度,其抗倾覆安全系数应不小于 1.5,抗滑移系数应不小于 1.3。

(2) 台座横梁应有足够的刚度,受力后的挠度应控制在 2mm 以内,并不得产生翘曲。

钢筋混凝土台座面层每隔一定距离应设置伸缩缝,伸缩缝的间距可根据当地的温差情况和经验确定,宜在 10 ~ 15m 之间。

采用预应力混凝土滑动台面,可不设置伸缩缝。但台座的基层与面层之间应有可靠的隔离措施,在台墩与面层的连接处留有供台面伸缩的间隙,构件生产时在台座端部应留出长度不小于 1m 的钢丝。

二、先张法施工工艺及要求

先张法施工的主要工作过程包括建造张拉台座、张拉预应力钢筋、绑扎钢筋骨架、架设混凝土结构模板、浇筑混凝土、养护、预应力筋放张等。图 5-4-5 所示为先张法预应力施工工艺流程图。

1. 预应力筋铺设及锚具、夹具安装

预应力筋应在台面上的隔离剂干燥之后铺设,隔离剂应有良好的隔离效果,又不会损害混凝土与钢筋的黏结力。如果预应力筋遭受污染,应使用适当的溶剂加以清刷干净。隔离剂若被雨水冲掉,应进行补涂。

下料前,应计算好钢绞线的长度,即张拉后的长度应满足锚具的安全剩余长度。下料结束后,需穿放保护钢绞线预应力的 PVC 管,PVC 管的长度和位置应符合设计要求,不得更改。钢绞线与精轧螺纹钢筋的连接锚固必须安全可靠,钢绞线间距应符合设计要求,如因精轧螺纹钢与钢绞线的连接器过大导致间距不能满足设计要求时,应将连接器位置错开。

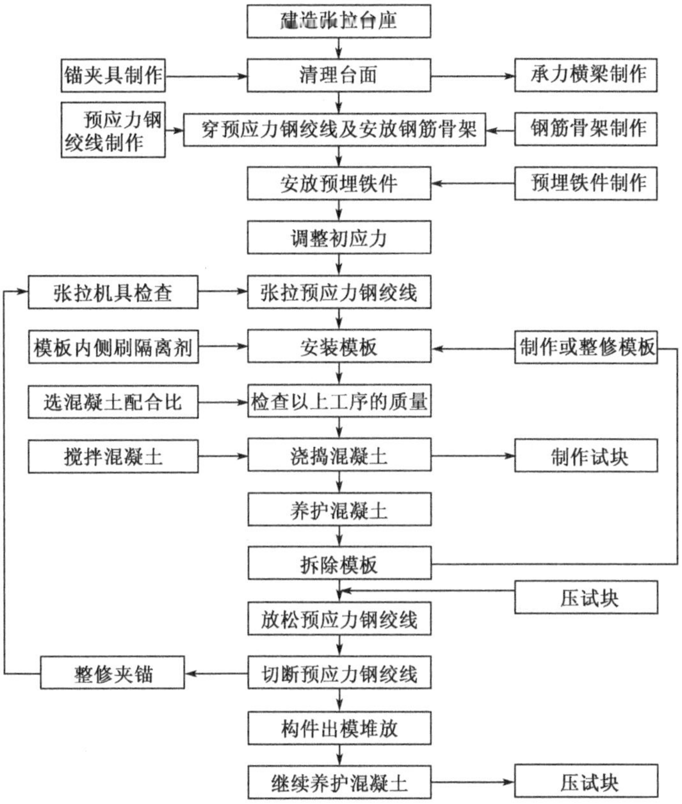

图 5-4-5　先张法预应力施工工艺流程图

长线生产时,应在预应力筋下放置保护层垫块,以防止预应力筋垂直挠度过大,影响保护层的厚度和预应力值。先张法预应力筋制作安装允许偏差见表5-4-1。

先张法预应力筋制作安装允许偏差（单位:mm）　　　　表 5-4-1

项　　目		允　许　偏　差
镦头钢丝同束长度相对差	束长 >20m	$L/5\ 000$ 及 5
	束长 6~20m	$L/3\ 000$
	束长 <6m	2
冷拉钢筋接头在同一平面的轴线偏位		2 及 1/10 直径
力筋张拉后的位置与设计位置之间的偏位		4% 构件最短边长及 5

2. 预应力钢筋张拉

预应力筋的张拉工作是预应力施工中的关键工序,为确保施工质量,预应力筋的张拉应严格按设计要求进行。预应力筋张拉时,应采取安全措施,以防止钢丝拉断或滑脱时伤人。

1) 张拉控制应力

预应力筋张拉控制应力的大小直接影响预应力效果,以及构件的抗裂度和刚度,因而控制应力不能过低。当然,控制应力也不能过高,否则会使构件出现裂缝的荷载与破坏荷载很接近,在破坏前没有明显的预兆,这是很危险的;同样,超张拉过大,使钢筋的应力值超过屈服点从而产生塑性变形,这将影响预应力值的准确性和张拉工艺的安全性;此外,控制应力较大造成构件反拱过大或预拉区出现裂缝也是不利的。但其最大控制应力不得超过表5-4-2的规定。

张拉控制应力限值　　　　　　　　　　　表5-4-2

钢筋种类	先张法	钢筋种类	先张法
预应力钢丝、钢绞线	$0.75 f_{ptk}$	螺纹钢筋	$0.75 f_{ptk}$

当符合下列情况之一时,表5-4-2中的张拉控制应力上限值可提高 $0.05 f_{ptk}$:

(1)要求提高构件在施工阶段的抗裂性能而在使用阶段受压区内设置的预应力钢筋。

(2)要求部分抵消由于应力松弛、摩擦、钢筋分批张拉以及预应力钢筋与张拉台座之间的温差等因素产生的预应力损失。

2)张拉

张拉前应检查千斤顶与底板中心是否对齐,如未对齐,必须进行调整。初拉时,可采用前卡式千斤顶左右对称逐根张拉,将钢绞线张拉到张拉应力的10%,使每根钢绞线张拉力相同,然后再进行群拉。如需要超张拉的,张拉力与伸长量满足设计要求后,上紧螺母,再进行超张拉,超张拉时必须把张拉力控制在105%,持荷5min,再用千斤顶回复。

预应力筋可根据台座采用单根张拉和多根整批张拉。先张法预应力筋张拉程序见表5-4-3。

先张法预应力筋张拉程序　　　　　　　表5-4-3

预应力筋种类		张拉程序
钢丝、钢绞线	夹片等具有自锚性能的锚具	普通松弛预应力筋:0→初应力→$1.03\sigma_{con}$(锚固) 低松弛预应力筋:0→初应力→σ_{con}(持荷5min锚固)
	其他锚具	0→初应力→$1.05\sigma_{con}$(持荷5min)→0→σ_{con}(锚固)
螺纹钢筋		0→初应力→$1.05\sigma_{con}$(持荷5min)→$0.9\sigma_{con}$→σ_{con}(锚固)

注:1.表中 σ_{con} 为张拉时的控制应力值,包括预应力损失值。

2.超张拉数值超过规定的最大超张拉应力限值时,应按规定的限制张拉应力进行张拉。

3.张拉螺纹钢筋时,应在超张拉并持荷5min后放张至 $0.9\sigma_{con}$ 时,再安装模板、普通钢筋及预埋件等。

3)预应力值的校核

张拉时对应力进行"双控",即张拉力控制和伸长值控制。预应力钢筋的张拉力,一般用伸长值校核。实测伸长值与理论伸长值的差值与理论伸长值相比在±6%之间(考虑钢筋弹性模量变化所允许的范围)时,表明张拉后建立的预应力值满足设计要求,超过这个范围应检查原因重新张拉。

也可以采用钢丝内力测定仪直接检测预应力筋的预应力值来对张拉结果进行校核。

先张法的实际伸长值的测量,宜在初应力约为10%时开始,在横梁板、承力架、锚固板处的预应力筋上记上标志,或度量穿心式千斤顶的张拉缸行程。张拉距离再加上初应力前的推算伸长值,便是实际伸长值;对后张法,尚应扣除混凝土在张拉过程中的弹性压缩值。

4)张拉操作要点

先张法预应力筋张拉的操作要点见表5-4-4。

先张法预应力筋张拉的操作要点 表5-4-4

序号	项目	操作要点
1	气温	在气温低于5℃的环境下,不宜制作预应力混凝土构件
2	模板	1. 要求模板不变形、不漏浆、拆装方便; 2. 作为支承张拉力的模外张拉的侧板或底板,应有足够的刚度; 3. 用地台面作底板时,安装模板应避开伸缩缝;如必须跨压伸缩缝时,宜用薄钢板垫铺,以备放张时滑动; 4. 槽形板胎模的圆角要光滑,端部横肋斜度应大于1:1.5
3	预应力筋	1. 预应力筋上的油污,应用棉纱头或抹布抹除; 2. 在张拉至95%σ_{con}时,可进行预埋件、箍筋等的校正工作; 3. 长线生产时,应在预应力筋下放置保护层垫块
4	设备及仪表	1. 应由专人使用,定期维护和校验; 2. 用于长线生产的张拉机,其测力误差不得大于3%,每3个月校验一次; 3. 用于短线生产的油泵、压力表、千斤顶等,每半年校验一次; 4. 已磨蚀较大的锚夹具,应立即更换,不宜勉强使用; 5. 张拉前应进行一次检查,保证钢丝绳无破损,千斤顶无泄漏,滑轮组润滑良好; 6. 用横梁成组张拉时,注意力点应均匀对称;注意横梁、千斤顶、拉力架等应稳定
5	张拉	1. 应将张拉参数(张拉力、油压表值、伸长值等)标在牌上,供操作人员掌握; 2. 冷拔钢丝及冷轧钢丝(筋)采用一次张拉,施工张拉值可适当提高,但不宜超过0.05σ_{con}; 3. 多根钢筋成组拉时,先将各根钢筋调整至松紧程度相同,并在张拉至5%~10%时检查,保证初应力一致;在钢丝或张拉杆上记上标志,作为伸长值的起点,以供检查; 4. 分批张拉时,先张拉靠近台座截面重心部位的筋,避免台座偏心受力过大; 5. 如对冷拔低碳钢丝作折线张拉时,应在两端张拉,并在钢丝弯折处装设定位滚筒,减少摩擦损失; 6. 预应力筋如有拉断或滑脱,应予更换
6	锚固	1. 张拉完成后,持荷2~3min,待预应力值稳定后,方可锚固; 2. 锚固时,顶塞圆锥形锚塞、齿板、夹片时,不宜突然用力,以免用力过猛发生撞击;拧螺母时,注意使压力表维持在控制张拉力的读数上; 3. 长线生产中,冷轧钢丝(筋)在锚固后仍有滑移,滑移值超过5mm时,应重新进行张拉; 4. 按照表5-4-2进行预应力值的检查; 5. 对于张拉工艺的各项数值,应按规定填写记录

张拉时,预应力筋的断丝数量不得超过表5-4-5的规定。

先张法预应力筋断丝限制 表5-4-5

预应力筋种类	检查项目	控制数
钢丝、钢绞线	同一构件内断丝数不得超过钢丝总数的百分比	1%
螺纹钢筋	断筋	不容许

预应力筋张拉完毕后,其位置与设计位置的偏差应不大于5mm,同时不应大于构件最短边长的4%,且宜在4h内浇筑混凝土。

3. 混凝土浇筑

预应力筋张拉结束后,为了防止出现滑丝现象造成伤人事故,一般8h后方可进行构造钢筋绑扎、安装预埋件。经验收合格后,可进行混凝土浇筑。浇筑时应注意:

(1)按照混凝土施工操作要点进行操作。

(2)如用人工操作,必须反铲下料;如用翻斗车、吊斗下料,应注意铺料均匀;如构件上面有构造网片的,不宜用翻斗车、吊斗直接下料,避免压弯网片。

(3)根据构件种类,采用适当的振捣设备:梁柱宜用插入式振动器;深梁宜用附着式振动器;小梁、板肋宜用剑式振动器;板类宜用平板式振动器;短线模外张拉的构件,宜用振动台。

(4)振捣工作要求边角密实饱满,特别是两端必须密实饱满。

(5)振捣时,振动棒严禁触动预应力筋。

(6)每一条长线台座的构件,宜在一个台班内全部完成。

(7)长线生产应连续进行至整条生产线完成。如必须间歇,间歇后生产的这个构件必须在前一个构件初凝前将浇筑、抹面等工作全部做完。否则应间隔24h以上方可继续。如气温低于20℃,则更应多延长时间间隔。

(8)预制构件表面应原浆抹平或拉纹,不得洒水或撒干水泥粉。

4.预应力筋放张

预应力筋放张时构件混凝土的强度和弹性模量(或龄期)应符合设计规定,设计未规定时,混凝土的强度应不低于设计强度等级值的80%,弹性模量应不低于混凝土28d弹性模量的80%。

在预应力筋放张之前,应将限制位移的侧模、翼缘模板或内模拆除。

预应力筋的放张顺序应符合设计规定,设计未规定时,应分阶段、均匀、对称、相互交错地放张。

1)常用的放张方法

常用的放张方法有:螺杆放张法、砂箱放张法、千斤顶放张法、楔形垫放张法、预热放张法。

(1)螺杆放张法。螺杆放张装置由螺杆、钢横梁、承力架等组成(图5-4-6)。承力架通过螺杆固定在台座的横梁上,预应力钢丝用夹具锚固在承力架上。混凝土强度达到要求时,由两人用大扳手将两个螺母同时缓慢拧松,然后剪断钢丝。此放张方法可用于小构件。

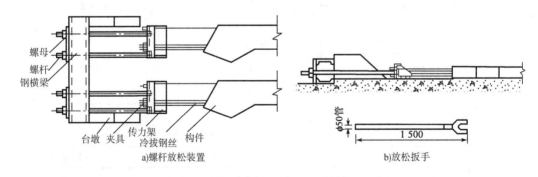

图5-4-6 螺杆放张装置示意图(尺寸单位:mm)

(2)砂箱放张法。砂箱放张预应力钢丝的装置,由砂箱、螺杆、横梁、承力架四部分组成(图5-4-7)。砂箱内预先装入干燥而洁净的砂,装砂量约为砂箱容积的2/3。钢丝张拉完毕后,由于预应力作用,将砂压紧。混凝土强度达到要求时,打开砂箱出砂口,砂子在压力作用下缓慢往外流出,砂箱中的活塞逐渐套入套筒内,钢丝就得到放张。这种方法比较安全可靠,设备简单,操作方便,劳动强度较轻。但砂箱放张时,放张速度应注意尽量一致,以免构件受扭损伤。

(3)千斤顶放张法。凡采用千斤顶成批张拉的预应力筋,仍然可采用千斤顶整批放张(图5-4-8),该法是目前最常用的放张方式。与张拉时的布置一样,将预应力筋张拉到接近控制应力时拧松工具丝杠上的螺母,并留出放张后回缩的距离,然后徐徐回油,预应力筋徐徐回缩。放张的关键是"慢",否则构件跨中上部易出现竖向裂缝。

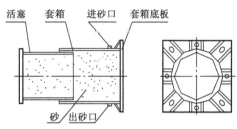

图5-4-7 砂箱放张装置示意图

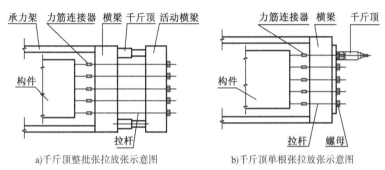

a)千斤顶整批张拉放张示意图　　b)千斤顶单根张拉放张示意图

图5-4-8 千斤顶放张装置图

(4)楔形垫放张法。张拉时,在张拉端设楔形马蹄垫(图5-4-9),待混凝土达到强度时,从下往上打掉楔形马蹄垫,往右打开套筒,预应力筋就从夹具中松开而回缩。

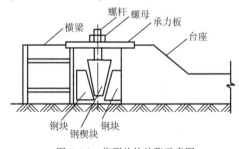

图5-4-9 楔形垫块放张示意图

(5)预热放张法。可采用氧乙炔焰轮流烘烤,随着温度的不断升高,强度逐渐降低,烘烤部位产生局部伸长,然后熔割切断。此法可用于其他方法无法放张的特殊情况。

2)放张注意事项

预应力筋放张前,应将非承力模板的端模、侧模拆除,检查混凝土振捣质量,尤其是传力区段,如有蜂窝、孔洞等较严重的缺陷,应进行补强并养护达到规定强度,才可放张预应力筋,以免发生抽筋等严重事故。

放张预应力钢丝时,混凝土立方体抗压强度应符合设计规定。如设计无明确要求时,不得低于设计混凝土立方体抗压强度标准值的75%。放张预应力筋宜缓慢,防止受突然冲击。预应力筋放张应根据构件类型与配筋情况,选择正确的顺序与方法。如设计无放张顺序要求时,应符合下列规定:

(1) 应先放张预压力较小区域的预应力钢丝,后放松预压力较大区域的预应力钢丝。

(2) 对粗钢筋(钢丝束、钢绞线)不宜逐根放张,应将承力横梁整体放张,并掌握对称、同步、缓慢三要素。

(3) 预应力筋放张的顺序:对于中心预压构件,最好全部预应力筋同时放张;对于偏心预压构件,如不能全部同时放张时,必须先放张受预压力较小区的预应力筋,然后再放张受预压力较大区的预应力筋。各受力区预应力筋放张时,如受设备限制不能同时放张全部预应力筋时,则应对称、相互交错、分批、分阶段地放张,以免构件发生不应有的裂纹、弯曲,预应力筋发生断裂现象。

(4) 板类构件应按对称的原则从两边同时向中间放张,以防止放张过程中构件发生翘曲、裂缝。

(5) 采用剪丝钳剪断预应力筋时,两手用力要均匀,不得采用扭折的方法。

(6) 对有多根预应力钢丝密集的构件,宜采用螺杆松张器等,缓慢放张后再逐根剪断。

(7) 对用胎模生产的构件,放张预应力钢丝时应采取防止构件端部产生裂缝的有效措施,并使构件能自由滑动。

3) 断筋方法

(1) 钢丝及小钢筋,可用断线钳剪断,不得用反复弯曲的方法扭断。

(2) 钢筋可在放张后再用乙炔割断。

(3) 对于任何钢筋、钢丝,均不得用电弧烧断。

(4) 钢丝剪断后的外露长度,应符合设计规定,设计无规定时,不得大于 100mm。

5. 预制构件堆放

堆放构件的场地应平整夯实,防止不均匀沉陷而使构件断裂。堆放时,使构件与地面之间留有一定空隙,并有排水措施。构件堆放应按构件的刚度及受力情况平放或立放,并应保持稳定。

梁的叠放应小于 4 层,重叠堆放的构件,应吊环向上,标志向外。堆垛高度应按构件强度、地面承载力、垫木强度及堆垛的稳定性确定,底层垫木的位置,应在理论支承线上,向上各层的垫木应略向里收缩。垛与垛之间应留有一定的空隙。

三、先张法预应力混凝土质量检验及验收要点

1. 预应力筋

主要检验预应力筋的等级、抗拉强度及伸长率,以及预应力筋的数量、位置和张拉控制应力。

预应力筋进场时,应按现行国家标准《预应力混凝土用钢绞线》(GB/T 5224—2014)等的规定抽取试件做力学性能检验,其质量必须符合有关标准的规定。

使用预应力筋前,应进行外观检查,其质量应符合下列要求:有黏结预应力筋展开后应平顺,不得有弯折,表面不应有裂纹、小刺、机械损伤、氧化铁皮和油污等。

张拉过程中应避免预应力筋断裂或滑脱。对先张法预应力构件,在浇筑混凝土前发生断裂或滑脱的预应力筋必须予以更换。

预应力筋的张拉力、张拉或放张顺序及张拉工艺应符合设计及施工技术方案的要求,并应符合下列规定:

(1)当施工需要超张拉时,最大张拉应力不应大于国家现行标准《混凝土结构设计规范》(GB 50010—2010)的规定。

(2)张拉工艺应能保证同一束中各根预应力筋的应力均匀一致。

(3)先张法预应力筋放张时,宜缓慢放松锚固装置,使各根预应力筋同时缓慢放张。

(4)当采用应力控制方法张拉时,应校核预应力筋的伸长值。实际伸长值与设计计算理论伸长值的相对允许偏差为±6%。

(5)预应力筋张拉锚固后实际建立的预应力值与工程设计规定检验值的相对允许偏差为±5%。

2. 混凝土

检验内容包括:混凝土标准养护28d的强度,放张时及构件出厂(场)时的强度。

预应力筋张拉或放张时,混凝土强度应符合设计要求;当设计无具体要求时,不应低于设计混凝土立方体抗压强度标准值的75%。

3. 外观检查

检查构件表面的露筋、裂缝、蜂窝及麻面等缺陷的情况;放张预应力筋时钢筋(丝)的内缩量;构件各部分的尺寸偏差。

预应力筋张拉后与设计位置的偏差不得大于5mm,且不得大于构件截面短边边长的4%。

4. 构件结构性能

检验构件的强度、刚度、抗裂度或裂缝宽度和反拱度。构件的结构性能检验采用短期静力加载的方法。

此外,构件在生产过程中进行检验的项目,如对预应力筋张拉机具设备及仪表,应定期维护和校验。水泥、砂、石材及外加剂的质量检验,混凝土配合比设计,混凝土坍落度的测定值等都应详细记录,整理存档备查。模板的偏差必须符合设计及规范规定的要求。预应力筋用锚具、夹具和连接器的质量检验应满足要求。

任务五 后张法预应力混凝土简支梁构件的制作工艺

相比先张预应力体系,后张预应力体系具有更大的适用范围。根据后张预应力工艺及体系的特点,后张预应力体系几乎适合各种类型的预应力混凝土结构与构件,尤其适合大型、大跨、预应力筋布置复杂、现场施工的预应力混凝土结构与构件。

一、后张法施工工艺流程

后张法与先张法的不同之处在于:先张法先在张拉台座上张拉预应力钢筋,然后浇筑混凝土;而后张法是先浇筑混凝土,待混凝土达到一定强度后直接在结构上张拉钢筋。图5-5-1是后张法预应力混凝土预制箱梁施工工艺流程图。

二、预应力孔道安装

1. 孔道留置的原则

孔道在混凝土浇捣时留置。孔道的尺寸与位置应正确,预留孔道的位置,也就是预应力束(筋)的位置,如果孔道位置不正确,将使预应力束(筋)位置偏移,张拉后会使构件受力不均,容易引起翘曲,影响构件质量;要保证预留孔道畅通,若孔道不畅通,不仅穿筋困难,而且会产生很大的摩阻力,影响张拉力的准确;孔道的线形应平顺,接头不漏浆等;孔道端的预埋钢板应垂直于孔道中心线。孔道成型的质量,直接影响到预应力筋的穿入与张拉,因此应严格控制。

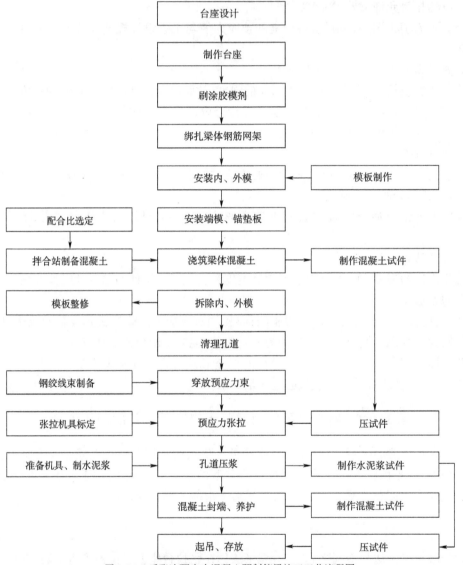

图 5-5-1　后张法预应力混凝土预制箱梁施工工艺流程图

孔道的直径应根据预应力筋的外径和所用锚具的种类而定,对粗钢筋,一般应比预应力筋的直径、钢筋对焊接头处外径或穿过孔道的锚具或连接器外径大 10~15mm,以便于它们顺利通过,并易于保证灌浆密实。对钢丝或钢绞线,孔道的直径应比预应力束外径或连接器外径大 5~10mm,且孔道面积应大于预应力筋面积的 2 倍。曲线孔道的转向角和曲率半径均按预应力筋的相应值采用。孔道之间的间距以及孔道壁与构件表面的净距,既要便于浇筑混凝土,又要便于施加预应力,一般孔道之间的净距不应小于 50mm,孔道壁与构件表面的净距不应小于 40mm。特殊情况下,应根据所采用的锚具和张拉设备而定,以免施加预应力时造成困难。

2. 孔道安装

预应力筋预留孔道的尺寸与位置应正确,孔道应平顺,端部的预埋钢垫板应垂直于孔道中心线。

1) 金属波纹管

波纹管的接长可采用大一号同型波纹管作为接头管。接头管的长度:管径为 φ40 ~ 65mm 时取 200mm;φ70 ~ 85mm 时取 250mm;φ90 ~ 100mm 时取 300mm。管两端用密封胶带或塑料热缩管封裹(图 5-5-2),以防接缝处漏浆。波纹管与锚垫板的连接一般是将波纹管伸入喇叭口中,在接头处用密封胶带封裹严密。

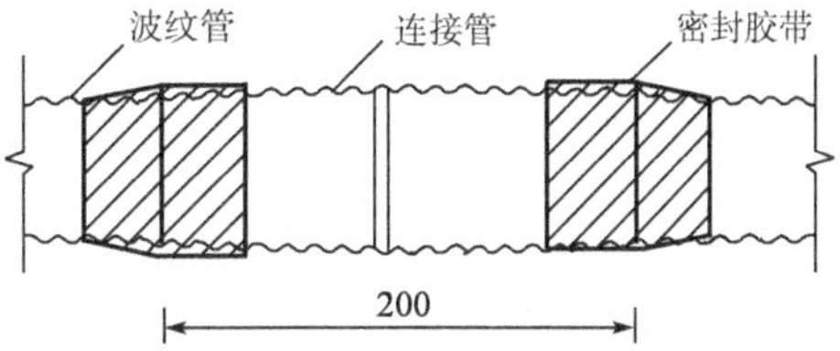

图 5-5-2 金属波纹管(尺寸单位:mm)

安装波纹管时,宜事先按设计图中预应力筋的曲线坐标在侧模板上弹线,以波纹管底为准,定出波纹管曲线位置;也可以梁底模板为基准,按预应力筋曲线坐标,直接量出相应点的高度,标在箍筋上,定出波纹管曲线位置。波纹管的固定,可采用钢筋托架(图 5-5-3),间距不宜大于 0.8m。钢筋托架应焊在箍筋上,箍筋下面要用垫块垫实。波纹管安装就位后,必须用铁丝将波纹管与钢筋托架绑在一起,或在波纹管顶部绑一根钢筋,以防浇筑混凝土时因波纹管上浮而引起严重的质量事故。波纹管安装就位过程中应尽量避免反复弯曲,以防管壁开裂,同时,还应防止电焊火花烧伤管壁。

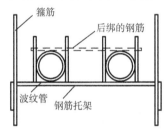

图 5-5-3 钢筋托架

波纹管安装后,应检查其位置、曲线形状是否符合设计要求,波纹管的固定是否牢靠,接头是否完好,管壁有无破损等。如有破损,应及时用胶粘带修补。波纹管控制点的安装允许偏差:垂直方向为 ±10mm;水平方向为 ±20mm。从梁整体上看,波纹管在梁内应平坦;从梁侧看,波纹管曲线应平滑连续,安装后对个别不平顺处作调整。

2) 塑料波纹管

夏季天气炎热,供货至现场的高密度聚乙烯塑料波纹管会因高温暴晒影响其线刚度,因此应注意随时检查是否因直线段定位架间距较大而影响线形流畅,必要时采取措施加密定位架。

塑料波纹管定位架间距一般直线段设计为 1m,曲线段为 0.5m。对于采用连续波纹肋的塑料波纹管,定位架间距应统一加密为 0.5m。

在张拉端端部,塑料波纹管必须插入喇叭管内一定长度,应确保接口处密封完好。塑料波纹管的连接宜采用电热板热接或卡箍套连接。当采用类似于金属波纹管大一号套管旋接时,其套管应有不小于 200mm 的长度,连接口处用胶带密封(自带密封圈的除外),以免漏气。管道在模板内安装完毕后,应将其端部盖好,防止水或其他杂物进入。

3) 后张孔道安装允许偏差(表 5-5-1)

后张预应力筋制作安装允许偏差（单位：mm） 表 5-5-1

项	目	允许偏差
管道坐标	梁长方向	30
	梁高方向	10
管道间距	同排	10
	上下层	10

3. 灌浆孔、排气孔、排水孔、泌水孔的设置

灌浆孔、排气孔、排水孔、泌水孔必须在留置孔道的时候同时留置。压浆管、排气管和排水管应是最小内径为 20mm 的标准管或适宜的塑性管，与管道之间的连接应采用金属或塑料结构扣件，长度应足以从管道引出结构物以外。

灌浆孔或排气孔应设置在构件两端及跨中，也可设置在锚具或铸铁喇叭处，孔距一般不宜大于 12m，灌浆孔的直径应与输浆管管嘴外径相适应，一般不宜小于 16mm。各孔道的灌浆孔不应集中于构件的同一截面，以免截面面积过分减小。灌浆孔的方向应能使灌浆时灰浆自上向下垂直或倾斜注入孔道，或自侧向水平注入孔道，以便于操作。曲线孔道灌浆时的最低点应设置排气孔，以利于排除空气，保证灌浆密实。设置排气孔是为了保证孔道内气流通畅，不形成死角，保证水泥浆充满孔道。有些锚具在锚固后仍然有孔道或空隙，孔道中的空气可以通过这些孔洞、空隙排除，在这种情况下，孔道端部就不必专设排气孔槽。但有些锚具（如带有螺丝端杆的锚具）在锚固预应力筋后就将孔道端部封闭，在这种情况下，孔道端部必须设置排气孔槽。排气孔对直径要求不严，一般施工中将灌浆孔与排气孔统一做成灌浆孔。灌浆孔或排气孔在跨内高点处应设在孔道上侧方，在跨内低点处应设在下侧方。

对连续结构中呈波浪状布置的曲线束，且高差较大时，应在孔道的每个峰顶处设置泌水孔，开口向上，露出梁面的高度一般不小于 500mm。泌水管用于排出孔道灌浆后水泥浆的泌水，并可二次补充水泥浆。泌水管一般可与灌浆孔统一留用；起伏较大的曲线孔道，应在弯曲的最低点处设置排水孔，开口向下，主要用于排出灌浆前孔道内冲洗用水或养护时进入孔道内的水分（图 5-5-4 ~ 图 5-5-7）。

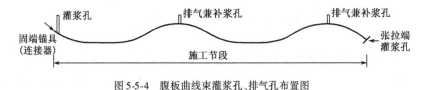

图 5-5-4 腹板曲线束灌浆孔、排气孔布置图

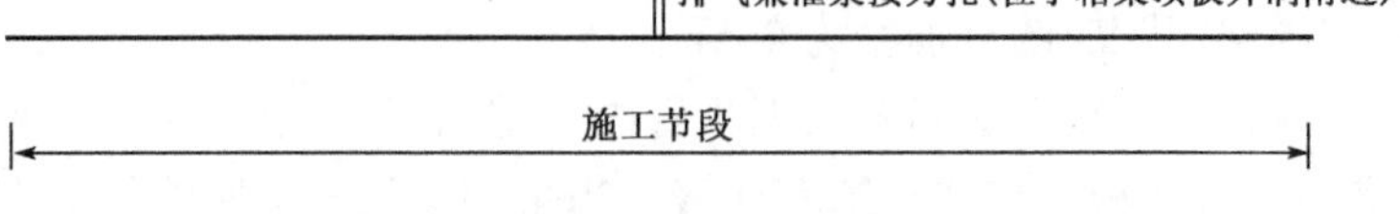

图 5-5-5 顶板、底板直线束灌浆孔、排气孔布置图

在混凝土浇筑过程中，为了防止波纹管偶尔漏浆引起孔道堵塞，应采用通孔器通孔，通孔器由长 60~80mm 的圆钢制成，其直径小于孔径 10mm，用尼龙绳牵引。

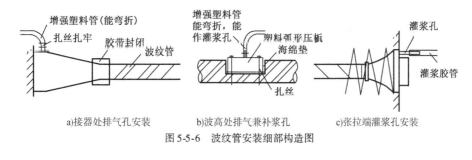

图 5-5-6　波纹管安装细部构造图

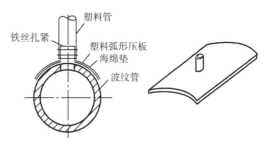

图 5-5-7　波纹管上的留浆孔

腹板曲线束的灌浆孔均设置在位于曲线波高施工缝的锚垫板上,为保证全线闭气,中间部位设排气孔。位于连接器部位、P 锚约束环附近的排气孔兼作真空抽吸孔的安装应注意安装质量,应采用塑料增强管(纤维网增强或钢丝弹簧圈增强)或高密度聚乙烯管留孔,要求能承受 0.6MPa 的灌浆保压压力,能弯折闭气,内径不小于 20mm。

三、预应力钢筋及锚具安装

1. 预应力筋制作

预应力筋下料应在平坦、洁净的场地上进行。在预应力筋近旁对其他部件进行气割或焊接时,应防止预应力筋受焊接火花或搭铁电流的影响。

(1)其下料长度应采用钢尺丈量,使用砂轮锯或专用切筋器切断。钢丝下料时,对表面有电接头或机械损伤的钢丝应剔除。预应力筋的下料长度应通过计算确定,计算时应考虑结构的孔道长度或台座长度、锚夹具厚度、千斤顶长度、焊接接头或镦头预留量、冷拉伸长值、弹性回缩值、张拉伸长值和外露长度等因素。

(2)钢丝、钢绞线、热处理钢筋、冷拉Ⅳ级钢筋、冷拔低碳钢丝及精轧螺纹钢筋的切断,宜采用切断机或砂轮锯,不得采用电弧切割。不允许采用电弧切割下料,以免钢绞线可能因产生意外打火而造成损伤。

(3)预应力筋镦粗头。预应力筋镦头锚固时,对于高强钢丝,宜采用液压冷镦;对于冷拔低碳钢丝,可采用冷冲镦粗;对于钢筋,宜采用电热镦粗,但Ⅳ级钢筋镦粗后应进行电热处理。冷拉钢筋端头的镦粗及热处理工作,应在钢筋冷拉之前进行,否则应对镦头逐个进行张拉检查,检查时的控制应力应不小于钢筋冷拉的控制应力。

(4)预应力筋编束。预应力筋由多根钢丝或钢绞线组成时,同束内应采用强度相等的预应力钢材。编束时,应逐根理顺,绑扎牢固,防止互相缠绕。

钢丝编束、张拉端镦头、锚具安装及钢丝镦头宜同时进行。钢丝的一端先穿入锚具并镦头,另一端用细铁丝将内外圈钢丝按锚具处相同的顺序分别编扎,端头扎紧,并沿束长适当编扎几道。

(5)精轧螺纹钢筋下料以前,必须把钢厂因剪切钢筋形成旁弯和螺纹被压扁的钢筋端头部分切去,以保证精轧螺纹钢筋与连接器和螺母能顺利进行连接。钢筋下料宜采用砂轮切割机切断,切割后应除去毛刺,端头表面应平整。钢筋接长时,应使相连接的钢筋接头位于连接器中间,并将钢筋接头处端头顶紧。当构件截面内配有两根以上的精轧螺纹钢筋时,连接器位置应相互错开。

2. 穿束

穿束前,应检查锚垫板和孔道的位置,使其正确,灌浆孔和排气孔应满足施工要求,孔道内应畅通,无水分和杂物,锚具、垫板接触处板面上的焊渣、混凝土残渣等要清除干净。

(1)穿束的方法。

①根据穿束与浇筑混凝土之间的先后关系,可分为先穿束和后穿束两种。

先穿束法即在浇筑混凝土之前穿束。对埋入式固定端或采用连接器施工时,必须采用先穿法。此法穿束省力,但穿束占用工期,束的自重引起的波纹管摆动会增大摩擦损失,束端保护不当易生锈。施工时,穿束与预埋波纹管需密切配合,特别注意,要绝对保证波纹管不因施工振捣引起过大变形而漏浆,进而影响预应力张拉施工。

后穿束法即在浇筑混凝土之后穿束。此法可在混凝土养护期内进行,不占工期,便于用通孔器或高压水通孔,穿束后即行张拉,易于防锈,但穿束较为费力。穿束前,应检查锚垫板和孔道,锚垫板位置应准确,孔道内应畅通,无水和其他杂物。根据一次穿入数量,可分为整束穿和单根穿。钢丝束应整束穿;钢绞线优先采用整束穿,也可用单根穿。

②按操作对象,穿束工作可由人工、卷扬机或穿束机进行。

人工穿束可利用起重设备将预应力束吊起,工人站在脚手架上逐步穿入孔内。束的前端应扎紧并裹胶布,以便顺利穿过孔道。对多波曲线束,宜采用特制的牵引头,工人在前头牵引,后头推送,用对讲机保持前后两端同时出力。对长度不大于 50m 的两跨曲线束,人工穿束更为方便。在多波曲线束中,用人工穿单根钢绞线较为困难。

用卷扬机穿束主要用于特长束、特重束、多波曲线束等整束穿的情况。卷扬机的速度宜慢些(约 10m/min),电动机功率为 1.5~2.0kW。束的前端应装有穿束网套或特制的牵引头。穿束网套可用细钢丝绳编织。网套上端通过挤压方式装有吊环。使用时,可将钢绞线穿入网套中(到底),前端用铁丝扎死,顶紧不脱落即可。

用穿束机穿束适用于单根穿钢绞线的情况。穿束机有以下两种类型:一是由油泵驱动链板夹持钢绞线传送,速度可任意调节,穿束可进可退,使用方便;二是由电动机经减速器减速后由两对滚轮夹持钢绞线传送,进退由电动机的正反控制。穿束时,钢绞线前头应套上一个子弹头形的壳帽。

(2)预应力筋安装后应进行保护。

①对在混凝土浇筑及养生之前安装在管道中,但在下列规定时限内没有压浆的预应力筋,应采取防止锈蚀或其他防腐蚀的措施,直至压浆。

不同暴露条件下,未采取防腐蚀措施的力筋在安装后至压浆时的容许间隔时间如下:

a. 空气湿度大于70%或盐分过大时为7d;

b. 空气湿度在40%~70%时为15d;

c. 空气湿度小于40%时为20d。

②将力筋安装在管道中后,管道端部开口应密封,以防止湿气进入。采用蒸汽养生时,在养生完成之前不应安装力筋。

③在任何情况下,当在安装有预应力筋的构件附近进行电焊时,对全部预应力筋和金属件均应进行保护,防止溅上焊渣或造成其他损坏。

(3)对在混凝土浇筑之前穿束的管道,力筋安装完成后,应进行全面检查,以查出可能被损坏的管道。在混凝土浇筑之前,必须将管道上一切非有意留的孔、开口或损坏之处修复,并应检查力筋能否在管道内自由滑动。

3.锚具、夹具和连接器的安装

锚具与夹具必须是配套产品。安装时,应遵守《预应力筋用锚具、夹具和连接器应用技术规程》(JGJ 85—2010)的要求。

安装锚具前,应将钢绞线表面黏着的泥砂及灰浆用钢丝刷清除。对锚环或锚板表面的防锈油可不再清除,但锥形孔须保持清洁,不得有泥土、砂粒等脏物。当按施工工艺规定需要在锚固零件上涂抹介质以改善锚固性能时,应在锚具安装时涂抹。

钢绞线穿入孔道时,应保持外表面干净,不得拖带污物;穿束以后,应将其锚固夹持段及外端的浮锈和污物擦拭干净。

安装锚具和连接器时,应与孔道(或锚板)对中。锚垫板上设置对中止口时,则应防止锚具偏出止口以外,形成不平整支承状态。安装夹片式锚具时,各根预应力钢材应平顺,不得扭绞交叉;夹片应采用穿在钢绞线上的工具台套打紧,并外露一致。

夹片式、锥塞式等形式的锚具,在预应力筋张拉和锚固过程中或锚固完成以后,均不得大力敲击或振动,以防锚具或夹片爆裂而发生质量或安全事故。

利用螺母锚固的支承式锚具,安装前应逐个检查螺纹的配合情况。对于大直径螺纹的表面应涂润滑油脂,以确保张拉和锚固过程中顺利旋合和拧紧。

安装千斤顶时,应特别注意其活塞上的工具锚的孔位和构件端部工作锚的孔位排列一致。严禁钢绞线在千斤顶的穿心孔内发生交叉,以免张拉时出现断丝等事故。

应注意保持工具锚的夹片清洁良好的润滑状态。第一次使用新的工具锚夹片前,应在夹片背面涂上润滑脂,以后每使用5~10次,应将工具锚上的挡板连同夹片一向卸下。向锚板的锥孔中重新涂上一层润滑剂,以防夹片在退楔时被卡住。润滑剂可用石墨、二硫化钼、石蜡或专用的退锚灵等。当工具夹片开裂或牙面缺损较多,工具锚板出现明显变形或工作表面损伤显著时,均不得继续使用。

采用连接器接长预应力筋时,应全面检查连接器的所有零件,必须执行全部操作工艺,以确保连接器的可靠性。

预应力筋锚固以后,因故必须放松时,对于支承式锚具,可用张拉设备松开锚具,将预应力缓慢地卸除;对于夹片式、锥塞式等锚具,宜采用专门的放松装置将锚具松开(注意:非常危险,必须由专业人员操作)。任何时候都不得在预应力筋存在拉力的状态下直接将锚具切去。

四、预应力筋张拉

1. 张拉程序

预应力筋的张拉程序,主要根据构件类型、张锚体系、松弛损失取值等因素确定,见表5-5-2。

后张法预应力筋张拉程序　　　　　　　　　表5-5-2

锚具和预应力筋类别		张拉程序
夹片等具有自锚性能的锚具	钢绞线束、钢丝束	普通松弛力筋 $0 \to$ 初应力 $\to 1.03\sigma_{con}$(锚固)
		低松弛力筋 $0 \to$ 初应力 $\to \sigma_{con}$(持荷5min锚固)
其他锚具	钢绞线束、钢丝束	$0 \to$ 初应力 $\to 1.05\sigma_{con}$(持荷5min) $\to \sigma_{con}$(锚固)
		$0 \to$ 初应力 $\to 1.05\sigma_{con}$(持荷5min) $\to 0 \to \sigma_{con}$(锚固)
螺母锚固锚具	螺纹钢筋	$0 \to$ 初应力 $\to \sigma_{con}$(持荷5min) $\to 0 \to \sigma_{con}$(锚固)

注:1. 表中 σ_{con} 为张拉时的控制应力,包括预应力损失值。
　　2. 两端同时张拉时,两端千斤顶升降压、画线、测伸长值等工作应基本一致。
　　3. 超张拉数值超过规定的最大超张拉应力限值时,应按该条规定的限值进行张拉。

2. 张拉方式

预应力筋的张拉顺序,应使结构及构件受力均匀、同步,不产生扭转、侧弯,不应使混凝土产生超应力,不应使其他构件产生过大的附加内力及变形等。因此,无论对结构整体,还是对单个构件而言,都应遵循同步、对称张拉的原则。此外,安排张拉顺序还应考虑到尽量减少张拉设备的移动次数。张拉顺序应根据设计计算书与设计图确定。

施加预应力的方式很多,除常用的一端张拉、两端张拉、对称张拉、超张拉等以外,还有分批张拉、分段张拉、分阶段张拉、补偿张拉等。这些张拉方式的采用,事先都应有明确的计划、准备,以便逐步实施。

1) 一端张拉工艺

一端张拉工艺就是将张拉设备放置在预应力筋一端的张拉形式,主要用于埋入式固定端、分段施工采用固定式连接器连接的预应力筋和其他可以满足一端张拉要求的预应力筋。该工艺适用于长度≤30m的直线预应力筋与锚固损失影响长度 $L_f \geq L/2$(L 为预应力筋长度)的曲线相应力筋。

为了克服孔道摩擦力的影响,使预应力钢筋的应力得以均匀传递,采用反复张拉2~3次的方法,可达到较好的效果。一端张拉工艺过程可以是分级张拉、一次锚固,也可以是分级张拉、分级锚固。

2) 两端张拉工艺

两端张拉工艺是将张拉设备同时布置在预应力筋两端同时同步张拉的施工工艺,其适用于较长的预应力筋束。原则上讲,两端张拉应同时同步进行,但当张拉设备数量不足或由于张拉顺序安排关系,也可先在一端张拉完成后,再移至另一端补足张拉力后锚固。

该工艺适用于长度大于30m的直线预应力筋与锚固损失影响长度 $L_f < L/2$ 的曲线预应力筋。对一端张拉完成后,另一端损失值不大,再补张另一端时,出现张拉力达到要求而伸长值没有增加的情况时,应考虑采用两端同步张拉工艺。出现这种情况是因为夹片式锚具锚固楔紧后,若要重新打开夹片,必须同时克服夹片与锚环锥孔的楔紧摩擦力和预应力筋中

的锚固力,方能重新打开夹片,此时预应力筋中张拉力才与油表显示值一致。

3)分级张拉一次锚固

油泵供油给千斤顶张拉油缸,按五级加载过程依次上升油压,分级方式为20%、40%、60%、80%、100%,每级加载均应量测伸长值,并随时检查伸长值与理论值的偏差。

张拉到规定油压后,持荷复检伸长值,合格后,实施锚固。对钢丝束锥形锚具,持荷后实施顶压锚固工艺,然后卸载锚固;对钢丝束镦头锚具,通过专用工具拧紧螺母后,千斤顶卸载锚固;对钢绞线束夹片式群锚体系(如 QM 体系),千斤顶卸载即可锚固,也可顶压后卸载锚固(如 XM 体系)。

4)分级张拉分级锚固

预应力筋张拉用液压千斤顶的张拉行程一般为 150~200mm,对较长的预应力筋束(一般当预应力筋长度大于 25m 时),其张拉伸长值会超过千斤顶的一次全行程,必须分级张拉、分级锚固。对超长预应力筋束(如大跨径桥梁、电视塔等结构),其张拉伸长值甚至可达到千斤顶行程的好几倍,必须经过多次张拉、多次锚固,才能达到最终张拉力和伸长值。

分级张拉、分级锚固应根据计算伸长值,将张拉过程分成若干次,每次均实施一轮张拉锚固工艺,每一轮的初始油压即为上一轮的最终油压,每一轮的拉力差值应取相同值,以便控制,一直到最终油压值锚固。

3. 张拉设备的选用和校验

应根据构件特点、所有预应力筋及锚夹具的类型、张拉力大小等,选择合适的张拉设备,主要是选择张拉设备的吨位、行程、压力表的规格等。预应力筋的张拉力一般为设备额定张拉力的50%~80%,预应力筋的一次张拉伸长值不应超过设备的最大张拉行程。当一次张拉不足时,可采用分级重复张拉的方法,但所用的锚具与夹具应适应重复张拉的要求。

将选用的张拉设备包括油压千斤顶、高压油泵和油压表,编号配套进行校验。在校验时,最好将与控制张拉力和超张拉力相应的油压表读数校验出来,以便于张拉时直接掌握。

对所用的油压千斤顶、高压油泵和油压表、连接管路等要试车进行检查,如发现有漏油和不正常的情况,要查明原因,及时排除。当使用紫铜管连接千斤顶与油泵时,要注意检查在弯曲处有无裂纹,喇叭口是否完整无损,如发现问题,要修理完好后才能使用。

4. 构件检查

施加预应力前,应对混凝土构件进行检验,外观和尺寸应符合质量标准要求;张拉时,构件混凝土的强度、弹性模量(或龄期)应符合设计规定;设计未规定时,混凝土强度应不低于设计值强度等级值的80%,弹性模量不低于混凝土28d 弹性模量的80%。

预应力筋穿入孔道前,应检查其品种、规格、长度和有关的对焊、冷拉记录及机械性能试验报告。

所用锚夹具应按其质量标准要求进行检验(或核对有关的检验记录),并进行外观检查,看有无裂缝、变形或损伤情况,检查合格后,要用煤油或汽油擦净油污和脏物,与预应力筋配套堆放,不能混杂。

5. 张拉应力控制

(1)预应力筋的张拉控制应力应符合设计要求。当施工中预应力筋需要超张拉或计入锚圈口预应力损失时,可比设计要求提高5%,但在任何情况下不得超过设计规定的最大张拉控制应力。

(2)应采用双控的方式:预应力筋采用应力控制方法张拉时,应以伸长值进行校核,实际伸长值与理论伸长值的差值应符合设计要求。设计无规定时,实际伸长值与理论伸长值的差值应控制在6%以内,否则应暂停张拉,待查明原因并采取措施予以调整后,方可继续张拉。

(3)预应力筋的理论伸长值 $\Delta L_{理}$(mm)可按式(5-5-1)计算:

$$\Delta L_{理} = \frac{P_P L}{A_P E_P} \tag{5-5-1}$$

式中:P_P——预应力筋的平均张拉力(N),直线筋取张拉端的拉力,两端张拉的曲线筋计算方法见《公路桥涵施工技术规范》(JTG/T F50—2011)附录C1;

L——预应力筋的长度(mm);

A_P——预应力筋的截面面积(mm^2);

E_P——预应力筋的弹性模量(N/mm^2)。

(4)预应力筋张拉时,应先调整到初应力。该初应力宜为张拉控制应力 σ_{con} 的10%~15%,伸长值应从初应力时开始量测。力筋的实际伸长值除量测的伸长值外,必须加上初应力以下的推算伸长值。对后张法构件,在张拉过程中产生的弹性压缩值一般可省略。

预应力筋张拉的实际伸长值 ΔL(mm),可按式(5-5-2)计算:

$$\Delta L = \Delta L_1 + \Delta L_2 \tag{5-5-2}$$

式中:ΔL_1——从初应力至最大张拉应力间的实测伸长值(mm);

ΔL_2——初应力以下的推算伸长值(mm),可采用相邻级的伸长值。

6.预应力筋锚固

1)锚固要求

预应力筋要求张拉控制应力达到稳定后方可锚固,对夹片式锚具,锚固后夹片顶面应平齐,其相互间的错位不宜大于2mm,且露出锚具外的高度不应大于4mm。锚固完毕并经检验确认合格后,方可切割端头多余的预应力筋,切割时应采用砂轮锯,严禁采用电弧切割,同时不得损伤锚具。

切割后预应力筋的外露长度不应小于30mm,且不应小于1.5倍钢筋直径。锚具应采用混凝土保护,应采取防止锈蚀的措施。

2)内缩值

锚固阶段张拉端预应力筋的内缩量,应不大于设计规定或不大于表5-5-3所列容许值。

锚具变形、预应力筋回缩和接缝压缩容许值(单位:mm)　　表5-5-3

锚具、接缝类型		变形形式	容许值 ΔL
钢制锥形锚具		预应力筋回缩、锚具变形	6
夹片式锚具	有预压时	预应力筋回缩、锚具变形	4
	无预压时		6
粗钢筋锚具(用于螺纹钢筋)		预应力筋回缩、锚具变形	1
每块后加垫板的缝隙		缝隙压密	1
水泥砂浆接缝		缝隙压密	1
环氧树脂砂浆接缝		缝隙压密	1

3）断丝与滑丝

断丝与滑丝是预应力筋张拉时常见的问题，一般发生在顶锚以后。后张预应力筋断丝及滑丝不得超过表 5-5-4 的控制数。

后张预应力筋断丝、滑丝限制 表 5-5-4

类　别	检 查 项 目	控 制 数
钢丝束和钢绞线束	每束钢丝断丝或滑丝	1 根
	每束钢绞线断丝或滑丝	1 丝
	每个断面断丝之和不超过该断面钢丝总数的	1%
螺纹钢筋	断筋或滑移	不允许

注：1. 钢绞线断丝系指单根钢绞线内钢丝的断丝。
　　2. 超过表列控制数时，原则上应更换，当不能更换时，在许可的条件下，可采取补救措施，如提高其他束预应力值，但须满足设计上各阶段极限状态的要求。

五、孔道压浆

在后张法预应力混凝土结构中，为了防止预应力钢筋锈蚀，使预应力钢筋与梁体混凝土结合为一个整体，减轻锚具的负担，在张拉预应力筋后，应在 48h 内向预应力筋孔道中压注水泥浆，否则应采取避免预应力筋锈蚀的措施。

1. 水泥浆性能指标

后张预应力孔道宜采用专用压浆料或专用压浆剂配制的浆液进行压浆。所用原材料如水泥、外加剂、矿粉和膨胀剂等应符合《桥施规》和相关国家规范的规定。采用压浆材料配制的浆液，其性能应符合表 5-5-5 的规定。

后张预应力孔道压浆浆液性能指标 表 5-5-5

项　目		性能指标	检验试验方法标准
水胶比（%）		0.26~0.28	《水泥标准稠度用水量、凝结时间、安定性检验方法》（GB/T 1346—2011）
凝结时间（h）	初凝	≥5	
	终凝	≤24	
流动度（25℃）（s）	初始流动度	10~17	《桥施规》附录 C3
	30min 流动度	10~20	
	60min 流动度	10~25	
泌水率（%）	24h 自由泌水度	0	《桥施规》附录 C5
	3h 钢丝间泌水率	0	
压力泌水率（%）	0.22MPa（孔道垂直高度≤1.8m 时）	≤2.0	《桥施规》附录 C6
	0.36MPa（孔道垂直高度>1.8m 时）		
自由膨胀率（%）	3h	0~2	《桥施规》附录 C4
	24h	0~3	
充盈度		合格	《桥施规》附录 C7

2. 孔道压浆工艺

压浆方法分为普通压浆和真空辅助压浆两种方法。普通压浆是采用灰浆泵将拌制好的水泥浆以 0.5~0.8MPa 的压力直接压入孔道中;真空辅助压浆是先采用真空泵抽吸预应力孔道中的空气,使孔道达到负压 0.1MPa 左右的真空度,然后在孔道的另一端用压浆机以大于或等于 0.7MPa 的正压力压入预应力孔道。两种施工方法见图 5-5-8。

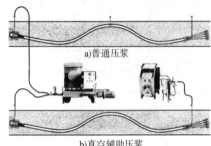

图 5-5-8 普通压浆与真空辅助压浆

普通压浆一般适用于较短的管道;真空辅助压浆一般适用于超长管道,以及压浆难度较大的 50m 以上的曲线管道或 80m 以上的直线管道。

1) 普通压浆

(1) 压浆工艺。

① 在预应力筋张拉完成后,将预应力孔道上预留的灌浆口与压浆泵的出浆口用高压塑胶管或高压橡皮管连接(应连接可靠)。

② 孔道的准备:金属和塑料管道在必要时亦应冲洗清除附着于孔道内壁的有害材料。对孔道内可能存在的油污等,可采用已知对预应力筋和管道无腐蚀作用的中性洗涤剂或皂液,用水稀释后进行冲洗;冲洗后,应使用不含油的压缩空气将孔道内的所有积水吹出。

③ 制浆:先将水加入灰浆搅拌机(宜采用转速 1 000r/min 以上的高速灰浆搅浆机),后加入外加剂和水泥,水泥浆应连续搅拌直至泵送为止。最后一包水泥加入后宜搅拌 3min 方可开始灌注。

④ 灌浆:水泥浆制好后,应立即启动压浆泵进行压浆,在孔道终端排气口排出与进浆孔相同稠度的水泥浆后,应封闭排气口,持压(0.5MPa 以上)3~5min,关停压浆机,封闭进浆口。

开始灌浆时,所有的灌浆孔和高点处的排气孔均应畅通,水泥浆进入孔道直至与进浆孔相同稠度的水泥浆在第一个排气孔流出,此时排气孔应盖住或用其他方法封闭。其余的排气孔应按同样的方法随浆体流动逐一堵塞。包括进浆孔、排气孔在内的所有的塞子、盖子或阀门在封闭后不应拆除或打开,直至水泥浆凝固为止。

⑤ 补浆:根据具体的灌浆情况,如需补浆的孔道,在浆体泌水结束之前,宜采用常规方法由排气孔进行人工补浆,直至排气孔连接管中充满与进浆孔相同稠度的水泥浆为止。

⑥ 制作试压块:每批灌浆施工的水泥浆应制作 1 组试压块(70.7mm × 70.7mm × 70.7mm 立方体),标准养护 28d,测定其试块抗压强度。

(2) 注意事项。

① 水泥浆自拌制至压入孔道的延续时间,视气温情况而定,一般在 30~45min 范围内。水泥浆在使用前和压注过程中应连续搅拌。对于因延迟使用所致的流动度降低的水泥浆,不得通过加水来增加其流动度。

② 压浆时,对曲线孔道和竖向孔道应从最低点的压浆孔压入,由最高点的排气孔排气和泌水。压浆顺序为宜先压注下层孔道。

③ 压浆应缓慢、均匀地进行,不得中断,并应将所有最高点的排气孔依次一一放开和关闭,使孔道内排气通畅。较集中和邻近的孔道,宜尽量先连续压浆完成,不能连续压浆时,后

压浆的孔道应在压浆前用压力水冲洗通畅。

④对掺加外加剂泌水率较小的水泥浆,通过试验证明能达到孔道内饱满时,可采用一次压浆的方法;不掺外加剂的水泥浆,可采用二次压浆法,两次压浆的时间间隔宜为30～45min。

⑤压浆应使用活塞式压浆泵,不得使用压缩空气。压浆的最大压力宜为0.7MPa;当孔道较长或采用一次压浆时,最大压力宜为1.0MPa。梁体竖向预应力筋孔道的压浆最大压力可控制在0.3～0.4MPa。压浆应达到孔道另一端饱满和出浆,并应达到排气孔排出与规定稠度相同的水泥浆为止。为保证管道中充满灰浆,关闭出浆口后,应保持不小于0.5MPa的一个稳压期,该稳压期不宜少于2min。

⑥压浆过程中及压浆后48h内,结构混凝土的温度不得低于5℃,否则应采取保温措施。当气温高于35℃时,压浆宜在夜间进行。

⑦对需封锚的锚具,压浆后应先将其周围冲洗干净并对梁端混凝土凿毛,然后设置钢筋网浇筑封锚混凝土。封锚混凝土的强度应符合设计规定,一般不宜低于构件混凝土强度等级的80%。必须严格控制封锚后的梁体长度。对长期外露的锚具,应采取防锈措施。

⑧对后张预制构件,在管道压浆前不得安装就位,在压浆强度达到设计要求后方可移运和吊装。

⑨孔道压浆应填写施工记录。

2)真空辅助压浆

(1)基本原理。

采用真空泵抽吸预应力孔道中的空气,使孔道达到负压0.1MPa左右的真空度,然后在孔道的另一端用压浆机以大于或等于0.7MPa的正压力压入预应力孔道。在真空辅助下,孔道中原有的空气和水被清除,同时,混夹在水泥浆中的气泡和多余的自由水被排出,增强了浆体的密实性。浆体中的微沫及稀浆在真空负压下率先进入负压容器,待稠浆流出后,孔道中浆液的稠度即能保持一致,使浆体密实性和强度得到保证。孔道在真空状态下,减小了由于孔道高低弯曲而使浆体自身形成的压头差,便于浆体充盈整个孔道,尤其是一些异形关键部分。真空辅助压浆工作示意图如图5-5-9所示。

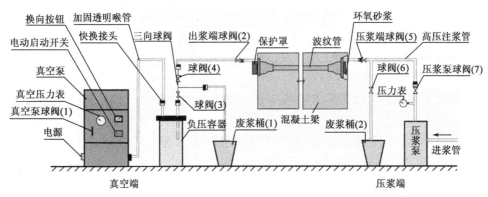

图5-5-9 真空辅助压浆工作示意图

(2)压浆工艺。

①准备工作:锚具的端部密封应严密,采用灌浆罩密封应注意橡胶密封圈可靠,必要时

用玻璃胶协助。采用加厚细石混凝土封锚应注意必要时采用环氧砂浆或环氧细石混凝土封闭。两端封堵应严密,不漏气。

②灌浆料:与真空辅助压浆工艺相匹配,灌浆料应掺入高性能的孔道灌浆专用外加剂,当夏季气温高时,应注意灌浆外加剂在高温下的适应性。

③在孔道排浆口(一般为固定端)可采用空压机或水循环泵抽真空,真空度应不小于 -0.08MPa。

④对于长孔道灌浆口持压压力为 $0.6 \sim 0.8\text{MPa}$,时间为 $60 \sim 120\text{s}$。腹板、底板束宜先切割外露钢绞线后封锚,持压效果好。板面束出浆口出浆稠度、时间符合要求后,可不持压。

⑤抽真空端口有一定的出浆时间,在 30s 左右。

⑥制作试压块:每批灌浆施工的水泥浆应制作 1 组试压块($70.7\text{mm} \times 70.7\text{mm} \times 70.7\text{mm}$ 立方体),标准养护 28d,测定其试块抗压强度。

3. 压浆质量控制

1)灌浆前的质量控制

预应力孔道灌浆前的质量控制主要包括以下几个方面:

(1)制订孔道灌浆分项的施工方案并报批,批准后的施工方案作为施工人员在操作时遵照执行和监理质量监控的依据。施工方案应包括工程概况、灌浆料的配合比及灌浆材料、灌浆设备、灌浆工艺、质量控制、安全措施等几方面。

(2)灌浆材料的选用。可采用 JM-HF 预应力孔道专用灌浆剂。灌浆用的水采用较清洁的水,不得含有对水泥或预应力钢材有害的物质,首选自来水;如无条件使用自来水时,亦可使用河水、地下水、湖塘水等,但须保证清洁,不含氯离子成分。

(3)控制材料的总用量,保证质量。宜计算整个工程的水泥浆用量及各组成材料的用量,作为备料的依据和用料的控制,各组成材料的用量决定于水泥浆用量,故只需计算水泥浆用量即可。水泥浆的净用量 =(预留孔道截面面积 - 预应力钢材的截面面积) × 孔道长度。

(4)对灌浆施工人员宜进行岗前培训,使他们掌握技术要点和操作规程,并应能熟练操作。

2)灌浆施工中的质量控制

灌浆施工中的质量控制是主动控制,对灌浆质量控制起关键性作用。施工中的质量控制主要包括以下几个方面:

(1)现场灌浆试验。根据具体环境,应确定最合适的水胶比,同时要复核水泥浆的主要性能指标。

(2)经过岗前培训合格的熟练工应严格按灌浆方案和施工规范施工。施工中遇到异常情况时应及时处理,做好记录。

(3)在曲线预应力孔道的最低处宜留设灌浆口,最高处孔道末端应留设排气(浆)口。水泥浆由最低处灌浆口灌入孔道,按照水泥浆的行程顺序封堵排气口,注意排气口全部封堵后的持压时间和持压压力必须满足规定要求。

(4)控制水泥浆的制浆时间以及由制浆到灌浆结束的整个时间。灌注前,必须对水泥浆不停地搅拌。

（5）如遇孔道堵塞时，适当增大保压压力、延长保压时间后，更换灌浆口，按灌浆要求继续灌浆。

（6）在灌浆过程中，不允许出现中断的情况，必须一次性不间断地灌完一根孔道，若遇特殊情况不得已停断时，必须对储浆罐中的浆液不停地搅动（人工或机械搅动）。

（7）断电时，用手动压浆泵完成机械压浆未完成的工作，如手动泵压力不够或现场无手动压力泵，则应用清水冲洗掉已灌进孔道中的水泥浆。

（8）断水时储浆罐中仍有多余的水泥浆时，可采用水泥浆液自身循环法防止水泥浆的流动度损失，否则废弃不再使用。

六、施工质量检验及验收要点

1. 材料、设备及制作

（1）预应力筋、锚具、波纹管、水泥、外加剂等主要材料的分批出厂合格证，进场检测报告，预应力筋、锚具的见证取样检测报告等。

（2）张拉设备、固定端制作设备等主要设备的进场验收、标定。

（3）预应力筋制作交底文件及制作记录文件。

2. 预应力筋及孔道布置

（1）孔道定位点高程是否符合设计要求。

（2）孔道是否顺直、过渡平滑，连接部位是否封闭，能否防止漏浆。

（3）孔道是否有破损、是否封闭。

（4）孔道固定是否牢固，连接配件是否到位。

（5）张拉端、锚固端安装是否正确、固定可靠。

（6）自检、隐检记录是否完整。

3. 混凝土浇筑

（1）是否派专人监督混凝土浇筑过程。

（2）张拉端、固定端处混凝土是否密实。

（3）是否能保证管道线形不变，保证管道不被损伤。

（4）混凝土浇筑完成后是否派专人用清孔器检查孔道或抽动孔道内的预应力筋。

4. 预应力筋张拉

（1）张拉设备是否完好。

（2）张拉力值是否准确。

（3）伸长值是否在规定范围内。

（4）张拉记录是否完整、清楚。

5. 孔道灌浆

（1）设备是否正常运转。

（2）水泥浆配合比是否准确，计量是否精确。

（3）记录是否完整。

（4）试块是否按班组制作。

课后训练

1. 什么是预应力混凝土结构？预应力混凝土的基本原理是什么？
2. 预应力混凝土结构的特点是什么？
3. 什么是预应力度？预应力混凝土结构的分类有哪些？
4. 施加预应力的方法有哪几种？先张法和后张法的区别何在？
5. 预应力混凝土结构对混凝土有哪些要求？
6. 常用的预应力钢筋有哪些？
7. 常用的张拉端锚具有哪些？常用的锚固端锚具有哪些？
8. 什么是张拉控制应力σ_{con}？为什么张拉控制应力取值不能过高也不能过低？
9. 什么是有效预应力、预应力损失？预应力损失有几种？各种损失产生的原因是什么？
10. 先张法模板和台座有哪些构造要求？
11. 描述先张法施工工艺流程。
12. 预应力张拉值如何校核？
13. 放张的注意事项有哪些？
14. 描述后张法施工工艺流程。
15. 灌浆孔、排气孔、排水孔、泌水孔设置的部位及设置方法有哪些？
16. 金属波纹管管道如何固定？
17. 后张法预应力筋制作有哪些要求？
18. 锚具安装应注意哪些事项？
19. 穿束的方法有哪些？穿束前应检查哪些事项？
20. 张拉前的准备工作有哪些？
21. 张拉时混凝土强度有何要求？
22. 什么情况下采用两端张拉？
23. 简述后张法钢绞线张拉程序。
24. 理论伸长量如何计算？实际伸长量如何计算与量测？
25. 产生断丝、滑丝的原因有哪些？
26. 后张预应力筋断丝、滑丝有何限制？如何进行处理？
27. 压浆的作用有哪些？
28. 压浆分为哪两种方式？各自的特点有哪些？
29. 孔道压浆注意事项有哪些？
30. 后张预应力质量检验及验收要点有哪些？

学习情境六　预应力混凝土连续梁桥施工

工作任务

1. 有支架就地浇筑施工法；
2. 移动模架施工法；
3. 悬臂浇筑施工法；
4. 悬臂拼装施工法；
5. 顶推施工法。

学习目标

1. 叙述预应力混凝土梁桥施工方法；
2. 叙述支架就地浇筑施工方法；
3. 叙述移动模架施工方法；
4. 叙述悬臂浇筑施工方法；
5. 知道悬臂拼装施工方法；
6. 知道顶推施工方法；
7. 能根据施工中出现的问题，采取相应的措施。

任务描述

通过学习，了解有支架施工、移动模架施工、悬臂浇筑施工、悬臂拼装施工和顶推施工的主要特点，理解和掌握各种施工方法的基本原理、适用条件及施工工艺。

本学习情境包括 5 个学习任务。学生应沿着如下流程进行学习：

认知每个施工方法的基本概念 → 掌握施工工艺流程 → 熟悉施工要点及注意事项 → 熟悉施工质量检测与评定项目 → 结合工作任务进行案例分析

任务一　有支架就地浇筑施工法

在支架上就地浇筑施工是古老的施工方法，以往多用于桥墩较低的中、小跨连续梁桥。它的主要特点是桥梁整体性好，施工简便可靠，对机具和起重能力要求不高。对预应力混凝土连续梁桥来说，结构在施工中不出现体系转换问题。但这种施工方法需要大量脚手架，且

施工周期长。

近年来,随着钢脚手架的应用以及支架构件趋于常备化和桥梁结构的多样化发展(如变宽异形块桥、弯桥),在长大跨径桥梁中,采用有支架就地浇筑施工可能是经济的,因此扩大了这种施工方法的应用范围。尽管如此,相对其他施工方法,采用有支架就地浇筑施工的桥梁总数并不多,因此,在选择施工方法时,要通过比较综合选择。

一、支架

1. 支架的形式

支架按其构造分为立柱式、梁式和梁—立柱式,如图4-3-1所示。立柱式构造简单,用于陆地或不通航河道以及桥墩不高的小跨径桥梁。梁式支架根据跨径不同采用工字形钢梁、钢板梁或钢桁梁,一般工字形钢梁用于跨径小于10m的桥梁,钢板梁用于跨径小于20m的桥梁,钢桁梁用于跨径大于20m的桥梁。梁可以支承在墩旁支架上,也可在桥墩上预留托架或支承在桥墩处横梁上。梁—立柱式支架在大跨桥上使用,梁支承在桥梁墩台以及临时支架或临时墩上,形成多跨连续支架。图6-1-1所示为支架及模板的横截面布置及曲线桥支架的平面布置。支架除支撑模板、就地浇筑施工外,还要设置卸落设备,待梁施工完成后,落架脱模。曲线桥梁的支架采用折线形支架和调节伸臂长度来适应平面曲线的要求。

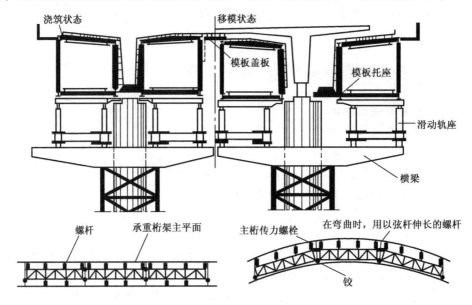

图6-1-1 支架、模板的横截面布置及曲线桥支架的平面布置

2. 对支架的要求

(1)支架虽是临时结构,但它要承受桥梁的大部分自重,因此必须有足够的强度、刚度,保证就地浇筑的顺利进行。支架的基础要可靠,构件结合紧密并加装纵、横向连接杆件,使支架成为整体。

(2)在河道中施工的支架要充分考虑洪水和漂浮物的影响,除对支架的结构构造有所要求外,在安排施工进度时尽量避免在高水位情况下施工。

(3)支架在受荷后有变形和挠度,在安装前要有充分的预估和计算,并在安装支架时设置预拱度,使就地浇筑的主梁线形符合设计要求。

(4)支架的卸落设备有木楔、砂筒和千斤顶等,卸架时要对称、均匀,不应使主梁处于局部受力状态。

二、施工特点

有支架就地浇筑施工的程序可大致由图 6-1-2 框图表示。但在某些桥上,为减轻支架的负担,节省临时工程数量,主梁截面的某些部分在落架后利用主梁自身支承,继续浇筑第二期结构的混凝土,这样就使浇筑和张拉的工序重复进行。图 6-1-3 示出了在已经完成的梁上浇筑桥面板混凝土的支架构造。

有支架就地浇筑施工需采用一联同时搭设支架,按照一定的程序一次完成浇筑工作,待张拉预应力筋、压浆后移架。小跨径板梁桥一般采用从一端向另一端浇筑的施工顺序,先梁身、后支点依次进行。图 6-1-4 表示一座 5 跨连续空心板梁的施工顺序,该桥为 $5 \times 14.68m$,桥厚 $0.8m$,桥宽 $11.65m$,板内有 9 个 $\phi550mm$ 圆孔。

大跨径桥通常采用箱形截面,施工时常分段进行。一种是水平层施工法,即先浇筑底板,待达到一定强度后进行腹板施工,最后浇筑顶板。当工程量较大时,各部位亦可分数次浇筑。

如日本鬼怒川桥,为两跨 85m 单箱单室连续梁桥,其施工程序如图 6-1-5 所示。在浇筑混凝土时,两跨对称进行,这样支架受力较小,变形也容易控制。其中⑩、⑪两部分是在力筋张拉完成后再浇筑。另一种是分段施工法,根据施工能力每隔 20~

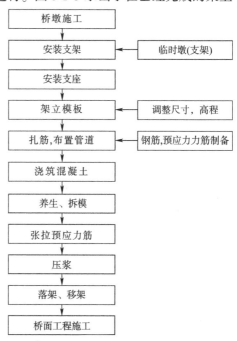

图 6-1-2 就地浇筑施工一般程序

25m 设置连接缝,该连接缝一般设在弯矩较小的区域,接缝长 1m 左右,待各段混凝土浇筑完成后,最后在接缝处施工合龙。图 6-1-6 示出了跨中设置两个支承的梁—支柱式支架上分段施工的顺序、合龙段位置和支承梁预拱度的设置情况。为使接缝处混凝土结合紧密,通常将梁的腹板做成齿形或企口缝,同时采用腹板与底板不在同一竖截面内接头的措施。分段施工法是在大部分混凝土的重力作用下,使支架早期变形完成后再进行梁体合龙,不致引起梁的开裂,有利于提高工程质量。

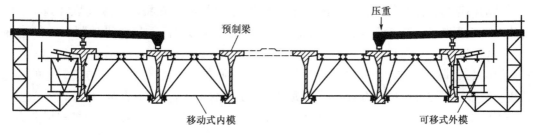

图 6-1-3 浇筑桥面板结构的支架构造

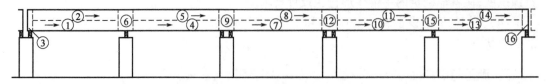

图 6-1-4　5 跨连续空心板梁桥的支架法施工顺序

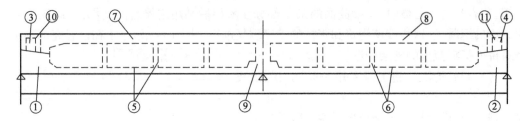

图 6-1-5　两跨 85m 箱梁桥浇筑混凝土的施工顺序

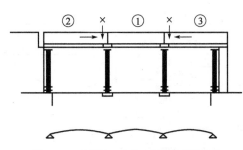

图 6-1-6　分段施工的施工顺序及接缝位置
注:①②③表示施工顺序;×表示合龙位置。

就地浇筑施工的场地布置十分重要,它需要一定的场地进行支架组拼、钢筋加工、模板制作、预应力筋的组索和混凝土的拌和。由于现场浇筑工作量较大,同时要求在最短的时间内完成,因此要有足够的材料堆放场地和场内运输道路,只有合理布局,才能使工程迅速而有条不紊地进行。

预应力混凝土连续梁桥在支架上施工,其预应力筋可一次布置、集中张拉施工,因此便于采用大型力筋,如 VSL 体系。我国通惠铁路连续梁桥采用莱昂哈特体系集中布筋,力筋在套管中排成 18 层 13 列,共计 234 根 7φ3mm 钢绞线,每端总张拉力为 25 100kN,使用多台大吨位千斤顶一次张拉施工。

在支架上就地浇筑施工,工期较长,5 跨 68m 连续空心板梁桥,一联施工期约 70d,其中搭设支架 15d,安装模板、扎筋、布筋约 30d,浇筑混凝土和养生期为 15d,脱模、移架为 10d 左右。两跨 82.5m 连续箱梁桥,完成一联的施工期为 180d,其中浇筑混凝土及养生的工期为 45d 左右。

任务二　移动模架施工法

移动模架施工法是使用移动式的脚手架和装配式的模板,在桥位上逐孔现浇施工。随着施工进程不断移动连续现浇施工,因此移动模架法也称为"活动的桥梁预制厂"和"造桥机"。这种施工方法自从 1959 年在联邦德国的克钦卡汉桥(该桥总长 511.5m,为 13 孔跨径)使用以来,得到了较广泛的应用,特别对于比较多孔的高架桥,使用十分方便。它的特点是桥长跨多,桥梁的跨径在 30~50m,为适应这类桥梁的快速施工,节省劳力,减轻劳动强度和少占施工场地,利用机械化的支架和模板逐跨移动,逐孔成桥。常用的移动模架可分为移动悬吊模架和活动模架两种。

1. 移动悬吊模架施工

移动悬吊模架的形式很多,各有差异,其基本结构包括三部分:承重梁、从承重梁伸出的肋骨状的横梁和支承主梁的移动支承,如图6-2-1和图6-2-2所示。

a)上承式移动模架　　　　　　　　b)上承式移动模架

图6-2-1　移动模架逐孔现浇施工

承重梁通常采用钢梁,长度大于2倍跨径,是承受施工设备自重、模板系统重力和现浇混凝土重力的主要构件,承重梁的后段通过可移式支承落在已完成的梁段上,它将重力传给桥墩(或直接坐落在墩顶),承重梁的前端支承在桥墩上,工作状态呈单臂梁。承重梁除起承重作用外,在一孔梁施工完成后,作为导梁与悬吊模架一起纵移至下一施工孔,承重梁的移位以及内部运输由数组千斤顶或起重机完成,并通过中心控制操作。

从承重梁两侧悬臂的许多横梁覆盖板梁全宽,它由承重梁上左右各用2~3组钢索拉住横梁,以增加其刚度,横梁的两端垂直向下,到主桥的下端再呈水平状态,形成下端开口的框架,并将主梁包在内部,当模板支架处于浇混凝土的状态时,模板依靠下端的悬臂梁和锚固在横梁上的吊杆定位,并用千斤顶固定模板浇筑混凝土。当模架需要运送时,放松千斤顶和吊杆,模板固定在下端悬臂上,并转动该梁的前端(有一段是可动部分),使在运送时模架可顺利地通过桥墩,如图6-2-2所示。

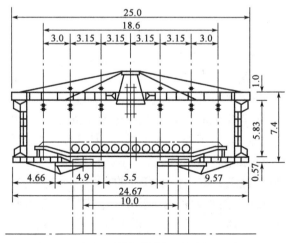

图6-2-2　移动悬吊模架的横截面构造(尺寸单位:m)

2. 活动模架施工

活动模架的构造形式较多,其中的一种构造形式由承重梁、导梁、台车和桥墩托架等构件组成。在混凝土箱形梁的两侧各设置一根承重梁,支撑模板和承受施工重力,承重梁的长度要大于桥梁跨径,浇筑混凝土时,承重梁支承在桥墩托架上。导梁主要用于运送承重梁和活动模架,因此需要有大于2倍桥梁跨径的长度,当一跨梁施工完成后进行脱模卸架,由前方台车(在导梁上移动)和后方台车(在已完成的梁上移动),沿纵向将承重梁和活动模架运送至下一跨,承重梁就位后导梁再向前移动,如图6-2-3所示。

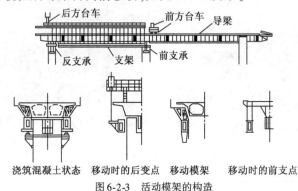

图6-2-3 活动模架的构造

活动模架的另一种构造形式是采用两根长度大于2倍跨径的承重梁分设在箱梁面的翼缘板下方,兼具支承和移支模架的功能,因此不需要再设导梁,两根承重梁置于墩顶的临时横梁上,两根承重梁间用于支承上部结构模板,用钢螺栓框架将两个承重梁连接起来,移动时为了跨越桥墩前进,需要解除连接杆件,承重梁逐根向前移动。

活动模架施工是从岸跨开始,每次施工接缝设在下一跨的$L/5$附近,连续施工,当正桥和两岸引桥施工完成后,在主跨锚孔设置临时墩现场浇筑连接段使全桥合龙。

对于每个箱梁的施工,采用两次浇筑施工法,当承重梁定位后,用螺旋千斤顶调整外模,浇底板混凝土,之后安装设在轨道上的内模板,浇筑腹板及顶板混凝土。在一跨施工结束需移动模架时,将连接杆件从一个承重梁上松开并撤除纵向缆索后将承重梁逐根纵移。由于附有连接杆和模板的承重梁在移动时不稳定,为了达到平衡,在承重梁的另一侧设有外托架和混凝土平衡梁。在正常情况下,每跨桥的施工期为4周时间。

采用移动模架法施工,无论哪一种形式,其共同的特点在于采用高度的机械化,其模板、钢筋、混凝土和张拉工艺等整套工序均可在模架内完成。同时,由于施工作业是周期进行的,且不受气候和外界因素干扰,不仅便于工程管理,又能提高工程质量,加快施工速度。对于中等跨径的桥梁,采用移动横架法施工较为适宜。此外,对于弯桥和坡桥都有成功的先例。

移动模架法需要一整套设备及配件,除耗用大量钢材外,还需有整套机械动力设备和自动装置,一次投资是相当可观的,为了提高使用效率,必须解决装配化和科学管理的问题。装配化就是设备的主要构件采用装配式,能适用不同桥梁跨径、不同桥宽和不同形状的桥梁,扩大设备的使用面,降低施工成本。科学管理的目的在于充分发挥设备的使用能力,因此必须要做到机械设备的配套,注意设备的维修养护。如果能够做到具有专业队伍固定操作,并能持久地在它所适用的桥梁上施工,必将得到较好的经济效益。

任务三 悬臂浇筑施工法

悬臂浇筑施工,是将墩柱部位的上部结构浇筑完成后,在专供悬臂浇筑用的活动脚手架(挂篮)上,向墩柱两边对称平衡地逐段浇筑悬臂梁段,每浇筑完一对梁段并待混凝土达到要求强度后,张拉预应力束,待浇筑部分可以受力时,向前移动挂篮,再进行下一梁段的施工,一直推进到悬臂端为止。下面按施工挂篮、悬浇施工程序、0号块施工、梁墩临时固结、浇筑梁段混凝土、结构体系转换、合龙段施工几个方面进行较详细的介绍。

一、施工挂篮

挂篮是悬臂浇筑施工的主要机具。挂篮是一个能沿着轨道行走的活动脚手架,挂篮悬挂在已经张拉锚固的箱梁梁段上,悬臂浇筑时,箱梁梁段的模板安装、钢筋绑扎、管道安装、混凝土浇筑、预应力张拉、压浆等工作均在挂篮上进行。当一个梁段的施工程序完成后,挂篮解除后锚,移向下一梁段施工。所以,挂篮既是空间的施工设备,又是预应力筋未张拉前梁段的承重结构。

1. 挂篮分类

随着施工技术的不断改进,挂篮已由过去的压重平衡式发展成现在通用的自锚平衡式。自锚式施工挂篮结构的形式主要有桁架式、斜拉式两类。

桁架式挂篮按其构成部件的不同,可分为万能杆件挂篮、贝雷梁或装配式公路钢桁梁组合式挂篮、型钢组合桁架组合式挂篮等。按桁架构成形状的不同,又可分为平行桁架式、平弦无平衡重式、三角形组梁式、弓弦式、菱形式等多种,如图 6-3-1 所示。

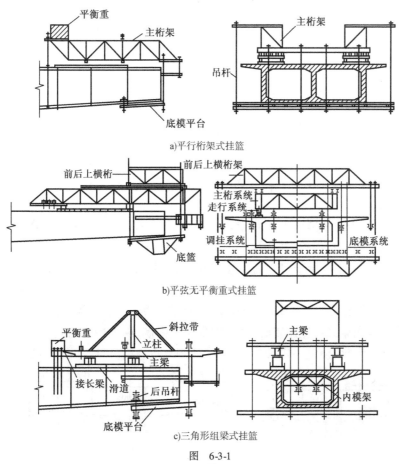

a)平行桁架式挂篮

b)平弦无平衡重式挂篮

c)三角形组梁式挂篮

图 6-3-1

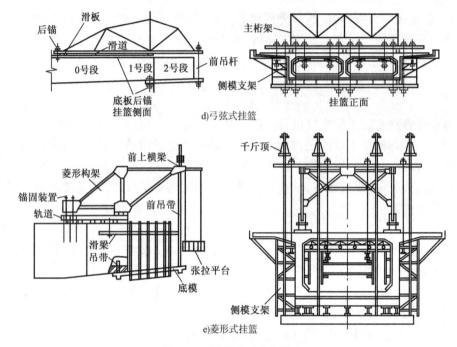

图 6-3-1 常用桁架式挂篮类型

斜拉式挂篮也叫轻型挂篮。随着桥梁跨径越来越大,为了减轻挂篮自重,以减少施工节段增加的临时钢丝束,在桁架式挂篮的基础上研制了斜拉式挂篮。

2. 挂篮的主要构造

(1)承重结构。承重结构是挂篮的主要受力构件,可用万能杆件或贝雷梁拼装的钢桁或大号型钢制成。

(2)悬吊系统。悬吊系统的作用是将底模架、张拉工作平台的自重及其上面的荷重传递到承重结构上,悬吊系统可由钻有销孔的扁钢或两端有螺纹的圆钢组成。

(3)锚固系统装置及平衡重。该系统设置的目的是防止挂篮在行走状态及浇筑混凝土梁段时倾覆失稳。

(4)行走系统。挂篮整体纵移采用电动卷扬机牵引,挂篮上设上滑道,梁上铺设下滑道,中间可用滚轴或聚四氟乙烯板做滑道。

(5)工作平台。工作平台设于挂篮承重结构的前端,用于张拉预应力束、压浆等操作用的脚手架。

(6)底模架。底模架是供立模板、绑扎钢筋、浇筑混凝土、养生等工序用。

初始几个梁段用梁式挂篮施工时,由于墩顶位置限制,施工中常将两侧挂篮的承重结构临时联结在一起,待梁段浇筑一定长度后,再将两侧承重结构分开,如图6-3-2所示。

图 6-3-2 挂篮的两种施工状态

3. 挂篮的安装

(1)挂篮组拼后,应全面检查安装质量,并做载重试验,以测定其各部位的变形量,并设法消除其永久变形。

(2)在起步长度内梁段浇筑完成并获得要求的强度后,在墩顶拼装挂篮。有条件时,应在地面上先进行试拼装,以便在墩顶熟练有序地开展挂篮拼装工作。拼装时应对称进行。

(3)挂篮的操作平台下应设置安全网,防止物件坠落,以确保施工安全。挂篮应采用全封闭形式,四周设围护,上下应有专用扶梯,方便施工人员上下挂篮。

(4)挂篮行走时,须在挂篮尾部压平衡重,以防倾覆。浇筑混凝土梁段时,必须在挂篮尾部将挂篮与梁进行锚固。

4. 挂篮试压

为了检验挂篮的性能和安全,并消除结构的非弹性变形,应对挂篮试压。试压通常采用试验台加压法、水箱加压法等。

(1)试验台加压法。新加工的挂篮可用试验台加压法检测桁架受力性能和状况。试验台可利用桥台或承台和在岸边梁中预埋的拉力筋锚住主桁梁后端,前端按最大荷载计算值施力,并记录千斤顶逐级加压变化情况,测出挂篮弹性变形和非弹性变形参数,用作控制悬浇高程的依据,如图6-3-3所示。

(2)水箱加压法。对就位待浇混凝土的挂篮,可用水箱试压法检查挂篮的性能和状况。加压的水箱一般设于前吊点处,后吊杆穿过紧靠墩顶梁段边的底篮和纵桁梁,锚固于横桁梁上,或穿过已浇箱梁中的预留孔,锚于梁体,在后吊杆的上端装设带压力表的千斤顶,反压挂篮上横桁梁,计算前后施加力后,分级进行灌水和顶压,记录全过程挂篮变化情况即可求得控制数据,如图6-3-4所示。

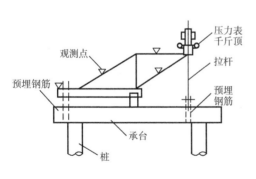

图6-3-3 菱形挂篮试验台试压示意图

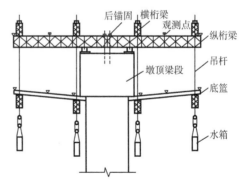

图6-3-4 挂篮水箱加压法试压示意图

二、悬臂浇筑施工程序

悬臂浇筑施工时,梁体一般要分四大部分浇筑,如图6-3-5所示。A为墩顶梁段(0号段),B为由0号段两侧对称分段悬臂浇筑部分,C为边孔在支架上浇筑的部分,D为主梁在跨中合龙部分。0号段一般为5~10m,B号段一般每段为3~5m,C号段一般为2~3个B号段长,合龙段一般为1~3m。

1. 施工程序

(1)在墩顶托架上浇筑0号段,并实施墩梁临时固结系统。

(2)在0号段上安装悬臂挂篮,向两侧依次对称地分段浇筑主梁至合龙前段。

(3)在临时支架或梁端与边墩间的临时托架上支模浇筑梁段。

(4)合龙段可在改装的简支挂篮托架上浇筑。多跨合龙段浇筑顺序按设计或施工要求进行。

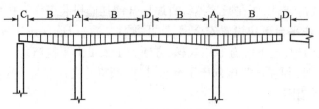

图 6-3-5 悬臂浇筑分段示意图

A-墩顶梁段;B-对称悬臂浇筑段;C-支架现浇梁段;D-合龙梁段

2.0 号段施工

0 号段结构复杂,预埋件、钢筋(束)、孔道、锚具密集交错。视其结构形式及高度,一般分 2~3 次浇筑,先底板、再肋板、后顶板。由于墩顶位置受限,无法设置挂篮,故 0 号段施工通常采用在托架上立模现浇,并在施工过程中设置临时梁墩锚固,使其能承受悬臂施工产生的不平衡力矩。

施工托架可分别支承在墩身、承台或地面上。托架可采用万能杆件、贝雷梁、型钢等构件拼装。常用施工托架有扇形、门式托架等形式,如图 6-3-6 所示。在混凝土浇筑前,应对托架进行试压,以消除因其非弹性变形引起的混凝土裂缝。试压方法,可反复采用水箱灌水多次加压或用千斤顶张拉加压等。

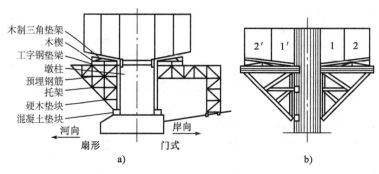

图 6-3-6 常用施工托架

3.梁墩临时固结措施

采用悬臂法施工时,如结构为 T 形刚构,因墩身与梁本身采用刚性连接,所以不存在梁墩临时固结问题,悬臂梁桥及连续梁桥采用悬臂施工时,为了承受施工过程中可能出现的不平衡力矩,就需要采取墩顶 0 号梁段与桥墩间临时固结或支承措施。临时固结或支承措施有下列几种形式。

(1)将 0 号块梁段与桥墩钢筋或预应力筋临时固结,待需要解除固结时切断,如图 6-3-7 所示。

(2)在桥墩一侧或两侧加临时支承墩。

(3)将 0 号块梁段临时支承在扇形或门式托架的两侧。

(4)临时支承可用硫黄水泥砂浆块、砂筒或混凝土块等卸落设备,以使体系转换时,较方便地撤除临时支承。

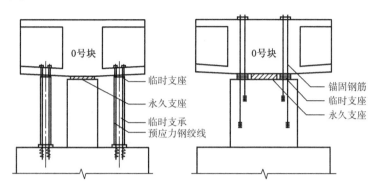

图 6-3-7 0 号块与桥墩的临时固结构造

4. 预应力管道的设置

为确保预应力筋布置、穿管、张拉、灌浆的施工质量,就必须确保预应力管道的质量,一般采用预埋铁皮管或铁皮波纹管和橡胶抽拔管。三向预应力筋管孔铁皮管和波纹管需由专用设备加工卷制,孔径按设计要求而定,橡胶抽拔管管壁用多层橡胶夹布在专业厂家制作,宜在混凝土浇筑 150~200℃·h(混凝土全部埋设胶管时间与平均温度的乘积)内抽拔。拔时用尼龙绳锁住外露胶管,启动卷扬机拖拔,视设置管的长度和阻力,一次可抽拔 5~8 根。为避免抽拔时塌孔,宜将波纹管与胶管相间布置,采用架立钢筋固定管道的坐标位置。浇筑后的铁皮管和抽拔管后的管道,必须用小于内径 10mm 的梭形钢锤清孔,以便清除异物、补救塌孔,保证力筋穿孔畅通。

5. 悬臂段浇筑施工主要工序

当挂篮安装就位后,即可在其上进行梁段悬臂浇筑的各项作业,其施工工艺流程如图 6-3-8 所示。图中所示工艺流程是按每一梁段的混凝土分两次浇筑排列的,即先浇筑底板后浇肋板及顶板。

(1)模板安装应核准中心位置及高程,上一节段施工的误差应在模板安装时予以调整。

(2)安装预应力预留管道时,应与前一段预留管道接头严密对准,并用胶布包贴,防止灰浆渗入管道。管道四周应布置足够的定位钢筋,确保预留管道位置正确、线形和顺。

(3)梁段拆模后,应对梁端的混凝土表面进行凿毛处理,以加强接头混凝土的连接。

(4)箱梁梁段分次浇筑混凝土时,为了不使后浇混凝土的重力引起挂篮变形,导致先浇混凝土开裂,要有消除后浇混凝土引起挂篮变形的措施。

6. 体系转换

预应力混凝土连续梁及悬臂梁采用悬臂施工时需进行体系转换,即在悬臂施工时,梁墩采取临时固结,结构为 T 形刚构;合龙前,撤销梁墩临时固结,结构呈悬臂梁受力状态;待结构合龙后形成连续梁体系;这一转化就是结构的体系转换。施工时,梁墩临时锚固的放松,应均衡对称进行,确保逐渐均匀地释放。在放松前,应测量各梁段高程,在放松过程中,注意各梁段的高程变化,如有异常情况,应立即停止作业,找出原因。

7. 合龙段施工

合龙段施工时,先拆除一个挂篮,用另一个挂篮走行跨过合龙段至另一端悬臂梁段上,形成合龙段施工支架。合龙段施工是悬臂浇筑施工的关键,为减轻温差、混凝土收缩徐变、结构恒载及体系转换等带来的不利影响,需采取必要措施,以保证合龙段的质量。

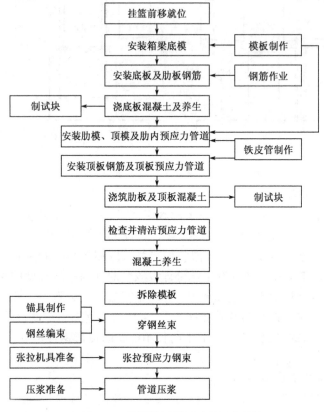

图 6-3-8 悬臂段浇筑施工主要工序流程

(1)合龙段长度在满足施工操作要求的前提下,应尽量缩短,一般多采用 1.4～2.0m。

(2)合龙宜在低温时进行,遇夏季应在晚上合龙,并用草袋等覆盖,并加强接头混凝土养护。

(3)合龙段混凝土中宜加入减水剂、早强剂,以便混凝土及早达到设计强度,及时张拉预应力筋。

(4)合龙段采用临时锁定措施(图 6-3-9),采用劲性型钢或预制的混凝土柱安装在合龙段上,下部作支撑,然后张拉部分预应力筋,待混凝土达到要求强度后,张拉其余预应力筋,最后再拆除临时锁定装置。

(5)为保证合龙段施工时混凝土始终处于稳定状态,在浇筑之前各悬臂端应附加与混凝土质量相等的配重(或称压重),附加配重要依桥轴线对称加载,按浇筑重量分级卸载。

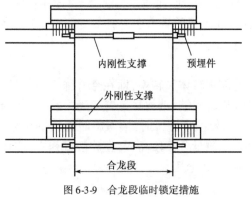

图 6-3-9 合龙段临时锁定措施

三、施工控制

1. 高程控制

为保证箱形连续梁结构在跨中正确位置合龙,符合设计竖曲线高程要求,各箱梁段施工中间的梁端的高程控制是施工中的关键问题之一。各节段施工高程受以下四个因素控制。

(1)各箱梁段在自重作用之下产生的挠度应符合设计要求,因而各箱梁段浇筑混凝土量应与设计要求相符。

(2)各节段施加预应力的大小误差应在设计要求范围内,同时要注意不得发生同号的累积差。

(3)要严格控制各节段的挂篮及施工机具重量,不宜忽大忽小。

(4)各节段原设计的竖曲线高程要逐日在温度平均时进行检查,并同设计要求进行核对。

2. 悬臂浇筑箱梁段挂篮施工控制

悬臂箱梁的施工中,主跨与边跨应同时对称施工,要求主墩两侧箱梁施工位置、挂篮停放位置及钢筋、混凝土浇筑等各施工工序必须同步一致;对可能产生的施工工序时间差所造成的不平衡力矩,必须控制在主墩固结及抗不平衡措施所能够提供的抗不平衡力矩范围之内,以确保悬臂挂篮浇筑混凝土施工工艺的安全稳定。

悬臂浇筑箱梁段的各项主要允许偏差值见表6-3-1。

悬臂浇筑箱梁段允许偏差值(单位:mm)　　　　表6-3-1

序号	检查项目		允许偏差	检查方法和频率
1	混凝土强度		在合格标准内	按 GB/T 50107—2010 检查
2	轴线偏位		10	用经纬仪检查,每跨5处
3	顶面高程		±10	用水准仪检查,每跨5处
4	断面尺寸	高度	+5,-10	检查施工记录,每跨5个断面
		顶宽	±30	
		顶、底腹板厚	+10,-0	
5	同跨对称点高程差	连续梁、连续刚构	20	用水准仪检查,每跨5处
		带挂梁的T构	25	

任务四　悬臂拼装施工法

悬臂拼装施工,是将悬臂梁先分段预制成若干块件,当下部结构完成后,将预制块件运到桥下,用活动吊机向一边或两边逐段起吊、拼装就位、施加预应力,使其逐段对称延伸连接成整体。悬臂拼装的分段,主要决定于悬拼吊机的起重能力,一般节段长 2~5m。在悬臂根部,因截面面积较大,节段长度一般较短,以后向端部逐渐增长。悬臂施工中主要工序如下所述。

一、块件预制

悬臂拼装用的预制块件,要求其各部分尺寸准确,拼装时接缝密贴,预留管道对接顺畅。

箱梁块件通常采用长线浇筑或短线浇筑的立式预制方法。

1. 长线预制

长线预制是按桥梁下缘曲线制作固定的底座,在底座上安装底模,进行块件预制工作。形成底座有多种方法,可以利用预制场的地形堆筑土胎,经加固夯实后铺砂石并在其上做混凝土底板;山区可用石砌圬工筑成所需的梁底形状;地质条件较差的预制场地,必须打短桩基础加固,再搭设排架形成梁底曲线。排架可用木材或型钢组成,如图 6-4-1 所示为某 T 形刚构件的箱梁预制台座的构造。长线法的台座可靠,梁体线形较好,但占地较大,适用于具有固定梁底缘形状的多跨桥。

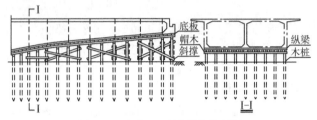

图 6-4-1　长线法预制箱梁块件台座

2. 短线预制

短线预制是按箱梁纵剖面的变化尺寸设计出单个浇筑单元,在配有纵移及调整底板高度设备的底模上浇筑梁段。梁段一端是刚度很大、平整度很好的固定端模,称封闭模;另一端是已浇筑梁端,称配合单元。浇筑好的梁段当达到强度时,则从浇筑位置移到配合位置,原来的配合单元即可移到存梁场检修、暂存待装运,所需预制底座只要 3 倍梁段长度即可,如图 6-4-2 所示,此法亦称活动底座法。

可以看出:采用长线台座法制梁,成桥后梁体线形较好。长线台座使梁段存储有较大余地,但占地较大,地基要求坚实,混凝土的浇筑和养护移动分散。短线预制场地相对较小,浇筑模板及设备基本不需移动,可调的底、侧模便于平、竖曲线梁段的预制;但要求精度高,施工严,周转不便,工期相对较长。

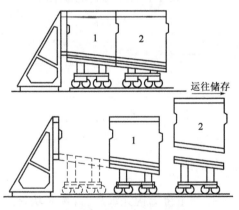

图 6-4-2　梁块短线预制
注:图中 1、2 表示短线预制顺序。

二、梁段运输

梁段运输有水、陆、栈桥及缆吊等各种形式。梁体节段自预制底座上出坑后,一般先存放于存梁场,拼装时节段由存梁场移至桥位处的运输方式一般可分为场内运输、装船和浮运三个阶段。

1. 场内运输

节段的出坑和运输一般由预制场上的龙门吊机完成。节段上船也可用预制场的龙门吊机。节段的运输,当预制场与栈桥距离较远时,应首先考虑采用平车运输。

当采用无转向架的运梁平车时,运输轨道不得设平曲线,纵坡一般应为平坡。当地形条件限制时,最大纵坡不得大于 1%。

2. 装船

梁段装船在专用码头上进行。码头的主要设施是施工栈桥和节段装船吊机。栈桥的长度应保证在最低施工水位时驳船能进港起运。栈桥的高度要考虑在最高施工水位时,栈桥主梁不被水淹。栈桥宽度要考虑到运梁驳船两侧与栈桥之间需有不小于0.5m的安全距离。栈桥起重机的起重能力和主要尺寸(净高和跨度)应与预制场上的吊机相同。

3. 浮运

浮运船只应根据节段重量和高度来选择,可采用铁驳船、坚固的木壳船、水泥驳船或浮箱装配。为了保证浮运安全,应设法降低浮运重心。开口舱面的船应尽量将节段置于船舱底板。必须置放在甲板面上时,要在舱内压重。

节段的支垫应按底面坡度用碎石子堆成,满铺支垫或加设三角形垫木,以保证节段安放平稳。节段一般较大,还需以缆索将节段系紧固定。

三、梁段拼装

预制节段的悬臂拼装,可根据现场布置和设备条件采用不同的方法。当靠岸边的桥跨不高且可在陆地或便桥上施工时,可采用自行式起重机(如履带起重机)、门式起重机拼装。对于河中桥孔,也可采用水上浮吊进行安装。如果桥墩很高,或水流湍急而不便在陆上、水上施工时,可利用各种吊机进行高空悬拼施工。

1. 悬臂吊机拼装法

悬臂吊机由纵向主桁架、横向起重桁架、锚固装置、平衡重、起重系、行走系统和工作吊篮等部分组成,如图6-4-3所示。纵向主桁为吊机的主要承重结构,可由贝雷架、万能杆件、大型型钢等拼制,一般由若干桁片构成两组,用横向联结系连成整体,前后用两根横梁支承。横向起重桁是供安装起重卷扬机直接起吊箱梁节段之用的构件,多采用贝雷架、万能杆件及型钢等拼配制作。纵向主桁的外荷载,就是通过横向起重桁传递的。横向起重桁支承在轨道平车上,轨道平车搁置于铺设在纵向主桁上弦的轨道上。起重卷扬机安置在横向起重桁上弦。这种起重机结构简单、使用方便,施工单位可自行拼制。

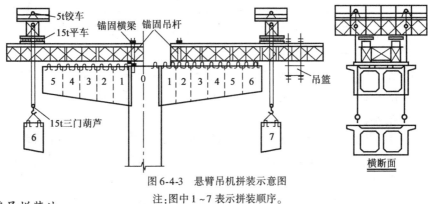

图6-4-3 悬臂吊机拼装示意图
注:图中1~7表示拼装顺序。

2. 浮吊拼装法

重型的起重机械装配在船舶上,全套设备在水上作业就位方便,40m的吊高范围内起重力大,辅助设备少,相应的施工速度较快,但台班费用较高。一个对称悬拼的工作面,一天可完成2~4段的吊拼。

3. 连续桁架(闸式吊机)拼装法

连续桁架悬拼施工,可分移动式和固定式两类。移动式连续桁架的长度大于桥的最大跨径。桁架支承在已拼装完成的梁段和待拼墩顶上,由吊车在桁架上移运节段进行悬臂拼装。固定式连续桁架的支点均设在桥墩上,而不增加梁段的施工荷载,如图6-4-4所示。移动式连续桁架吊机,其长度大于两个跨度,有三个支点。这种吊机每移动一次可以同时拼装两孔桥跨结构。首次悬拼国内最大跨度为96m的铁路混凝土连续梁的湘江大桥,最大吊重 $2 \times 160t$。本支架也可悬臂拼装,浇筑跨度64~96m的铁路、公路预应力混凝土梁,也可整孔吊装跨度32m的T形梁和40m的箱形梁。

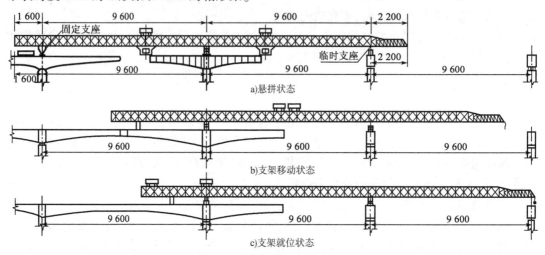

图6-4-4 移动式连续桁架拼装示意图(尺寸单位:cm)

4. 缆索起重机(缆吊)拼装法

缆吊无须考虑桥位状况,且吊运结合,机动灵活,作业空间大。在一定设计范围内,缆吊几乎可以承担从下部到上部,从此岸到彼岸的施工作业。因此,缆吊的利用率和工作效率很高。其缺点是一次性投入大,设计跨度和起吊能力有限,一般起吊能力不宜大于500kN。目前我国使用缆吊悬拼连续梁都是由两个独立单箱单室并列组合的桥型。为了充分利用缆吊的空间特性,特将预制场及存梁区布设在缆吊作用面内。进行缆吊拼合作业时,可增加风缆和临时手拉葫芦,以控制梁段就位的精度。

缆机运吊结合的优势,大大缩短了采用其他运吊方式所需的转运时间,可以将梁段从预制场直接吊至悬拼结合面。施工速度可达日拼2个作业面4段,甚至可达3个作业面6段。

5. 起重机拼装法

可采用伸臂吊机(图6-4-5)、龙门吊机、人字扒杆、汽车吊、履带吊、浮吊等起重机进行悬臂拼装。根据吊机的类型和桥孔处具体条件的不同,吊机可以支承在墩柱上、已拼好的梁段上或栈桥上、桥孔下。

不管是利用现有起重设备还是专门制作,悬臂吊机需满足如下要求:

(1)起重能力能满足起吊最大节段的需要。

(2)吊机能便于作纵向移动,移动后又能固定于一个拼装位置。

(3)吊机处在一个位置上进行拼装时,能方便地起吊节段作三个方向的运动:竖向提升和纵、横向移动,以便调整节段拼装位置。

(4)吊机的结构尽量简单,便于装拆。

四、接缝处理

悬臂拼装时,预制块件间接缝的处理,分干接缝、湿接缝、胶接缝等几种方法。

干接缝是相邻块件拼装时,将两端面直接贴合,接缝上的内力通过预施力及肋板上的齿形键传递。这种接缝不易保证接缝密合,易受水气侵袭而导致钢筋锈蚀,且容易产生局部应力集中现象。

湿接缝是在相邻块件间现浇一段 10～20cm 宽的高强度等级的砂浆或小石子混凝土,将块件连接成整体。这种接缝工序复杂,且现浇混凝土需要养生,致使工期延长。因此,其通常只在悬臂的个别地点(例如墩柱顶现浇的 0 号块件与预制的 1 号悬臂块件之间)设置,以保证接缝的密合,并用以调整拼装误差。

胶接缝是在接缝端面涂一薄层环氧树脂等胶结材料(图 6-4-6),保证相邻整体刚度和不透水性。它既具有湿接缝的优点而又不影响工期,因此国内近来较多采用。在采用胶接缝时,应注意胶层的厚薄均匀,涂抹厚度不宜超过 3mm。如悬臂过长,还可在悬臂中部或端部设置湿接缝。

图 6-4-5　吊机悬臂吊装钢箱梁　　　　　图 6-4-6　接缝涂抹环氧树脂

五、拼装程序

1. 0 号块件

0 号块件大多采用在墩旁的托架上就地浇筑施工。在后面的悬拼过程中,悬拼吊机必须要有一定的起步长度和工作空间。为此,有时将 0 号、1 号块件都在墩顶现浇,甚至有将 0～2 号块件现浇施工的。

2. 其他块件拼装

其他块件利用悬拼吊机分块对称拼装,其施工程序可参见图 6-4-7。1 号块件是悬臂梁的基准块件,是全跨安装质量的关键。因此,必须确保其定位的精度。

3. 合龙段施工

合龙段的施工常采用现浇和拼装两种方法。现浇合龙段预留 1.4～2m,在主梁高程调整后,现场浇筑混凝土合龙。节段拼装合龙对预制和拼装的精度要求较高,但工序简单,施工简单,施工速度快。合龙时间以在当天低温时为宜,图 6-4-8 所示为合龙段施工支架结构。

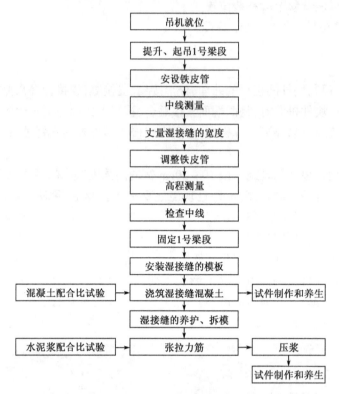

图 6-4-7　1号梁段湿接缝拼装程序

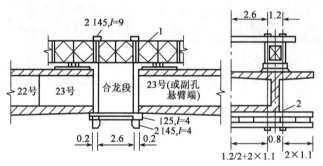

图 6-4-8　合龙段施工支架结构(尺寸单位:m)

六、施工控制

(1)桥位纵轴线的观测。桥梁纵轴线的施工控制是悬拼法的主要控制点之一。为此,在主桥上部结构施工前,应在立桥两端搭设测量三脚架,其高度应保证在施工时经纬仪(最好用全站仪)能直视全桥桥面结构表面的各测点,以便随时测量各有关测点的位置有否偏差。

(2)拼装块件各点的高程,应根据浇制块件假定的相对高程值,通过实测逐点计算出各相应点的绝对高程,以便悬拼时控制。

(3)块件的拼装:为便于控制,在预制成型拆模后,在块件两外侧各画一道通长的色线,在块件表面亦同样画一道通长墨线,在吊装前操作工人直接控制三线吻合,则可节约测量时间,容易保证质量。

(4)0号块件与1号块件的测量工作要精益求精,伸后期吊装易于控制。

(5)在块件吊装时,如果发生线形误差,最好及时用湿接缝纠正,以免误差加大,造成明显的线形偏差。

任务五 顶 推 法

一、了解顶推法

自1959年联邦德国的莱昂哈特(Leonhardt)和鲍尔教授在奥地利的阿格尔桥首次使用顶推法以来,世界各国采用顶推法施工的大桥已超过200座。我国于1974年首先在狄家河铁路桥采用顶推法施工,该桥为4×40m预应力混凝土连续梁桥;之后湖南望城沩水河桥使用柔性墩多点顶推连续梁桥的施工,为我国采用顶推法施工积累了成功的经验,有力地推动了我国预应力混凝土连续梁桥的发展。至今已有多座连续梁桥采用顶推法施工完成。

顶推法施工是在沿桥轴线方向的桥台后设置预制场,设置钢导梁和临时墩、滑道、水平千斤顶施力装置。分节段预制混凝土梁段,用纵向预应力筋连成整体,将梁逐段顶出去(拖出去),再在空出的制梁台座上继续下一梁段浇筑,这样反复循环施工桥梁的方法叫顶推法施工。顶推法施工是对钢桥拖拉法架设原理的应用。所不同的是滑动和施力装置不同。

顶推法施工的特点是:不需要支架和大型机械,工程质量容易控制,占用场地小,不受季节影响。但该法仅适用于等高度的直线桥或等半径的曲线桥,顶推梁造价比同等跨径简支梁和现浇变截面连续梁造价高。

顶推法施工不仅可用于连续梁桥(包括钢桥),同时也可用于其他桥型。如简支梁桥,也可先连续顶推施工,就位后解除梁跨间的连续;拱桥的拱上纵梁,可在立柱间顶推施工;斜拉桥的主梁采用顶推法等。

预应力混凝土连续梁桥的上部结构采用顶推法施工的顺序可大致用图6-5-1表示,这一施工框图主要反映我国目前采用顶推法施工的主要工序。连续梁桥的主梁采用顶推法施工的概貌如图6-5-2所示。

二、顶推方法与设备

1. 顶推方法

顶推施工前,应根据主梁长度、设计顶推跨度、桥墩能承受的水平推力、顶推设备和滑动装置等条件,选择适宜的顶推方式。

(1)单点顶推。限用于直线桥、顶推梁段长度较短、桥墩可承受较大水平荷载、后座能提供足够的水平反力时,多数在箱梁两侧安设顶推千斤顶或拉杆牛腿。顶推的装置集中在主梁预制场附近的桥台或桥墩上,在前方墩各支点上设置滑动支承。顶推时,滑块在不锈钢板上滑动,并在前方滑出,通过在滑道后方不断喂入滑块,带动梁身前进,如图6-5-3所示。它的施工程序为顶梁、推移、落下竖直千斤顶和收回水平千斤顶的活塞杆。单点顶推在国外称TL(Taktshiebe Leonhardt,德国)。

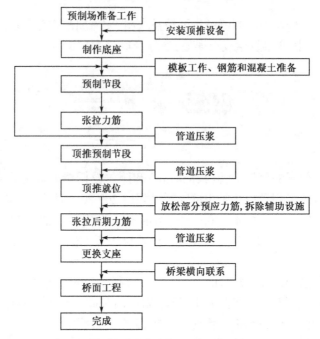

图 6-5-1 顶推法施工一般程序图

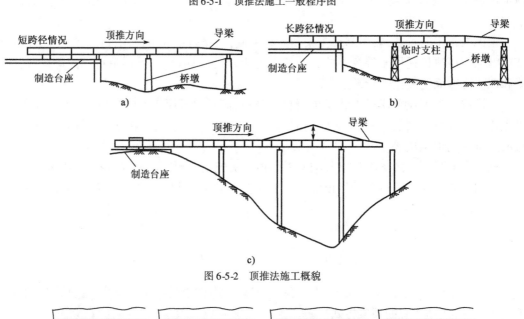

图 6-5-2 顶推法施工概貌

图 6-5-3 水平千斤顶与垂直千斤顶联用的装置

(2)多点顶推。在每个墩台上设置一对小吨位(400~800kN)的水平千斤顶,将集中的顶推力分散到各墩上。由于利用水平千斤顶传给墩台的反力来平衡梁体滑移时在桥墩上产生的摩阻力,从而使桥墩在顶推过程中承受较小的水平力,因此可以在柔性墩上采用多点顶推施工。同时,多点顶推所需的顶推设备吨位小,容易获得。所以,我国在近年来用顶推法施工的预应力混凝土连续梁桥,较多地采用了多点顶推法(图6-5-4)。多点顶推在国外称SSY顶推施工法。

多点顶推法与单点顶推法相比较,可以免去大规模的顶推设备,能有效地控制顶推梁的偏离,墩身受到的水平推力小,便于在柔性墩上采用。在弯桥采用多点顶推时,各墩施力均匀。

2. 顶推设备

1)滑道

如何减小摩阻力是顶推施工的关键技术问题。施工中常采用在梁底、墩顶设置滑道的方法来解决。

滑道由聚四氟乙烯板和镍钢(不锈钢)板组成,滑移面的摩擦系数很小,为0.02~0.04;顶推时,组合的聚四氟乙烯滑块在不锈钢板上滑动,并在前方滑出,通过在滑道后方不断喂入滑块,带动梁身前进。

滑道常用临时支承,由光滑的不锈钢板与组合的聚四氟乙烯滑块组成,其中的滑块由四氟板与具有加劲钢板的橡胶块构成;临时支承搁置在混凝土临时垫块上,待主梁就位后拆除,再更换正式支座(图6-5-5)。

图6-5-4 多点顶推图示

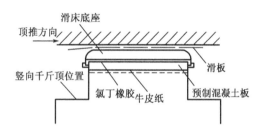
图6-5-5 滑道装置示意图

也可将滑道设置在永久支座上,但为避免顶推过程中支座损坏,应对支座进行必要的防护。通常的做法是在支座周边设置垫块,使滑道板的压力通过垫块传递给墩台而不是直接经支座传递。这样可使支座的安装、更换工作更加方便,并提高支座的安装精度(图6-5-6)。

还有一类滑动装置为连续滑动装置,其构造似坦克的履带(图6-5-7),通过卷绕装置使滑动带连续、循环地滑动,从而实现不间断顶推。这种装置在施工完成后即成为永久支座,无须拆除;但支座本身的构造复杂、造价高。这种施工方法称为RS施工法(Ribbon Sliding Method)。

2)千斤顶与油泵

顶推装置集中在主梁预制场附近的桥台或桥墩上,在前方各支点上设置滑动支承。顶推装置分为两种,一种是由水平千斤顶通过箱梁两侧的牵动钢杆给预制梁一个顶推力;另一种是由水平千斤顶与竖直千斤顶梁,顶推预制梁前进。在顶推设备方面,国内一般较多采用拉杆式顶推方案,每个墩位上设置一对液压穿心式水平千斤顶,每侧的拉杆使用一根或两根

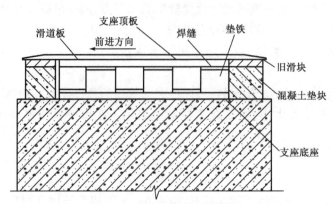

图 6-5-6 在永久支座上布置滑道

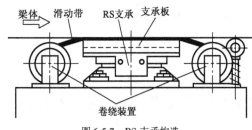

图 6-5-7 RS 支承构造

ϕ25mm 的高强螺纹钢筋,杆的前端通过锥楔块固定在水平顶活塞杆的头部,另一端使用特制的拉锚器、锚定板等连接器与箱梁连接,水平千斤顶固定在墩身特制的台座上,同时在梁位下设置滑板和滑块。当水平千斤顶施顶时,带动箱梁在滑道上向前滑动,拉杆式顶推装置如图 6-5-8 所示。

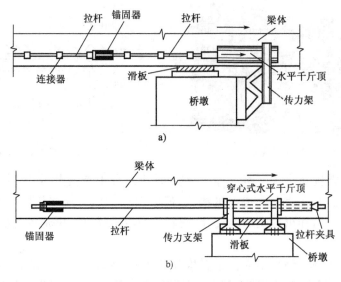

图 6-5-8 拉杆式顶推装置

保证各个千斤顶同时、同步施力是多点顶推施工的关键。一般采用一套液压与电路相结合的控制系统,采用集中控制、分级调压的措施,保证同时启动、同步前进、同时停止。为保证在意外情况发生时及时停止顶推,各机组和观测点上需设置急停按钮,触发任一急停按钮,全部机组能同时停止工作。

3. 临时设施

1) 导梁

导梁设置在主梁的前端,为等截面或变截面的钢桁梁或钢板梁,主梁前端装有预埋件与钢导梁栓接。在外形上,导梁的底缘与箱梁底应在同一平面上,前端底缘呈向上的圆弧形,以便于顶推时顺利通过桥墩,如图6-5-4所示。钢导梁的作用是为减小顶推过程中梁的前端悬臂负弯矩。

钢导梁的技术要求:钢导梁受力主要为正弯矩和剪力,负弯矩较小,长度一般为顶推跨径的0.6~0.7,较长的导梁可以减小主梁悬臂负弯矩,合理的导梁长度应是主梁最大悬臂负弯矩与使用状态(运营阶段)支点负弯矩基本接近。导梁的刚度宜选主梁的1/9~1/5。在满足稳定和强度条件下,应选用较小的刚度及变刚度的导梁。钢导梁要考虑动力系数,使结构有足够的安全储备。

钢导梁与箱梁连接措施:

(1)将钢导梁的上、下T字板都埋入箱梁2m以上,相应的箱梁端设计了锚固钢导梁的异形段。

(2)钢导梁与箱梁之间张拉了精轧螺纹钢筋预应力筋。

由于导梁在施工中正、负弯矩反复出现,连接螺栓易松动,导梁与主梁连接处有变形或混凝土开裂,在顶推中每经历一次反复均需检查和重新拧紧。施工时,要随时观测导梁的挠度。

曲线桥顶推施工也可设置导梁,其导梁的平面线形呈圆曲线的切线方向;当曲线半径较小时,也可采用折线形导梁。

2)临时墩

临时墩的作用与钢导梁相似,通过设置临时墩(图6-5-9),减小顶推的标准跨径,来减小梁顶推过程交替变化的正、负弯矩。特别当顶推跨径超过50m以上,或者顶推其他形式的桥梁,如斜拉桥、钢管系杆拱桥,或连续刚构桥梁时采用。

临时墩设计原则如下:

(1)临时墩受力主要为梁体的垂直荷载和顶推水平摩阻力,并要考虑顶推的启动和停止的惯性作用,还要考虑施工期间通航和洪水杂物作用对临时墩的影响。

(2)临时墩要满足强度和刚度要求。要考虑临时墩的变形(受力和温度)对顶推高程误差的影响。

(3)要考虑临时墩拆除、恢复航道方案。这笔费用也要列入成本。

图6-5-9 顶推法临时墩

临时墩结构形式:基础一般采用桩基。墩身结构形式见表6-5-1。

三、顶推施工中的几个问题

1. 确定分段长度和预制场布置

顶推法的制梁有两种方法,一种是在梁轴线的预制场上连续预制逐段顶推;另一种是在工厂制成预制块件,运送桥位连接后进行顶推,在这种情况下,必须根据运输条件决定节段的长度和质量,一般不超过5m,同时增加了接头工作,需要起重、运输设备,因此,以现场预制为宜。

临时墩身结构形式　　　　　　　　　　　表 6-5-1

结构形式	优　点	缺　点	备　注
钢管临时墩	安装、拆除快，回收价值高	刚度小，温差影响大，一次投入大	适用于水中临时墩
钢筋混凝土空心墩	刚度大、拆除快	施工麻烦	适用于水中临时墩
钢筋混凝土实心墩	刚度大、造价低	拆除困难	适用于岸上临时墩
薄钢管空心混凝土墩	施工速度快，造价低，拆除快，刚度大		是比较合理的临时墩

预制场（图 6-5-10）是预制箱梁和顶推过渡的场地，包括主梁节段的浇筑平台和模板、钢筋和钢索的加工场地，混凝土搅拌站以及砂、石、水泥的推入和运输路线用地。预制场一般设在桥台后，长度需要有预制节段长的 3 倍以上。顶推过渡场地需要布置千斤顶和滑移装置，因此它又是主梁顶推的过渡孔。

图 6-5-10　顶推法的预制场地

主梁节段预制完成后，要将节段向前顶推，空出浇筑平台继续浇筑下一节段。对于顶出的梁段，要求顶推后无高程变化，梁的尾端不能产生转角，因此在到达主跨之前要设置过渡孔，并通过计算确定分孔和长度。主梁的节段长度划分主要考虑节段间的连接处不要设在连续梁受力最大的支点与跨中截面，同时要考虑制作加工容易，尽量减少分段，缩短工期。因此一般每段长常取 10～30m。同时，根据连续梁反弯点的位置，参考国外有关设计规范，连续梁的顶推节段长度应使每跨梁不多于 2 个接缩缝。

2. 节段的预制工作

节段的预制对桥梁施工质量和施工速度起决定作用。由于预制工作固定在一个位置上进行周期性生产，所以完全可以仿照工厂预制桥梁的条件设临时厂房、吊车，使施工不受气候影响，减轻劳动强度，提高工效。

(1) 模板制作——保证预制质量的关键。

箱梁模板由底模、侧模和内模组成。一般来说，采用顶推法施工多选用等截面，模板可以多次周转使用。因此宜使用钢模板，以保证预制梁尺寸的准确性。

底模板安置在预制平台上，平台的平整度必须严格控制，因为顶推时的微小高差就会引起梁内力的变化，而且梁底不平整将直接影响顶推工作。通常预制平台要有一个整体的框架基础，要求总下沉量不超过 5mm，其上是型钢及钢板制作的底模和在腹板位置的底模滑道。在底模和基础之间设置的卸落设备放下时，底模能自动脱模，将节段落在滑道上，如图 6-5-11 所示。

(2) 预制周期——加快施工速度的关键。

根据统计资料得知，梁段预制工作量占上部结构总工作量的 55%～65%，加快预制工作的速度对缩短工期具有十分重要的意义。为达到此目的，除在设计上尽量减少梁段的规格外，在施工上应采取一定的措施加快预制周期。目前国内外的预制梁段周期为 7～15d，预制工作的标准周期见表6-5-2,为缩短预制周期,在预制时可以考虑采取如下施工措施。

(1)组织专业化施工队伍,在统一指挥下实行岗位责任制。

(2)采用墩头锚、套管连接器,前期钢索采用直索,加快张拉速度。

(3)在混凝土中加入减水剂,增加施工和易性,提高混凝土的早期强度。

(4)采用强大振捣,大型模板安装,提高机械化和装配化的程度。

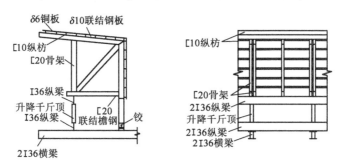

图 6-5-11 预制模板构造图示

预制工作标准周期　　　　表 6-5-2

工作内容＼天数	1	2	3	4	5	6	7
整理底模、安装侧模	■						
安装底板钢筋	■	■					
浇筑底板混凝土		■					
安装内模板及外侧板,安装腹板、顶板钢筋			■	■			
浇筑腹板、顶板混凝土				■			
养生					■	■	
拆模					■		
张拉先期预应力筋						■	
降低底模,顶推预制节段							■

3. 顶推施工中的横向导向

为了使顶推能正确就位,施工中的横向导向是不可少的。通常在桥墩台上主梁的两侧各安置一个横向水平千斤顶,千斤顶的高度与主梁的底板位置平齐,由墩(台)上的支架固定千斤顶位置。在千斤顶的顶杆与主梁侧面外缘之间放置滑块,顶推时,千斤顶的顶杆与滑块的聚四氟乙烯板形成滑动面,顶推时由专人负责不断更换滑块。顶推时的横向导向装置如图 6-5-12 所示。

横向导向千斤顶在顶推施工中一般只控制两个位置,一个是在预制梁段刚刚离开预制场的部位,另一个设置在顶推施工最前端的桥墩上,因此梁前端的导向位置将随着顶推梁的前进不断更换位置。施工中发现梁的横向位置有误而需要纠偏时,必须在梁顶推前进的过程中进行调整。对于曲线桥,由于超高而形成单面横坡,横向导向装置应比直线处强劲,且数量要增加,同时应注意在顶推时,内外弧两侧前进的距离不同,要加强控制和观测。

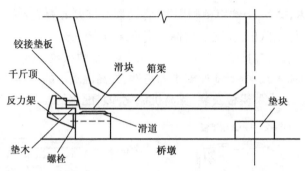

图 6-5-12 顶推施工的横向导向装置图

4. 落梁

落梁是将顶推到位的箱梁顶起来,拆除顶推临时滑道装置,安装永久支座,再将梁平稳地降落在支座上。

1) 落梁前的准备工作

(1) 拆除临时索,张拉预应力索,所有管道必须灌浆。

(2) 复测桥墩位的高程,检查桩基是否有沉降,特别是摩阻桩基。

(3) 清理桥墩盖梁平面,解除对梁体的约束。

2) 落梁的方法

因为箱梁是长条形,所以采取分段落梁方案,例如每次顶起 3 个桥墩(台),完成 2 个桥墩落梁,其中一个桥墩作为高差过渡,相邻两墩台顶高程(相对设计高程)差控制在 10mm 以内。

3) 落梁的原则

(1) 充分做好准备工作,尽量使顶起、落梁的时间较短。

(2) 确定千斤顶的布置位置,要求纵、横对称,既考虑桥墩盖梁受力,又考虑箱梁梁体受力,使其都处于有利部位。

(3) 要求竖直千斤顶有足够的富余的顶力和工作行程。顶起时,桥墩的垫石与箱梁底必须有保险装置。

(4) 尽量控制梁的顶起高度,注意顶起和降落的顺序,一个墩上千斤顶起落要同步均匀,纵向桥墩顶起高度要合理分配。

(5) 注意纵向梁的温度伸缩,以及固定墩和安装伸缩缝桥墩的支座安装。

课后训练

1. 有支架就地浇筑施工时,对支架的要求是什么?
2. 简述移动模架法施工的基本原理。
3. 试述移动模架法的施工顺序。
4. 悬臂浇筑施工控制的主要内容是什么?
5. 试述悬臂拼装的施工顺序。
6. 悬臂拼装施工时接缝处理的方式有哪些?
7. 连续梁桥的顶推施工有何特点?
8. 顶推法施工中的临时设施主要有哪些?其作用分别是什么?

学习情境七　钢筋混凝土拱桥施工

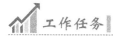

1. 认识拱桥；
2. 拱桥的浇筑施工；
3. 装配式拱桥施工；
4. 拱桥转体施工法。

1. 叙述拱桥的主拱圈构造和拱上建筑构造；
2. 叙述拱桥各组成部分的概念、术语；
3. 叙述拱架构造和各部分的概念和术语；
4. 知道混凝土拱桥就地浇筑和拱上建筑浇筑、悬臂拱桥浇筑的方法；
5. 知道装配式拱桥构件的预制、运输与堆放，起吊与吊装方法；
6. 知道拱桥平面转体、竖向转体转动体系构造。

任务描述

拱桥是桥梁中的最常见的一种桥型，拱桥一般由下部结构、主拱圈、拱上结构和附属设施四个基本部分组成。根据施工方法及构造特点，钢筋混凝土拱桥的施工可划分为拱桥的现场浇筑施工、装配式拱桥施工、拱桥转体施工等施工方法。

本学习情境分为4个学习任务。每个学生应沿着如下流程进行学习：

认知拱桥的结构和分类 → 叙述拱各组成部分的概念和术语 → 熟悉拱桥的就地浇筑式施工方法 → 熟悉装配式拱桥构件的预制、运输与堆放，起吊与吊装方法 → 熟悉拱桥平面转体、竖向转体转动体系构造

任务一　认 识 拱 桥

一、主拱圈结构

主拱圈是拱桥的重要承重结构，沿拱轴线可以做成等截面或变截面的形式。根据主拱圈截面形式的不同可分为板拱、肋拱、双曲拱和箱形拱等。

1. 板拱桥

主拱圈采用矩形实体截面的拱桥称为板拱桥[图7-1-1a)]。这种矩形实体截面的板拱通常只在地基条件较好的中、小跨径圬工拱桥中才采用。如果在较薄的拱板上增加几条纵向肋,以提高拱圈的抗弯刚度,就构成板拱的另外一种形式,即板肋拱[图7-1-1b)],它的拱圈截面由板和肋组成。

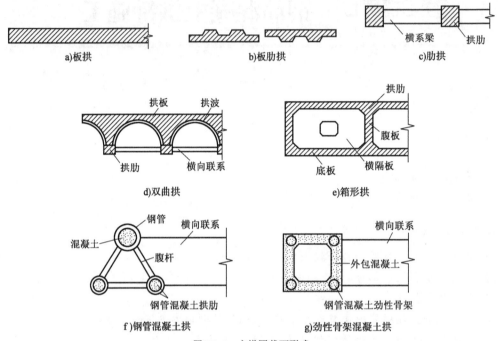

图7-1-1　主拱圈截面形式

2. 肋拱桥

肋拱桥是在板拱桥的基础上发展形成的,它是将板拱划分成两条或多条分离的、高度较大的拱肋,肋与肋间用横系梁相连[图7-1-1c)],这样就可以用较小的截面面积获得较大的截面抵抗矩,从而节省材料,减轻拱桥的自重。其多用于大、中跨径的拱桥。

3. 箱形拱桥

箱形拱桥外形与板拱相似,由于截面挖空,使箱形拱的截面抵抗矩较相同材料用量的板拱大很多[图7-1-1e)],所以能节省材料,减轻自重,相应也减少了下部结构材料用量。对于大跨径拱桥,则效果更为显著。又因为这种闭口箱形截面抗扭刚度大,横向整体性和结构稳定性均较好,故特别适用于无支架施工。

4. 双曲拱桥

双曲拱桥是中国独创的一种拱桥桥型。双曲拱桥主拱圈通常由拱肋、拱波、拱板和横向联系等几部分组成,其外形在纵、横两个方向均呈弧形曲线,其特点是使上部结构轻型化、装配化,如图7-1-1d)所示。

5. 钢管混凝土拱桥

钢管混凝土拱桥是我国近年来兴起的一种拱桥桥型,它是指以内灌混凝土的钢管作为拱肋的拱桥[图7-1-1f)]。管内混凝土由于受到钢管的约束,在承受轴向压力时发生的侧向膨胀受到限制而处于三向受力状态,从而具有比普通钢筋混凝土大得多的承载能力和变形能力。

6. 劲性骨架混凝土拱桥

劲性骨架混凝土拱桥与普通钢筋混凝土拱桥的区别在于它是以钢骨拱桁架作为受力筋[图7-1-1g)],钢骨拱桁架可以是型钢,也可以是钢管。采用钢管作劲性骨架的混凝土拱又可称为内填外包型钢管混凝土拱。它主要用在大跨度拱桥中,同时也解决了大跨度拱桥施工的"自架设问题",即首先架设自重轻且刚度、强度均较大的空钢管拱架,然后在空钢管内压注混凝土形成钢管混凝土,使骨架进一步硬化,再在钢管混凝土骨架上外挂模板浇筑外包混凝土,形成钢筋混凝土结构。

二、拱上建筑结构

拱上建筑是拱桥的一部分,按照拱上建筑采用的不同构造方式,可将拱桥分为实腹式和空腹式两种。

1. 实腹式拱上建筑

实腹式拱上建筑构造简单,施工方便,填料数量较多,恒载较重,所以一般用于小跨径的拱桥。实腹式拱上建筑由拱腹填料、侧墙、护拱、变形缝、防水层、泄水管以及桥面系组成(图7-1-2)。

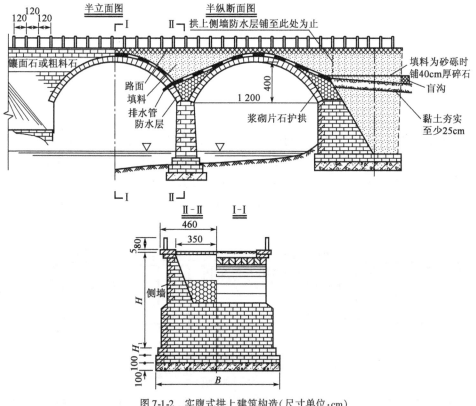

图7-1-2 实腹式拱上建筑构造(尺寸单位:cm)

2.空腹式拱上建筑

大、中跨径的拱桥,特别是当矢高较大时,应以空腹式拱上建筑为宜。空腹式拱上建筑除具有实腹式拱上建筑相同的构造外,还具有腹孔和腹孔墩。

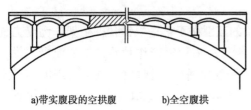

a)带实腹段的空拱腹　　　b)全空腹拱

图 7-1-3　拱式拱上建筑

1)腹孔

根据腹孔构造,可分为拱式拱上建筑和梁式拱上建筑两种。

(1)拱式拱上建筑。拱式拱上建筑构造简单,外形美观,但质量较大,一般用于圬工拱桥。其腹孔一般对称布置在靠拱脚侧的一定段内,跨中存在一实腹段[图7-1-3a)]。目前也有采用全空腹形式[图7-1-3b)],一般以奇数孔为宜。

(2)梁式拱上建筑。梁式腹孔拱上建筑可减轻拱上质量,改善拱圈在施工过程中的受力状况,获得更好的经济效果。结构有简支腹孔[图7-1-4a)]、连续腹孔[图7-1-4b)]和框架式腹孔[图7-1-4c)]等多种形式。

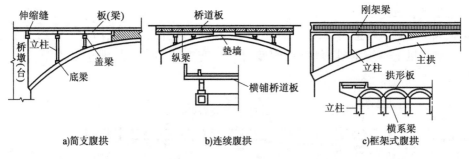

a)简支腹拱　　　　b)连续腹拱　　　　c)框架式腹拱

图 7-1-4　梁式空腹拱上建筑

2)腹孔墩

腹孔墩可分为横墙式和排架式两种。

(1)横墙式[图7-1-5a)]。这种腹孔墩采用横墙式墩身,一般用圬工材料砌筑或现浇混凝土形成,施工简便。为了便于维修,减轻质量,可在横向挖一个或几个孔。横墙式腹孔墩,自重较大,但节省钢材,多用于砖、石拱桥中。腹孔墩的厚度,用浆砌片、块石时,不宜小于0.60m,用混凝土砌筑时,一般应大于腹拱圈厚度的1倍。

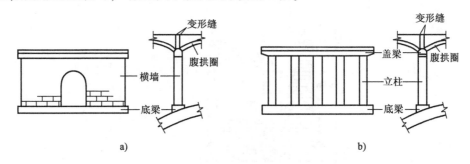

图 7-1-5　腹孔墩构造形式

(2)排架式[图7-1-5b)]。排架式腹孔墩是由立柱和盖梁组成的钢筋混凝土排架结构,为了使立柱传递给主拱圈的压力不至于过分集中,通常在立柱下面设置底梁。立柱和盖梁常采用矩形截面。截面尺寸、钢筋配置除了满足结构受力需要外,还应考虑和拱桥的外形及构造相协调。腹孔墩的侧面一般做成竖直的,以方便施工。

任务二 拱桥的浇筑施工

拱桥施工总体上可分为有支架施工和无支架施工两大类。有支架施工常用于砖、石和混凝土预制块拱桥的砌筑施工以及混凝土拱圈的浇筑施工,而无支架施工主要用于肋拱桥、双曲拱桥、箱形拱桥、桁架拱桥和钢管混凝土拱桥等。

当拱桥的跨径不大、拱圈净高较小或孔数不多时,可以采用就地浇筑的方法来进行拱圈施工。就地浇筑方法可分为两种,即拱架浇筑法和悬臂浇筑法。

一、拱架

拱架是拱桥有支架施工必不可少的辅助结构,在整个施工期间,用以支承全部或部分拱圈和拱上建筑的重量,并保证拱圈的形状符合设计要求。因此,要求拱架具有足够的强度、刚度和稳定性。

1. 拱架的结构类型

拱架的种类很多,按其使用材料可分为木拱架、钢拱架、扣件式钢管拱架、斜拉式贝雷平梁拱架、竹拱架、竹木混合拱架、钢木组合拱架以及土牛胎拱架等多种形式;按结构形式可分为排架式、撑架式、扇形式、桁架式、组合式、叠桁式、斜拉式等。

2. 拱架的构造

1) 木拱架

木拱架一般有排架式、撑架式、扇形式、叠桁式及木桁架式等。前四种在桥孔中间设有或多或少的支架,统称满布式拱架;最后一种可采用三铰木桁架形式,在桥孔中完全不设支架。

(1) 满布立柱式拱架。满布立柱式拱架一般采用木材制作,图 7-2-1 是这种拱架的一般构造示意图。它的上部由斜梁、立柱、斜撑和拉杆组成拱形桁架,又称拱盔,它的下部是由立柱和横向联系(斜夹木和水平夹木)组成支架,上、下部之间放置卸架设备(木楔或砂筒等)。满布立柱式拱架的优点是施工可靠、技术简单、木材和铁件规格要求较低,但这种支架的立

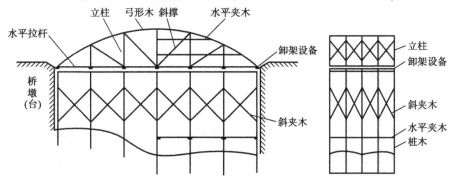

图 7-2-1 满布立柱式拱架

柱数目很多,只适合于桥不太高、跨度不大、洪水期漂浮物少且无通航要求的拱桥施工时采用。

(2)撑架式木拱架。这种拱架的上部与满布立柱式拱架相同,其下部是用少数框架式支架加斜撑来代替众多数目的立柱,因此木材用量相对较少,如图 7-2-2 所示。这种拱架构造上并不复杂,而且能在桥孔下留出适当的空间,减小洪水及漂流物的威胁,并在一定程度上满足通航的要求。因此,它是实际中采用较多的一种拱架形式。

(3)三铰桁式木拱架。三铰桁式木拱架是由两片对称弓形桁架在拱顶处拼装而成,其两端直接支承在墩台所挑出的牛腿上或者紧贴墩台的临时排架上,跨中一般不另设支架,如图 7-2-3 所示。这种拱架不受洪水、漂流物的影响,在施工期间能维持通航。适用于墩高、水深、流

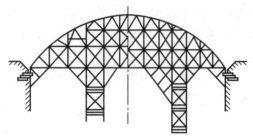

图 7-2-2 撑架式木拱架

急或要求通航的河流。与满布立柱式拱架相比,其木材用量少,可重复使用,损耗率低。但该拱架对木材规格和质量要求较高,同时要求有较高的制作水平和架设能力。由于其在拱铰处结合较弱,所以,除在结构构造上须加强纵横向联系外,还需设置抗风缆索,以加强拱架的整体稳定性。在施工中,应注意对称均匀浇筑混凝土,并加强观测。

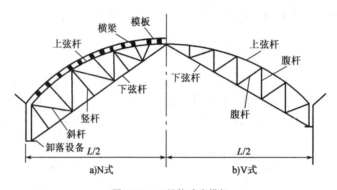

图 7-2-3 三铰桁式木拱架

拱架制作安装时,拱架尺寸和形状要符合设计要求,立柱位置应准确且保持直立,各杆件连接接头要紧密,支架基础要牢固,应特别注意高拱架横向稳定性。拱架全部安装完成后,应全面检查,确保结构牢固可靠。支架基础必须稳固,承重后应能保持均匀沉降且下降量不得超过设计范围。拱架可就地拼装,也可根据起吊设备能力预拼成组件后再进行安装。

2)钢拱架与钢木组合拱架

(1)工字梁钢拱架。工字梁钢拱架可采用两种形式:一种是有中间木支架的钢木组合拱架;一种是无中间木支架的活用钢拱架。

钢木组合拱架是在木支架上用工字钢梁代替木斜梁,以加大斜梁的跨度,减少支架用量。工字钢梁顶面可用垫木垫成拱模弧形线。钢木组合拱架的支架常采用框架式,如图 7-2-4 所示。

工字梁活用钢拱架,构造简单,拼装方便,且可重复使用,其构造形式见图 7-2-5。它适

用于施工期间需保持通航、墩台较高、河水较深或地质条件较差的桥孔。

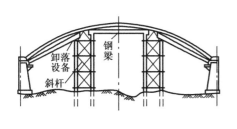 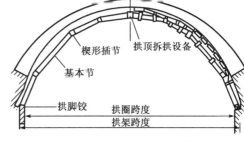

图 7-2-4　钢木组合拱架　　　　　　　图 7-2-5　工字梁活用钢拱架

（2）钢桁架拱架。钢桁架拱架的结构类型通常有常备拼装式桁架形拱架、装配式公路钢桁架节段拼装式拱架、万能杆件拼装式拱架、装配式公路钢桁架和万能杆件桁架与木拱盔组合的钢木组合拱架。图 7-2-6 为常备拼装式桁架拱架示意图，图 7-2-7 为装配式公路钢桁架节段拼装式拱架示意图。

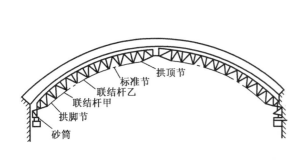 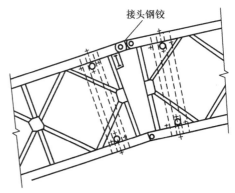

图 7-2-6　常备拼装式桁架拱架　　　　图 7-2-7　装配式公路钢桁架节段拼装式拱架

（3）扣件式钢管拱架。扣件式钢管拱架一般有满堂式、预留孔满堂式及立柱式扇形等几种。扣件式钢管拱架一般不分支架和拱盔部分，它是一个空间框架结构，一般由立柱（立杆）、小横杆（顺水流向）、大横杆（涵桥轴向）、剪刀撑、斜撑、扣件和缆风索等组成，所有杆件（钢管）通过各种不同形式的扣件实现联结，不需设置卸落拱架。图 7-2-8 为满堂式钢管拱架构造图。

二、拱圈模板

1. 板拱模板

板拱拱圈模板（底模）厚度应根据弧形木或横梁间距的大小来确定。一般有横梁的底模板厚度为 4~5cm，直接搁在弧形木上时为 6~7cm。有横梁时为使顺向放置的模板与拱圈内弧形圆顺一致，可预先将木板压弯。压弯的方法是：每 4 块木板一叠，将两端支起，在中间适当加重，使木板弯至符合要求为止，施压约需半个月左右的时间。40m 以上跨径的拱桥模板可不必事先压弯。

石砌板拱拱圈的模板，应在拱顶处预留一定空间，以便于拱架的拆卸。

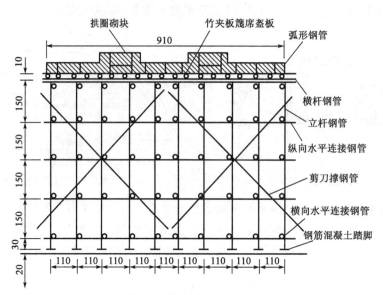

图 7-2-8 满堂式钢管拱架构造图(尺寸单位:cm)

模板顶面高程误差不应大于计算跨径的 1/1 000,且不应超过 3cm。

2. 拱肋模板

拱肋模板如图 7-2-9 所示。其底模与混凝土或钢筋混凝土板拱拱圈底模基本相同。拱肋之间及横撑间的空位也可不铺底模。

拱肋侧面模板,一般应预先按样板分段制作,然后拼装在底模上,并用拉木、螺栓拉杆及斜撑等固定。安装时,应先安置内侧模板,等钢筋入模后再安置外侧模板。模板宜在适当长度内设一道变形缝(缝宽约 2cm),以避免在拱架沉降时模板间相互顶死。

拱肋间的横撑模板与上述侧模构造基本相同,处于拱轴线较陡位置时,可用斜撑支撑在底模板上。

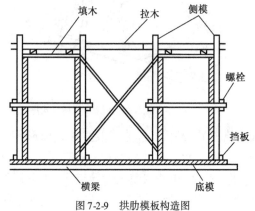

图 7-2-9 拱肋模板构造图

三、混凝土拱桥就地浇筑

1. 施工程序

现浇混凝土拱桥施工工序一般分 3 阶段进行:

第 1 阶段,浇筑拱圈(或拱肋)及拱上立柱的底座;

第 2 阶段,浇筑拱上立柱、联结系及横梁等;

第 3 阶段,浇筑桥面系。

前一阶段的混凝土达到设计强度的 75% 以上才能浇筑后一阶段的混凝土。拱架则在第 2 阶段或第 3 阶段混凝土浇筑前拆除,但必须事先对拆除拱架后拱圈的稳定性进行验算。若设计文件对拆除拱架另有规定,应按设计文件执行。

2.拱圈或拱肋的浇筑

1)浇筑流程

满堂式拱架浇筑流程为:支架设计→基础处理→拼设支架→安装模板→安装钢筋→浇筑混凝土→养护→拆模→拆除支架。满堂式拱架宜采用钢管脚手架、万能杆件拼设,模板可以采用组合钢模、木模等。

拱式拱架浇筑流程为:钢结构拱架设计→拼设拱架→安装模板→安装钢筋→浇筑混凝土→养护→拆模→拆除拱架。拱式拱架一般采用六四式军用梁(三脚架)、贝雷架拼设。

2)连续浇筑

跨径小于16m的拱圈(或拱肋)混凝土,应按拱圈全宽度,自两端拱脚向拱顶对称地连续浇筑,并在拱脚处混凝土初凝前全部完成。如预计不能在限定时间内完成,则需在拱脚处预留一个隔缝,并最后浇筑隔缝混凝土。

薄壳拱的壳体混凝土,一般从四周向中央进行浇筑。

3)分段浇筑

对于大跨径拱桥的拱圈或拱肋(跨径≥16m),为避免因拱架变形而产生裂缝以及减小混凝土的收缩应力,应采用分段浇筑的施工方法。分段长度一般为6~15m。分段长度应以能使拱架受力对称、均匀和变形小为原则,拱式拱架宜设置在拱架受力反弯点、拱架结点、拱顶及拱脚处,满堂式拱架宜设置在拱顶$L/4$部位、拱脚及拱架节点等处。各段的接缝面应与拱轴线垂直。

分段浇筑程序应符合设计要求,且对称于拱顶进行,使拱架变形保持对称均匀和尽可能的小。填充间隔缝混凝土,应由两拱脚向拱顶对称进行。拱顶及两拱脚间隔缝应在最后封拱时浇筑,间隔缝与拱段的接触面应事先按施工缝进行处理。间隔缝的位置应避开横撑、隔板、吊杆及刚架节点等处。间隔缝的宽度以便于施工操作和钢筋连接为宜,一般为5~100cm。间隔缝混凝土应在拱圈分段混凝土强度达到75%设计强度后进行;为缩短拱圈合龙和拱架拆除的时间,间隔缝内的混凝土强度可采用比拱圈高一等级的半干硬性混凝土。封拱合龙温度应符合设计要求,如设计无规定时,一般宜在接近当地的年平均温度或在5~15℃之间进行。

4)箱形截面拱圈(或拱肋)的浇筑

大跨径拱桥一般采用箱形截面的拱圈(或拱肋),为减轻拱架负担,一般采取分环、分段的浇筑方法。分段的方法与上述相同。分环的方法一般是分成2环或3环。分2环时,先分段浇筑底板(第1环),然后分段浇筑肋墙、隔墙与顶板(第2环);分3环时,先分段浇筑底板(第1环),然后分段浇筑肋墙脚(第2环),最后分段浇筑顶板(第3环)。

分环分段浇筑时,可采取分环填充间隔缝合龙和全拱完成后最后一次填充间隔缝合龙两种不同的合龙方法。图7-2-10为箱形截面拱圈采用分环分段浇筑的施工程序。

3.卸拱架

采用就地浇筑施工的拱架,卸拱架的工作相当关键。拱架拆除必须在拱圈砌筑完成后20~30d进行,待砂浆砌筑强度达到设计强度的75%后方可拆除。此外,还必须考虑拱上建筑、拱背填料、连拱等因素对拱圈受力的影响,尽量选择对拱体产生最小应力的时候卸落拱架。为了能使拱架所支承的拱圈重力能逐渐转给拱圈自身来承受,不能突然卸除拱架,而应按一定的程序进行。

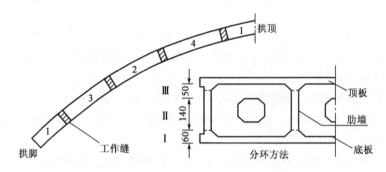

图 7-2-10 箱形截面拱圈分环分段浇筑的施工程序示意图(尺寸单位:cm)

1)卸架设备

为保证拱架能按设计要求均匀下落,必须采用专门的卸架设备。常用的卸架设备有砂筒、木模和千斤顶。

(1)砂筒。砂筒一般用钢板制成,筒内装以烘干的砂子,上部插入活塞(木制或混凝土制)。

卸落是靠砂子从筒的下部预留泄砂孔流出,因此要求筒内的砂子干燥、均匀、清洁。砂筒与活塞间用沥青填塞,以免砂子受潮而不易流出。由砂子泄出量来控制拱架卸落高度,这样就能由泄砂孔的开与关,分数次进行卸架,并能使拱架均匀下降而不受振动,使用效果良好。图 7-2-11 为砂筒构造图。

(2)木模。木模有简单木模和组合木模等不同构造。图 7-2-12 为木模构造图,其中图 7-2-12a)为简单木模,由两块 1:8 斜面的硬木模组成,落架时,只需轻轻敲击木模小头,将木模取出,拱架即下落;图 7-2-12b)为组合木模,由三块楔形木和一根拉紧螺栓组成,卸架时只需扭松螺栓,木模下降,拱架即降落。

(3)千斤顶。采用千斤顶拆除拱架常与拱圈调整内力同时进行。一般在拱顶预留放置千斤顶的缺口,千斤顶用来消除混凝土的收缩、徐变以及弹性压缩的内力和使拱圈脱离拱架。

2)卸架程序

(1)满布式拱架的卸落。满布式拱架可根据算出和分配的各支点的卸落量,从拱顶开始,逐次同时向拱脚对称地卸落。多孔连续拱桥,拱架的卸落应考虑相邻孔的影响。若桥墩设计为单向推力墩,就可以直接地卸落拱架,否则应多孔同时卸落拱架。

(2)工字梁活用钢拱架的卸落。这种拱架的卸落设备一般放于拱顶,卸落布置如图 7-2-13 所示。

卸落拱架时,先将绞车摇紧,然后将拱顶卸拱设备上的螺栓松两转,即可放松绞车,敲松拱顶卸拱木,如此循环松降,直至降落到设定的卸落量。

(3)钢桁架拱架的卸落。当钢桁架拱架的卸落设备架设于拱顶时,可在系吊或支撑的情况下,逐次松动卸架设备,逐次卸落拱架,直至拱架脱离拱圈后,才将拱架拆除。当卸架设备架设于拱脚时(一般为砂筒),为防止拱架与墩台顶紧,阻碍拱架下降,应在拱脚三角垫与墩台之间设置木楔,如图 7-2-14 所示。卸落拱架时,先松动木模,再逐次对称地泄砂落架。

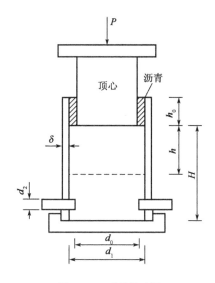
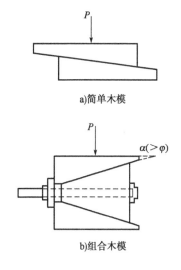

图 7-2-11　砂筒构造图　　　　　图 7-2-12　木模构造图

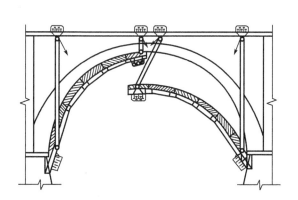
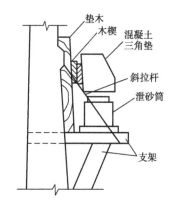

图 7-2-13　工字梁活用钢拱架的卸落　　图 7-2-14　钢桁架拱架拱脚处卸落设备

拼装式钢桁架拱架可利用拱圈体进行拱架的分节拆除,拆除后的拱架节段可用缆索吊车吊移。图 7-2-15 所示为拼装式钢桁架的拆除。

扣件式钢管拱架没有卸落设备,卸架时,只需用扳手拧紧扣件,取走拱架杆件即可。可以由点到面多处操作。

斜拉式贝雷平梁拱架的卸落,应视平梁上拱架的形式而定,一般可采取满布式的卸架程序和方法,同时应考虑相邻孔拱架卸落的影响。

四、拱上建筑浇筑

拱上建筑施工,应对称均衡地进行。施工中浇筑的程序和混凝土数量应符合设计要求。在拱上建筑施工过程中,应对拱圈的内力、变形及墩台的位移进行观测和控制。

主拱圈拱背以上的结构物称为拱上建筑,它主要有横墙座、横墙、横墙帽或立柱座、立柱、盖梁、腹拱圈或梁(板)、侧墙、拱上结构伸缩缝及变形缝、护拱、拱上防水层、拱腔填料、泄水管、桥面铺装、栏杆系等。

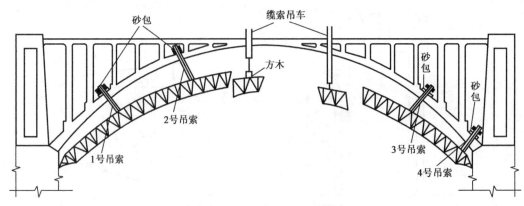

图 7-2-15 拼装式钢桁架的拆除

1. 伸缩缝及变形缝的施工

伸缩缝缝宽 1.5~2cm,要求笔直,两侧对应贯通。现浇混凝土侧墙,须预先安设塑料泡沫板,将侧墙与墩台分开,缝内采用锯末沥青,按 1:1(质量比)配合制成填料填塞。变形缝不留缝宽,设缝处现浇混凝土时用油毛毡隔断,以适应主拱圈变形。当护拱、缘石、人行道、栏杆和混凝土桥面跨越伸缩缝或变形缝时,在相应位置要设置贯通桥面的伸缩缝或变形缝(栏杆扶手一端做成活动的)。

2. 拱上防水设施

1) 拱圈混凝土自防水

采用品质优良的粗、细集料和优质粉煤灰或硅灰制作高耐久性的混凝土,同时严格控制施工工艺。

2) 拱背防水层

小跨径拱桥可采用石灰土防水层。对于具有腹拱的拱腔防水可采用砂浆或小石子混凝土防水层。大型拱桥及冰冻地区的砖石拱桥一般设沥青毡防水层,其做法常为三油两毡或二油一毡。

当防水层经过拱上结构物伸缩缝或变形缝时,要做特殊处理。一般采用"U"形防水土工布过缝,或橡胶止水带过缝。泄水管处的防水层,要紧贴泄水管漏斗之下铺设,防止漏水。在拱腔填料填充前,要在防水层上填筑一层砂性细粒土,以保证防水层完好。

3. 拱圈排水处理

拱桥的台后要设排水设施,集中于盲沟或暗沟排出路基外。拱桥的桥面纵向、横向均设坡度,以利顺畅排水,桥面两侧与护轮带交接处隔 15~20m 设泄水管。拱桥除桥面和台后应设排水设施外,对渗入到拱腹内的水应通过防水层汇积于预埋在拱腹内的泄水管排出。泄水管可采用混凝土管、陶管或 PVC 管。泄水管内径一般为 6~10cm,严寒地区须适当增大内径,但不宜大于 15cm。应尽量避免采用长管和弯管。在泄水管进口处周围防水层应做积水坡度,并用大块碎石做成倒滤层,以防堵塞。

4. 拱背填充

拱背填充应采用透水性强和安息角较大的材料,一般可用天然砂砾、片石、碎石夹砂混合料以及矿渣等材料。填充时,应按拱上建筑的顺序和时间,对称而均匀地分层填充并碾压密实,但须防止损坏防水层、排水管和变形缝。

五、拱桥的悬臂浇筑施工

国外在拱桥就地浇筑施工中,多采用悬臂浇筑法。以下介绍塔架斜拉索法和斜吊式悬浇法两种拱圈施工方法。

1. 塔架、斜拉索及挂篮浇筑拱圈

这是国外采用最早、最多的大跨径钢筋混凝土拱桥无支架施工的方法。这种方法的要点是:在拱脚墩、台处安装临时的钢塔架或钢筋混凝土塔架,用斜拉索(或斜拉粗钢筋)将拱圈(或拱肋)用挂篮浇筑一段系吊一段,从拱脚开始,逐段向拱顶悬臂浇筑,直至拱顶合龙。塔架的高度和受力应按拱的跨径、矢跨比等确定。斜拉索可用预应力钢筋或钢束,其面积及长度由所系吊的拱段长度和位置确定。用设在已浇完的拱段上的悬臂挂篮逐段悬臂浇筑拱圈(或拱肋)混凝土,整个拱圈混凝土的浇筑工作应从两拱脚开始,对称地进行,最后在拱顶合龙。塔架斜拉索法一般多采用悬浇施工,也可用悬拼法施工,但后者用得较少。图 7-2-16 所示为塔架、斜拉索及挂篮浇筑拱圈的施工工序示意图。

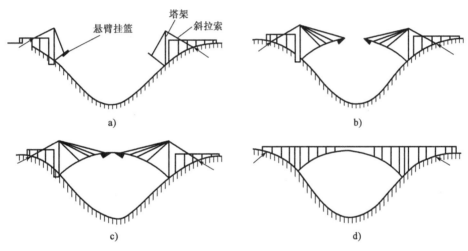

图 7-2-16 塔架、斜拉索及挂篮浇筑拱圈的施工工序

2. 斜吊式悬臂浇筑拱圈

它是借助于专用挂篮,结合使用斜吊钢筋将拱圈、拱上立柱和预应力混凝土桥面板等齐头并进地边浇筑边构成桁架的悬臂浇筑方法。施工时,用预应力钢筋临时作为桁架的斜吊杆和桥面板的临时拉杆,将桁架锚固在后面的桥台(或桥墩)上。此过程中,作用于斜吊杆的力是通过布置在桥面板上的临时拉杆传至岸边的地锚上(也可利用岸边桥墩作地锚)的。用这种方法修建大跨径拱桥时,个别的施工误差对整体工程质量的影响很大,因此对施工测量、材料规格和强度及混凝土的浇筑等必须进行严格检查和控制。在施工技术管理方面,应重视的问题有:斜吊钢筋的拉力控制,斜吊钢筋的锚固和地锚地基反力的控制,预拱度的控制,混凝土应力的控制等几项。其施工程序如图 7-2-17 所示。

图 7-2-17a)和图 7-2-17b)为在边孔完成后,在桥面板上设置临时拉杆,在吊架上浇筑第一段拱圈。待此段混凝土达到要求强度后,在其上设置临时预应力拉杆,并撤去吊架,直接

系吊于斜吊杆上,然后在其前端安装悬臂挂篮。

图7-2-17c)和图7-2-17d)为用挂篮逐段悬臂浇筑拱圈。当挂篮通过拱上立柱 P_2 位置后,须立即浇筑立柱 P_2 及 P_1 至 P_2 间的桥面板,然后用挂篮继续向前悬臂浇筑,直至通过下一个立柱后,再安装 P_1 至 P_2 间桥面板的临时拉杆及斜吊杆,并浇筑下一个立柱及之间的桥面板。每当挂篮前进一步,必须将桥面板拉杆收紧一次。这样,一面用斜吊钢筋构成桁架,一面向前悬臂浇筑,直至拱顶附近,撤去挂篮,再用吊架浇筑拱顶合龙混凝土。

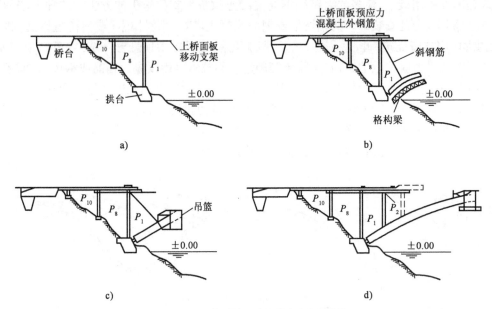

图7-2-17 斜吊式现浇法的主要施工步骤

当拱圈为箱形截面时,每段拱圈施工应按箱形截面拱圈的施工程序进行浇筑。

为加快施工进度,拱上桥面板混凝土宜用活动支架逐孔浇筑。

任务三 装配式拱桥施工

梁桥上部的轻型化、装配化大大加快了梁桥的施工速度。要提高拱桥的竞争能力,拱桥也必须向轻型化和装配化的方向发展。从双曲拱桥及以后发展至桁架拱桥、刚架拱桥、箱形拱桥、桁式组合拱桥、钢管混凝土拱桥,均沿着这一方向发展。混凝土装配式拱桥主要包括双曲拱、肋拱、组合箱形拱、悬砌拱、桁架拱、钢管拱、刚架拱和扁壳拱等。

在无支架施工或脱架施工的各个阶段,对拱圈(或拱肋)截面强度和稳定性均有一定要求。但实际施工过程中,拱圈(或拱肋)的强度和稳定安全度常低于成桥后的安全度,因此,必须对拱圈(或拱肋)在预制、吊运、搁置、安装、合龙、裸拱卸架及施工加载等各个阶段进行强度和稳定性的验算,以确保桥梁安全和工程质量。对于在吊运、安装过程中的验算,应根据施工机械设备、操作熟练程度和可能发生的撞击等情况,考虑1.2~1.5的冲击系数。在拱圈(或肋)及拱上建筑施工过程中,应经常对拱圈(或拱肋)进行挠度观测,以控制拱轴线的线形。

目前在大跨径拱桥中,较多采用箱形截面拱,因此下面将着重介绍箱形截面拱桥的装配式施工。为叙述方便,下面均以拱肋进行介绍,如无特殊说明,同样适合于板拱。下面以缆索吊装施工为例来介绍拱桥的装配式施工。

一、缆索吊装的应用

在峡谷或水深流急的河段上,或在通航的河流上,需要满足船只的顺利通行,缆索吊装由于具有跨越能力大、水平和垂直运输机动灵活、适应性广、施工比较稳妥方便等优点,成为拱桥施工中使用最为广泛的方案。

采用缆索吊机吊装拱肋时,为了在起重索的偏角不超过15°的限度内减少主索横向移动次数,可采用两组主索或加高主索塔架高度的方法施工。

在采用缆索吊装的拱桥上,为了充分发挥缆索的作用,拱上建筑也可以采用预制装配施工。缆索吊装在加快桥梁施工速度、降低桥梁造价等方面起到了很大作用。图7-3-1为缆索吊装布置示意图。

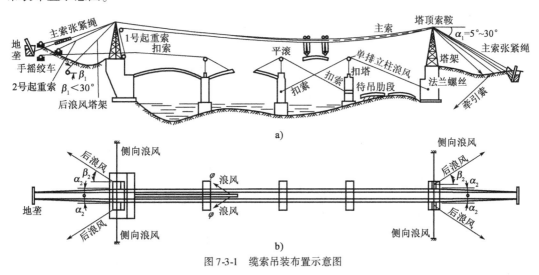

图7-3-1 缆索吊装布置示意图

二、构件的预制、运输与堆放

1.预制方法

1)拱肋构件坐标放样

装配式混凝土拱桥,拱肋坐标放样与有支架施工拱肋坐标放样相同。

2)拱肋立式预制

采用立式浇筑方法预制拱肋,具有起吊方便、节省材料的优点。底模采用土牛拱胎密排浇筑时,能减小预制场地。该法是预制拱肋最常用的方法,尤其适用于大跨径拱桥。

(1)土牛拱胎立式预制。该法施工方便,适用性较强。填筑土牛拱胎时,应分层夯实,表面土中宜掺入适量石灰,并加以拍实,然后用栏板套出圆滑的弧线,如图7-3-2所示。为便于固定侧模,拱胎表层宜按适当距离埋入横木,也可用粗钢筋或钢管固定侧模。

当取土及填土不方便时,可采用木支架进行装模和预制,但拆除支架时须注意拱肋的强度和受力状态,防止拱肋发生裂纹。

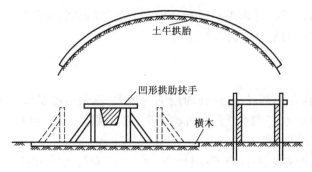

图 7-3-2 土牛拱胎预制拱肋

(2)条石台座立式预制。条石台座由数个条石支墩、底模支架和底模等组成,如图 7-3-3 所示。

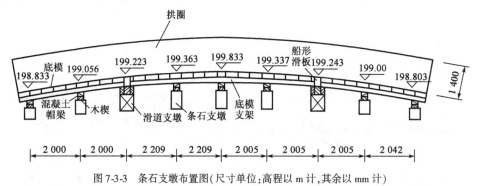

图 7-3-3 条石支墩布置图(尺寸单位:高程以 m 计,其余以 mm 计)

3)拱肋卧式预制

卧式预制,拱肋的形状和尺寸较易控制,特别是空心拱肋,浇筑混凝土时操作方便,且节省木材,但起吊时容易损坏。卧式预制一般有下列几种方法。

(1)木模卧式预制。预制拱肋数量较多时,宜采用木模,如图 7-3-4a)所示。浇筑截面为 L 形或倒 T 形时(双曲拱拱肋),拱肋的缺口部分可用黏土砖或其他材料垫砌。

(2)土模卧式预制。如图 7-3-4b)所示,在平整好的土地上,根据放样尺寸,挖出与拱肋尺寸大小相同的土槽,然后将土槽壁仔细抹平、拍实,铺上油毛毡或铺筑一层砂浆,便可浇筑拱肋。虽然此法节省材料,但土槽开挖较费工且容易损坏,尺寸也不如木模精确,仅适用于预制少量的中小跨拱桥。

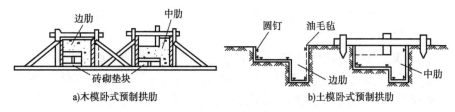

a)木模卧式预制拱肋　　　　b)土模卧式预制拱肋

图 7-3-4 拱肋卧式预制

(3)卧式叠浇。如图 7-3-5 所示,采用卧式预制的拱肋混凝土强度达到设计强度的 30% 以后,在其上安装侧模,浇筑下一片拱肋,如此连续浇筑称为卧式叠浇。卧式叠浇一般可达 5 层。浇筑时,每层拱肋接触面用油毛毡、塑料布或其他隔离剂将其隔开。卧式叠浇的优点是节省预制场地和模板,但先期预制的拱肋不能取出,影响工期。

2. 拱肋分段与接头

1) 拱肋的分段

拱肋跨径在 30m 以内时,可不分段或仅分两段;在 30～80m 范围时,可分 3 段;大于 80m 时,一般分 5 段。拱肋分段

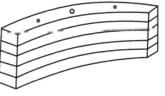

图 7-3-5　拱肋卧式叠浇

吊装时,理论上接头宜选择在拱肋自重弯矩最小的位置及其附近,但一般为等分,这样各段重力基本相同,吊装设备较省。

2) 拱肋的接头形式

(1) 对接接头。为方便预制,简化构造,拱肋分两段吊装时多采用对接形式,如图 7-3-6a)、b) 所示。吊装时,先使中段拱肋定位,再将边段拱肋向中段拱肋靠拢,以防中段拱肋搁置在边段拱肋上,增加扣索拉力及中段拱肋搁置弯矩。

对接接头在连接处为全截面通缝,要求接头的连接材料强度高,一般采用螺栓或电焊钢板等。

(2) 搭接接头。分三段吊装的拱肋,因接头处在自重弯矩较小的部位,一般宜采用搭接形式,如图 7-3-6c) 所示。拱肋吊装时,采用边段拱肋与中段拱肋逐渐靠拢的合龙工艺,拱肋通过搭接混凝土接触面的抗压来传递轴向力而快速成拱。然而中段拱肋部分质量搁置在边段拱肋上,扣索拉力和中段肋自重弯矩较大,设计扣索时必须考虑这种影响。分 5 段安装的拱肋,边段与次边段拱肋的接头也可采用搭接形式。搭接接头受力较好,但构造复杂,预制也较困难,须用样板校对、修凿,确保拱肋安装质量。

(3) 现浇接头。用简易排架施工的拱肋,可采用主筋焊接或主筋环状套接的现浇接头,如图 7-3-6d) 所示。

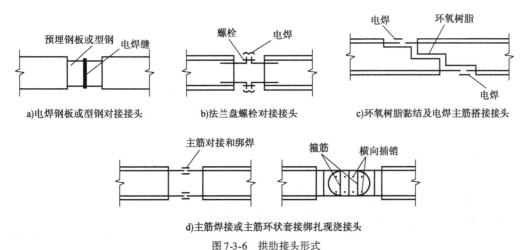

图 7-3-6　拱肋接头形式

3) 接头连接方法及要求

用于拱肋接头的连接材料,有电焊型钢、钢板(或型钢)螺栓、电焊拱肋钢筋、环氧树脂水泥胶等,其优缺点见表 7-3-1。

接头处的混凝土强度等级应比拱肋混凝土强度等级高一级。对连接钢筋、钢板(或型

钢)的截面要求,应按计算确定。钢筋的焊缝长度,应满足《公预规》的有关规定。

用于拱肋接头的连接材料的优缺点　　表 7-3-1

连接材料	优　点	缺　点
电焊型钢	接头基本固结,强度高	钢材用量多,高空焊接量大,焊固后不能调整高程
螺栓连接	拱肋合龙时不需要电焊,安装方便,可反复调整,接头能承受部分弯矩	拱肋预制精度要求高
电焊拱肋钢筋	拱肋受力具有连续性,钢材用量少,施工方便	拱肋钢筋未电焊前,接头不能承受拉力
环氧树脂水泥胶	加强接头混凝土接触面的黏结,填补钢结构的空隙	硬化时间内不能受力,应严格控制配比,不能单独作为连接措施

3. 拱座

拱肋与墩台的连接称为拱座。拱座主要有如图 7-3-7 所示的几种形式,其中插入式及方形拱座因其构造简单、钢材用量少、嵌固性能好而被普遍采用。

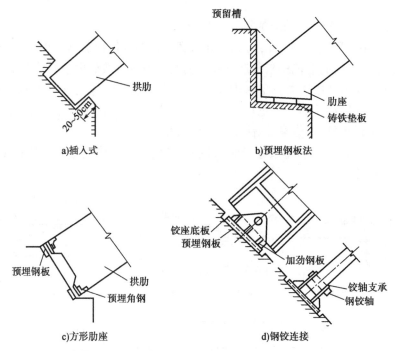

图 7-3-7　拱座形式

4. 拱肋起吊、运输及堆放

(1)拱肋脱模、运输、起吊时间的确定。装配式拱桥构件在脱模、移运、堆放、吊装时,混凝土的强度不应低于设计所要求的吊装强度;若无设计要求,一般不得低于设计强度的 75%。为加快施工进度,可掺入适量早强剂,在低温环境下,可用蒸汽养护。

(2)场内起吊。拱肋移运起吊时的吊点位置应按设计图上的设计位置实行,如图上无要求,应结合拱肋的形状、拱肋截面内的钢筋布置以及吊运、搁置过程中的受力情况综合考虑确定,以保证移运过程中的稳定安全。

大跨径拱桥拱肋构件的脱模起吊一般采用龙门架,小跨径拱桥拱肋及小型构件可采用三角扒杆、马凳、吊车等机具进行。

(3)场内运输(包括纵横移)。场内运输可采用龙门架、胶轮平板挂车、汽车平板车、轨道平车或船只等机具进行。

(4)构件堆放。拱肋堆放时,应尽可能卧放,特别是矢跨比小的构件(拱肋、拱块)。卧放时应垫三点,垫木位置应在拱肋中央及离两端 $0.15L$ 处,三个垫点应同高度。如必须立放时,应搁放在符合拱肋曲度的弧形支架上,如无此种支架,则应垫搁三个支点,其位置在中央及距两端 $0.2L$ 处,各支点高度应符合拱肋曲度,以免拱肋折断。

堆放构件的场地应平整夯实,不致积水。当因场地有限而采用堆垛时,应设置垫木。堆放高度按构件强度、地面承载力、垫木强度以及堆放的稳定性而定,一般以 2 层为宜,不应超过 3 层。

构件应按吊运及安装次序顺序堆放,并留适当通道,防止吊运难度加大。

三、吊装程序

根据拱桥的吊装特点,其一般吊装程序为:边段拱肋吊装及悬挂,次边段拱肋吊装及悬挂(对于五段吊装);中段拱肋吊装及拱肋合龙;拱上构件的吊装或砌筑安装等。

全桥拱肋的安装可按下列原则进行:

(1)单孔桥吊装拱肋顺序常由拱肋合龙的横向稳定方案决定;多孔桥吊装应尽可能在每孔合龙几片拱肋后再推进,一般不少于两片拱肋。对于肋拱桥,在吊装拱肋时,应尽早安装横系梁,为加强拱肋的稳定性,需设横向临时连接系,加快施工进度。但合龙的拱肋片数所产生的单向推力应不超过桥墩的承受能力。

(2)对于高墩,应以桥墩的墩顶位移值控制单向推力,位移值应小于 $L/400$。

(3)设有制动墩的桥跨,可以制动墩为界分孔吊装,先合龙的拱肋可提前进行拱肋接头、横系梁及拱波等的安装工作。

(4)采用缆索吊装时,为减少主索的横向移动次数,可将每个主索位置下的拱肋全部吊装完毕后再移动主索。一般将起吊拱肋的桥孔安排在最后吊装,必要时该孔最后几段拱肋可在两肋之间用"穿孔"的方法起吊。

(5)为减少扣索往返拖拉次数,可按吊装推进方向,顺序地进行吊装。缆索吊装施工工序为:在预制场预制拱肋(箱)和拱上结构→将预制拱肋和拱上结构通过平车等运输设备移运到缆索吊装位置→将分段预制的拱肋吊运至安装位置→利用扣索对分段拱肋进行临时固定→吊装合龙段拱肋→对各段拱肋进行轴线调整→主拱圈合龙→拱上结构安装。

四、吊装准备工作

1. 预制构件质量检查

预制构件起吊安装前,必须进行质量检查,不符合质量标准和设计要求的不准使用,有缺陷的应预先予以修补。

拱肋接头和端头应用样板校验,突出部分应予以凿除,凹陷部分应用环氧树脂砂浆抹平。接头混凝土接触面应凿毛,钢筋应除锈;螺栓孔应用样板套孔,如不合适应适当扩孔。

拱肋接头及端头应标出中线。

应仔细检测拱肋上下弦长,如与设计不符者,应将长度大的弧长凿短。拱肋在安装后如发生接合面张口现象,可在拱座和接头处垫塞钢板。

2. 墩台拱座尺寸检查

墩台拱座混凝土面要修平,水平顶面高程应略低于设计值,预留孔长度应不小于计算值,拱座后端面应与水平顶面相垂直,并与桥墩中线平行。在拱座面上应标出拱肋安装位置的台口线及中线,用红外线测距仪或钢尺(装拉力计)复核跨径,每个拱座在肋宽范围内均应至少丈量两次。用装有拉力计的钢尺丈量时,对丈量结果要进行温度和拉力的修正。

3. 跨径与拱肋的误差调整

预制每段拱肋时,拱背弧长宜小于设计弧长 0.5~10cm,使拱肋合龙时接合面保留上缘张口,便于嵌塞钢片,调整拱轴线。通过丈量和计算所得的拱肋长度和墩台之间净跨的施工误差,可以通过在拱座处垫铸铁板来调整,如图 7-3-8 所示。背垫板的厚度一般比计算值增加 1~12cm,以缩短跨径。合龙后,应再次复核接头高程以修正计算中一些未考虑的因素和丈量误差。

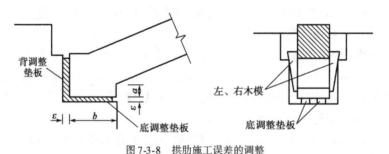

图 7-3-8 拱肋施工误差的调整

五、缆索设备的检查与试吊

在使用缆索吊装设备前,必须进行试拉和试吊。

1. 地锚试拉

一般每一类地锚取一个进行试拉。缆风索的土质地锚要求位移小,因此,在有条件时宜全部试拉,使其预先完成一部分位移。可利用地锚相互试拉,受拉值一般为设计荷载的 1.3~1.5 倍。

2. 扣索对拉

扣索是悬挂拱肋的主要设备,因此必须通过试拉来确保其可靠性。可将两岸的扣索用卸甲连在一起,将收紧索收紧进行对拉,这样可全面检查扣索、扣索收紧索、扣索地锚和动力装置等是否达到了要求。

3. 主索系统试吊

主索系统试吊一般分跑车空载反复运转、静载试吊和吊重运行 3 个步骤。必须待每一步骤检查、观测工作完成并无异常现象后,方可进行下一步骤。试吊重物可以利用钢筋混凝土预制构件、钢轨和钢梁等,一般按设计吊重的 60%、100%、130%,分几次进行。

试吊后,应综合各种观测数据和检查情况,对设备的技术状况进行分析和鉴定,然后提出改进措施,确定能否进行正式吊装。

六、拱肋缆索起吊

拱肋由预制场运到主索下后,一般用起重索直接起吊。当不能直接起吊时,可采用下列方法进行。

1. 翻身

卧式预制拱肋在吊装前,需要"翻身"成立式,常用就地翻身和空中翻身两种方法。

(1)就地翻身。如图 7-3-9a)所示,先用枕木垛将平卧拱肋架至一定高度,使其在翻身后两端头不致碰到地面,然后用一根短千斤顶将拱肋吊点与吊钩相连,边起重拱肋边翻身直立。

(2)空中翻身。如图 7-3-9b)所示,在拱肋的吊点处用一根串有手链滑车的短千斤顶,穿过拱肋吊环,将拱肋兜住,挂在主索吊钩上,然后收紧起重索起吊拱肋,当拱肋起吊至一定高度时,缓慢放松手链滑车,使拱肋翻身为立式。

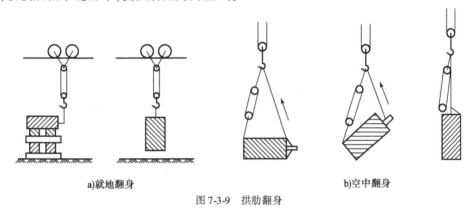

a)就地翻身　　　　　　　　b)空中翻身

图 7-3-9　拱肋翻身

2. 掉头

为方便拱肋预制,边段拱肋有时采用同一方向预制,这样,部分拱肋在安装时,掉头方法常因设备不同而异。

(1)在河中起吊时,可利用装载拱肋的船进行掉头。

(2)在平坦场地采用胶轮平车运输时,可用跑车与平车配合起吊将拱肋掉头。

(3)用一跑车吊钩将拱肋吊离地面约50cm,再用人工拉动麻绳使拱肋旋转180°掉头放下,当一个跑车承载力不够时,可在两个跑车下另加一钢扁担起吊,旋转掉头。

3. 吊鱼

如图 7-3-10 所示,当拱肋从塔架下面通过后,在塔架前起吊向塔架前场地不足时,可先用一个跑车吊起一个吊点并向前牵出一段距离后,再用另一个跑车吊起第二个吊点。

4. 穿孔

拱肋在桥孔中起吊时,最后几段拱肋常须在该孔已合龙的拱肋之间穿过,俗称穿孔,如图 7-3-11 所示。

穿孔前,应将穿孔范围内的拱肋横夹木暂时拆除,在拱肋两端另加稳定缆风索。穿孔时,应防止碰撞已合龙的拱肋,故主索宜布置在两拱肋中间。

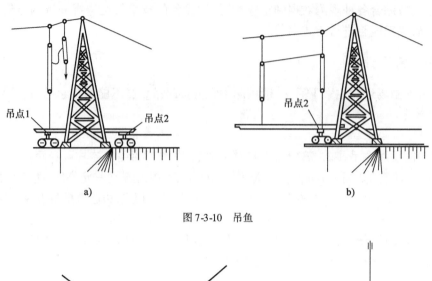

图 7-3-10 吊鱼

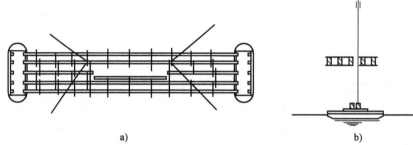

图 7-3-11 穿孔

5. 横移起吊

当主索布置在对中拱肋位置,不宜采用穿孔工艺起吊时,可以用横移索帮助拱肋横移起吊。

七、缆索吊装边段拱肋悬挂方法

在拱肋无支架施工中,边段拱肋及次边段拱肋均用扣索悬挂。按支撑的结构物的位置和扣索本身的特点分为天扣、塔扣、通扣、墩扣等类型,可根据具体情况选用,也可混合使用。边段拱肋悬挂方法如图 7-3-12 所示。

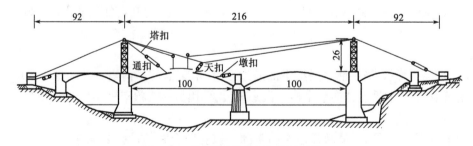

图 7-3-12 边段拱肋悬挂方法(尺寸单位:m)

图 7-3-12 中 1 号扣索锚固在桥墩上,简称墩扣;2 号扣索是用另一组主索跑车将拱肋悬挂在天线上,简称天扣;3 号扣索支承在主索塔架上,简称塔扣;4 号扣索一直贯通到两岸地

锚前收紧,简称通扣。

扣索一般都设置有一对收紧滑轮组。在不同的悬挂方法中,收紧滑轮组的位置各不相同。在墩扣和天扣中,收紧轮滑组设置在拱肋扣点前,在通扣中则设置在地锚前。塔扣中如用粗钢丝绳做扣索,为方便施工,收紧滑轮组设在两岸地锚前;如单孔桥和扣索为细钢丝绳时,则收紧滑轮组设在塔架和拱肋扣点之间。

在墩扣和通扣中,扣索和主索不在同一高度上,可采用正扣正就位和正扣歪就位方法施工。在塔扣和天扣中,由于扣索和主索均布置在塔架上,因此都采用正扣歪就位的方法。

任务四 拱桥转体施工

一、了解转体施工法

转体施工法一般适用于单孔或三孔拱桥的施工。其基本原理是:将拱圈或整个上部结构分为两个半跨,分别在河流两岸利用地形或简单支架现浇或预制装配半拱,然后利用一些机具设备和动力装置将其两半跨拱体转动至桥轴线位置(或设计高程)合龙成拱。采用转体法施工拱桥的特点是:结构合理,受力明确,节省施工用材,减少安装架设工序,变复杂的、技术性强的水上高空作业为岸边陆上作业,施工速度快,不但施工安全、质量可靠,而且在通航河道或车辆行驶频繁的跨线立交桥的施工中可做到不干扰交通、不间断通航、减少对环境的损害、减少施工费用和机具设备,是具有良好的技术经济效益和社会效益的桥梁施工方法之一。近年来,由于钢管混凝土拱桥在国内快速发展,为钢管混凝土拱桥转体法施工创造了有利条件。

转体的方法可以采用平面转体、竖向转体或平竖结合转体。目前,转体施工法已应用在拱桥、梁桥、斜拉桥、斜腿刚架桥等不同桥型上部结构的施工中。

1. 平面转体

本法适用于深谷、河岸较陡峭、预制场地狭窄或无法采用现浇或吊装的施工现场。在桥墩台的上、下游两侧利用山坡地形的拱脚向河岸方向与桥轴线成一定角度搭设拱架,在拱架上现浇拱(肋)箱或组拼箱段以完成二分之一跨拱,其拱顶高程与设计高程相同(应设置预留高度),如图 7-4-1 所示。利用转动体系,将两岸拱箱相继旋转合龙就位,要使得拱箱平衡稳定旋转就位,拱箱的平衡是平转法的关键。

平面转体可分为有平衡重转体和无平衡重转体。有平衡重转体一般以桥台背墙作为平衡重,并作为桥体上部结构转体用拉杆的锚碇反力墙,用以稳定转动体系和调整重心位置。为此,平衡重部分不仅在桥体转动时作为平衡重力,而且也要承受桥梁转体重力的锚固力。无平衡重转体不需要有一个作为平衡重的结构,而是以两岸山体岩土锚洞作为锚碇来锚固半跨桥梁悬臂状态时产生的拉力,并在立柱上端做转轴,下端设转盘,通过转动体系进行平面转体。其主要适用于刚构梁式桥、斜拉桥、钢筋混凝土拱桥及钢管拱桥。

2. 竖向转体

本法适用于桥址地势平坦、桥孔下无水或水浅的情况。在一孔中的两端桥墩、台从拱座开始顺桥向各搭设半孔拱架(或土牛拱胎),在其上现浇或组拼拱箱(肋或钢管肋),利用敷设在两岸桥台(或墩)上的扣索[扣索一端系在拱顶端,另一端通过桥台(或墩)顶进入卷扬机],先收紧一端扣索,拱箱(肋)即以拱座铰为中心,竖直旋转,使拱顶达设计高程,同法收紧另一端扣索,合龙,如图7-4-2所示。

图7-4-1 平面转体

图7-4-2 竖向转体

根据河道情况、桥位地形和自然环境等方面的条件和要求,竖向转体施工有以下两种方式。

(1)竖直向上预制半拱,然后向下转动成拱。其特点是施工占地少,预制可采用滑模施工,工期短,造价低。需注意的是,在预制过程中应尽量保持半拱轴线垂直,以减小新浇混凝土重力对尚未凝结混凝土产生的弯矩,并在浇筑一定高度后加设水平拉杆,以避免因拱形曲率影响而产生较大的弯矩和变形。

(2)在桥面以下俯卧预制半拱,然后向上转动成拱。其主要适用于转体重力不大的拱桥或某些桥梁预制部件(塔、斜腿、劲性骨架)。

3. 平竖结合转体

由于受到河岸地形条件的限制,拱桥采用转体施工时,可能遇到既不能按设计高程处预制半拱,也不可能在桥位竖平面内预制半拱的情况(如在平原区的中承式拱桥)。此时,拱体只能在适当位置预制后既需平转、又需竖转才能就位。这种平竖结合转体方法基本与前述相似,但其转轴构造较为复杂。当地形、施工条件适合时,混凝土肋拱、刚架拱、钢管混凝土可选用此法施工。

二、有平衡重平面转体施工

有平衡重转体施工的特点是转体重量大,施工的关键是转体。要把数百吨重的转动体系顺利、稳妥地转到设计位置,主要依靠以下两项措施实现:正确的转体设计;制作灵活可靠的转体装置,并布设牵引驱动系统。目前,国内使用的转体装置有两种,都是通过转体实践考验,行之有效的。第一种是以四氟乙烯作为滑板的环道平面承重转体;第二种是以球面转轴支承辅以滚轮的轴心承重转体,见图7-4-3。

牵引驱动系统通常由卷扬机(绞车)、倒链、滑轮组、普通千斤顶等机具组成。近年来,又出现了采用自动连续顶推系统作为转体动力设备的实例,其特点是:转体连续、同步、匀速、平稳、一次到位,结构紧凑,占地少,施工方便。

1. 转动体系的构造

从图7-4-4中可知,转动体系主要由底盘、上盘、背墙、桥体上部构造、锚扣系统、拉杆(或拉索)组成。

1)底盘与上盘

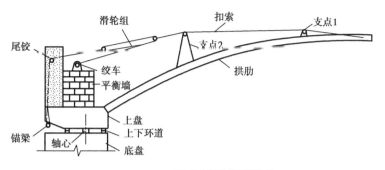

a) 四氟乙烯滑板环道转体

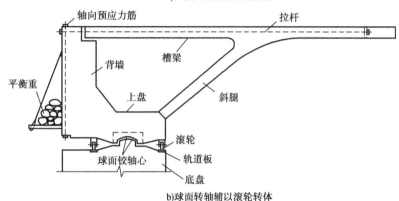

b) 球面转轴辅以滚轮转体

图 7-4-3 转动体系的一般构造

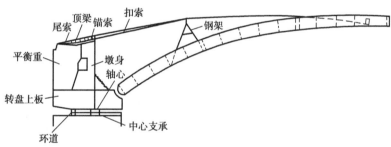

图 7-4-4 外锚扣体系示意图

底盘和上盘都是桥台基础的一部分,底盘固定,上转盘与转体形成整体,并可在底盘上旋转,从而实现拱体转动。通常选用的中心单支承式转盘、底盘和上盘之间设有能使其相互间灵活转动的转体装置,底盘上设置下环道和轴座或者轨道板和球铰,上转盘下方设置上环道和轴帽或者滚轮和铰盖。

2) 背墙

背墙一般就是桥台的前墙,它不但是转动体系的平衡重,而且还是转体阶段桥体上扣杆的锚碇反力墙。

3) 桥体上部构造

拱体可以是半跨拱肋(箱),也可以是完成拱上立柱的半跨结构,对桁架拱、刚构拱则是半跨拱片。

4) 锚扣系统

设置锚扣系统的目的是把支承在支架、环道或滚轮上的拱体与上转盘、背墙全部连接成一个转动体系,并脱离其周边支承,形成一个支承在转动轴心或铰上的悬空平衡体。

(1)外锚扣体系。外锚扣系统适用于箱(肋)拱、钢管混凝土拱等。该系统在接近拱顶截面中线处设置横梁、上系扣索,以承受半拱水平力。扣索通过设于拱背适当部位的钢支架锚于上转盘顶部顶梁上,顶梁的前方设有锚梁,锚梁借助尾铰锚固于转盘尾部。在锚梁与顶梁之间设有千斤顶,以调整扣索拉力和使半拱脱离支架而呈悬空状。

(2)内锚扣(上弦预应力钢筋)体系。内锚扣体系适用于桁架拱、刚构拱等,它是以结构本身或在其杆件内部穿入拉杆作为扣杆,如图7-4-5所示。

当采用内、外锚扣体系时,应满足《桥施规》的有关规定。

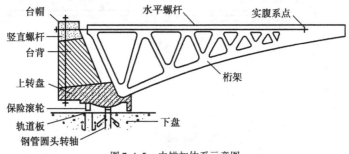

图7-4-5 内锚扣体系示意图

(3)自平衡体系。刚构梁式桥、斜拉桥为不需设锚扣的自平衡体系。

5)拉杆(或拉索)

拉杆一般就是拱桥的上弦杆(桁架拱、刚架拱),或是临时设置的体外拉杆钢筋(或扣索钢丝绳)。拉杆(或拉索)是保证转体平衡的重要部件,其截面由扣力大小决定。

6)环道

(1)聚四氟乙烯滑板环道。这是一种平面承重转体装置,它由设在底盘和上转盘间的轴心和环形滑道组成,具体构造如图7-4-6所示。图7-4-6a)为环形滑道构造;图7-4-6b)为轴心构造,其间由扇形板连接。

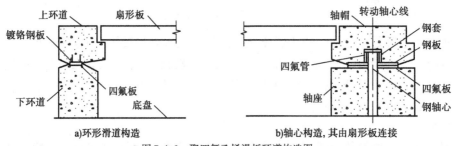

a)环形滑道构造 b)轴心构造,其由扇形板连接

图7-4-6 聚四氟乙烯滑板环道构造图

①环形滑道是一个以轴心为圆心,直径7~8m的圆环形混凝土滑道,宽0.5m,上、下滑道高约0.5m。下环道混凝土表面要既平整又粗糙,以利铺放80mm宽的环形四氟板,上环道底面嵌设宽100mm的镀铬钢板。最后用扇形预制板把轴帽和上环道连成一体,并浇上转盘混凝土,这就形成了一个可以在转轴和环道上灵活转动的上转盘。

这种装置平稳、可靠、承载力大,转动体系的重心与下转盘轴心可以允许有一定数量的偏心值，适用于转体重力大，转动体系重心高的结构。

②转盘轴心由混凝土轴座、钢轴心和轴帽等组成。轴座是一个直径 1.0m 左右的 C25～C50 钢筋混凝土矮墩，它不但对固定钢轴心起着定位作用，而且支承上转盘部分重力。合金钢轴心直径为 0.1m，长 0.8m，下端为 0.6m，固定在混凝土轴座内，上端露出 0.2m 车光镀铬，外套 10mm 厚的聚四氟乙烯管。在轴座顶面铺四氟板，在四氟板上放置直径为 0.6m 的不锈钢板，再套上外钢套。钢套顶端封固，下缘与钢板焊牢，再浇筑混凝土轴帽，凝固脱模后，轴帽即可绕钢轴心旋转。

(2)球面铰辅以轨道板和钢滚轮(或移动千斤顶)。这是一种以铰为轴心承重的转动装置。它的特点是整个转动体系的重心必须落在轴心铰上，球面铰既起定位作用，又承受全部转体重力，钢滚轮(或移动千斤顶)只起稳定保险作用。球面铰可以分为半球形钢筋混凝土铰、球缺形钢筋混凝土铰、球缺形钢铰。前两种由于直径大，故能承受较大的转体重力。

各种球面铰和钢滚轮、轨道板移动千斤顶的构造如图 7-4-7 所示。

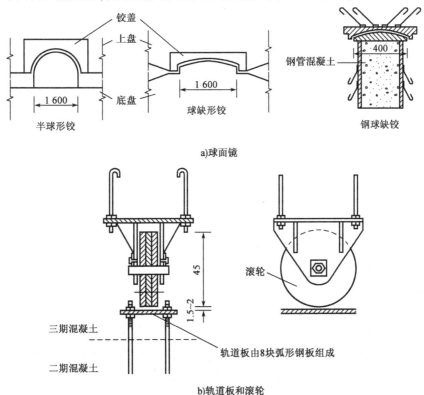

图 7-4-7 球面铰辅以轨道板和钢滚轮构造图(尺寸单位:cm)

2. 拱体预制

拱体预制应按设计桥型、两岸地形情况，设置适当的支架和模板(或土胎模)，预制应按《公路桥涵施工技术规范》(JTG/T F50—2011)有关规定进行。同时还应注意以下两点。

(1)充分利用地形，合理布置场地，使拱体转动角度小，支架或土胎用料少，易于设置转动装置。

(2)严格控制拱体各部分高程、尺寸，特别要控制好转盘施工精度。

3. 转体拱桥的施工

有平衡重平面转体拱桥的主要施工程序如下：

制作底盘→制作上转盘→试转上转盘到预制轴线位置→浇筑背墙→浇筑主拱圈上部结构→张拉拉杆，使上部结构脱离支架，并且和上转盘、背墙形成一个转动体系，通过配重基本把重心调到磨心处→牵引转动体系，使半拱平面转动合龙→封上下盘，夯填桥台背土，封拱顶，松拉杆，实现体系转换。

1）制作底盘（以钢球面铰为例）

底盘设有轴心（磨心）和环形轨道板，轴心起定位和承重作用。对磨心顶面上的球面形钢铰上盖要加工精细，使接触面达70%以上。钢铰与钢管焊接时，焊缝要交错间断，并辅以降温措施，防止变形。轴心定位要反复核对，要求轨道板高差在±1mm。注意板底与混凝土接触密实，不能有空隙。

2）制作上转盘

在轨道板上按设计位置放好承重滚轮，滚轮下面垫有2~3mm厚的小薄铁片，当上盘一旦转动后此铁片即可取出，这样便可在滚轮与轨道板间形成一个2~3mm的间隙。这个间隙是保证转动体系的重力压在磨心上而不压在滚轮上的一个重要措施。它还可用来判断滚轮与轨道板接触的松紧程度，调整重心。滚轮通过小木盒保护定位后，可用砂模或木模做底模，在滚轮支架顶板面涂以黄油，在钢球铰上涂以二硫化钼作润滑剂，盖好上铰盖并焊上锚筋，绑扎上盘钢筋，预留灌封盘混凝土的孔洞，即可浇上盘混凝土。

3）布置牵引系统的锚碇及滑轮，试转上盘

要求主牵引索基本在一个平面内。上转盘混凝土强度达到设计要求后，在上转盘前方或后方配临时平衡重，把上盘重心调到轴心处，最后牵引上转盘到预制拼装上部构造的轴线位置。这是一次试转，一方面它可检查、试验整个转动牵引系统，另一方面也是正式开始预制拼装上部结构前的一道工序。为了使牵引系统能够供正式转体时使用，布置转向轮时，应使其连线通过轴心且与轴心距离相等，这样求得正式转体时，牵引力也是一对平行力偶。此问题在施工设计中还要作进一步介绍。

4）浇筑背墙

将上转盘试转到上部构造预制轴线位置后即可准备浇筑背墙。背墙往往是一个质量很大的实体，为了使新浇筑背墙与原来的上转盘形成一个整体，必须有一个坚固的背墙模板支架。为了保证墙上部截面的抗剪强度（主要指台帽处背墙的横截面），应尽量避免在此处留施工缝。如一定要留，也应使所留斜面往外倾斜。也可另用竖向预应力来确保该截面的抗剪安全。

5）浇筑主拱圈上部结构

可利用两岸地形作支架土模，也可采用扣件式钢管作为满堂支架，以求节约木材。扣件式钢管能方便地形成所需要的拱底弧形，不必截断钢管，可以重复周转使用。为防止混凝土收缩和支架不均匀沉降产生的裂缝，浇半跨主拱圈时应按规范留施工缝。

主拱圈也可采用简易支架，用预制构件组装的方法形成。

6）张拉脱架

当主拱圈混凝土达到设计强度后，即可进行安装拉杆钢筋、张拉脱架等工序。为了确保拉杆的安全可靠，要求每根拉杆钢筋都进行超荷载50%试拉。正式张拉前，应先张拉背墙的竖向预应力筋，再张拉拉杆。在实际操作中，应反复张拉2~3次，使各根钢筋受力均匀。为了防止横向失稳，要求两台千斤顶的张拉合力应在拱桥轴线位置，不得有偏心。

通过张拉，要求把支承在支架、滚轮、支墩上的上部结构与上转盘、背墙全部连接成一个转动体系，最后脱离其支承，形成一个悬空的平衡体系支承在轴心铰上。这是一个十分重要的工序，它将检验转体阶段的设计和施工质量。当拱圈全部脱离支架悬空后，上转盘背墙下的支承钢木楔也陆续松脱，根据楔子与滚轮的松紧程度加片石调整重心，或以千斤顶辅助拆除全部支承楔子，让转动体系悬空静置一天，观测各部变形有无异常，并检查牵引体系等，均确认无误后，即可开始转体。

7）转体合龙

把第一次试转时的牵引绳按相反的方向重新穿索、收紧，即可开始正式转体。为使其平稳转体，控制角速度应为0.5r/min。当快合龙时，为防止转体超过轴线位置，可采用简易的反向收紧绳索系统，用手拉葫芦拉紧后慢慢放松，并在滚轮前微量松动木楔的方法徐徐就位。

轴线对中以后，接着进行拱顶高程调整，使误差符合要求，合龙接口允许相对偏差为±1cm，在上下转盘之间用千斤顶能很方便地实现拱顶升降，只是应把前后方向的滚轮先拆除，并在上下转盘四周用混凝土预制块或钢楔等瞬时合龙措施将其揳紧、揳稳，以保证轴线位置不再变化。拱顶最后的合龙高程应该考虑桥面荷载以及混凝土收缩、徐变等因素产生的挠度，并留够预拱度。当合龙温度与设计要求偏差3℃或影响高程差在±1cm时，应计算温度的影响。轴线与高程调整符合要求后，即可将拱顶钢筋用钢条焊接，以增加稳定性。

8）封上下盘、封拱顶、松拉杆

封盘混凝土的坍落度宜选用17~20cm，且各边应宽出20cm，要求浇筑的混凝土应从四周溢流，上下盘间密实。封盘后接着浇筑桥台后座，当后座达到设计强度要求后即可选择夜间气温较低时浇封拱顶接头混凝土，待其达到设计要求后，分批、分级松扣，拆除扣锚索，实现桥梁体系的转化，完成主拱圈的施工。主拱圈完成后，即可进行常规的拱上建筑施工和桥面铺装，此处不再赘述。

三、无平衡重的平面转体施工

采用有平衡重转体施工修建拱桥，转动体系中的平衡重一般选用桥台背墙，但随着桥梁跨径的增大，需要的平衡重量急剧增加，不但桥台不需要如此巨大圬工，而且转体重量太大也增加了转体困难。与有平衡重转体相比，无平衡重转体施工是把有平衡重转体施工中的拱圈扣索拉力锚在两岸岩体中，从而节省了庞大的平衡重。锚碇拉力是由尾索预加应力传给引桥桥面板（或平撑、斜撑），以压力的形式储备。桥面板的压力随着拱箱转体的角度变化而变化，到转体到位时达到最小。这样一来，不仅使重量可大大减轻，而且设备简单，施工工艺得到简化；虽施工所需钢材略有增加，但全桥圬工数量大为减少。无平衡重转体施工需要有一个强大牢固锚碇，因此宜在山区地质条件好或跨越深谷急流处建造大跨桥梁时选用。

根据桥位两岸的地形，无平衡重转体可以把半跨拱圈分为上、下游两个部件，同步对称转体；或在上、下游分别在不对称的位置上预制，转体时先转到对称位置，再对称同步转体，以使扣索产生的横向力互相平衡;或直接做成半跨拱体(桥全宽),一次转体合龙。

1. 无平衡重转体一般构造

拱桥无平衡重转体施工是采用锚固体系代替平衡重平转法施工,利用锚固、转动、位控三大体系构成平衡的转体系统,其一般构造如图 7-4-8 所示。

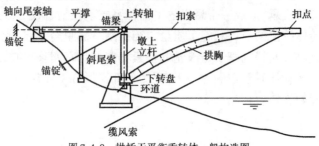

图 7-4-8　拱桥无平衡重转体一般构造图

1) 锚固体系

锚固体系由锚碇、尾索、平撑、锚梁(或锚块)及立柱组成。锚碇设在引道或边坡岩石中,锚梁(或锚块)支承于立柱上,两个方向的平撑及尾索形成三角形稳定体,稳定锚块和立柱顶部的上转轴使其为一确定的固定点。拱体转至任意角度,由锚固体系平衡拱体扣索力。当拱设计为双肋,并采取对称同步平转施工时,可省去非桥轴向(斜向)支撑。

2) 转动体系

转动体系由上转动构造、下转动构造、拱体及扣索组成。上转动构造由埋入锚梁(或锚块)中的轴套、转轴和环套组成,扣索一端与环套连接,另一端与拱体顶端连接。转轴在轴套与环套间均可转动,如图 7-4-9 所示。

下转动构造由下转盘、下环道与下转轴组成。拱体通过拱座铰支承在转盘上,马蹄形的转盘中部卡套在下转轴上,并支承在下环道上,转盘下安装了许多聚四氟乙烯蘑菇头(千岛走板),转盘的走板可在下环道上沿下转轴作弧形滑动,转盘与转轴的接触面涂有黄油四氟粉,以使拱体转动,如图 7-4-10 所示。扣索常采用Ⅳ级直径 32mm 精轧螺纹钢筋,扣索将拱箱顶部与上转轴连接,从而构成转动体系。在拱体顶端张拉扣索,拱箱即可离架转动。

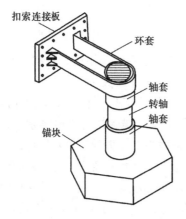

图 7-4-9　上转轴的一般构造示意图

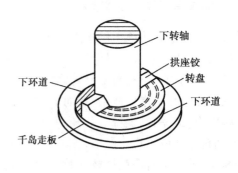

图 7-4-10　下转盘的一般构造示意图

3) 位控体系

位控体系由系在拱体顶端扣点的缆风索与转盘牵引系统组成,用以控制在转动过程中转动体的速度和位置。

2.无平衡重转体施工

拱桥无平衡重转体施工的主要内容和工艺有以下各项。

(1)转动体系施工：

①安装下转轴、转盘及浇筑下环道；

②浇筑转盘混凝土；

③安装拱脚铰、浇筑铰脚混凝土；

④拼装拱体；

⑤设必要的支架、模板,设置立柱；

⑥安装扣索；

⑦安装锚梁、上转轴、轴套、环套。

这一部分的施工主要是保证转轴、转盘、轴套、环套的制作安装精度及环道的水平高差的精度。转轴与轴套应转动灵活,其配合误差应控制在0.6~1.0mm,环道上的滑道采用固定式,其平整度应控制在±1cm以内；并要做好安装完毕到转体前的防护工作。

(2)锚碇系统施工：

①制作桥轴线上的开口地锚；

②设置斜向洞锚；

③安装轴向、斜向平撑；

④尾索张拉；

⑤扣索张拉。

这一部分的施工对锚碇部分应绝对可靠,以确保安全。尾索张拉是在锚块端进行,扣索张拉在拱顶段拱箱内进行,要按设计张拉力分级、对称、均衡加力,要密切注意锚碇和拱箱的变形、位移和裂缝,发现异常现象应仔细分析研究,处理后再转入下一工序,直至拱箱时脱架。

(3)转体施工。正式转体前,应再次对桥体各部分进行系统、全面地检查,检查通过后,方可转体。拱箱的转体是靠上、下转轴事先预留的偏心值形成的转动力矩来实现的。启动时,放松外缆风索,转到距桥轴线约60°时开始收紧内缆风索,索力逐渐增大,但应控制在20kN以下,如转不动,则应以千斤顶在桥台上顶推马蹄形下转盘。为了使缆风索受力角度合理,可设置两个转向滑轮。缆风索走速,启动时宜选用0.5~0.6m/min,一般行走时宜选用0.8~1.0m/min。

(4)合龙卸扣施工。拱顶合龙后的高差,通过张紧扣索提升拱顶、放松扣索降低拱顶来调整到设计位置。封拱宜选择在低温时进行。先用8对钢楔楔紧拱顶,焊接主筋、预埋铁件,然后先封桥台拱座混凝土,再浇封拱顶接头混凝土。当混凝土达到70%设计强度后,即可卸扣索,卸索应对称、均衡、分级进行。

四、拱桥竖向转体施工

当桥位处无水或水很少时,可以将拱肋在桥位进行拼装成半跨,然后用扒杆起吊安装。

桥位处水较深时,可以在桥位附近进行拼装成半跨,浮运至桥轴线位置,再用扒杆起吊安装。

1. 钢管拱肋竖转扒杆吊装的计算

钢管拱肋竖转扒杆吊装的工作内容为,将中拱分成两个半拱在地面胎架上焊接完成,经过对焊接质量、几何尺寸、拱轴线形等验收合格后,由竖在两个主墩顶部的两副扒杆分别将其拉起,在空中对接合龙。由于两边拱处地形较高,故边拱拱肋直接由吊车在胎架上就位拼装。扒杆吊装系统设计的主要工作为:起吊及平衡系统的计算(含卷扬机、起重索、滑轮、平衡梁、索、吊扣等);扒杆的计算;扒杆背索及主地锚的计算;设置拱脚旋转装置等。

2. 钢管拱肋竖转吊装

1) 转动体系

转动体系由转动铰、提升体系(动、定滑车组,牵引绳等)、锚固体系(锚索、锚碇等)等组成,如图7-4-11所示。

2) 竖转吊装的工作顺序

竖转吊装的工作顺序如下:安装拱肋胎架→安装拱脚旋转装置→安装地锚→安装扒杆及背索→拼装钢管拱肋→安装起吊及平衡系统→起吊两侧半拱→拱肋合龙→调整拱肋高程→焊接合龙接头→拆除扒杆→封固拱脚。

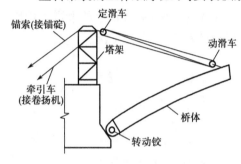

图7-4-11 竖转施工转动体系示意图

3) 扒杆安装

为了便于安装,扒杆应分段接长,立柱钢管以9m左右为一节,两节之间用法兰连接。安装时,应先在地面将两根立柱拼装好,用吊车将其底部吊于墩顶扒杆底座上,并用临时轴销锁定,待另一端安装完扒杆顶部横梁后,由吊车抬起扒杆头至一定高度,再改用扒杆背索的卷扬机收紧钢丝绳,将扒杆竖起。

4) 拱肋吊装

起吊采用慢速卷扬机,待拱肋脱离胎架10cm左右时,停机检查各部运转是否正常,并根据对扒杆的受力与变形、钢丝绳的行走、卷扬机的电流变化等情况的观测结果,判断能否正常启用。当一切正常时,即进行拱肋竖向转体吊装。拱肋吊装完成后,进行拱肋轴线调整和跨中拱肋接头的焊接。

课后训练

1. 根据主拱圈截面的形式,拱桥可分为哪几类?
2. 拱架的结构类型有哪几种?
3. 简述拱圈和拱肋的浇筑流程。
4. 简述装配式拱桥施工中拱肋的安装原则。
5. 试述有平衡重平面转体拱桥的施工程序。
6. 试述拱桥无平衡重转体施工的主要内容和工艺。

学习情境八　桥面系及附属工程施工

1. 认识桥面系及附属工程；
2. 桥面铺装施工；
3. 桥面防排水施工；
4. 伸缩缝施工；
5. 桥梁支座施工。

1. 叙述桥面系及附属结构类型与构造；
2. 叙述桥面系及附属工程施工的方法和要求；
3. 说明桥面系及附属工程施工质量检测评定基本要求、实测项目、外观鉴定要求。

桥面系及附属工程包括桥面铺装、防排水设施、伸缩装置、支座、桥头搭板、人行道（或安全带）、栏杆、灯柱等构造。通过学习，了解桥面系及附属工程基本知识，了解桥面铺装、防排水的施工，掌握伸缩缝施工和支座施工。

本学习情境分解为5个学习任务。每个学生应沿着如下流程进行学习：

认知桥面系和桥梁附属结构 → 叙述桥面系和附属结构的施工顺序 →
叙述桥面系和附属结构的施工质量控制 → 知道桥面系和附属结构常见问题及处理方法

任务一　认识桥面系及附属工程

桥面系及附属工程包括桥面铺装、防排水设施、伸缩装置、支座、桥头搭板、人行道（或安全带）、栏杆、灯柱等构造（图8-1-1）。桥面系及附属工程虽然不是主要承重结构，但它对桥梁功能的正常发挥，对主要承重构件的保护，对车辆行人的安全以及桥梁的美观而言都十分重要。

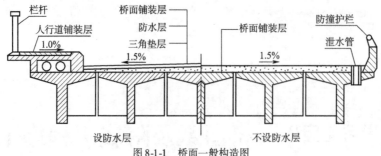

图 8-1-1 桥面一般构造图

一、桥面铺装

1. 桥面铺装特点

桥面铺装也称行车道板铺装,是桥梁结构的一个重要组成部分,其作用是保护属于主梁整体部分的行车道板不受车辆轮胎的直接磨耗,防止主梁遭受雨水的侵蚀,并能对车辆轮重的集中荷载起一定的分布作用,减少车轮对桥梁结构的冲击力,改善行车条件,延长桥梁使用寿命。因此,要求桥面铺装具有抗车辙、行车舒适、抗滑、不适水和刚度好(与桥面板一起作用时)等特点。

桥面铺装可采用沥青表面处治、水泥混凝土和沥青混凝土等类型。

2. 桥面铺装常见类型

1)水泥混凝土桥面铺装

铺装层的混凝土强度等级不低于 C40,铺装厚度(不含整平层和垫层)不小于 80mm,铺设时要求有较好的密实度,避免二次成型。为使铺装层具有足够的强度和良好的整体性(能起联系各主梁共同受力的作用),铺装层内还应配置直径不小于 8mm、间距不大于 100mm 的双向钢筋网,钢筋网顺桥向和横桥向每米长度截面面积均不小于 $500mm^2$,水泥混凝土桥面铺装应符合《公路水泥混凝土路面设计规范》(JTG D40—2011)的有关规定。水泥混凝土桥面铺装应设伸缩缝,以避免产生开裂,纵向每条车道设置一道,横向每 3~5m 设置一道。水泥混凝土桥面铺装耐磨性能好,适合重载交通,但养生期长,日后修补较麻烦。

2)沥青混凝土桥面铺装

沥青混凝土桥面铺装由黏结层、防水层及沥青表面层组成。高速公路、一级公路的沥青混凝土铺装层厚度通常为 70~80mm,必要时可增至 100mm;二级及二级以下公路通常为 50~80mm。沥青铺装应符合《公路沥青路面设计规范》(JTG D50—2006)的有关规定。沥青混凝土铺装的重量较小,维修养护方便,铺筑后几小时就能通车运营,行车舒适,但容易老化和变形,且受温度影响较大。

二、桥面排水

对于跨越公路、铁路、通航河流的桥梁以及城市桥梁,为保证桥下行车、行人安全及公共卫生的需要,应像建筑物那样设置封闭式的排水系统,将流入泄水管中的雨水汇集到纵向排水管(或排水槽)内,并通过设在墩台处的竖向排水管(落水管)流入地面排水设施或河流中。当桥长较短时,纵向排水管的出水口可以设在桥梁两端的桥台处;对于长大桥,除了在桥台处设置出水口外,还需在某些桥墩处布置出水口,并利用竖向管道将水引到地面。为了不影响桥梁立面的美观,纵向排水管道一般可设在箱梁中或梁肋内侧。竖向排水管道应尽可能布置在墩台壁的预留槽中,或者布置在墩台内部预留的孔道中。

排水系统主要由设置桥面纵横坡及一定数量的泄水管等组成。泄水管的设置应依据设计径流量计算确定。通常,当桥面纵坡大于2%,而桥长小于50m时,一般雨水可流至桥头从引道上排除,桥上可以不设专门的泄水管。此时,为避免雨水冲刷引道路基,可在桥头引道的两侧设置流水槽。当桥面纵坡大于2%,但桥长超过50m时,为防止雨水滞积,桥面上宜每隔12~15m设置一个泄水管。当桥面纵坡小于2%时,一般则宜每隔6~8m设置一个泄水管。另外,在桥梁伸缩缝的上游方向应增设泄水管,在凹曲线的最低点及其前后3~5m处也应各设置一个泄水管。泄水孔的顶面不应高于水泥混凝土铺装层的顶面。

泄水管材料一般采用铸铁、钢材、钢筋混凝土及塑料(聚氯乙烯PVC或聚乙烯PE)等。其中,塑料管以其优越的性能在当前工程中得到越来越广泛的使用。泄水管的内径一般为0.10~0.15m,管口顶部采用金属格栅盖板。排水管一般也采用铸铁管、钢管或塑料管,其内径应等于或大于泄水管的内径。排水槽宜采用铝质或钢质材料,也可采用水泥混凝土预制件,其横截面为矩形或U形,宽度和深度均宜为0.20m左右。纵向排水管或排水槽的坡度不得小于0.5%。桥梁伸缩缝处的纵向排水管或排水槽应设置可供伸缩的柔性套筒。泄水管可沿行车道两侧左右对称排列,也可交错排列。

梁式桥上常用的泄水管设置在行车道的边缘处,离缘石的距离为0.10~0.50m(图8-1-2),桥面水流入泄水管后直接向下排放。也可将泄水管布置在人行道下方(图8-1-3),桥面水

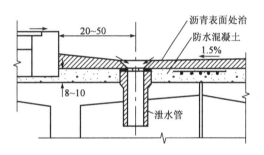

图8-1-2 泄水管布置于行车道边缘的图示
(尺寸单位:cm)

通过设在缘石或人行道构件侧面的进水孔流入泄水孔。泄水管下端应伸出行车道板底面以下0.15~0.20m,以防止浸润桥面板。管道与防水层应紧密结合,以便防水层上的渗水能通过泄水管道排出桥外。

对于不设人行道的小桥,可以直接在行车道两侧的安全带或缘石上预留横向孔道,用铁管或竹管将水排出桥外,管口要伸出桥20~30mm,以便滴水,但这种做法因孔道坡度较缓易于阻塞。

三、人行道、栏杆

1. 人行道

位于城镇和近郊的桥梁均应设置人行道,其宽度和高度应根据行人的交通流量和周围环境来确定。人行道的宽度为0.75m或1m,当宽度要求大于1m时,按0.5m的倍数增加。

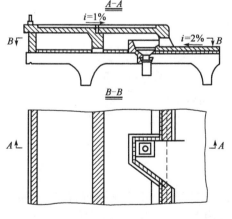

图8-1-3 泄水管布置于人行道下方的图示

在快速路、主干路、次干路桥或行人稀少地区,若两侧无人行道,则两侧应设安全带,宽度为 0.25~0.50m,高度不小于 0.25m。近年来,不少桥梁设计中,为了保证行车的安全,安全带的高度已经用到大于等于 0.4m。安全带可以做成预制块件或与桥面铺装层一起现浇。

人行道顶面应做成倾向桥面 1%~1.5% 的排水横坡,城市桥梁人行道顶面可铺彩砖,以增加美观。此外,人行道在桥面断缝处必须做伸缩缝。

人行道的构造形式多种多样,按施工的方法不同,可分为就地浇筑式、预制装配式、部分装配和部分现浇的混合式。

图 8-1-4a)所示为附设在板上的人行道构造,人行道部分用填料垫高,上面敷设 2~3cm 的砂浆面层(或沥青砂)。内侧设置路缘石,对人行道提供安全保护作用。

在跨径较小,人行道宽度相对较大的桥上,可将墩台在人行道处部分加高,再在其上直接搁置专门的人行道承重板[图 8-1-4b)]。

对于整体浇筑的小跨径钢筋混凝土梁桥,常将人行道设在行车道的悬臂挑出部分上,此时人行道与行车道板及梁整体地连接在一起[图 8-1-4c)]。这样做可以缩短墩台长度,但施工不太方便,目前此种做法已很少采用。

图 8-1-4d)为在起重条件较好的地方常采用的整体预制的肋板式人行道,它搁置在主梁上,人行道下可放置过桥的管线,施工快而方便,但是对管线的检修和更换十分困难。

一般情况下,人行道可以是与桥面现浇成一个整体,也可以是预制件,现场进行安装。

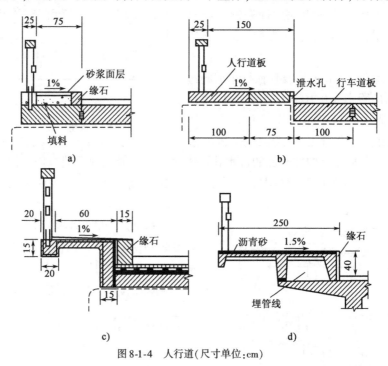

图 8-1-4 人行道(尺寸单位:cm)

2. 栏杆

桥梁栏杆作为一种安全防护设备,其设计应符合受力要求,并兼顾美观,高度通常为 0.80~1.20m,标准设计取用 1.0m;栏杆柱的间距一般为 1.6~2.7m,标准设计取用 2.5m。应注意,在靠近桥面伸缩缝处所有的栏杆,均应断开,使扶手与柱之间能自由变形。

二、三、四级公路上的特大、大、中桥可设置栏杆和安全带,也可采用将栏杆和安全带有机结合的安全护栏。高速公路、一级公路上的桥梁则必须设置护栏。护栏的主要作用在于封闭沿线两侧,不使人畜与非机动车辆闯入公路;诱导视线,起到一些轮廓标的作用,使车辆尽量在路幅之内行驶,并给驾驶员以安全感;同时,护栏还具有吸收碰撞能量、迫使失控车辆改变方向并使其恢复到原有行驶方向,防止其越出路外或跌落桥下的作用。

在城市桥以及在城郊行人和车辆较多的公路桥上,都要设置照明设备。桥梁照明应防止炫光,必要时应采用严格控光灯具,而不宜采用栏杆照明方式。照明用灯一般应高出车道 8～12m。对于大型桥梁和具有艺术、历史价值的中小桥梁的照明,应进行专门设计,既满足功能要求,又顾及艺术效果,并与桥梁的风格相协调。

四、伸缩缝

桥梁伸缩装置的主要作用是适应桥梁上部结构在气温变化、活载作用、混凝土收缩与徐变等因素的影响下变形的需要,并保证车辆平稳通过桥面。一般设在两梁端之间以及梁端与桥台背之间。特别要注意,在伸缩缝附近的栏杆、人行道结构也应断开,以满足梁体的自由变形。

为保证在气温变化、混凝土收缩与徐变,以及荷载作用等因素的影响下,桥跨结构能够按静力图式自由地变形,并保证车辆平稳通过,应在两相邻梁端之间、梁端与桥台背墙之间设置伸缩缝,并在伸缩缝处设置伸缩装置。在伸缩缝附近的栏杆、人行道等结构也应断开,以满足梁体的自由变形。

桥梁伸缩装置直接暴露在大气中,承受车辆、人群荷载的反复作用,很小的缺陷和不足,就会引起跳车等不良现象,从而使其承受很大的冲击,甚至影响到桥梁结构本身和通行者的生命安全。它是桥梁结构中最易损坏又较难修缮的部位。在设计与施工过程中,应给予足够的重视。

1. 对伸缩缝的要求

(1)能够满足桥梁自由伸缩的要求,保证有足够的伸缩量。

(2)伸缩装置牢固可靠,与桥梁结构连为整体,抗冲击,经久耐用。

(3)桥面平坦,行驶性良好,车辆驶过时应平顺,无突跳和噪声。

(4)具有能够安全防水和排水的构造,有效防止雨水渗入。

(5)能有效防止垃圾渗入阻塞。对于敞露式的伸缩缝,要便于检查和清除缝下沟槽的污物。

(6)构造简单,施工、安装方便,且养护、修理与更换方便。

(7)经济价廉。

2. 伸缩缝类型

桥梁伸缩装置的类型有U形锌铁皮伸缩装置、跨搭钢板式伸缩装置、橡胶伸缩装置等,目前多用橡胶伸缩装置。按照伸缩体结构的不同,桥梁橡胶伸缩装置可分为纯橡胶式、板式、组合式和模数式四种,其选型主要视桥梁变形量的大小和活载轮重而定,目前最大适应伸缩缝已达2 000mm。

1)U形锌铁皮伸缩缝

U形锌铁皮式伸缩缝是一种简易的伸缩装置。一般用于中、小跨径的桥梁,所能适应的变形量在20～40mm以内。

这种伸缩缝以U形锌铁皮作为跨缝材料,锌铁皮分上、下两层,上层的弯曲部分开凿梅花眼,其上设置石棉纤维垫绳,然后用沥青胶填塞(图8-1-5)。这样,当桥面伸缩时,锌铁皮可随之变形,下层锌铁皮可将渗下的雨水沿桥横向排出桥外。采用相应的措施,该种伸缩缝还可以很好地配合桥面连续。

2)钢板式伸缩缝

钢板式伸缩缝是用钢材作为跨缝材料,能直接承受车轮荷载的一种构造。过去,这种伸缩装置多用于钢桥,现也用于混凝土桥梁。钢板式伸缩缝的种类繁多,构造复杂,能够适应较大范围的梁端变形。图8-1-6所示为最简单的搭板式钢板伸缩缝,它是用一块厚度约为10mm的钢板搭在断缝上,钢板的一侧焊在锚固于铺装层混凝土内的角钢1上,另一侧可沿着对面的角钢2自由滑动。这种伸

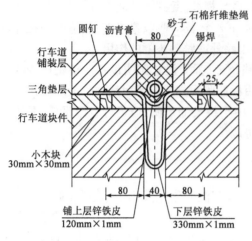

图8-1-5 U形锌铁皮伸缩缝(尺寸单位:mm)

缩缝所能适应的变形量在40mm以上。但由于一侧固死,车辆驶过时,往往由于拍击作用而使结构破坏,大大影响了伸缩缝的使用寿命。为此,可借助螺杆弹簧装置来固定滑动钢板,以消除不利的拍击作用,并减小车辆荷载的冲击影响。

梳齿形钢板伸缩缝行驶性好,伸缩量大(可达400mm以上),在大、中型桥梁中得到普遍采用。按其支承形式的不同,分为悬臂式和支承式两种。梳齿形钢板伸缩缝的缺点在于造价较高,制造加工困难,防水能力弱,清洁工作复杂。

3)橡胶伸缩缝

橡胶伸缩缝采用各种断面形状的橡胶带(或板)作为嵌缝材料。由于橡胶(一般为氯丁橡胶)既富有弹性,又易于胶贴,并且能满足变形要求和具备防水功能,施工及养护维修也很方便,因此目前在国内外桥梁工程中得到广泛的应用。

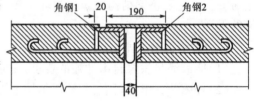

图8-1-6 钢板伸缩缝(尺寸单位:mm)

橡胶伸缩缝根据橡胶带(或板)传力和变形机理的不同可分为嵌固对接式和剪切式两类。

嵌固对接式以橡胶带的拉压变形来吸收梁体的变形。橡胶带的断面有3节型、2孔条型、3孔条型、M形、W形和倒U形等多种形式。通常将梁架好后,在梁端焊上角钢,涂上胶后,再将橡胶嵌条强行嵌入,或用不同形状的钢构件将不同形状的橡胶条嵌牢固定即可。图8-1-7为2孔橡胶带伸缩缝装置。该类伸缩缝用于伸缩量在80mm及其以下的桥梁工程。由于橡胶带伸缩缝的橡胶容易弹跳出来,因此目前已较少采用。

五、桥梁支座

支座是位于桥梁上部结构和下部结构之间的传力装置。它的作用是:

①传递上部结构的支承反力(包括恒载和活载引起的竖向力和水平力);

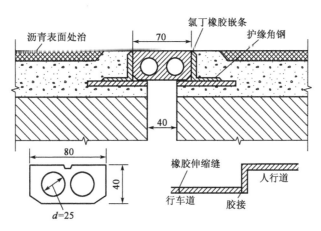

图 8-1-7　橡胶带伸缩缝(尺寸单位:mm)

②保证结构在活载、温度变化、混凝土收缩和徐变等因素作用下发生一定的变形,以使上、下部结构的实际受力情况符合结构的静力计算图式。

支座通常用钢、橡胶等材料来制造,主要类型有:简易支座、弧形钢板支座、橡胶支座(板式橡胶支座和盆式橡胶支座)。

1. 桥梁支座布置

按照静力图式,简支梁桥应在每跨的一端设置固定支座,另一端设置活动支座。悬臂梁桥的锚固跨也应在一侧设置固定支座,另一侧设置活动支座。多孔悬臂梁桥挂梁的支座布置与简支梁同。连续梁桥一般在每联中的一个桥墩(或桥台)上设置固定支座,其余墩台上一般设活动支座。此外,悬臂梁桥和连续梁桥在某些特殊情况下支座需要传递竖向拉力时,尚应设置也能承受拉力的支座。

固定支座和活动支座的布置,应以有利于墩台传递纵向水平力为原则。对于多跨的简支梁桥,相邻两跨简支梁的固定支座,不宜集中布置在一个桥墩上;但若个别桥墩较高,为了减小水平力的作用,可在其上布置相邻两跨的活动支座。对于坡桥,宜将固定支座布置在高程低的墩台上。对于连续梁桥,为使全梁的纵向变形分散在梁的两端,宜将固定支座设置在靠中间的支点处;但若中间支点的桥墩较高或因地基受力等原因,对承受水平力十分不利时,可根据具体情况将固定支座布置在靠边的其他墩台上。

此外,对于特别宽的梁桥,尚应设置沿纵向和横向均能移动的活动支座;对于桥墩较高的高架桥,可在相邻桥墩上设置固定支座,以分散设置固定支座的桥墩的水平力;对于弯桥,则应考虑活动支座沿弧线方向移动的可能性。对于处在地震地区的梁桥,其支座构造尚应考虑桥梁防震和减震的设施。

2. 桥梁支座常见类型

桥梁支座分类形式很多,按功能分为固定支座和活动支座,除此外,还有几种常见的分类形式。按支座采用的材料分,梁桥的支座有钢支座、橡胶支座、钢筋混凝土支座及简易油毛毡支座等类型。随着桥梁工程技术的不断发展,支座类型也在更新换代,简易油毛毡支座、钢板支座、钢筋混凝土摆柱式支座等在目前桥梁建设中已不常使用,现在桥梁建设中使用最普遍的是橡胶支座。

按支座外形,橡胶支座可分为板式支座、盆式支座和球形支座等。

按支座能否承受拉力或是否具有减震功能可分为普通支座、拉压支座和减震支座。

1) 板式橡胶支座

板式橡胶支座的构造简单,是一块放置在上、下部结构之间的矩形或圆形黑色橡胶板,如图8-1-8所示。它的工作原理是:利用橡胶的不均匀弹性压缩实现转角 θ,利用其剪切变形实现水平位移 Δ,如图8-1-8c)所示。板式橡胶支座一般无固定支座与活动支座之分,所有纵向水平力由各个支座按抗推刚度大小进行分配。必要时,也可采用高度不同的橡胶板来调节各支座传递的水平力和位移。

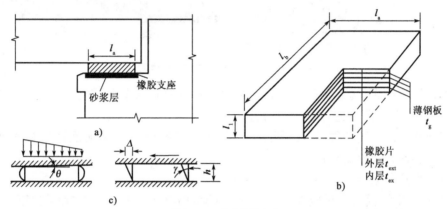

图8-1-8 板式橡胶支座

常见的板式橡胶支座均内设有几层薄钢板作为加劲层,加劲层的作用是阻止橡胶片侧向膨胀,提高橡胶片抗压强度。目前,国内定形产品规格很多,可参见《公路桥梁板式橡胶支座》(JT/T 4—2004)。在定形产品中,中间橡胶层厚度 t_0 有 5mm、8mm、11mm、15mm、18mm 等几种情况,外层橡胶层厚度为 2.5mm,单层加劲钢板厚度 t_0 有 2mm、3mm、4mm、5mm 等,支座高度 $h=21\sim194$mm,平面尺寸 $l_a\times l_b$ 范围为 100mm×150mm~700mm×1000mm。

板式橡胶支座有矩形和圆形,支座的橡胶材料以氯丁橡胶为主,也可采用天然橡胶和三元乙丙橡胶。其中氯丁橡胶支座适于在 $-25\sim60$℃温度范围使用;天然橡胶支座适于在 $-35\sim60$℃温度范围使用;三元乙丙橡胶支座适于在 $-40\sim60$℃温度范围使用。

板式橡胶支座竖向承载力在一般在 70~3 600kN 范围内,一般标准跨径20m以内的梁、板桥多采用此种支座。圆板橡胶支座多用于弯桥,以适应结构多向变形的需要。

为使橡胶支座受力均匀,在安装时,应使梁底面和墩台顶面清洁平整,安装位置要正确。必要时可在墩台顶面铺设一层1:3的水泥砂浆。由于施工等原因倾斜安装时,则坡度最大不能超过2%。在水平荷载较大的情况下,为防止支座滑动,可在支座顶面、底面上设置浅的定位孔槽,并使梁底和墩台顶预埋的伸出锚钉伸入顶位孔槽加以固定。应注意锚钉不能深入支座过多,以免影响支座的活动性。

2) 盆式橡胶支座

盆式橡胶支座亦分为活动盆式橡胶支座和固定盆式橡胶支座。活动盆式橡胶支座的基本结构一般可分为上座板和下座板[图8-1-9a)]。上座板由顶板和不锈钢板组成,上座板与桥的上部构造连接。下座板由底盆、橡胶块、密封圈、中间钢板、聚四氟乙烯滑板组成,下座板固结在桥墩上。不锈钢板与聚四氟乙烯板间摩擦系数很小,可以实现梁的水平位移。在转矩的作用下,由于置于底盆内的橡胶块处于三向约束的状态,此时它具有流体的性质,故中间钢板顺利地随着上部构造而产生倾斜,从而实现了梁端的转动。底盆内的密封圈使橡胶受压后不至于从底盆中挤出。固定盆式橡胶支座的构造与活动盆式橡胶支座相似,但取消了实现水平位移功能的聚四氟乙烯滑板和不锈钢板,其构造见图8-1-9b)。

盆式橡胶支座是桥梁中采用较多的形式之一,主要用于较大跨径和支反力较大的各种桥梁。目前,我国使用的盆式橡胶支座每种支座的竖向承载力分为18级,从1 050~21 000kN。按温度适用范围,通常有常温型支座和耐寒型支座两种,常温型支座适用于-25~60℃,耐寒型支座适用于-40~60℃。

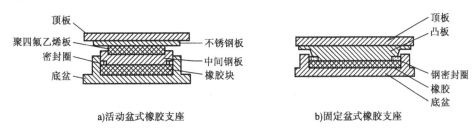

图8-1-9 盆式橡胶支座

任务二 桥面铺装施工

一、桥面铺装施工顺序

通常情况,桥面铺装施工顺序如下:测量放样→铺装厚度检查→凿除超高梁面→桥面清理清洗→钢筋安装→模板安装→浇筑混凝土→混凝土养生。

1. 测量放样

用全站仪进行平面位置放样,一般每5m放出一断面三个桩点,即两侧缘石内边缘及分幅施工分界处。按照四等水准测量要求,将高程点引上桥面,并用水准仪对放出的各桩进行高程测量。

2. 桥面清理

利用高程测量数据,详细检查梁面各处高程情况,局部超高之处用风镐或人工凿除,以确保铺装层厚度符合设计要求。梁面上的各种杂物、水泥残渣、浮浆等需一并凿除并清理出场,最后用水车喷射高压水清洗梁面。

3. 钢筋安装

按照设计图纸要求绑扎铺装层钢筋网。绑扎时注意平整顺直。保护层垫块可以提前用高强度等级水泥砂浆预制,强度达到要求后使用。

4. 模板安装

以施工使用∠30×4角钢固定于托架上作为模板为例,安装方法如下:

(1)根据放样点,用墨线弹出模板安装的纵向轴线,在轴线外侧约1cm处每隔1m用冲击钻在梁面上钻孔,孔内打入φ10mm钢筋。

(2)测出每5m桩点处钢筋顶端高度,推算安装模板顶面的高度并做好记号,然后拉线定出加密托架的安装高度。

(3)严格按照既定高程进行角钢安装,注意模板安装的牢固性及稳定性,接缝处线形应平顺,不允许因角钢端头翘曲变形引起高差突变。

(4)模板安装完毕后,再次进行高程复测,每道模板每2m检测1点,对超过要求的点进行适当调整。

(5)模板安装完成后,对其底部用分割成小块并揉搓成团的水泥包装纸进行封堵,要求堵塞严密,不得漏浆,并用砂浆勾缝。水泥包装纸为纤维制品,施工时既不会吸收水泥浆中的水分,又便于浇筑后脱模。

5. 混凝土浇筑

(1)混凝土浇筑由纵坡低处向高处进行。

(2)浇筑之前应再次检查钢筋模板的安装情况,发现有杂物应及时清理,对跑位、松动、保护层不够的地方及时进行调整。

(3)对要施工的梁面洒水润湿。

(4)将混凝土利用混凝土运输车运至现场,配合人工进行摊铺作业。人工摊铺时的混凝土面比角钢略高,要求摊铺均匀。混凝土振动靠边角,先用插入式振捣器振捣,再用平板振动器全面振捣,最后用振动梁来回两次振动密实并初平。

(5)人工拖压滚筒进一步滚压整平后,用铝合金直尺横桥进行来回拉动并匀速向前滑动,安排熟练工人跟进检查尺面与混凝土接触情况,对高处减料、低处补料,严禁利用纯砂浆填补找平。

(6)待混凝土稍硬,用手指轻按不黏浆后,即可进行面层拉毛工作。拉毛可采用剪去端头较软部分的塑料扫把横向来回各一次进行,深度控制在1~2mm。

6. 拆除模板

混凝土面硬结后即可拆除角钢及封模水泥袋。拆除时,应小心施工,防止桥面边缘掉角。分块边沿应按施工缝处理,凿毛混凝土接合面,清洗干净后才能浇筑下次混凝土。

7. 养生

为防止收缩裂纹的出现,桥面混凝土浇筑完成后应及时进行养生。养生时上覆土工布浇水14d。

当施工完成的半幅桥面达到一定强度并可满足混凝土运输车通过的要求时,便可施工相邻的桥面板,具体施工方法同上。

二、桥面铺装施工控制

(1)施工程序均应符合《桥施规》的有关规定。

(2)沥青混凝土的配合比设计、铺筑、碾压等施工程序,应符合现行《公路沥青路面施工技术细则》(JTG/T F40—2014)的有关规定。

(3)水泥混凝土的施工程序,应符合现行《公路水泥混凝土路面施工技术细则》(JTG/T F30—2014)的有关规定。

(4)钢纤维水泥混凝土桥面铺装,除应按《公路桥涵施工技术规范》(JTG/T F50—2011)的有关规定执行外,宜符合现行中国工程建设标准化协会标准《纤维混凝土结构技术规程》

(CECS 38—2004)的规定。

(5)特大桥桥面铺装应按专门设计施工。

任务三 桥面防排水施工

钢筋混凝土结构不宜经受时而湿润时而干晒的气候交替作用,湿润后的水分如接着因严寒而结冰,则更有害,因为渗入混凝土孔隙内的水分,在结冰时体积会增大,在反复冻融下会导致混凝土发生破坏。而且,水分侵袭也会使钢筋锈蚀。因此,为防止雨水滞积于桥面并渗入梁体而影响桥梁的耐久性,除在桥面铺装内设置防水层外,还应使桥上的雨水迅速排出桥外。

一、桥面横坡设置

桥面应设置纵横坡,以利于雨水迅速排除,防止或减少雨水对铺装层的渗透,从而保护桥面板,延长桥梁使用寿命。

桥面的横坡通常设置为双向的(当设置上、下行两座独立的桥时,也可设成单向坡),横坡坡度可按路面横坡取用或增加0.5%。对沥青或水泥混凝土铺装,行车道路面一般采用抛物线形横坡,人行道则用直线形。桥面横坡通常有三种设置形式。

(1)对于板桥或就地浇筑的肋板式梁桥,为节省铺装材料并减小恒载重力,可以将墩台顶部做成倾斜面,横坡直接设在墩台顶部,而使桥梁上部构造形成双向倾斜,此时,铺装层在整个桥宽上做成等厚,如图8-3-1a)所示。

(2)在装配肋板式梁桥中,为使主梁构造简单、架设与拼装方便,通常横坡不再设在墩台顶部,而直接设在行车道板上。先铺设一层厚度变化的混凝土三角垫层,形成双向倾斜,再铺设等厚的铺装层,如图8-3-1b)所示。

(3)在比较宽的桥梁(或城市桥梁)中,用三角垫层设置横坡,将使混凝土用量和恒载重力增加太多。为此,可将行车道板做成倾斜面而形成横坡,如图8-3-1c)所示。它的缺点是主梁构造复杂,制作烦琐。

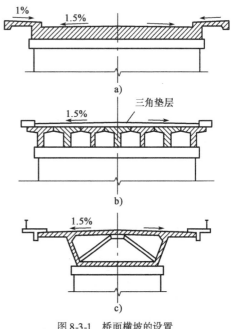

图8-3-1 桥面横坡的设置

二、桥面防水层设置

桥面的防水主要由设置防水层来完成。防水层的作用是将透过铺装层渗下的雨水汇集于排水系统(泄水管)排出。桥面的防水层设置在桥面铺装层下面(图8-3-2)。

《公桥规》规定,桥面铺装要设置防水层,但其形式和方法应视当地的气候、雨量和桥梁结构形式等具体情况而定。

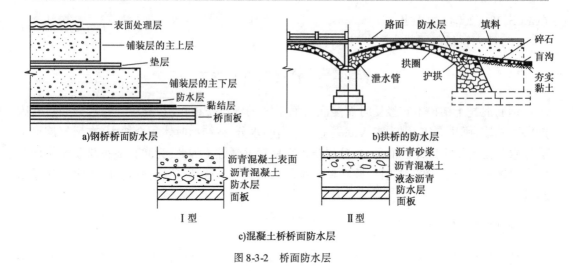

图 8-3-2 桥面防水层

防水层应采用便于施工、坚固耐久、质量稳定的防水材料。当前,桥梁中常用的防水层有以下三种类型:

(1)沥青涂胶下封层,即首先洒布薄层沥青或改性沥青,其上再撒布一层砂子,然后经反复碾压形成。

(2)涂刷高分子聚合物涂料,如聚氨酯胶泥、环氧树脂、阳离子乳化沥青、氯丁胶乳等高分子聚合物涂料,不但具有良好的弹塑性、耐热性和黏结性,而且具有与石油沥青制品良好的亲和性,能适应沥青混凝土在高温条件下施工。由于施工简单方便,安全无污染,近年来得到了广泛的使用,已成为各类大中型桥梁桥面防水施工的专用涂料。

(3)铺装沥青或改性沥青防水卷材,以及浸渍沥青的无纺土工布等。沥青防水卷材用作防水层,造价高,施工烦琐费时。由于将行车道和铺装层分开,削弱了两者之间的连接,如施工处理不当,将使桥面铺装层似有一弹性垫层,在车轮荷载作用下,铺装层容易起壳开裂。为了增强其抗裂性,可在其上的混凝土铺装层或垫层内铺设直径 3~6mm 的钢筋网,网格尺寸为 150mm×150mm~200mm×200mm。

无专门防水层时,应采用防水混凝土铺装或加强排水和养护。

三、规范中关于桥面防水的规定

桥面防水层应按设计要求设置。
铺设桥面防水层时应符合下列规定:
(1)防水层材料应在进场时进行检测,在符合产品的相应标准后方可使用。
(2)铺设防水材料前应清除桥面的浮浆和各类杂物。
(3)防水层在横桥向应闭合铺设,底层表面应平顺、干燥、干净,防水层不宜在雨天或低温下铺设。
(4)防水层通过伸缩缝或沉降缝时,应按设计规定铺设。
(5)水泥混凝土桥面铺装层当采用织物与沥青黏合的防水层时,应设置隔断缝。
(6)防水层施工完成后,在未达到规定的时间内,不得开放交通。

任务四　伸缩缝施工

一般情况下,在桥面沥青混凝土面层铺筑完成后,伸缩缝装置均采用后嵌法施工。施工顺序如下:画线、切缝→清理、填塞间隙→伸缩装置就位→焊接→浇筑混凝土→混凝土养生。

一、画线、切割

桥面沥青混凝土铺筑完毕,按预留槽口宽度或比槽口每边宽 5cm 左右用切缝机切缝。

(1)切缝前做好测量放样工作,放出伸缩缝中线,按设计要求从中线向两边返尺寸,并画出伸缩缝混凝土保护带边线。保证切缝位置、尺寸准确。

(2)用混凝土切缝机按所画边线切割沥青混凝土结构。切缝应保证路面边缘整齐平顺,无缺损,可用风镐凿除两切缝间的沥青路面部分,将槽口内填料清除干净,并将槽口表面混凝土凿毛,清净杂物,用高压水枪将剩余残渣冲洗干净,要求切割沥青混凝土结构时要顺直、准确。

二、清理、填塞间隙

(1)人工配合空压机清除切割范围内的沥青混凝土,并凿除松散混凝土。操作时,要保持沥青混凝土断面边角整齐。

(2)恢复预埋锚筋。由于过往车辆及铺筑路面时施工机械及车辆的碾压,会有部分预埋钢筋发生变形甚至折断,应及时校正并按焊缝要求补焊,以满足预埋钢筋尺寸的要求及安装伸缩装置的要求,之后用空压机再次清理。

(3)用泡沫板将梁端之间伸缩缝预留间隙填满,并作为浇筑混凝土的模板。为预防伸缩缝安装过程中焊花烧坏泡沫板,可在泡沫板两侧加 2mm 钢板或铁皮,钢板或铁皮也可点焊在伸缩缝型钢上。

三、伸缩装置就位

伸缩装置就位后,应调整伸缩缝的中线和高程。

(1)伸缩缝装置安装固定过程中,为保证伸缩缝组装件本身的平整度及直顺度,以及伸缩缝与相邻路面、桥面接触,要求伸缩缝装置调平可采用下述方法:先用长度大于 3m 具有足够刚度的工字钢(40~50号)沿垂直于伸缩缝的方向以适当距离放置(一般情况间距不大于1m),工字钢与伸缩缝两侧路面应压紧,用木楔将伸缩缝型钢垫平,然后用 3m 直尺配合自制小门架逐段精确调平,调平过程中应采用钢楔。

(2)伸缩装置安装高程根据缝两侧 5m 范围内的实测路面高程确定。

四、焊接

焊接时间应按设计要求选择一天中温度合适的时段进行。焊接前必须用 3m 直尺检查伸缩缝的平整度、直顺度、高程等项目。然后点焊缝两侧的锚板和锚筋,两侧点焊相互错开,交叉进行。点焊完成后再进行加焊。焊接完成后,全面检查一下伸缩缝的平整度、直顺度、高程等项目,符合要求,则解除锁定,拆除垫板、楔片等多余附件。放松后,再进行一次平整度、直顺度、高程检查,如不符合要求,则需要重新调整。

五、浇筑混凝土及混凝土养生

(1)绑扎混凝土保护带钢筋网。

(2)用空压机进行最后清理。

(3)处理桥面防水层与伸缩缝混凝土保护带的接头,膨胀止水橡胶带与防水层必须粘贴牢固。

(4)在浇筑混凝土前,对伸缩缝两侧 1~2m 范围内的路面用塑料布或其他材料覆盖保护,用胶带或塑料布将伸缩缝上口可靠地覆盖保护。

(5)浇筑伸缩缝两侧混凝土。施工中采用两侧对称浇筑混凝土,按设计要求每立方米混凝土添加 50kg 钢纤维,收浆时应做到顶面与沥青路面平齐,混凝土顶面平整度不大于 2mm。

(6)混凝土养护。为保证混凝土保护带的强度、刚度及耐磨性,初凝后,混凝土采用用塑料膜覆盖,上边再覆盖两层草袋。要求混凝土养护不少于 14d,要尽可能养生 28d 后再通车。

应保证桥面伸缩装置能自由伸缩,并使车辆平稳通过。伸缩装置应具有良好的密水性和排水性,并应便于检查和清除沟槽的污物。特大桥和大桥宜使用模数式伸缩装置,其钢梁高度应按计算确定,但不应小于 70mm,并应具有强力的锚固系统。

任务五 桥梁支座施工

板式橡胶支座的安装,是保证支座正常使用的关键,必须考虑更换、拆除和安装的方便。任何情况下,不允许两个或两个以上的支座沿中心线在同一支承点处一个接一个地安装,也不允许把不同尺寸的支座并排安装。

支座安装要求位置准确、支承垫石水平,使每根梁端的支座尽可能受力均匀,不得出现个别支座脱空现象,以免支座受力后产生滑移及脱落等情况。对大跨径桥梁或弯、斜、坡桥等,需在支座与所支承的结构之间设置必要的横向限位设施,以使梁体的横向移动控制在容许限度以内。

就具体安装施工而言,应做到以下几点:

(1)安装前,应检查产品合格证书中的有关技术性能指标,如不符合设计要求,则不得使用。

(2)支座下设置的支承垫石的混凝土强度应符合设计要求,要求顶面高程准确,表面平整,在平坡情况下,同一片梁两端支承垫石水平面应尽量处于同一平面内,其相对误差不得超过 3mm,避免支座发生偏歪、不均匀和脱空现象。

(3)安装前,应将墩、台支座垫石处清理干净,用干硬性水泥砂浆抹平,并使其顶面高程符合设计要求。

(4)将设计图上标明的支座中心位置标在支承垫石及橡胶支座上,将橡胶支座准确安放在支承垫石上,要求支座中心线同支承垫石中心线相重合。

(5)吊装梁、板前,抹平的水泥砂浆必须干燥,并保持清洁和粗糙。安放梁、板时,必须仔细,使梁、板就位准确且与支座密贴。就位不准时或支座与梁板、不密贴时,必须吊起,采取垫钢板等措施,并使支座位置在允许偏差内,不得用撬棍移动梁、板。

(6)为了便于检查维修,通常采取下列措施:
①梁端横隔板设置在与支座平行处,且距梁底有一定的距离,以便利用横隔板位置安装千斤顶或扁千斤顶,顶升后纠偏或更换支座。
②在支座旁边的空间通常设置各种凹槽,以便安装千斤顶或扁千斤顶,随时纠正或更换支座。
③支座垫石可适当接高,接出高度应使梁底与墩台帽顶之间便于安装顶梁千斤顶。支承垫石的平面尺寸,宜按设计要求确定,支承垫石混凝土强度等级不应低于C25。接高部分的支承垫石中应配有直径12mm、间距为15cm的竖向钢筋,埋入墩帽中约30cm。旧桥改建时,支承垫石可不接高。
④桥墩台支承垫石顶面高程准确,表面平整、清洁。
⑤如桥面纵坡过大、支座本身的剪切变形不能完全适应时,必须使支承表面保持水平。
⑥架设预制梁时,将橡胶支座直接放置在墩台顶面上或钢筋混凝土面层上。
⑦就地浇筑梁板式橡胶支座时,先将支座直接安放在承台上,混凝土顶面应平整、干燥、清洁。橡胶支座也可安置在一层含水率小的水泥砂浆层上,各支座之间的空隙用纤维板、软木块或砂填塞,上面覆以薄板隔开上部构造混凝土与橡胶支座,然后浇筑混凝土。在拆除脚手架以后,可将支座间填塞物除去。
⑧安装支座时,要保持位置准确,调正时避免产生过大的剪切变形,并且最好能在气温略低于全年平均气温的季节里进行,以保证支座在低温或高温时偏离中心位置不致过大。如果必须在高温或低温季节安装,要考虑顶升主梁,以将支座调整到正常温度时的中心位置。同时应注意,安装时,支座必须与梁对中,防止偏心过大而损坏。
⑨在外荷载较大时,也可借助支座上的定位孔来固定支座,以防止滑动。但要注意锚钉不能深入支座太多,否则会不利于支座的水平位移,以致起不了活动支座的作用。在使用这一方法安装支座时,仍要保持混凝土表面平整和注意安装温度及设置抽换设备等情况。
⑩虽然橡胶支座在构造上可用变化其厚度的方式来得到"活动支座"或"固定支座",但在实用中多数采用等厚度的活动支座。如系固定支座,其安装方法与活动支座基本相同。

课后训练

1. 试述桥面铺装的组成作用、常见类型及特点。
2. 简述桥梁伸缩缝的类型作用及要求。
3. 简述支座的作用及分类。
4. 试述桥面铺装的施工过程。
5. 试述桥面防排水的施工过程。
6. 试述桥梁伸缩缝的施工方法。
7. 试述支座安装的要求。

学习情境九 桥梁上部实施性施工组织设计编制

工作任务

1. 施工组织设计编制程序；
2. 施工方案；
3. 施工进度计划的编制；
4. 施工平面图设计；
5. 施工技术措施。

学习目标

1. 叙述编制施工组织设计的基本原则、施工组织设计文件的组成、编制程序；
2. 叙述施工方案的编制内容；
3. 知道施工方案的编制方法；
4. 知道施工进度计划的编制方法；
5. 知道资源需要量计划的编制方法；
6. 知道施工平面图的编制方法；
7. 知道施工技术措施的编制方法。

任务描述

实施性施工组织设计是施工单位根据施工设计图纸和野外调查资料及本单位施工条件进行编制的，要在工程施工中实施，要求对各分部、分项工程，以及各道工序和施工专业队都进行施工进度的日程安排和具体的操作设计。一般由综合说明、总体施工方案、主要施工方法与工艺、施工进度计划、保证措施五大部分组成。

本学习情境分为 5 个学习任务。每个学生应沿着如下流程进行学习：

认知实施性施工组织设计编制内容与程序 → 熟悉施工方案的编制内容与方法 → 熟悉施工进度计划的种类和编制方法 → 熟悉资源需要量计划的编制方法 → 熟悉施工平面图编制方法 → 知道施工技术措施的编制方法

在公路工程的施工准备阶段，由施工单位编制的施工组织设计称为实施性施工组织设计,是施工单位根据施工图设计图纸和野外调查资料及本单位的施工条件(施工力量、技术水平等)进行编制的。因此,这一阶段编制的施工组织设计十分具体、可行。因为要在工程施工中实施,就必须对各分部、分项工程以及各道工序和施工专业队都进行施工进度的日程安排和具体的操作设计。

实施性施工组织设计文件的内容与施工图设计阶段的施工组织设计相似,但更具体、更详细。工程进度图应按月、旬安排,并编制相应的人工、材料、机具、设备计划。

任务一 施工组织设计编制程序

施工企业承揽到施工项目后,就要按照合同的内容和要求组织施工生产。首先要进行的是项目施工组织设计,它是项目实施的总体规划,是指导拟建工程项目的施工准备和施工的技术经济文件。施工组织设计是从工程的全局出发,按照客观的施工规律和当时、当地的具体条件(自然、环境、地质等),统筹考虑施工活动中的人力、资金、材料、机械和施工方法这五个主要因素后,对整个工程的现场布置、施工进度和资源消耗等做出系统、科学、合理的安排的一个经济技术文件。因此,必须在开工前根据施工现场的具体条件及合同工期的要求等各项具体条件,从全局出发,统筹安排,在多种经济可行方案中选出最佳方案,用以指导全部的生产活动。

工程项目施工组织设计也是对项目实行科学管理的重要手段,是项目施工中不可缺少的部分。编制施工组织设计,可以根据施工的各种具体条件制订拟建工程的施工方案、施工顺序、施工方法、劳动组织和技术组织措施;可以确定施工进度,保证拟建工程项目按照合同预定的工期完成;可以在开工前使项目经理和其他管理、技术人员了解到工程项目所需材料、机具和人力的数量及使用的先后顺序;可以合理安排临时建筑物和构筑物,并和材料、机具等一起在施工现场作合理的布置;可以预计到施工中可能发生的各种情况,以便事先就能做好准备工作;还可以把工程的设计与施工、技术与经济、前方与后方、整个施工单位的施工安排和具体工程的施工组织更紧密地联系起来。这样,在项目经理的领导下,就能对施工项目进行全面、系统地管理。总之,施工组织设计的目的是使工程建设在一定的时间和空间内实现有组织、有计划、有秩序的施工,以达到工期短、质量高、资金省、施工安全的效果。

一、编制施工组织设计的基本原则

1. 认真贯彻我国基本建设的方针政策

公路工程建设工期长,规模大,耗用的人力、物力等各种资源多,需要巨大投资。因此,必须纳入国家的计划安排,经上级主管部门批准,方可施工。

随着我国经济的发展,公路建设突飞猛进,建设的投资从单一的国家投资来源,扩展到地方投资、银行贷款、国外贷款、发行股票及债券等多种渠道。公路施工,特别是高速公路的施工,更应该以现行的国家政策为依据,利用施工组织设计调动各方面的积极性,提高劳动生产率,提高工程质量,降低工程成本,全面完成公路建设计划。

2. 合理安排施工顺序

公路施工是野外作业,受外界条件影响很大,因此,施工不仅要考虑时间顺序,还要考虑空间顺序。首先将整个施工项目划分为几个阶段或分项工程,优先安排影响全局的工程项目,再按照公路工程施工的客观规律安排施工顺序。在保证质量的前提下,尽量实现连续、紧凑、均衡的施工过程,以减少资源的不均衡利用,尽可能缩短工期,降低工程成本。

3. 应用科学的计划方法

根据工程的特点和工期要求,尽可能采用流水作业施工方法,当工程项目较大时,可采用平行流水作业,立体交叉平行流水作业。并积极应用网络计划技术,管理控制工程计划,在保证关键线路畅通的情况下,组织连续、均衡的施工。

4. 采用先进的施工技术和设备

采用先进的科学技术是提高劳动生产率、加快施工速度、提高工程质量、降低工程成本的重要途径。同时,积极运用和推广新技术、新工艺、新材料、新设备,是现代文明施工的标志。

在条件允许的情况下,应尽可能采用先进的施工技术,不断提高施工机械化、预制装配化程度,减轻劳动强度,提高劳动效率,从而可缩短工期,降低成本。

5. 合理安排冬、雨季施工项目

合理安排冬、雨季施工项目,就是把那些不会因冬、雨季施工而使得技术复杂的工程项目列入冬、雨季施工计划。当然,冬、雨季施工要采取一些必要的措施,会增加工程的其他直接费用,但能全面均衡人工、材料的需要量,提高施工的均衡性和连续性。

对于受季节影响的工程项目,应优先考虑安排,如:混凝土工程、路面工程不宜在冬季施工,桥梁基础工程、下部工程不宜在汛期施工。

6. 确保工程质量与安全

公路是永久性的建筑物,工程质量的好坏直接影响其使用效果,甚至影响到沿线地区经济的发展。为了保证工程质量,要认真贯彻施工技术规范,严格按照设计要求组织施工。

在进行施工组织设计时,要有确保工程质量和安全施工的措施,尤其是一些复杂大型的工程项目,在组织施工时,要经常进行质量、安全教育,严格按照操作规程进行施工。杜绝一切违章操作,是保证工程质量和施工安全的必要措施。

7. 统筹布置施工现场,降低工程成本

合理布置施工平面图,节约施工用地,充分利用原有地形、地物,尽量减少临时设施、临时便道、临时便桥的设置,方便施工,避免材料二次搬运,充分利用当地人工、材料等。

公路工程建设所耗费的巨额资金和各种资源数量,由公路工程概、预算求得。这是一个最高限额,施工时一般不允许突破这一限额。施工企业要想获得经济效益,必须实行经济核算,在保证工程质量的前提下,尽量通过各种途径降低工程成本。对于大型工程项目,以上几条做得合理,可降低工程成本。

二、施工组织设计的文件组成

工程施工组织设计文件一般由综合说明、总体施工方案、主要施工方法与工艺、施工进度计划、保证措施五大部分组成。每个部分又包含多项内容,习惯称为三图(平面布置图、网络图、工艺流程图)三表(机械设备表、劳动力表、材料需求表)、一项说明(综合说明)、四项措施(质量、安全、进度、成本)。

围绕这些图表和说明,基本内容构成如下:

(1)综合说明包括编制说明、设计简况、工程概况与特点、重(难)点工程分析与对策等。这一部分是反映施工组织设计文件编制前提条件的重要部分,具体要反映编制文件中所遵从的原则、依据及工程范围、设计标准、主要项目与数量及工程所在地域的环境、地质、水文气象等方面的情况和内容。此外,重、难点工程分析与措施也作为前提紧随其后。

(2)总体施工方案包括施工部署、组织机构、平面布置、资源组织、主要施工顺序、关键技术方案等。这一部分主要反映施工队伍部署、组织方案与技术方案,具体要反映工程任务分解、施工队伍及组织机构安排、施工准备、临时工程布置、施工顺序与衔接及关键技术方案、资源配置方案等。

(3)施工方法包括路基工程、桥涵工程、隧道工程、路面工程、交通工程等项目的施工方法。这一部分是反映施工组织设计中拟采取的施工方法与工艺,具体要反映施工中的工艺方法、工艺流程、工艺标准、作业组织、操作要点、对机具的选型与匹配及对工程材料的选择与质量检验等内容。

(4)施工进度计划包括工期计划、劳动计划、材料计划、设备仪器计划以及有关的斜率图、柱状图等。这一部分是反映施工组织设计中在具体时间里对资源的需求及产出的量化过程和结果,是施工组织设计的中心部分。

(5)保证措施包括进度、质量、安全、成本、文明施工等。这一部分反映为保证施工目标实现拟采取的实施性控制方法,是施工组织设计的重要延续,具体要反映施工中对质量、安全、进度、成本等施工目标进行控制的保证体系、管理制度、专职检查人员配备和具体措施等。

三、施工组织设计编制程序

施工组织设计要遵循一定的程序,要依据施工时的具体条件,按照施工本身的规律协调处理好各个环节的关系,用科学的方法进行编制。一般的编制程序如图9-1-1所示。

(1)分析设计资料,了解工程概况,进行调查研究。这是掌握原始资料、熟悉编制依据必须进行的工作。特别是实施性施工组织设计的编制人员,应充分了解施工对象的特点、重点和难点,全面理解设计人员的设计意图,了解工程概况,做到心中有数,为编制好施工组织设计打好坚实的基础。

(2)提出施工整体部署,选择施工方案和施工方法。工程施工不论规模大小都要根据可能的施工条件做出整体部署,即在确保工期和工程质量的前提下对各单项施工的顺序进行总体安排。然后选择能保证施工部署顺利实现的施工方案和施工方法,从宏观上控制工程的建设进程。

(3)编制工程进度图,即安排各项工程的进度。根据施工部署,采用恰当的施工组织方法,如流水作业、网络计划等,具体落实各单项工程的施工进度。事先应按照选择的施工方法划分施工段,计算工程数量和施工作业的持续时间。由工程进度图安排的竣工日期不得超过建设计划规定的日期。

(4)计算人工、材料、机具、设备需要量,编制人工、主要材料和主要机具计划,根据工程进度图计算人工、材料、机具在施工期间的动态需要量。如超出实际可能的供应量,应对工程进度图做适当调整。

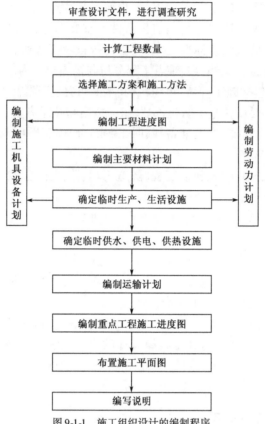

图 9-1-1　施工组织设计的编制程序

（5）编制临时工程计划。包括临时生产、生活设施,临时供水、供电、供热计划等。便道、便桥、预制场等临时生产设施,按施工的实际进度和需要编制。临时生活设施应能保证施工高峰期全体施工人员的生活需要。

（6）工地运输组织。公路施工需用的大量外购材料都要运送到施工现场,合理的运输组织既要满足工程按计划进度施工以及对材料的需用量,又要有适当的储备。运输、使用、储备三者之间应保持恰当的比例,以尽量减少临时仓库的规模。

（7）布置施工平面图。施工场地千变万化,施工条件各地不同,良好的施工平面布置图应是因地制宜地综合考虑施工需要、安全、环境等因素的方案。

（8）编制施工组织技术措施计划与计算技术经济指标。施工组织技术措施就是降低工程施工成本,提高工程质量,加快工程施工进度,施工安全等方面的措施保证。它包括集技术方面和组织管理方面的措施。它能比较全面、系统完整地反映承包人对工程施工的筹划水平、组织水平和承诺。

主要的技术经济指标有:工期、劳动生产率、质量、安全、机械化作业程度、工程成本、主要材料消耗等。这些指标与相近或类似的工程对比,就能反映施工组织设计的技术经济效果。

（9）编写施工组织设计说明书。

任务二 施 工 方 案

一、施工方案编制内容

施工方案的选择是施工组织设计中最重要的环节之一,是决定整个工程成败的关键。施工方案是根据设计图纸和说明书,决定采用哪种施工方法和机械设备,以何种施工顺序和作业组织形式来组织项目施工活动的计划。施工方案的目标,就是提出施工的建(构)筑物,在合同规定的期限内,使用与预算相比的最少费用,采用确实而又安全、能够施工的条件和方法,制订出技术上可行、经济上合理的施工方案来。选用的施工方法和施工机械不同,编制施工方案也不同,从中选择最佳方案付之实行。方案解决了,就基本上规定了整个工程施工的进度、人力的组织、机械的布置与运用、工程质量与安全、工程成本、现场的状况等。由此可见,施工方案编制得好坏,是施工成败的关键。

施工方案包括的内容很多,概括起来主要有四项:施工方法的确定、施工机具的选择、施工顺序的安排、流水施工的组织。其中,前两项属于施工方案的技术方面,后两项属于施工方案的组织方面。

1. 施工方法的确定

施工方法是施工方案的核心内容,具有决定性作用。施工方法一经确定,机具设备的选择就只能以满足它的要求为基本依据,施工组织也在这个基础上进行,而各个施工过程均可以采用各种不同的方法进行施工,而每一种方法都有其各自的优点和缺点,为了达到降低工程成本和提高劳动生产率的效果,确定施工方法一般从以下四个原则予以考虑。

(1)确定的施工方法必须具备实现的可能性。

(2)确定施工方法时应考虑对工期的影响,也就是保证合同工期的要求。

(3)确定施工方法时应进行多种可能方案经济比较,力求降低成本。

(4)确定的施工方法应能够保证施工质量和安全要求。

确定施工方法主要是针对本工程的主导施工过程而言。在进行此项工作时,要注意突出重点,凡采用新技术、新工艺和对本工程的施工质量起关键作用的项目,或技术较为复杂,工人操作不够熟练的工序,如预应力施工等,在施工方案中均应详细说明施工方法和技术措施,必要时单独编制施工作业设计;对于常见的一般结构形式,工人已熟练掌握的常规做法,则可不必详述。

在拟订施工方法的同时,还应明确指出该施工项目的质量标准及确保质量与安全的措施。

施工方法的确定取决于工程特点、工期要求、施工条件等因素,所以,各种不同类型的工程的施工方法有很大差异。对于同一种工程,其施工作业方法也有多种可供选择,例如简支梁桥的架设,可采用自行式起重机(汽车吊或履带吊)架设,也可采用跨墩龙门架或架桥机架设,最终选择哪一种方案,一要从实际出发,二要经济合理。

2. 施工机具的选择

施工方法一经确定,机械设备的选择就只能以满足它的要求为基本依据,施工组织也只能在这个基础上进行。但是,在现代化的施工条件下,施工方法的确定,主要还是选择施工机械、机具的问题,这有时甚至成为最主要的问题。在选择施工机具时,应注意以下几点。

(1)只能在现有的或可能获得的机械中进行选择。尽管某种机械在各方面都是适合的,但如不可能得到,就不能作为一个可供选择的方案。

(2)从施工条件考虑,选择的机械类型应与之相符合。施工条件是指施工场地的地质、地形、工程量大小和施工进度等,特别是工程量和施工进度,是合理选择机械的重要依据。一般来说,为了保证施工进度和提高经济效益,工程量大时,应采用大型机械;工程量小时,则应采用中、小型机械,但也不是绝对的。

(3)选择机具时,要考虑互相配套,充分发挥主机的作用。

(4)在选择施工机具时,必须从全局出发,不仅要考虑到在本工程或某分部工程施工中使用,还要考虑到同一现场上其他工程或其他分部分项工程是否也可以使用。

3. 施工顺序的安排

施工顺序是多种多样的,但它也有一定的规律可循,因此要紧紧抓住决定施工顺序的基本因素,仔细分析各种不同施工顺序的前提条件和实施效果,做出最佳的施工顺序安排。

安排施工顺序的原则是:

(1)必须符合工艺的要求。公路工程项目各施工过程之间存在一定的工艺顺序关系,例如钻孔后必须尽快地灌注水下混凝土,否则就要塌孔,所以两道工序必须紧密衔接。

(2)必须使施工顺序与施工方法、施工机具相协调。例如,现浇钢筋混凝土上部结构的施工顺序与采用架桥机进行装配式上部结构的施工顺序就显然不同,所以,施工方法不同,采用的机具设备不同,其施工顺序也必然不同。

(3)必须考虑施工质量的要求。在安排施工顺序时,要以确保施工质量作为前提条件,影响工程质量时,要重新安排或者采取必要的技术措施。

(4)必须考虑水文、地质、气候的影响。安排施工顺序时,必须充分考虑洪水、雨季、冬季、季风、不良地质地段等因素的影响。有的因素对施工顺序的安排起着决定作用,如桥梁下部工程一般应安排在汛期之前或之后完成。

(5)必须考虑影响全局的关键工程的合理施工顺序。例如,路线工程中的某大桥、某隧道、某深路堑,若不在前期完工,将导致其他工程不能施工(如无法运输材料、机具、工期太长等),此时即应集中力量攻克关键工程。

(6)必须遵从合理组织施工过程的基本原则。即符合施工过程中连续性、协调性、均衡性、经济性原则。

(7)必须考虑安全生产的要求。

(8)应能使工期最短。

4. 采用流水作业组织施工,尽量缩短工期

流水作业法是现代工业生产的先进作业方法,它的特点是:

(1)流水作业是建立在专业化、紧密协作和大批量生产的基础之上,工人重复工作、技术熟练,工作效率高、质量有保证,施工安全可靠,施工现场有条不紊,呈现出连续、均衡、有节奏的施工。

(2)工期合理。

(3)工人连续施工,无窝工现象。

(4)工作面得到充分、合理的利用。

(5)资源需要量连续、均衡,产品完成有节奏,消除了顺序施工中时断时续、平行施工中过分集中的现象。

流水作业是一种科学的施工组织和管理方法。对于规模大的工程,一般都尽可能采用流水作业法。

二、施工方案编制

以下以长风桥为例,介绍施工方案的编制。

1. 工程概况

1)工程项目的特征

长风桥位于某市东南20km处的郊区境内,是一座新建桥梁。桥长46m,桥面净宽(12+2×1.0)m,全桥混凝土工程数量1 055m³,钢材98.47t,水泥452t,投资总额为169万元。

该桥设计为(13+20+13)m的三跨预应力混凝土简支板梁桥,基础采用桩基础,桩径1.5m,桩长24m,桥墩为双柱式桥墩,柱径为1.2m,墩高10m。

工程于2004年4月初开工,2005年2月底全部竣工通车。

2)建设地区特征

工程所处地区为平原微丘区,地势平坦。河流蜿蜒曲折,河流水位按年周期性变化,枯水期几乎断流,洪水期流量可达1 200m³/s。桥位处河岸顺直,西岸植被较好,东岸砂层外露,河槽稳定。河床地质在42m深度范围内由粗砂、亚黏土、细砂和砂砾层组成。河床冲刷较为严重,最大冲刷深度达5.62m。

该地区气候温和,雨量适中,冬季最低气温在-7℃左右,夏季气温可达40℃左右。冬季多西北风,一般风力为Ⅱ、Ⅲ级。

3)施工条件

当地劳动力供应充足,水源充足,水质良好。电力供应方便,交通状况较发达。由于地势平坦,场地平整及临时便道工程量小。当地砂、石料资源丰富,砂可在距施工地点10km左右的码头进行采购,石料产地距离也在10km左右。水泥、钢材供应充足,采购、运输方便。加之施工单位为国营一级企业,技术力量雄厚,管理水平较高。总之,施工条件非常优越。

根据本工程的施工图和工程概况,进行施工方案的编制。编制时,先确定施工工艺流程(图9-2-1),然后制订施工顺序,选择施工方法和施工机械。

2. 施工顺序确定

1)预应力空心板梁预制

预应力空心板梁预制场设置四个底座。四套定型钢模,根据梁体预制的工艺过程,分解为五道工序:支模、扎筋及铺设预应力管道、浇筑混凝土、养生拆模整修、预应力施工。建立木工、钢筋工、混凝土工、预应力工四个相应的专业班组,组织流水施工。

同时,梁体预制与桩基础安排平行施工,其目的是为缩短工程的总工期。最理想的安排方式是:预制的最后一片梁体混凝土强度刚达到吊装强度要求时,就开始起吊并安放在最后一孔的桥台上,此时桥台混凝土强度也刚达到设计要求的强度。这种安排方式,平行作业多,工期虽短,但并不经济合理。劳力、机具、材料需要量过分集中,占地面积大,临时设施过多,不仅增加了工程成本,更重要的是使施工现场容易出现混乱,工程质量和施工安全难以保证,管理难度大大增加。

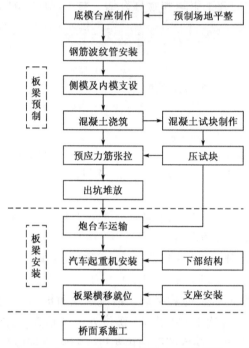

图9-2-1 长风桥上部结构施工工艺流程图

在预制场、缩放场设置与底座相适应的移梁轨道和安装时的纵向运梁轨道,以便于横向堆放和纵向运梁安装。预应力空心板梁预制时,应考虑安装顺序,将边梁与中梁间隔放置。

2)预应力空心板梁安装

空心板梁的安装采用炮台车进行场内运输,汽车起重机进行吊装。空心板梁安装示意图如图9-2-2所示。

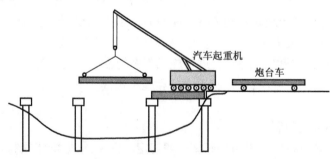

图9-2-2 空心板梁安装示意图

总之,在确定施工顺序时,要坚持以下原则:先地下,后地上;先主体,后附属;地下由深到浅,地下地上尽量平行、交叉进行;尽量组织流水作业,在保证工人连续工作的前提下,充分合理利用工作面。在具体安排施工顺序时,要在上述原则指导下,结合施工条件、施工的自然地理环境及各种影响施工顺序的因素统筹规划、全盘考虑。

3. 施工方法与施工机械的选择

施工方法与施工机械的选择是施工方案的核心内容。施工方法的选择脱离不开施工机械,而施工机械的选择也涉及施工方法的确定,两者之间存在着密切的关系。

施工方法与施工机械的选择要具体到各分部、分项工程上去。既然是选择,就得进行比较,比较就应该规定条件,这个条件是技术经济条件。下面就对各分部、分项工程的施工方法与施工机械选择作简要说明。

预应力空心板梁桥的安装,可根据不同的施工现场条件和吊装设备,采用不同的方法。但事先须经过有关人员共同研究,对各种可采用的施工方法进行技术经济比较,做出选择,经过主管部门审查批准,并且应符合以下要求:

(1)在全部安装阶段中,应采取临时固定措施,使桥梁已安好的各部分有足够的稳定性、坚固性和最小的变形。

(2)当安装条件与设计所规定的条件不同时,应对构件在安装时所产生的内力加以复核。

(3)应充分发挥起重设备的能力,并保证安装施工安全。

下面就对几种可采用的施工方案进行比较,如表9-2-1所示。

预应力空心板梁施工方案比较 表9-2-1

预应力空心板梁架设方案	成本(元)	使用机具设备	说　明
支架安装法	30 000	支架、滑车、千斤顶、绞车等	成本中考虑了支架搭设费用、炮台车的运输费
汽车起重机安装	33 000	炮台车、汽车起重机、千斤顶等	成本中考虑了炮台车的运输费

根据上述方案比较可知,支架法虽然费用较低,但工期长,不确定因素多。最后确定的安装方案是汽车起重机法,该法成本虽然略高,但施工进度快,而且施工单位对汽车起重机安装预应力空心板梁已具有丰富的施工经验,操作熟练、安全可靠。

4. 尽量采用流水作业

本桥的上部结构施工梁体预制可采用流水作业方式进行施工,但空心板梁的安装相对时间较短,故采用顺序施工。

任务三　施工进度计划编制

一、施工进度计划编制

施工进度计划编制的主要依据是施工方案和上级或合同规定的开工、竣工日期。前述施工方案已确定了该桥的施工顺序、流向、各分部分项工程的施工方法及施工机具设备,安排了流水作业的项目。因此,施工方案对估算施工速度、编制施工进度计划具有指导和决定作用。而上级或合同规定的开工、竣工日期则意味着对已定施工方案前提下的劳力、机具设备数量提出了最低限的要求,即最低施工速度。

编制施工进度计划和预算的软件很多,常用的有易利、Project 等。Project 2003 是微软公司开发的工程项目管理软件,在有限的经费、时间、材料、设备和人力等资源条件下,以最有效的管理和控制方法来实现某项既定的计划。以下采用 Project 2003 对本桥梁上部结构施工进度计划进行编制。

1. 划分施工工序

根据施工进度计划的要求,将本桥梁上部结构施工分解为若干道工序,如预应力空心板梁的预制、预应力空心板梁的安装、桥面系施工等。还可以再继续细化工序,如预应力空心板梁的预制可分为底模施工、芯模安装、钢筋绑扎和预应力管道安装、侧模安装、混凝土浇筑、预应力筋穿束等工序,如图9-3-1所示。

	任务名称	工期	开始时间	完成时间
1	⊟ 长风桥上部结构施工	222 d	04-4-8	05-2-11
2	临时设施	51 d	04-4-8	04-6-17
3	⊟ 板梁预制	121 d	04-6-18	04-12-3
4	预制场准备	46 d	04-6-18	04-8-20
5	1~6号梁	15 d	04-8-23	04-9-10
6	7~12号梁	15 d	04-9-13	04-10-1
7	13~18号梁	15 d	04-10-4	04-10-22
8	19~24号梁	15 d	04-10-25	04-11-12
9	25~30号梁	15 d	04-11-15	04-12-3
10	下部结构施工	56 d	04-6-18	04-9-3
11	板梁吊装	20 d	04-12-6	04-12-31
12	桥面系施工	30 d	05-1-3	05-2-11

图9-3-1 施工工序的划分和时间确定

2. 确定各施工项目或工序的持续时间

确定各施工项目或工序的持续时间一般有以下两种方法。

(1)以施工单位现有的人力、机械的实际生产能力以及工作面大小,来确定完成该劳动量所需的持续时间(周期),按式(9-3-1)计算。

$$T = \frac{D}{Rn} \tag{9-3-1}$$

式中:T——生产周期(即持续天数);

D——劳动量(工日或台班);

R——人数或机械台数。

(2)根据规定的工期来确定施工队(班组)人数或机械台数。在某些情况下,可以根据已规定的或后续工序需要的工期,来计算在一班制、二班制或三班制条件下,完成劳动量所需作业队的人数或机械台数。一般按式(9-3-2)计算。

$$R = \frac{D}{Tn} \tag{9-3-2}$$

式中符号意义同前。

3. 确定各施工工序之间的逻辑关系

各施工项目或工序之间的逻辑关系包括工艺关系和组织关系,工艺关系取决于施工方法和施工机械,当施工方法和施工机械确定之后,工艺关系就固定下来,不能改变。而组织关系则是人为关系,也受许多因素的制约,但可以改变,因此存在着优化问题。施工进度计划编制的好坏,在很大程度上取决于组织关系处理得是否合理。因此,在编制施工进度计划时,重点应放在组织关系的处理上。当然,由于种种因素的影响和施工条件的限制,它并不起决定性作用。施工工序之间的逻辑关系如图9-3-2所示。

a)

b)

图9-3-2 施工工序之间的逻辑关系

4. 编制初始网络计划

根据施工方案、项目或工序的划分、各项目或工序之间逻辑关系的分析以及工序的持续时间,就可以编制出初始网络计划方案。该桥初始网络计划方案如图9-3-3所示。

图9-3-3 初始网络计划方案

编制网络计划的初始方案是一项工作量大、费时多的工作,需要反复研究,才能较好地完成。

5. 计算时间参数,寻找关键线路,将网络图转换为横道图

计算时间参数的目的,是从时间安排角度去考察网络计划的初始方案是否合乎要求,以便对网络计划进行优化。为了考察时明显、直观,将计算过时间参数的网络计划转换为横道图,如图9-3-4所示。

图9-3-4 横道图(按最早时间绘制)

6. 对计划进行审查与调整

对网络计划的初始方案进行审查,是要确定它是否符合工期要求与资源限制的

条件。

首先,要分析网络计划的总工期是否超过规定的要求。如果超过,就要调整关键工序持续时间,使总工期符合要求。

其次,要对资源需要量进行审查,检查劳力和物资供应是否满足计划要求,如不符合,就要进行调整,以使计划切实可行。

7. 正式绘制可行的工程网络计划

网络计划的初始方案通过调整,就成为一个可行的计划,将它绘制成正式的横道图,如图 9-3-5 所示。

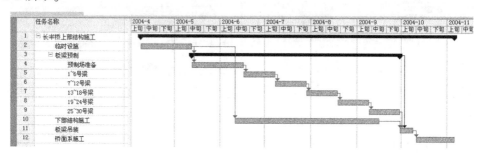

图 9-3-5　调整后的施工进度计划横道图

这样的网络计划并不是一个最优的网络计划,要得到一个令人满意的计划,还必须进行优化。但过分的优化会使计划的弹性越来越小,在执行过程中,由于管理水平的限制,实际进度与计划产生偏离,即使进行不断调整,其结果还是达不到预定目标,因此,优化应给计划留有充分的余地。

根据可行的施工进度总计划,可进一步把这个总目标计划纵向划分成许多子目标计划,即年度、季度、月度及旬作业计划;当进行横向划分时,可形成许多分部、分项工程的子目标计划。在计划执行中,时刻抓紧于目标计划按期实现,则必然能够保证总目标计划的按期完成。

二、资源需要量计划

当施工进度计划确定之后,各分项工程施工所需用的劳力、材料及机具设备、资金的数量和时间也就确定了,然后按年度、季度、月份汇总就得到劳动力、主要材料、机具设备和资金的使用计划。

1. 劳动力需要量计划

根据已确定的施工进度计划,可计算出各个施工项目每天所需的人工数,将同一时间内所有施工项目的人工数进行累加,即可绘出如图 9-3-6 所示的每日人工数随时间变化的劳动力需要量图。同时还可编制劳动力需要量计划,附于施工进度图之后,为劳动部门提供劳动力进退场时间,保证及时调配,做好平衡工作,以满足施工的需要。如现有劳动力不足或过多时,应提出相应的解决措施,或者增开工作面,以按时或提前完成任务。

2. 主要材料需要量计划

主要材料包括施工需要的国家调拨、统筹分配、地方供应和特殊的材料,如钢材、水泥、木材、沥青、石灰等,以及有关临时设施和拟采取的各种施工技术措施用料,预制构件及其他半成品也应列入主要材料计划中。

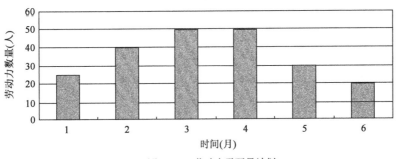

图 9-3-6　劳动力需要量计划

材料的需要量,可按照工程量和定额规定进行计算,然后根据施工项目的施工进度编制年、季、月主要材料计划。主要材料(包括预制构件、半成品)计划应包括材料的规格、名称、数量、材料的来源及运输方式等。材料计划是为物资部门提供采购供应、组织运输和筹建仓库及堆料场的依据。如水泥用量计划见图 9-3-7。

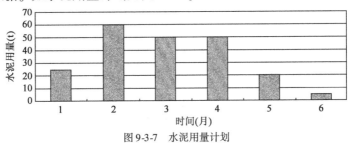

图 9-3-7　水泥用量计划

3. 主要施工机具需要量计划

在确定施工方法时,已经考虑了各个施工项目应选择何种施工机具或设备。为了做好机具、设备的供应工作,应根据已确定的施工进度计划,将每个项目采用的施工机械种类、规格和需用数量,以及使用的具体日期等综合起来编制施工机具、设备需要量计划(表 9-3-1),以配合施工,保证施工进度的正常进行。

主要机具、设备需要量计划　　　　　　　　　表 9-3-1

序号	材料名称及规格	数量		使用年限		年度、季度需要量								备注
						2004 年				2005 年				
		台班	台班	开始时间	完成时间	一季度		二季度		三季度		四季度		
						一季度		二季度		三季度		四季度		
						台班	台数	台班	台数	台班	台数	台班	台数	

编制:　　　　　　　　　　　　　　　　　　　　　　　　　　　　　　　复核:

主要施工机具、设备需要量包括基本施工过程、辅助施工过程所需的主要机具、设备,并应考虑设备进、出厂(场)所需台班以及使用期间的检修、轮换的备用数量。

任务四　施工平面图设计

施工平面图设计是施工组织设计的重要组成部分之一，是施工过程空间组织的具体成果。施工平面图就是根据施工过程空间组织的原则，对施工过程所需的工艺路线、施工设备、原材料堆放、动力供应、场内运输、半成品生产、仓库、料场、生活设施等进行空间的特别是平面的科学规划与设计，并以平面图的形式加以表达。这项工作就叫作施工平面图设计。其表达了施工期间各项临时设施、管理机构、永久建筑之间的空间关系，对指导现场文明施工有着重要的意义。

施工平面布置是一项综合性的规划课题，在很大程度上取决于施工现场的具体条件。它涉及的因素很广，不可能轻易获得令人满意的结果，必须通过方案的比较和必要的计算与分析才能决定。一般施工平面图规划设计应遵循下列原则：

(1)科学地规划施工平面可减少临时设施，减少施工用地，从而达到降低施工成本的目的。

(2)对临时道路的布置应做到永临结合，并设置回车道，保证场内外运输畅通，路面质量要达到晴雨无阻。

(3)工程分期施工时，施工平面布置要符合施工方案中安排的施工顺序。

(4)材料堆放要考虑运输、使用方便，并尽量减少二次搬运。即使需要场内搬运，也要距离最短，不出现反向运输。

(5)临时设施修建标准要根据施工期长短及工程大小而定，力求费用最低。

①临时房屋尽量利用工地附近已有的建筑及施工界内需拆除的建筑物。

②施工期长的临时房屋标准可以高些，如英国和法国之间的海底隧道历时20年，因此，它的临时房屋的标准较高。而有些工程工期只有1~2年，可采用帐篷或活动房屋。这样不会因工期长的工程采用标准低的临时房屋增加维修费用，也不会因工期短的工程采用标准高的临时房屋增加施工成本。

③临时道路标准与工程的工期长短及工程所在地域和重车上坡的道路有关，工期长、雨季长又是重车时，上坡路面标准应高些，必要时采用硬路面（混凝土路面）。在南方施工雨季长、运送土石方路程长时，若道路标准低，一方面影响汽车运行速度，进而直接影响工期，另一方面对汽车自身影响也很大，如对汽车轮胎的磨损，增加车辆的维修、保养的工作量，这些都会直接增加施工成本。

④临时房屋及设施应符合劳动保护、技术安全和防火规范的要求。

⑤材料、机械设备仓库、临时房屋的位置必须布置在较高的地方，防止被洪水淹。

⑥火工材料库的位置要放在与人群保持一定的安全距离之外，既要保证人群和施工的安全，又要使运输距离最短。

⑦生产、生活、安全、消防、环保、市容、卫生、劳保等要符合国家有关规定和法规。

工程项目施工的正常进行，除了安排合理的施工进度外，还需要在工程正式开工前充分做好各项准备工作，建造相应的临时设施，如工棚、仓库、供水、供电、通信设施等。

1. 工地加工场地布设

工地临时加工场地的任务是确定建筑面积和结构形式。

加工场(站、厂)的建筑面积,通常参照有关资料或根据施工单位的经验确定,也可以按公式计算。

(1)钢筋混凝土构件预制厂、木工房、钢筋加工间等的场地或建筑面积用下式确定：

$$A = \frac{K \cdot Q}{T \cdot S \cdot \alpha} \tag{9-4-1}$$

式中：A——所需建筑面积(m^2)；

K——生产不均衡系数,取 1.3~1.5；

Q——加工总量(m^3 或 t)；

T——加工总工期(月)；

S——每平方米场地的月平均产量；

α——场地或建筑面积利用系数,取 0.6~0.7。

(2)水泥混凝土搅拌站面积用下式计算：

$$F = A \cdot N \tag{9-4-2}$$

式中：F——搅拌站面积(m^2)；

A——每台搅拌机所需的面积(m^2)；

N——搅拌机台数,按式(9-4-3)计算。

$$N = \frac{Q \cdot K}{T \cdot R} \tag{9-4-3}$$

式中：Q——混凝土总需要量(m^3)；

K——不均衡系数,取 1.5；

T——混凝土工程施工总工作日；

R——混凝土搅拌机台班产量(m^3/台班)。

大型沥青混凝土搅拌设备的场地面积,应根据设备说明书的要求确定。

上述建筑场地的结构形式应根据当地条件和使用期限而定。使用年限短的用简易结构,如油毡或草屋面的竹木结构；使用年限较长的则可采用瓦屋面的砖木结构或活动房屋等。

2.临时仓库布设

临时仓库布设的任务是确定材料储备量和仓库面积、选择仓库位置和进行仓库设计等。

(1)确定建筑材料储备量。保证工程连续施工的条件之一就是保证足够材料储备量,同时也要避免材料积压而增大仓库面积。对供应不易保证、运输条件差、受季节影响大的材料可增大储备量。

常用材料的储备量宜通过运输组织确定,也可以按下式计算：

$$P = \frac{T_e \cdot Q_i \cdot K}{T} \tag{9-4-4}$$

式中：P——材料储备量(m^3 或 t)；

T_e——储备期(d),按材料来源确定,一般不小于 10d,即保证 10d 的需用量；

Q_i——材料、半成品等的总需要量；

K——材料使用不均匀系数,取 1.2~1.5；

T——有关项目施工的总工作日。

对于不经常使用和储备期长的材料,可按年度需用量的某一百分比储备。

(2)确定仓库面积。一般的仓库面积可按下式计算:

$$A = \frac{P}{q \cdot k} \tag{9-4-5}$$

式中:A——仓库总面积(m^2);

P——仓库材料储备量(m^3 或 t);

q——每平方米仓库面积能存放的材料数量;

k——仓库面积利用系数(考虑人行通道和车行通道所占面积),一般为 0.5~0.8。

特殊材料,如爆炸品、易燃或易腐蚀品的仓库面积,按有关安全要求确定。

仓库除应满足总面积要求外,还要正确地确定仓库的平面尺寸,即仓库的长度和宽度。仓库的长度应满足装卸要求,宽度要考虑材料的存放方式、使用方便和仓库的结构形式。

3. 行政、生活用临时房屋

此类临时房屋的建筑面积取决于工地的人数,包括施工人员和家属人数。

建筑面积按下式确定:

$$A = N \cdot p \tag{9-4-6}$$

式中:A——建筑面积(m^2);

N——工地人数;

p——建筑面积指标,见表9-4-1。

行政、生活临时建筑面积指标(m^2/人)　　　　表9-4-1

序号		临时房屋名称	指标使用方法	参考指标
一		办公室	按使用人数	3~4
二		宿舍		
	1	单层通铺	按高峰年(季)平均人数	2.5~3.0
	2	双层床	按在工地住宿实有人数	2.0~2.5
	3	单层床	按在工地住宿实有人数	3.5~4.0
三		食堂	按年高峰平均人数	0.5~0.8
		食堂兼礼堂	按年高峰平均人数	0.6~0.9
四		其他合计	按年高峰平均人数	0.5~0.6
	1	医务室	按年高峰平均人数	0.05~0.07
	2	浴室	按年高峰平均人数	0.07~0.1
	3	理发室	按年高峰平均人数	0.01~0.03
	4	俱乐部	按年高峰平均人数	0.1
	5	小卖部	按年高峰平均人数	0.03
	6	招待所	按年高峰平均人数	0.06
	7	其他公用设施	按年高峰平均人数	0.05~0.1
	8	开水房	每间	10~40m^2
	9	厕所	按工地平均人数	0.02~0.07

在做施工组织设计时,应尽量利用工地附近的现有建筑物,或提前修建能利用的永久房屋,如道班房、加油站等,不足部分修建临时建筑。

临时建筑应按节约、适用、装拆方便的原则设计,其结构形式按当地气候、材料来源和工期长短确定。通常有帐篷、活动房屋和就地取材的简易工棚等。

4. 工地临时供水、供电、供热

工地临时供水、供电、供热应解决以下问题:确定用量、选择供应来源、设计管线网络等。如供应来源由工地自行解决,还需要确定相应的设备。

确定用量时,应考虑施工生产、生活和特殊用途(如消防、抗洪)的需用量。选择供应来源时,首先考虑当地已有的水源、电源,若当地没有或供应量不能满足工程需要时,才需自行设计解决。下面介绍公路施工工地对水、电、热需用量的计算方法,以及设计中一般应考虑的问题。

1)工地临时供水

(1)用水量计算。施工期间的工地供水应满足工程施工用水(q_1)、施工机械用水(q_2)、施工现场生活用水(q_3)、生活区生活用水(q_4)和消防用水(q_5)五个方面的需要,其用水量可参照有关手册计算确定。由于生活用水是经常性的,施工用水是间断性的,消防用水是偶然性的,因此,工地的总用水量(Q)并不是全部计算结果的总和,而按以下公式计算:

①当$(q_1+q_2+q_3+q_4) \leqslant q_5$时,则:
$$Q = q_1 + 0.5(q_1 + q_2 + q_3 + q_4) \tag{9-4-7}$$

②当$(q_1+q_2+q_3+q_4) > q_5$时,则:
$$Q = q_1 + q_2 + q_3 + q_4 \tag{9-4-8}$$

③当工地面积小于$50\ 000\text{m}^2$,而且$(q_1+q_2+q_3+q_4) < q_5$时,则:
$$Q = q_5 \tag{9-4-9}$$

(2)水源选择。首先考虑以当地自来水作水源,如不可能才另选天然水源。临时水源应满足以下要求:水量充足稳定,能保证最大需水量供应;符合生活饮用和生产用水的水质标准,取水、输水、净水设施安全可靠;施工安装、运转、管理和维护方便。

(3)临时供水系统。供水系统由取水设施、净水设施、储水构造物、输水管网几部分组成。

取水设施由取水口、进水管及水泵站组成。取水口距河底(或井底)的距离为$0.26 \sim 0.9\text{m}$,距冰层下部边缘的距离不得小于0.25m。水泵要有足够的抽水能力和扬程。

当水泵不能连续工作时,应设置储水构造物,其容量以每小时消防用水量确定,但一般不小于10m^3。

输水管网应合理布局,干管一般为钢管或铸铁管,支管为钢管。输水管的直径应满足输水量的需要。

2)工地临时供电

(1)工地总用电量。工地用电可分为动力用电和照明用电两类,用电量可用下式计算:
$$P = (1.05 \sim 1.10)\left(K_1 \frac{\sum P_1}{\cos\phi} + K_2 \sum P_2 + K_3 \sum P_3 + K_4 \sum P_4\right) \tag{9-4-10}$$

式中:P——工地总用电量($\text{kV} \cdot \text{A}$);

P_1、K_1——电动机额定功率(kW)和需要系数,$K_1 = 0.5 \sim 0.7$,电动机10台以下取0.7,超

过 30 台取 0.5；

P_2、K_2——电焊机额定容量(kV·A)和需要系数，$K_2 = 0.5 \sim 0.6$，电焊机 10 台以下取 0.6；

P_3、K_3——室内照明容量(kW)和需要系数，$K_3 = 0.8$；

P_4、K_4——室外照明容量(kW)和需要系数，$K_4 = 1.0$；

$\cos\phi$——电动机的平均功率因数，根据用电量和负荷情况而定，最高取为 $0.75 \sim 0.78$，一般为 $0.65 \sim 0.75$。

(2) 选择电源及确定变压器。无论由当地电网供电还是在工地设临时电站解决，或者各供给一部分，选择电源都应在考虑以下因素后，根据工程具体情况经过比较确定：当地电源能否满足施工期间最高负荷要求；电源距离较远时是否经济；设临时电站，供电能力应满足需用，避免造成浪费或供电不足；电源位置应设在设备集中、负荷最大而输电距离又最短的地方。

一般首先考虑将附近的高压电，通过工地的变压器引入。变压器的功率按下式计算：

$$P = K \cdot \frac{\sum P_{max}}{\cos\phi} \tag{9-4-11}$$

式中：P——变压器的功率(kV·A)；

K——考虑功率损失的系数，取 1.05；

$\sum P_{max}$——各施工区的最大计算负荷(kW)；

$\cos\phi$——功率因数。

(3) 选择导线截面。合理的导线截面应满足三个方面的要求：首先要有足够的机械强度，即在各种不同的敷设方式下，确保导线不致因一般机械损伤而折断；其次应满足通过一定的电流强度，即导线必须能承受负载电流长时间通过所引起的温度升高；第三是导线上引起的电压降必须限制在容许限度之内。按这三项要求，选其截面最大者。

(4) 配电线路的布置要点。线路宜架设在道路的一侧，并尽可能选择平坦路线。线路距建筑物的水平距离应大于 1.5m。在 380/220V 低压线路中，木杆间距为 $25 \sim 40$m。分支线及引入线均应从电杆处接出。

临时布线一般都用架空线，因为架空线工程简单、经济、便于检修。电杆及线路的交叉跨越要符合有关输变电规范。配电箱要设置在便于操作的地方，并有防雨、防晒设施。各种施工用电机具必须单机单闸，绝不可一闸多用。闸刀的容量按最高负荷选用。

3) 工地临时供热

工地临时供热的主要对象是：临时房屋(如办公室、宿舍、食堂等)内部的冬季采暖，冬季施工供热(如施工用水和材料加热等)，预制场供热(如钢筋混凝土构件的蒸汽养生等)。

建筑物内部采暖耗热量，按有关建筑设计手册计算。

临时供热的热源，一般都设立临时性的锅炉房或个别分散设备(如火炉)，如有条件，也可利用当地的现有热力管网。

临时供热的蒸汽用量用下式计算：

$$W = \frac{Q}{I \cdot H} \tag{9-4-12}$$

式中：W——蒸汽用量(kg/h)；

Q——所需总热量，按建筑采暖设计手册计算(J/h)；

I——在一定压力下蒸汽的含热量，查有关热工手册(J/kg)；

H——有效利用系数，一般为 0.4~0.5。

蒸汽压力根据供热距离确定，供热距离在 300m 以内时，蒸汽压力为 30~50kPa 即可；在 1 000m 以内时，则需要 200kPa。确定了蒸汽压力后，可根据式(9-4-12)计算得到蒸汽用量，即可查阅锅炉手册，选定锅炉的型号。

5. 其他临时工程设施

在施工组织设计中，还会遇到其他的临时工程设施，如便道、便桥、临时车站、码头、堆场、通信设施等。对于新建道路工程，这些临时工程设施更多。

各种临时工程设施的数量视工地具体情况而定，因它们的使用期限一般都很短，通常都采用简易结构。全部临时建筑及临时工程设施都应在设计完成之后，再编制临时工程表。临时工程表是施工组织设计规定的文件之一，它的内容及格式见表 9-4-2。

临时工程表　　　　　　　　　　表 9-4-2

序号	设置特点	工程名称	说明	单位	数量	工程数量			备注

本工程以预应力空心板梁安装、运输、堆放和预制为主线，首先安排预应力空心板梁运输线路、堆放位置，再确定预应力空心板梁的预制场地，接着安排砂石料堆放场、拌和机、水泥库位置。围绕预制场布置钢材、木材加工制作场地。根据施工现场实际情况布置临时职工宿舍、食堂、娱乐场地及临时供电、供水线路、临时便道等。在具体设计布置时，还应遵循方便工人的生产和生活、水路电路运输道路最短、临时生产生活设施费用最低、各种设施布置位置发挥效能最高及符合卫生、防火及安全规定。本桥施工总平面图如图 9-4-1 所示。

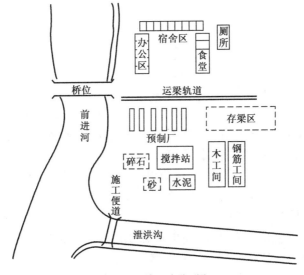

图 9-4-1　施工总平面图

任务五 施工技术措施

施工组织设计的主要内容在前文中已阐述。但有时这些内容还不全面,还需要通过施工组织技术措施加以补充,因此,施工组织技术措施是施工组织设计内容的延续。施工组织技术措施就是降低工程施工成本、提高工程质量、加快工程施工进度、保障施工安全等方面的措施保证。它包括技术方面和组织管理方面的措施,能比较全面、系统完整地反映承包人对工程施工的筹划水平、组织水平和承诺,可使业主对承包人的组织能力有全面的了解,以增加信任感。同时,它对承包人也是一种约束,减少或杜绝其施工过程中的随意性,可避免施工过程中的重大失误。施工技术措施主要包括施工进度组织技术措施、施工质量组织技术措施、施工成本组织技术措施、施工安全组织技术措施四个方面。

一、施工进度的组织技术措施

制订施工进度的组织技术措施首先必须弄清楚影响施工进度的因素。

1. 施工进度的影响因素

(1) 施工计划的贯彻与落实。施工计划(包括作业计划、施工任务书)是将施工进度计划进行细化和分解,因此,施工计划完成情况直接影响施工进度的落实。

(2) 资源的供应数量和及时性会影响施工计划的完成。往往由于资源供应量不足或是没有按时进场造成停工待料。

(3) 机械设备状况不佳。机械在施工过程中,因施工时间过长没有及时维修保养造成机械设备损坏或者机械本身状况不佳、效率不高等,都会造成停工,从而直接影响施工进度。

(4) 现场施工协调不及时,产生施工干扰,造成停工现象,也会影响施工进度。

(5) 参加施工单位的施工顺序未按施工方案规定的执行,造成施工干扰或倒序,使现场施工出现混乱。

(6) 施工进度调整控制不及时,拖后的工期的项目没有及时解决,从而一拖再拖,影响整个施工进度。

(7) 对项目重点、难点工程工期安排不合理,致使工期延迟。

2. 加快施工进度采取的组织技术措施

根据影响施工进度的因素,采取相对应的技术与组织措施。

(1) 采用网络计划对施工进度进行动态管理。施工组织设计中的施工进度是施工前编制的,难免在执行过程中有变化。因此,必须根据实际情况进行必要的调整,再进行控制。用网络计划编制施工进度,它可指出关键路线和关键工作,只要保证关键路线、关键工作工期不拖后,就可以保证在规定工期内提前完成。

(2) 加强现场施工调度工作。施工现场出现影响施工进度的因素,可通过调度协调解决。施工调度是项目部派驻现场的职能部门(或人员),代表项目领导执行现场管理和协调工作,使施工现场得到统一指挥。

(3) 加强资源计划管理。每月、旬提出资源使用计划和进场时间,加强机械的维修、保养,提高机械设备的"三率",即出勤率、完好率、利用率。

(4) 对控制工期的重点工程,优先保证资源供应,加强施工管理和控制。

(5)提高劳动生产率方面的措施。提高工作效率,可加快施工进度。其措施有承包责任制、奖励制度等。

(6)按不同的季节安排施工任务。由于项目所在地域不同,根据地域气候特点,抓住施工黄金季节,可多完成任务,以加快施工进度。

(7)注意设计与现场校对,及时进行设计变更。工程项目施工过程常因地质的变化引起变更设计,基础工程、隧道和地下工程往往在施工过程中因出现实际地质与设计地质情况不符的情况,需要变更设计。待变更设计文件出来后才能继续施工,这样便会影响施工进度。为保证工期的要求,应协调各方面的关系,以减少对施工进度的影响。如积极地与监理联系,取得认同,再及时与设计院联系,提出变更设计等。

(8)改进作业组织形式,加快施工进度。施工组织设计是在开工前编制的。所以,在施工过程中要根据现场实际情况组织各项工程的搭接施工,使后续工作在前面工作创造工作面后即刻进行施工等。

二、提高工程质量的组织技术措施

工程项目是基础设施,必须遵循"百年大计、质量第一"的建设方针。虽然在施工方案中考虑了施工方法、施工工艺以确保质量,但还是远远不够的,也是不全面的。为此,提出提高工程质量的组织技术措施加以补充。

1. 影响工程质量的人为因素

施工方法离不开人的操作,人的操作正确与否,直接影响工程质量。

(1)人的素质。包括思想、文化、技术、身体等素质。

(2)技术人员责任心。若缺少责任心,在审核图纸、技术交底、测量放桩、现场试验和测试等方面都会出现问题,影响工程质量。

(3)管理人员责任心。即落实各项质量管理制度认真与否。

(4)职工责任心。在施工过程中,职工若不按规范的要求操作,达不到质量检验标准,出次品、废品,将影响合格率和优良品率。

(5)驾驶员操作是否规范。如未按规范规定的拌和时间,将混凝土放出,或者加水不计量等,都会使混凝土的和易性、坍落度达不到要求,从而影响混凝土的质量。

2. 气候、水文、地质变化对工程质量的影响

(1)气候的影响。工程项目所在地域不同,如在南方地区施工和在高寒地区施工,对质量控制和要求不同,不注意就会造成质量事故。

(2)水文的影响。工程项目施工期长,一般要跨年度施工,水文对工程质量的影响也很大。如雨季施工时,混凝土工程应提防雨淋;土方施工应提防饱和土影响压实工作、洪水的侵袭等。

(3)地质变化的影响。地质变化对工程质量也会产生影响,如隧道工程、地下工程,若地质情况变差,必须保证支护和衬砌的质量,否则会出现吊拱现象。

3. 采取的技术组织措施

(1)加强教育提高项目全员的综合素质。

①进场前、上岗前进行培训。培训内容:主要技术交底、施工规范及操作规范、安全施工

规范、质量验收标准。目的是要让参加施工的每个成员,明确自己的工作岗位应遵循的标准,规范施工行为。

②进行全项目成员的质量教育,强化质量意识,提高质量觉悟。使参加施工的每个成员都知道自己的工作直接影响工序质量和施工成本。

③对项目全员进行技术培训。特别是对于没有施工经验的项目或者采用新工艺时,必须经过技术培训,持证上岗。

(2)建立健全规章制度。

①质量责任制。实行定人、定点、定岗挂牌施工的制度,工序验收制度,按质论价、奖优罚劣的经济责任制度等。

②隐蔽工程检查签证制、不经现场监理工程师复核签证不得进行下道工序施工制度。

③建立健全质量保证体系和现场施工质量信息系统,对施工过程质量进行控制,将质量事故苗头消灭在施工过程中,确保工程质量。

④实行工班自检、工序互检、质量人员专业检查制度。

⑤项目部组织旬、月、季、年度质量大检查,找出存在问题,制定改正措施,达到随时发现问题,随时解决。

(3)施工现场配足测量、试验仪器和设备及其相关专业技术人员。

(4)控制材料质量。进场原材料及半成品、预制构件必须有出厂合格证、质检证书、试验单,砂石料必须具有含水率、含泥量及颗粒级配试验报告,合格者方可使用。

(5)实行样板工程制度。明确标准,实行样板引路,防止超标准和不合格工程出现。

(6)推行新技术、新工艺。新技术、新工艺往往是提高工程质量的最有力措施。

(7)对于技术、质量要求比较高,施工难度大的工作,成立科技质量攻关小组,即全面质量管理体系中 QC 小组攻关,确保工程质量。

(8)贯彻 ISO9000 标准。项目在开工前必须有施工作业指导书,施工中有检查,施工完成有总结。保证工序质量和工作质量。

三、降低工程成本的技术组织措施

工程项目施工,是一项施工标准、项目工程造价在开工前由业主定好的加工活动。承包人在整个施工过程中对质量、工期、安全、价格的把握都是按业主的要求,在施工组织与管理上稍有不慎即有可能出现亏损。而亏损项目的各方面(如施工质量、施工进度等)都是难以保障的。因此,降低工程成本是提高承包人利润的保证,也是承包人保质保量完成施工任务的前提(除非承包人为打开某地的市场,为了声誉不计成本)。

1. 工程项目成本管理控制上存在的主要问题

(1)工程项目部成本管理组织机构或职能人员不落实。表现为没有精干的专人专职负责成本管理和控制。

(2)项目内部成本的经济责任不明确,成本盈亏没有很细的标准体系等。

(3)项目内部缺少成本管理与控制体系,制度不健全。

(4)项目全体成员的成本意识不强,只知干,不知算,特别是在施工过程中随干随算的意识很薄弱。常常干完以后一算,才知道超过了规定的成本,这时已无法弥补。

(5)现场管理混乱。施工互相干扰,造成窝工;原材料供应不上造成停工待料;工序劳动组织不合理造成工序施工间断等直接影响工作效率,致使工费增加。

(6)项目内部管理人员多,增加了管理费的开支。

(7)大多数工程项目没有实行责任成本管理。即使有责任成本也只是对工班(组),而对项目职能人员几乎没有,因此,做不到从项目部职能人员到施工生产第一线职工,每个人都有自己的责任成本。

2.降低成本技术组织措施

(1)施工方案做到资源合理配置。在施工过程中,根据实际情况及时调整方案,使资源配置合理。

(2)实行责任成本管理。从项目经理、职能人员、管理人员到第一线施工的全体职工,建立与成本挂钩的经济责任制。

(3)项目经理部要编制项目的成本目标体系,以此作为对项目施工过程成本管理的依据和控制的标准。

(4)实行项目成本核算和成本分析。阶段性(如每旬、月、季、年)进行一次成本核算和成本分析,找出盈亏的原因,及时采取措施纠正成本偏差。保证在施工过程中施工成本始终处于控制之中。

(5)建立健全成本管理的各项制度。

①原材料的领退料制,按定额领发原材料。

②编制项目、施工队、班(组)的责任成本。

③实行经济责任承包制。责任预算分解,明确各个不同层次的责任预算,作为承包责任成本,控制实际成本的超支。

④建立奖罚制度。没有超过承包责任成本的单位、个人有奖,超过的则罚,从而使全员都关心成本,控制成本,贯彻增产节约、降低消耗的理念。

(6)项目各个管理层次的管理人员,一专多能,减少管理人员,控制项目的非生产支出。

四、保证施工安全的技术组织措施

工程项目在施工中存在着高空作业、露天作业、爆破作业等危险作业,因此,施工安全占有很重要的地位,施工安全的好坏直接影响企业的社会效益和经济效益。出现重大安全事故会影响企业的形象,严重者会被取消投标资格。安全技术组织措施是保证安全施工的技术与管理保障。

1.施工不安全的因素

(1)项目全体成员对施工安全工作重视程度不够,出现对施工安全思想麻痹现象,认为安全没有问题,忽视安全工作。

(2)对施工安全宣传教育不落实。

(3)安全保证体系不落实。

(4)操作技术水平不高,违反安全操作规程。

(5)施工安全交底不落实。

2.施工安全技术组织措施

(1)认真贯彻"安全第一、预防为主"的安全施工方针,建立完善的保证体系,做到管施工必管安全,技术交底必交安全施工的要求。

(2)对工程项目全员进行安全教育,强化安全意识。

①进行项目全员安全教育,组织学习有关安全施工的规则及要求,学习安全操作规范,树立安全施工意识,以预防为主,将不安全的因素消灭在萌芽中,防止恶性事故的发生。

②安全施工及安全教育常抓不懈。只要有施工的场所,就要把安全教育与日常的施工管理一起抓,使项目全员时刻想着安全、重视安全,保证施工安全,提高项目全员的安全防范能力。

(3)建立健全安全保证体系,强化项目安全领导机构,从组织上落实安全工作。

(4)实行各种安全责任制。

①完善健全安全岗位责任制。

②建立班前交安全、班中监视安全、班后讲评安全的三班制度。

③将安全工作纳入承包内容,明确分工、责任到人,做到奖罚分明。

(5)严格对易燃、易爆等危险品的保存和发放制度。

(6)现场设置安全防火设施,并经常检查。

(7)建立安全技术措施。具体如下:

①爆破施工必须由取得"安全技术合格证"者担任爆破工,实施爆破工作。

②施工与既有线相近时,为保证既有线行车安全必须采取安全防护措施。防护措施方案必须经过设计与验算。如搭设防护棚,根据防护要求进行设计与验算并绘制简图,然后进行施工,确保既有路线的行车安全。

③在路基和隧道施工中,技术人员要提出处理危石的施工安全技术措施方案,不能随意地进行施工。如隧道施工中,由于石质差,在开挖施工过程中出现危石或塌方,必须提出技术上可行、安全上有保证的技术措施,并进行方案比较,确定后才可实施。

④现场用电安全技术措施。临时动力线、照明线的架设要符合电力安全规范要求,并将设置位置、高度进行设计,并绘图,然后进行施工。

⑤现场防火设施的布置要保证消防灭火距离的要求,消防供水量根据消防范围及面积设计。避免随意、无根据地设置消防灭火设施。

3. 施工环境安全保护措施

随着人们环保意识的增强,保护施工人员的健康,防止施工噪声对城镇居民的影响,已成为安全工作的重要组成部分。

(1)进行宣传教育,提高对环境保护工作的认识,自觉地保护环境。

(2)防止施工周围水土流失和保护绿色覆盖层及植物。

(3)施工过程中的废油、废水和污水,必须经过处理后才能排放。

(4)在人群居住环境附近施工,要防止噪声污染。

(5)在机械化程度比较高的施工场所,要对机械工作产生的废气进行净化和控制。

课后训练

1. 施工组织设计的基本原则是什么?
2. 施工组织设计是如何分类的?

3. 施工组织设计文件由哪几部分组成？
4. 什么是施工方案？施工方案由哪几个部分组成？
5. 施工进度图的主要形式有哪些？各有什么优、缺点？
6. 施工平面图有几种形式？包括哪些内容？
7. 临时设施的布设主要包括哪些方面？
8. 施工组织技术措施包括哪几个方面？

参 考 文 献

[1] 中华人民共和国行业标准. JTG B01—2014 公路工程技术标准[S]. 北京:人民交通出版社,2014.
[2] 中华人民共和国行业标准. JTG D60—2015 公路桥涵设计通用规范[S]. 北京:人民交通出版社,2015.
[3] 中华人民共和国行业标准. JTG/T F50—2011 公路桥涵施工技术规范[S]. 北京:人民交通出版社,2011.
[4] 中华人民共和国行业标准. JTG D61—2005 公路圬工桥涵设计规范[S]. 北京:人民交通出版社,2005.
[5] 中华人民共和国行业标准. JTG D62—2004 公路钢筋混凝土及预应力混凝土桥涵设计规范[S]. 北京:人民交通出版社,2004.
[6] 中华人民共和国行业标准. JTG F80/1—2004 公路工程质量检验评定标准 第一册 土建工程[S]. 北京:人民交通出版社,2004.
[7] 交通部第一公路工程总公司. 公路施工手册—桥涵(下册)[M]. 北京:人民交通出版社,2000.
[8] 姚玲森. 桥梁工程[M]. 2版. 北京:人民交通出版社,2008.
[9] 孙元桃. 结构设计原理[M]. 2版. 北京:人民交通出版社,2005.
[10] 杨玉衡,邵传忠,耿小川. 市政桥梁工程[M]. 北京:中国建筑工业出版社,2007.
[11] 郭发忠. 桥涵工程[M]. 北京:人民交通出版社,2009.
[12] 王常才. 桥涵施工技术[M]. 北京:人民交通出版社,2006.
[13] 匡希龙. 桥涵施工[M]. 成都:西南交通大学出版社,2008.
[14] 李加林,刘孟良. 桥涵设计[M]. 北京:人民交通出版社,2009.
[15] 刘孟良. 桥涵施工技术[M]. 北京:人民交通音像电子出版社,2007.
[16] 邵旭东. 桥梁工程[M]. 北京:人民交通出版社,2004.
[17] 黄绳武. 桥梁施工及组织管理[M]. 北京:人民交通出版社,2001.
[18] 刘夏平. 桥梁工程[M]. 北京:科学出版社,2005.
[19] 强士中. 桥梁工程[M]. 北京:高等教育出版社,2004.